Über dieses Buch

Die berühmten ‹Gespräche in Tuskulum› sind die philosophischen Früchte erzwungener Mußestunden eines der bedeutendsten Staatsmänner der römischen Welt. Tuskulum – so heißt das Landgut in den Albaner Bergen, nahe dem heutigen Frascati, in dessen Ruhe sich Marcus Tullius Cicero (106–43 v. Chr.) wieder einmal zurückgezogen hatte, weil in der politischen Arena Roms die Gegner triumphierten. Zwei Jahre vor seiner Ermordung schreibt er in der Form des alten sokratischen Widergesprächs fünf Dialoge nieder, denen im Freundeskreis geführte Disputationen zugrunde liegen.
Im Zentrum dieser ‹Gespräche in Tuskulum› steht die Frage, welchen konkreten Beitrag die Philosophie für ein glückseliges Leben leisten kann, das Cicero weniger durch äußere Fährnisse als durch die Furcht vor dem Tod und die zerstörerischen Kräfte der Affekte bedroht sieht. Ciceros Antwort ist der unerschütterliche Glaube an die sittlich-autonome Persönlichkeit. Damit prägt Cicero im Rückgriff auf die griechischen Denker und mit deutlicher Ausrichtung auf eine praktische Ethik die spezifisch römische Eigenart philosophischen Denkens.
Der philosophischen und sprachlichen Bedeutung des Werkes angemessen, liegt der Text in dieser Ausgabe im zweisprachigen Paralleldruck vor, eingeleitet und neu übersetzt von Karl Büchner.

dtv bibliothek
Literatur · Philosophie · Wissenschaft

Vollständige Ausgabe.
Eingeleitet und neu übersetzt von Karl Büchner.
Unveränderter Nachdruck der im Artemis Verlag,
Zürich, in der «Bibliothek der Alten Welt»
erschienenen Ausgabe,
zweite, durchgesehene Auflage 1966.

Februar 1984
Deutscher Taschenbuch Verlag GmbH & Co. KG,
München

Umschlaggestaltung: Celestino Piatti
unter Verwendung eines Cicero-Porträts
(Bildarchiv F. Bruckmann KG, München)
Gesamtherstellung: C. H. Beck'sche Buchdruckerei,
Nördlingen
Printed in Germany · ISBN 3-423-06130-8

Marcus Tullius Cicero
Gespräche in Tuskulum

lateinisch – deutsch

Deutscher Taschenbuch Verlag

EINFÜHRUNG

CICEROS LEBEN UND PHILOSOPHIE

Gespräche in Tuskulum – der Titel erweckt in uns eine besondere Empfindung und Stimmung. Die uralte Stadt Tusculum, ganz in der Nähe Roms, über dem heutigen Frascati, hat durch Ciceros Landgut, das Tusculanum, den Schimmer von Stille und Geistigkeit, Sammlung und weltmännischer Atmosphäre erhalten und durch die Jahrhunderte bewahrt. Der Ruhm des Namens, der zu einem Begriff wurde, hat die wenigen Trümmer, die noch dazu kaum mit Recht bisweilen noch als Überreste des ciceronischen Tusculanum bezeichnet werden, überdauert.

Es ist etwas Eigenes mit diesem Wort verbunden: Tusculum, das ist nicht die Akademie Platos im Hain des Akademos, das Lykeion des Aristoteles, ist nicht der Garten Epikurs, ist nicht die Halle der Stoa. In Tusculum beginnt nichts Neues wie an jenen berühmten Stätten Griechenlands, deren Bedeutung hinfort darin besteht, daß sie das Neue zuerst beherbergt haben. Und die Stille, die es mit ihnen gemeinsam hat, ist nicht gleichsam eine Stille für sich, sondern eine Stille, die ihre Bedeutung recht eigentlich davon empfängt, daß sie in Beziehung steht zu rastloser Tätigkeit, Geschäftigkeit der Weltstadt und ihrer Gesellschaft, zum Regiment der Welt, in einer Beziehung, die durch ihre fruchtbare Spannung erst das Köstliche und Kostbare dieses Ruhepunktes zum Werte macht. In Tusculum lebt alte römische Tradition. Der alte Cato ist dort geboren. Die römische Vergangenheit, ehrfürchtig gehütet, ist zugegen. Daneben stehen, ebenso ein Ausdruck ehrfürchtiger Bewahrung, das Lyceum und die Academia. Bevor er Prätor wurde, hatte sich Cicero auf dem Tusculanum zwei Hallen nach Art der griechischen Gymnasien bauen lassen, die Gelegenheit zu körperlicher Übung und in ihren Wandelgängen zu Vorträgen und Gesprächen boten. Die eine, höher gelegene, hatte er nach des Aristoteles Lehrstätte Lyceum, die andere Academia nach Platos Schule genannt. So ist Tusculum mit seinem

Tusculanum die Stätte bewahrender Liebe in zweierlei Hinsicht, und zugleich hat es durch die bestimmte Art der bezogenen Stille etwas Weltmännisches und Großzügiges.

Hier hat sich Cicero von den Geschäften erholt, hier hat er philosophiert, im Gespräch mit vornehmen Gästen oder allein, sich über das Leid tröstend oder Besinnung suchend. Schon hier wird mancher, vielleicht noch dazu unter dem Eindruck der wissenschaftlichen Urteile des vorigen Jahrhunderts, einen scharfen Gegensatz zu unseren Vorstellungen von philosophischer Arbeit empfindend, mißtrauisch fragen, was Werke, so entstanden, uns heute noch philosophisch zu sagen haben. Bevor wir uns deshalb der Problematik der ciceronischen Philosophie und des vorliegenden Werkes nähern, scheint es gut, sich von vornherein grundsätzlich über zwei Arten von Philosophie, wenn einmal diese Formulierung erlaubt ist, klarzuwerden.

Im Suchen und Fragen nach den letzten sicheren Grundlagen und Zusammenhängen unseres Seins, der besonderen Aufgabe der Philosophie, wiegt sie sich lange in der Hoffnung, in der entgegenstehenden Welt letzte Ursachen und Gesetze in immer kühnerem Forschen aufzudecken. Möchte das zu gültigen Ergebnissen führen, wenn sie sich bewußt bliebe, damit nur einen Teil der Welt zu erklären, nämlich den, der sich vergegenständlichen läßt, so liegt und lag immer die Versuchung für naives Denken nahe, den Menschen – das Objekt, das ihr nach seinem Sinn und Wesen am fragwürdigsten sein muß – derselben Betrachtungsweise zu unterwerfen, um das Ganze der Welt in den Griff zu bekommen. Hier tritt aber eine eigentümliche Schwierigkeit auf. Denn mit der objektivierenden Betrachtungsweise läßt sich zwar alles, auch am Menschen, was objektiviert werden kann, erkennen, selbst die Seele als Objekt in der Psychologie, nur nicht, daß ich denke. Dazu bedarf es der Reflexion auf sich selbst. Ist die aber einmal erfolgt, gewinnt die Wahrheit, die ja immer ganze Wahrheit sein will, ein anderes Gesicht. Sie ist Wahrheit, die nur noch in Beziehung wird gedacht werden können. Eine jede Philosophie muß sich fortan mit dieser Wendung auseinandersetzen, sie ist nicht mehr naiv. Es ist hier nicht die Aufgabe, den Möglichkeiten des

Gedankens, die diese Wendung bringt, philosophiegeschichtlich nachzugehen. Nur das eine interessiert uns hier und muß hervorgehoben werden, daß mit dieser Wendung das Ding an sich ein Unding wird, nicht einmal mehr sinnvoll gedacht werden kann.

Die Gefahr, daß man bei dieser Lage einem auf Wahrheit verzichtenden Subjektivismus verfiele, läge nahe, wenn die Wahrheit ihren Geltungsanspruch nicht immer wieder siegreich durchsetzte und diese Form des Skeptizismus sich nicht schon dadurch selbst widerlegte, daß sie mit der Aussage, es gebe keine allgemeingültige Wahrheit, selbst wahr zu sein beanspruchte. Mit dieser Besinnung hat die Philosophie eine zweite Wendung vollzogen. Sie denkt nämlich über sich selbst nach, das Denken bekommt sich selbst als Denken in den Blick. Die Reflexion hat sich potenziert. Diese Wendung ist endgültig. Denn könnte man sich auch die Potenzierung bis ins Unendliche fortgesetzt denken, derart, daß das Denken über das Denken des Denkens des Denkens des Gedachten usw. seine Aussagen machte, so würde diese Wendung grundsätzlich nichts Neues bringen. Interessant bleibt nur, was die Philosophie über das Denken des Gedachten zu sagen hat, das heißt was es denn mit dem, was der Mensch, wenn er die Welt denkend bewältigt, erkennt, für eine Bewandtnis hat. Dabei erweisen sich jetzt freilich nur wenige Aussagen als philosophisch allgemeingültig und für alle Zeiten feststellbar. Das Leben und die Geschichte mit ihrer Fülle an Möglichkeiten hat kraft dieser Erkenntnis nur relative Wahrheit. Jene allgemeingültige Wahrheit hat aber ihre Geltung gebüßt durch den Verlust an Lebensfülle, die in den Individuen immer wieder die Wahrheit auf andere Weise zu verwirklichen sucht, und ist ein abstraktes Beziehungsgefüge geworden, in der Eisesregion der letzten Abstraktion nur durch das Feuer des Menschen erstrebt, der aus seiner besonderen Lage nie müde wird, jeweils zum Allgemeinen vorzustoßen.

Der Philosoph, der sich jetzt als Denkender selbst zuschaut, erkennt aber in dieser potenzierten Reflexion, daß er als Denkender kraft dieses Denkens dem Leben Gewalt antut, es nie in seinem eigentlichen Urgrund zu fassen bekommt; denn bekäme er es als Denkender zu fassen, so hätte

es ja durch die Abstraktion schon den Zauber des Lebendigen verloren. Er hütet sich deshalb auch, philosophisch, das heißt mit dem Anspruch, überall gültig zu sein, Gesetze für das Leben zu formulieren. Insofern ist der Philosoph bescheidener geworden, indem er dem Leben sein Recht wiedergibt. Weit ist er auch davon entfernt, sich zu überheben. Wenn er für sich Allgemeingültigkeit beansprucht, so nur im Bereich der Philosophie. Er weiß, daß er auch als Denker von Natur und Leben abhängt, und erkennt, daß er als Denker sie ganz nie erfassen kann, daß er hier der Religion Platz zu machen hat, darauf verzichtend, Gott theoretisch fassen zu wollen.

Vielleicht darf man glauben, mit diesen wenigen andeutenden Sätzen die Grundlagen aller modernen Philosophie, deren neue Wendung mit der Lebensphilosophie einsetzte, gefaßt zu haben. Daraus ergibt sich, daß die Philosophie, die von der Reflexion zur potenzierten Reflexion fortgeschritten ist, mit ihrem System von Beziehungen abgeschlossen ist. Eine weitere Wendung, etwa eine Potenzierung der Potenzierung, würde, wie gesagt, über das Denken und seinen Gegenstand im Unterschied zum Erleben und seiner Welt nichts Neues mehr bringen können. Dennoch wird der Menschengeist natürlich nicht verzichten, Erkenntnisse seines Lebens im Zusammenhange darzustellen. Man wird eine solche Darstellung auch weiterhin Philosophie nennen. Nur wird die Philosophie die Gültigkeit dieser Aussagen einschränken auf einen kleineren und größeren Kreis von Menschen, die sich in diesen Gedanken einigen, Allgemeingültigkeit muß sie diesen Aussagen über das Leben absprechen, da sie, wenn schon für ein Volk, sicher nicht für ein anderes Volk, wenn für einen Kulturkreis, sicher nicht für einen anderen Kulturkreis, wenn schon für eine Zeit, sicher nicht für eine vergangene Zeit oder alle Zukunft Geltung beanspruchen dürfen. Das sind die zwei Arten von Philosophie, von denen am Anfang die Rede war. Die eine ist die allgemeingültige, im Laufe der Zeiten unwiderruflich Fortschritte machende, die andere ist die aus dem Leben denkend Gesetze formulierende, immer neu dem Leben entsteigend, die mehr oder weniger wahr sein kann, je nachdem sie die Gesetze der allgemeinen bewußt oder un-

bewußt respektiert und intensiv lebt, die aber trotz ihrer Ansprüche auf ihre Relativität hingewiesen werden muß oder sich selbst in neuster Zeit dieser Relativität bewußt geworden ist. Man nennt diese zweite Art Philosophie vielleicht besser, weil erkannt ist, daß, sobald konkrete Aussagen über das Leben gemacht werden, eine Beziehung zu einem bestimmten Lebensabschnitt, zu bestimmten Personenkreisen oder bestimmten Zeiten besteht, Weltanschauung.

Jede Weltanschauung, die ja im Aufstieg zum Allgemeinen nach der letzten Wahrheit strebt, hat aber den Hang, sich selbst absolut zu setzen. Ihre Relativität, vielleicht sogar die Behauptung, jeder habe Recht auf seine Weltanschauung, ja die Pflicht dazu, will ihr nicht einleuchten. Vor allem gilt das natürlich für die Zeiten, die durch die Philosophie noch nicht über diese Beziehungen belehrt sein konnten, weil die Philosophie die Wendung zu ihrer eigenen Beschränkung noch nicht vollzogen hatte, mithin selbst Weltanschauung war. Gegen eine solche «Philosophie» – das zeigt sich in der Geschichte – wird das Leben selbst, aus dem das Denken aufbricht und zur gedanklichen Form dringt, rebellisch und wehrt sich wie gegen einen unbequemen Zwang. Sei es, daß die Dichter, die berufensten Künder der Weltanschauung, weil sie das Leben der Zeit am eigensten erspüren, sich über sie erheben, sei es, daß ein anderes System von nunmehr größerer Durchschlagskraft sich bildet, sei es, daß das Leben überhaupt keine Notiz mehr davon nimmt und das System erstarrt und kraftlos welkt.

Wir sind hier an dem Punkte angekommen, wo es uns gelingen sollte, Ciceros Lage und Stellungnahme zu verstehen. Die griechische Philosophie hatte nach der Epoche der großen Welterklärer, nach den subjektivistischen Sophisten in Sokrates und Platon ihren Höhepunkt erreicht und überschritten. Platon hatte mit den letzten Prinzipien, mit der Idee des Guten und Gott gerungen, im Suchen nach der Wahrheit und unbestechlicher philosophischer Kraft ein ewiges Vorbild, aber doch der «Versubstanzialisierung» der Wahrheit nicht entgehend. Aristoteles, der die Philosophie zur Wissenschaft überleitet, spürt mehr den Prinzipien von der Wirklichkeit her nach und sucht in ihr die Zusammen-

hänge, Schüler hinterlassend, die als reine Wissenschaftler angesprochen werden können. Mit ihm, man verzeihe den summarischen Überblick, der nur den gröbsten Rahmen geben soll, übergibt die Philosophie die Herrschaft an die großen Systeme des Hellenismus, die Stoa und Epikur, die nicht mehr das Ganze der Welt voraussetzungslos zum Gegenstand ihres Nachdenkens machen, sondern ihre Arbeit konzentrieren auf die Frage, wie der Mensch am besten glücklich leben könne. Diese Systeme nun stoßen schon im zweiten Jahrhundert vor Christus auf die neue Weltmacht. Zuerst glückt der Stoa, die in vielem römischem Wesen verwandt war, eine echte Begegnung. Polybios und Panaitios haben im Verkehr mit dem jüngeren Scipio, dem Zerstörer von Karthago (146), durch die Vermittlung des griechischen Geisteserbes Rom zu sich selbst gebracht. In der Kultur des Scipionenkreises eignet sich der römische Adel in seinen hervorragendsten Vertretern die griechische Bildung an, um «würdig der eignen Vorfahren zu werden», wie es in dem denkwürdigen Gespräch zwischen dem sich jüngerhaft nahenden Scipio und Polybios heißt, das uns Polybios in seinem Geschichtswerk überliefert hat. In dem folgenden Jahrhundert hatte der Epikureismus Boden gewinnen können, vielfach falsch verstanden übrigens, ja hatte sogar Darstellungen gefunden im Gedicht des Lucrez über die Natur und in Prosaschriften, die uns verloren sind und die Cicero mit Verachtung streift. Eine wirklich römische Philosophie gab es nicht. Gibt es sie doch immer erst dann, wenn auch im Schriftwerk der philosophische Gedanke der Sprache errungen wird. Das ist Ciceros Leistung, der, wie Harder im Anschluß an ein Cicero-Wort schön sagt, die Philosophie in Rom einbürgert.

Drei Möglichkeiten gab es für Cicero bei diesem Unternehmen. Es wäre denkbar gewesen, daß er, von den Griechen angeregt, selbständig zu philosophieren begonnen hätte; er hätte sich zweitens einem der Systeme anschließen und es der römischen Sprache gewinnen können, wie Lucrez in seinem Gedicht, oder er konnte aus dem, was in Griechenland vorlag, wählen.

Daß er kein originaler Philosoph geworden ist, wer wollte dies ihm im Ernste vorhalten? Wie in einer Sprache selbständig philosophieren,

die zum Bewußtsein ihrer selbst noch nicht erwacht war in einem Volke, das heißt aber einer Sprachgemeinschaft, das, aufs Ganze gesehen, sich mit den Dingen des praktischen Lebens allein abgegeben und entsprechend seine Begriffe geprägt hatte? Aber selbst die Möglichkeit gesetzt, ein philosophisches Genie hätte die Kraft gefunden, von selbst in dieser Sprache zu philosophieren: hätte es sich auch der Auseinandersetzung mit dem übermächtigen Griechischen entziehen können? Es wäre, da nun das Schicksal einmal die Römer als die Zweitgeborenen geschaffen hatte, ein Platon zu überwinden gewesen. Dazu kommt, daß die Römer die Schwäche ihrer Haupttugend haben: ihr realistischer Sinn, der sie fest im Leben hält, läßt sie schwer zu dem Abstand kommen, zur Überschau, die zur spekulativen Philosophie nötig ist. Die Römer sind für systematische Philosophie in der Tat nicht begabt. So ist es mehr als verständlich, daß Cicero nicht ein selbständiges System baut.

Er hätte zweitens sich einem der dogmatischen Systeme anschließen können, den Epikureern oder den Stoikern. Vor allem die Stoiker waren ja den Römern gemäß mit ihrer strengen Pflichtauffassung, die für den Weisen die Beteiligung am Staatsleben fordert, mit ihrer strengen Ethik, die die äußeren Güter verachtet, mit ihrer Gläubigkeit. Die Epikureer freilich lagen ferner, weil sie mit ihrem «lathe biosas» dem Staate fremd gegenüberstanden. Wieviel Verlockendes sie aber gerade in dieser Zeit des staatlichen Zerfalls haben konnten, zeigt, daß der nächste Freund Ciceros, sein «alter ego», Atticus, Epikureer war. Hier hat nun Cicero offenbar instinktiv gefühlt, daß diese dogmatischen Systeme dem Leben Gewalt antaten. Nicht nur als griechische Systeme dem römischen Leben – daher die große Gegnerschaft in Rom bei dem auf sich etwas haltenden Durchschnitt –, sondern eben wie jedes System dem Leben Gewalt antun muß, sobald es dogmatisch bestimmt. Hinzu kam, daß Cicero in einer Gesellschaft geistig zu Hause war, die als vornehmste Pflicht ansah, den anderen mit seiner Meinung gelten zu lassen. Das Dogmatisieren mußte ihm wie das verpönte Rechthaberische, wie arrogantia, erscheinen. Schließlich konnte Cicero den Rigorismus eines Cato bewundern, irgendwie forderte das «Zarte und Weiche» in seiner so emp-

findlichen Seele, wenn er auch fest gewillt war, es zu unterdrücken, doch sein Recht. So hat er sich keiner der dogmatischen Schulen angeschlossen, sondern ist zeit seines Lebens der neuen Akademie treu geblieben. Das bedeutet nicht den Anschluß an ein anderes der Systeme, sondern gerade die Absage an die dogmatischen Systeme. Die neue Akademie nämlich vertrat eine bestimmte Form des Skeptizismus. Nicht daß sie die Möglichkeit der Wahrheit überhaupt geleugnet hätte, wohl aber suchte sie das Dilemma der Versubstanzialisierung dadurch zu überwinden, daß sie lehrte, man könne sich der Wahrheit im Wahrscheinlichen oder besser Einleuchtenden nur nähern. Sie empfahl deshalb in Fragen der letzten Dinge «epoché», ein Ansichhalten im Urteil. Diese Philosophie war es, die Ciceros aristokratischem Empfinden entsprach. Dabei aber vollzog er eine besondere Hinwendung zu Plato, zu dem er das engste Verhältnis hat. So ist es gekommen, daß Cicero dem Abendlande die Philosophie nicht als Heilslehre vermittelte, sondern das platonische Anliegen weitergab. Über manche Dinge aber glaubte er doch auch selbst ein bestimmtes Urteil zu haben und seiner Erfahrung vertrauen zu dürfen. In diesen Fällen nimmt er aus den Systemen, mit denen er seit Jugend auf vertraut war, was ihm richtig schien. Man nennt dieses Verfahren Eklektizismus. Auch hierbei aber darf man nicht verkennen, daß dieser Eklektizismus aus einer echten philosophischen Not und einem echten philosophischen Instinkt geboren wurde, nämlich dem Ganzen auch des eigenen römischen Lebens gerecht werden zu wollen.

Es unterliegt keinem Zweifel, daß ein dogmatisches System dem Leben Gewalt antut. Ebenso sicher ist, daß man ein System nur durch prinzipielle Überlegungen, also systematisch widerlegen kann. Das ist Cicero nicht gelungen. Er hat dem Leben nicht systematisch sein Recht verschafft. Aber er hat es auf seine eben beschriebene Weise aus einem richtigen, echt römischen Gefühl für die Kräfte des Lebens getan. Die Gedanken der Systeme sind ihm dabei die Bausteine, an denen sich seine eigenen Gedanken und seine Empfindungen entzünden, schon die Auswahl ist eine Tat seiner Lebenserfahrung. Und was für einer Lebenserfahrung! Fragen wir uns, wer denn wohl der Wahrheit als Lebens-

philosoph am nächsten kommt, die Relativität am stärksten überwindet, so werden wir sicher antworten müssen, der, der die reichsten und tiefsten Erfahrungen bewußt gemacht hat. Nun, Cicero hat eines der größten Leben geführt mit der empfindlichsten und leidenschaftlichsten Seele und mit dem hellsten Selbstbewußtsein. Seine Gedanken, an den Bausteinen der hellenistischen Systeme entzündet und entwickelt, sind uns nun zwar nicht absolut gültig, aber denkwürdig und uns erweiternd und aufklärend, ja an die Wahrheit führend als Zeugnisse und Niederschlag eines großen Lebens. Der Grad ihrer Gültigkeit aber steht in Beziehung zu ihrer Renaissancefähigkeit: sie haben die Probe der Jahrhunderte lange bestanden und bestehen sie bei neuen Erfahrungen immer wieder. In einem aber sind sie vorbildlich und gültig für alle Zeiten: darin, daß er jenen Punkt sich nicht hat entreißen lassen und immer wieder darum kreist, daß die Persönlichkeit in der Besinnung auf sich jeweils fähig und verpflichtet ist, zur Wahrheit vorzustoßen, daß er ein Mensch war, der an den Geist glaubte.

Die letzten Gedanken erfordern es, Ciceros Leben und Philosophieren in kurzen Strichen zu umreißen. Man muß sich dabei hüten, seine eigenen Äußerungen naiv vertraulich allzu wörtlich zu nehmen. Sonst kann man erfahren, daß die Philosophie ihm mangelhafter Ersatz für das verlorene Führertum im Staate ist (Acad. 1,11, Luc. 6; nat. deor. 17; div. 2,6 f.; off. 2,3 f.; fam. 4,3,4); daß sie das kleinste Übel für ihn ist (off. 3,2 f.); daß sie das einzige Mittel ist, seinen Tätigkeitstrieb zu befriedigen; denn er kann nicht ruhen (off. 2,4); daß sie ihm Trost gegen den Schmerz über den Verlust der Tochter ist (Acad. 1,11; fam. 9,3,2); daß er sich aber ein anderes Mittel gesucht hätte, wenn er nur eines gefunden hätte (nat. deor. 1,9); daß er den Ruhm seiner Taten durch den seiner Schriften erhöhen will (Luc. 6); daß er seinen Mitbürgern mit ihr nützen will (Luc. 6), daß er seine Mitbürger bilden will; daß er mit ihr, der Schule der Tugend (Tusc. 5,5; off. 2,6), die Jugend erziehen will (Acad. 1,11; div. 2,4); daß er den Erwachsenen ein geistiges Ergötzen bereiten will (div. 2,5); daß er den Ruhm des römischen

Volkes um eine neue Provinz bereichern will, da es Philosophie in römischer Sprache noch nicht gegeben hat (Tusc. 1,5f.; 2,5; nat. deor. 1, 7; off. 2,5); daß er Epikureer werden will (Att. 2,16,3); daß er sich ganz der Philosophie ergibt (Att. 2,12,4); daß sie ihm Mittel zur Beredsamkeit ist (de orat. 80; Tusc. 2,9) usw. Man könnte so fortfahren. Es ist aber nun nicht so, daß man unter diesen vielfältigen und sich teilweise widersprechenden Äußerungen überhaupt eine sinnvolle Entscheidung zu treffen für unmöglich halten müßte oder daß man eine *Begründung für die allein richtige halten könnte oder daß man sie säuberlich in bestimmten Zeitpunkten sich ablösen und ausschließen sähe. Es ist aber auch nicht so, daß die Summe aller die Begründung dafür, daß Cicero Philosophie treibt, genannt werden dürfte. In der Tat rücken manche der Begründungen so in den Hintergrund oder spielen noch keine Rolle, daß man sie zu bestimmten Zeiten nicht zu den Beweggründen zählen darf. Es ist vielmehr so, daß jede der Begründungen wahr, vorherrschend und bewußt in dem Augenblick ist, in dem sie ausgesprochen wird. Nicht daß die anderen oder andere nicht in Cicero aufgehoben wären und mehr oder weniger mitschwängen; aber wahr und allein beherrschend ist für ihn das, was er in diesem Augenblick mit der ganzen Leidenschaft seiner empfindungsstarken Seele ergreift, und diese Wahrheit teilt sich dem Leser mit. Man hat ihn deshalb einen Stimmungsmenschen und Sanguiniker genannt. Aber man muß dabei vorsichtig sein. Besser wäre es noch, aber vielleicht noch gefährlicher, von einem Augenblicksmenschen zu sprechen, der den Augenblick ganz erfüllt und wahr erlebt und vollständig in ihm aufgeht. Man würde nämlich, zöge man ihn so auf die Ebene eines von seinen Stimmungen abhängigen Durchschnittsmenschen, eines und das Wesentliche verkennen, daß es ihm immer wieder gelingt, wenn auch unter schwerem Kampf, sich zum Dauernden, Beständigen, zum Geist hindurchzuringen. Wenn es hier die Aufgabe wäre, ein Essay über Cicero als Philosoph zu schreiben, und nicht, eine Einführung zum Verständnis einer Schrift Ciceros und eine Anleitung, wie man ihn lesen sollte, zu geben, so müßte man wohl das Hauptgewicht auf die durchgehenden und beständigen Motive legen, die Ciceros Leben tragen.*

Man würde mit Staunen zu erkennen haben, wie der Jüngling schon das bis ins höchste Alter festgehaltene Ziel seines Lebens erfaßt, das in verschiedenen Zeiten verschieden theoretisch begründet wird, Redekunst und Philosophie zu vermählen, im philosophisch und nach allen Seiten gebildeten Redner das Lebensideal überhaupt findet, wie seine Stellung zum Staat in den frühesten Reden, in den Mannesjahren (de rep.) und den philosophischen Spätwerken (de off.) in denselben Grundbegriffen, nämlich «ius» und «dignitas», sich ausprägt, daß der Staat gleichmäßig dem Recht auf Beteiligung aller und der Verschiedenheit der Persönlichkeit Rechnung tragen müsse, wie schließlich sein Philosophieren von Anfang bis zum Schluß von dem inneren Antrieb beherrscht wird, ohne Bindung an ein Dogma in Freiheit zu denken und das Richtige zu wählen.

Bei der jetzigen Lage und Aufgabe scheint es besser und zweckentsprechender, sich auf die bezeichnenden Tatsachen seines Lebens zu beschränken, soweit sie für seine Philosophie bezeichnend sind.

106 wird er in dem kleinen Städtchen Arpinum, dem Heimatort des Marius, geboren. Sein Vater, wohlhabend, gehört dem Ritterstande an, ist selbst gebildet und hat ehrgeizige Pläne für seine beiden Söhne Marcus und Quintus, den jüngeren. Er bringt sie nach Rom, wo er ein Haus besitzt, und läßt sie dort mit den «nobiles» aufs beste für die «honores», die Ämter des römischen Volkes, vorbilden. Marcus fällt durch seine ungewöhnliche Begabung auf. Seine Fähigkeit, sich sprachlich auszudrücken, auch im Vers, ist ungewöhnlich. Plutarch berichtet von seinen Jugendgedichten, die ihn nach dem Urteil der Zeitgenossen zum besten Dichter Roms machen; denn Catull ist noch nicht aufgetreten. Das Ziel, das er sich stellt, ist nach Begabung und Wahl klar. Als Redner zu den Ämtern, womöglich zum Konsulat, dem Traum jedes Römers, dem seine Abkunft nur irgendwie das Recht dazu gibt, zu gelangen, ist sein brennender Ehrgeiz. Crassus und Antonius, die berühmten Redner der Zeit, seine Lehrer, hatten das Vorbild gegeben, der Landsmann Marius, der auch, wenn auch auf dem Wege des Soldaten, so doch als «homo novus» zum Konsulat gekommen war, hatte gezeigt, daß auch der Mann, der nicht zu den «nobiles» gehörte, das Ziel erreichen konnte.

Die Zeit ist einer langen Ausbildung günstig: das Forum, auf dem man sich die rednerischen Lorbeeren verdiente, ist infolge der Bürgerkriege zwischen Sulla und Marius verödet. Für den Römer sehr spät, erst mit 28 Jahren, hat Cicero seine erste Privatsache durchgefochten, ein Jahr darauf den ersten Kapitalprozeß. Beide mit großem Mut gegen Rechtsbeugung durch Anhänger Sullas und seinen Freigelassenen, Chrysogonus. Bis dahin hatte er studiert. Die Redekunst beim Rhetor und nach römischer Sitte bei den besten Rednern in der Praxis des Forums, Crassus und Antonius, Rechtswissenschaft bei den beiden betagten Scaevolae, die die lebendige Verbindung zu dem obenerwähnten Scipionenkreis darstellen, der Ciceros Leitstern für sein Leben wird, Philosophie bei dem Epikureer Phaidros, dessen Lehre zuerst auf ihn Eindruck machte, dem er aber nicht, wie sein Mitschüler Atticus, treu blieb. Von frühester Jugend an genoß er den Umgang des gebildeten Stoikers Diodot. Auf seine Philosophie freilich hat Diodot, soweit wir sehen können, keinen Einfluß gewonnen. Cicero aber hat menschlich zu ihm gehalten und hat den Erblindeten bis zu seinem Tode im Jahre 59 in seinem Hause gehabt. Wichtig wurde für ihn philosophisch das Schulhaupt der Akademie, Philo, der im Jahre 88 aus Athen nach Rom floh, als Mithridates in Griechenland einbrach. Philo lehrte, des Karneades Ansichten weiterbildend, daß man zwar zu keiner absoluten Erkenntnis, zu objektiver Wahrheit kommen könne, daß man aber ihr mit dem Kriterium des Einleuchtenden («pithanon» – «probabile», von Cicero sehr oft mit «veri simile» wiedergegeben) nach Erschöpfung aller Argumente sich nähern könne. Und zwar sei diese Wahrheit nicht nur für die Praxis des Lebens genügend, wie Karneades gemeint hatte, sondern dürfe auch den Anspruch auf den Namen «wissenschaftliche Erkenntnis» machen. Dieser Standpunkt gab Freiheit zum Forschen und erlaubte einen Eklektizismus, wie er Cicero nach den oben ausgeführten Gründen gemäß sein mußte. Philon gab die Waffe gegen den stoischen Erkenntnisbegriff der «phantasia kataleptike». Die Stoiker lehrten, man könne von der Welt völlig adäquate Vorstellungen haben, und sagten von ihnen, eben den «phantasiai kataleptikai», es seien Vorstellungen, die von dem Zugrun-

deliegenden und gemäß dem Zugrundeliegenden selbst wie ein Siegelabdruck abgenommen seien, wie sie nicht entstehen könnten von etwas nicht Zugrundeliegendem. Der Richtung Philos ist Cicero deshalb zeit seines Lebens treu geblieben (vergleiche nat. deor. 1,6–12; Ac. 1,43 ff.; Plut. Cic. 4).

Uns ist aus dieser Zeit ein Werk über das Auffinden der Argumente der Gestaltung der Rede (de inventione) erhalten, das früheste Lehrbuch der Rhetorik in lateinischer Sprache, das auf uns gekommen ist. Im Vergleich mit einem parallelen Werk etwa der gleichen Zeit können wir erkennen, wie in Cicero sein ursprüngliches Interesse für Philosophie Früchte trägt.

Cicero konnte seinen rednerischen Ruhm der ersten Prozesse nicht genießen und ausnützen. Seine Konstitution, deretwegen man ihm sogar riet, das Reden ganz aufzugeben, zwang ihn zu einer Erholungsreise mit dem Ziel, seine Redetechnik zu ändern. Es wurde eine Bildungsreise zu dem Quell der Bildung, wie sie mit Terenz in Rom begonnen und sich eingebürgert hatte. Sechs Monate Athen förderten seine philosophischen Studien. Er hörte seinen früheren Lehrer Phaidros und auf Empfehlung Philos den Epikureer Zenon, einen scharfsinnigen und streitfreudigen Verfechter seiner Lehre. Eindruck machte auf ihn auch Antiochus, das neue Schulhaupt der Akademie, der die Akademie zum Dogmatismus zurückführte. Die Reise ging dann nach Kleinasien, wo Cicero Rhetorik trieb, und schließlich nach Rhodos, wo der größte Philosoph des Jahrhunderts lebte, der Stoiker Poseidonios. Aus der Begegnung mit ihm hat sich eine Verbindung ergeben, die Cicero als Freundschaft ansehen konnte. Aber ein philosophischer Einfluß scheint sich erst in beschränktem Umfange in den Spätwerken geltend zu machen. Unbefangen lernt Cicero, von wem es zu lernen gibt, wählt seinen Standort und erkennt Größe an, wo er sie trifft.

Nach seiner Rückkehr von dieser Reise, die von 79–77 dauerte, nimmt ihn die Arbeit auf dem Forum, die Verteidigungen, die ihm eine Anhängerschaft bei den Wahlen für die Ämter schaffen sollen, in Anspruch. In rascher Folge, jeweils im frühest möglichen Jahr, erklimmt er die höchsten Stellen im Staat: 75 verwaltet er als Quästor in Lilybaeum, durch seine Unbestechlichkeit und Uneigennützigkeit das Ver-

trauen der Bevölkerung erwerbend, Westsizilien; 69 ist er Ädil, 66 Prätor, und 63 hat ihn seine Redekunst zur höchsten Stelle im Staate geführt. Man wird sich das Leben zwischen den Prozessen, Reisen, politischen Entscheidungen, Besuchen, mit seiner Fülle von Menschen, mit der Jagd nach der Anerkennung, die Standesdünkel dem «neuen Mann» verweigert, nicht aufreibend genug vorstellen können. Schon das Gewicht der Entscheidungen mußte mit einer Schwere auf Cicero lasten, daß es wohl verständlich gewesen wäre, wenn er, völlig in Beschlag genommen, occupatus, wie der Römer sagt, nicht mehr Kraft und Abstand zur Philosophie gefunden hätte. Seine unglaubliche Fähigkeit, mitten im Getriebe zu kämpfen und doch sogleich wieder sich umstellen zu können, wie sie etwa seine witzigste Rede (pro Murena) zeigt, die in den bangen Tagen, wo das Schicksal der Catilinarier sich entschied, gehalten wurde, hat es ihm offenbar ermöglicht, beides zu treiben, immer wieder in der Philosophie sich Maßstab und Richtschnur zu holen. «Soviel Raum war für die Philosophie, wie übrigblieb von der Zeit für die Freunde und den Staat; das wurde aber ganz aufs Lesen verwendet; Stille zum Schreiben war nicht.» So sagt er in De off. 2, 4, und in De nat. deor. 1, 6 heißt es: «Wir haben aber nicht plötzlich zu philosophieren begonnen und nicht geringe Mühe und Sorgfalt auf dieses Studium von frühester Jugend an verwendet; und wenn es am wenigsten so schien, philosophierten wir am meisten. Das zeigen meine Reden, die voll sind von Gedanken der Philosophen, die Freundschaften mit den gebildetsten Männern und die berühmten Häupter der Philosophie, Diodot, Philo, Antiochus und Poseidonios, bei denen ich hörte.» Die Reden vor allem kamen seiner Philosophie durch zweierlei zustatten: dort mußte ein Fall, bei dem es oft um Tod und Leben ging, bis in die letzte Besonderheit durchdacht werden, dort mußte man dem Leben so gerecht wie möglich sein. Was für eine Schule der Lebenskenntnis die Rhetorik doch war und sein konnte, zeigen die Einteilungen des Stoffes in De inventione. Zum zweiten erhob sich der Redner in den Loci communes zu allgemeinen Gedanken von höchster philosophischer Bedeutung, und zwar bei einer Gelegenheit, die ihm anders als die Studierstube die Konsequenzen,

die ihre Entscheidung hatte, vor Augen führte. Wie sehr Cicero hier für sich seine Grundüberzeugungen gefestigt hat, sieht man etwa daran, daß in der Divinatio in Caecilium, also der Rede, die ihm das Recht der Anklage – der einzigen Anklage, die er in seinem Leben durchgeführt hat – sicherte, das Ideal vom Redner entwickelt wird, das theoretisch dann in De oratore seine letzte Ausprägung findet. Daß die Niederwerfung Catilinas letztlich eine philosophische Tat war, ließe sich zeigen, würde hier aber zu weit führen.

Ebensowenig kann dem nachgegangen werden, wie die Tat seines Konsulates ihn in immer größere Schwierigkeiten führt, bis er schließlich in die Verbannung gehen muß (58 Frühjahr bis 3. Sept. 57). Mochte es ihm später so erscheinen, daß er damals nach der Rückkehr noch am Steuerruder des Staates saß, die Macht war zu dieser Zeit an ganz andere Kräfte übergegangen. In dieser Zeit, als er nicht mehr politisch sein Staatsideal, den Staat der Väter, in die Tat umsetzen konnte und neue, wie er glaubte zerstörerische Kräfte die Notwendigkeiten der Zeit befriedigen wollten, hat er seine Gedanken im Werk niedergelegt. Es ist die erste Epoche seiner philosophischen Tätigkeit. Sie bringt Werke hervor, die seinem Leben, das praktisch mit seinen Zielen scheitert – die alte Res publica wurde von der Alleinherrschaft abgelöst –, schließlich doch recht geben: der Staat des Augustus verwirklicht so vieles von seinen Gedanken, daß man hat glauben können, Cicero habe mit seinen Gedanken etwas Ähnliches angestrebt. Es sind die Werke über den Staat, über die Gesetze und über den Redner. In den sechs Büchern De re publica wird sich das Römertum zum ersten Male seines Staates bewußt und begreift den Staat der Väter mit Hilfe der Theorie der gemischten Verfassung und Platos Staatsidee als eine Verwirklichung der Idee des Staates, der Gerechtigkeit, in der Geschichte. Über die gemischte Verfassung wird auf den Träger dieser Verfassung, den Menschen und besonders die politisch führenden Männer, als das Wesentliche vorgestoßen und vom «bonus et iustus» die Wiederherstellung der alten Ordnung erhofft. Cicero arbeitete an diesem grundlegenden Werke von 54 bis 51. Das Werk über die Gesetze, das in der Nachfolge

Platos, mit dem sich Cicero überhaupt hier auseinandersetzt, diese Gedanken in eine Gesetzgebung umsetzt, tritt hinter De re publica zurück und ist wohl nicht zu Lebzeiten Ciceros veröffentlicht worden. In den drei Büchern vom Redner (55) hat er sein Menschenbild in dem Ideal vom philosophisch gebildeten Redner gestaltet, ein Ideal, das dann in der Folge von großer Wirksamkeit war. Alle drei Werke sind in der Form des Dialoges, und zwar des aristotelischen Dialoges, mit vom Werke losgelösten Einleitungen geschrieben und derart, daß man die Meinung Ciceros anders als in den platonischen Dialogen deutlich erkennt. Sie gehören zu den schönsten und geschlossensten Schöpfungen Ciceros und sind so selbständig, daß man von Quellen und Vorlagen nicht sprechen kann. Ihre philosophische Bedeutung ist noch nicht ausgeschöpft. Die Arbeit an De re publica mag Cicero über die immer unerquicklicher werdende Lage des sich zerfleischenden Staates – er hat auch selbst als Redner mit seiner Autorität noch eingegriffen – getröstet haben. Aufs Ganze gesehen, hätte ihm die Verwaltung der Provinz Kilikien, der er sich 51 unterziehen mußte, eine Erlösung sein müssen, wenn er nur ohne die Luft Roms hätte leben können. Im folgenden Bürgerkriege zwischen Pompeius und Caesar wurde er wieder in den Strudel der Wirren gerissen. Er neigt auf die Seite des Senates und des Pompeius, muß aber erkennen, daß dort sowenig die Res publica vertreten ist wie hier, und wartet schließlich auf die Gnade des Siegers Caesar, der ihn als geistige Autorität respektiert. In dieser Zeit (ab Oktober 47 ist er wieder in Rom), in der in Rom Caesars Kreaturen und dann er selbst herrschen, beginnt er wieder literarisch tätig zu sein. Im November 47 begonnen, wird Februar 46 eine Geschichte der römischen Beredsamkeit beendet. Mag es auch oft nicht möglich sein, unter den «sweeping words» Ciceros das für ihn Wesentliche herauszuheben, so trifft doch wohl jene Briefstelle an Marius (epist. ad fam. 7,3,4) am besten den Zustand dieser Tage und drückt ihn am gedrängtesten aus: «Warum ich den Tod über mich hätte verhängen sollen, lag kein offensichtlicher Grund vor nach meiner Ansicht; ihn zu wünschen, viele. Gibt es doch einen alten Spruch: wenn du nicht mehr bist, der du gewesen bist, gäbe es keinen

Grund, weswegen du leben möchtest. Aber ohne Schuld zu sein ist ein großer Trost, zumal ich zwei Dinge habe, an denen ich mich halte, Wissen um die besten Künste und Ruhm in den größten Dingen; das eine wird mir zu Lebzeiten nie entrissen werden, das andere nicht einmal nach meinem Tode.» Mit dem Ruhm seines Konsulates, in dem er das Vaterland gerettet, und dem seiner Beredsamkeit und mit der Besinnung auf Unzerstörbares und Unraubbares tröstet er sich in dieser Zeit der Tyrannenherrschaft, in der er nicht mehr ist, was er gewesen ist, nämlich ein freier, für die gemeinsame Sache tätiger und mitverantwortlicher Mensch. Und zuerst mag wohl der Ruhm der vergangenen Tage, dem auch die Caesarianer (fam. 9, 20, 3) täglich ihre Huldigung bringen, das sein, woran er sich hält, den er im Bezirk der Redekunst mit seinem Brutus und dann mit dem Orator (September 46 vollendet) gegen neue Strömungen verteidigt. Bald aber wird jener Gedanke an das Wesentliche ihm Halt und Stütze gegen die Zeit geboten haben: seine philosophischen Schriften kündigen sich an. Schon im Orator (148: er betreibe mit Liebe daheim nicht nur solche Dinge, wie dieses Buch enthalte, sondern «viel gewichtigere und größere; wenn die vollendet sind, werden unseren Leistungen auf dem Forum auch die Schriften daheim entsprechen») deutet er den Plan an, sich im großen Stile mit Philosophie zu beschäftigen. Und nach dem September 46, als er den Orator vollendet hatte, zeigen die Briefe, daß er in rastlosem Schreiben seinen Tätigkeitsdrang befriedigt; denn alle Motive kommen hier zusammen (fam. 9, 26, 4; 6, 19; Att. 12, 14). Es ist nicht unmöglich, daß er mit einem Protreptikos, einer Adhortatio zur Philosophie, nach dem Vorbild des berühmten Protreptikos des Aristoteles begonnen hat. Es ist der Hortensius, jenes Buch, das Augustins Bekehrung einleitet, dessen wenige erhaltene Fragmente seinen Verlust besonders schmerzlich empfinden lassen. Die Vermutung ist nicht auszuschließen, daß Cicero an diesem Werke schon bald nach Vollendung des Orator gearbeitet hat und die zitierten Briefstellen auf diese Arbeit zu beziehen sind. Mitten in diese Wendung fiele dann im Februar 45 der Tod seiner Tochter Tullia. Die Tragweite dieses Ereignisses kann nicht leicht

überschätzt werden. Cicero hat Tullia geliebt. Sie und Atticus waren es, in denen Ciceros Seele sich ergänzte und am Leben hielt. Mit Tullias Tod verlor er etwas von seinem Wesen, löste er sich einen Schritt weiter vom Leben. Das mußte seiner Wendung zur Philosophie, der Vorbereitung zum Tode, wie er im Anschluß an Plato in den Tuskulanen sagt, eine neue Tiefe geben. Zunächst liest er alles, was es an Trostschriften gibt, um seinen Schmerz zu betäuben. Aber es drängt ihn zur Objektivierung. So wird seine Consolatio, die Trostschrift, die ebenfalls verloren ist, eine Konfession. In ihr tröstet er sich selbst, was, wie er sagt, noch niemand von den Verfassern der üblichen Trostschriften getan hatte. Aber auch in den Tuskulanen gibt die neue Erfahrung dem Gesagten Tiefe. Der Drang zum Festen und Objektiven führt dann zu den folgenden philosophischen Schriften. Bald muß ihm dabei die Einsicht gekommen sein, daß man sich nicht mit der Darstellung eines Teiles der griechischen Philosophie begnügen könne, sondern daß der innere Zusammenhang fordere, daß man das Ganze darstelle. Denn die Reihenfolge der Werke zeigt eine feste Ordnung. Mit der Hingabe an das Werk klingen dann eine Fülle von Begründungen und Motiven neu oder wieder auf. Der Ruhm und die Notwendigkeit, griechische Philosophie in Rom anzusiedeln, die Rechtfertigung der «Muße», der Wunsch und die Pflicht des Römers, auch als Greis, der nicht mehr in der Politik tätig sein kann, der Res publica auf diese Art zu nützen usw. Diese Begründungen, ernst genommen und in allen Verzweigungen studiert, gäben ein Bild, weswegen der Mensch und der Römer philosophiert. Die Komplexheit des Unterfangens würde vom Wesentlichsten bis zu dem mehr am Rande Liegenden das geordnete Ganze der Motive eines menschlich und römisch gelebten Lebens zeigen.

Im Vorwort zum zweiten Buch über die Weissagung (div. 2, 1 ff.) gibt Cicero einen berühmten Überblick über das bisher Geleistete: «Als ich mich fragte und viel und lange darüber nachdachte, wodurch ich möglichst vielen Menschen nützlich sein könnte, um die Sorge um das Allgemeine nie zu unterbrechen, begegnete mir nichts Größeres, als wenn ich meinen Mitbürgern die Wege der besten Künste übergeben

könnte; das habe ich in mehreren Büchern, wie ich glaubte, schon erreicht. Denn wir haben, sosehr wir konnten, zu der Beschäftigung mit der Philosophie in dem ‚Hortensius' betitelten Buche aufgerufen und haben in den vier Büchern Academica gezeigt, welche Art des Philosophierens wir für am wenigsten anmaßend und besonders konsequent und wortgewandt hielten. Und da die Grundlage der Philosophie in der Frage nach dem Äußersten im Guten und Bösen ruht, ist dieses Gebiet von Fragen von uns in fünf Büchern aufgearbeitet worden, damit erkannt werden könne, was von jedem und was gegen jeden Philosophen gesagt würde. Es folgten ebenso viele Bücher Gespräche in Tuskulum. Sie legten die Dinge, die zum glücklichen Leben am meisten nötig sind, offen. Denn das erste handelt von der Verachtung des Todes, das zweite vom Ertragen des Schmerzes, von der Linderung des Kummers das dritte, das vierte von den übrigen Verwirrungen der Seele, das fünfte umfaßt den Gedankenkomplex, der die ganze Philosophie am meisten in ihrem Wesen erhellt: es legt nämlich dar, daß die Vollkommenheit, um glücklich zu leben, an sich selbst genug hat. Nach Herausgabe dieser Dinge sind die drei Bücher über das Wesen der Götter fertiggestellt worden, in denen das ganze Problem dieses Fragenbereichs enthalten ist. Damit es völlig und überreichlich abgeschlossen sei, haben wir es unternommen, über die Weissagung in diesen drei Büchern hier zu schreiben; wenn wir ihnen, wie beabsichtigt, über das Schicksal etwas angefügt haben, wird diesem ganzen Problem überreich Genüge getan sein. – Diesen Büchern hinzuzuzählen sind sechs über den Staat, die wir damals schrieben, als wir das Steuer des Staates in den Händen hielten, ein gewaltiger Fragenbereich und eigenste Aufgabe der Philosophie, von Plato, Aristoteles, Theophrast und der ganzen Familie der Peripatetiker mit größter Ausführlichkeit behandelt. Denn was soll ich über den ‚Trost' sagen? Er heilt jedenfalls mich selbst in ziemlichem Grade; ich glaube aber, er wird ebenso den übrigen viel nützen. Dazwischengeschoben wurde auch neulich das Buch, das wir unserem Atticus über das Greisenalter schickten. Und da ja besonders durch die Philosophie ein guter und tapferer Mann entsteht, ist unser Cato in die Zahl dieser Bücher ebenfalls zu

rechnen. Und da Aristoteles und ebenso Theophrast, ausgezeichnete Männer sowohl in der logischen Schärfe als der Fülle ihrer Gedanken, mit der Philosophie auch Vorschriften für das Reden verbunden haben, scheinen auch unsere rhetorischen Bücher in dieselbe Zahl von Büchern eingereiht werden zu müssen. So werden es also noch drei über den Redner sein, das vierte der Brutus, das fünfte der Orator. – Bis jetzt liegt das vor; zu den übrigen eilen wir mit beschwingtem Mut, so gewillt, daß wir – falls nicht ein schwerer Grund entgegentritt – keinen Fragenbereich der Philosophie lassen wollen, der nicht im lateinischen Wort dargestellt zugänglich wäre.»

Bei diesem imperialen Überblick, aus dem die Freude am Werk spricht und in dem sich alles zur Einheit zu schließen scheint, fehlt das Werk De legibus, kleinere Arbeiten wie die Paradoxa Stoicorum und die Übersetzungen des Protagoras und des Timaios. Es reihen sich in der Folge noch an die Werke De fato, der Laelius über die Freundschaft, die verlorenen zwei Bücher De gloria, das Herakleideion zur Verteidigung der Caesarmörder, die erhaltenen Topica, ein Buch De virtutibus (verloren) und vor allem die Darstellung der praktischen Ethik in den drei erhaltenen Büchern De officiis, von denen das zweite Buch Anfang November 44 abgeschlossen war. In den Büchern über die Pflichten wie im Laelius klingt das Erlebnis der Iden des März 44 durch, an denen Caesar sein Ende fand. Cicero, dessen Namen als den Inbegriff der alten Res publica die Tyrannenmörder ausgerufen hatten, wird schließlich wieder in die Politik gerissen. Noch einmal hält er das Heft in den Händen, bis er 43 den Häschern des Antonius erliegt.

Diese Fülle von Werken, die in der Folgezeit dem Abendlande die griechische Philosophie vermittelten, ist also in rund zwei Jahren entstanden. Oft ging die Arbeit an mehreren nebeneinander her. Häusliche Schwierigkeiten, um von dem Anlaß, dem Tod der Tochter, abzusehen, schließlich politische Geschehnisse von höchster Tragweite rissen dabei an Cicero. Wie er dabei immer wieder den Aufschwung zu Gedanken, den Abstand, die Überlegenheit und die Konzentration findet, ist das Geheimnis seiner ungeheuren Lebensintensität, die mit dem ursprüng-

lichen Drang zum Geiste gepaart ist. Möglich, wenn auch nicht verständlich – sie ist ein unerklärbares Wunder – wird diese Leistung durch zweierlei: seit frühester Jugend hatte sich Cicero, wie wir sahen, mit der Philosophie auseinandergesetzt, er lebte in ihr, und zweitens konnte er Vorgeformtes übernehmen und hat es getan. Wenn er freilich einmal auf eine verwunderte Frage des Atticus antwortet (Att. 12, 52,3): «Es sind Abschriften, sie machen mir nicht viel Mühe: ich bringe nur die Worte hinzu, an denen ich Überfluß habe», so darf man das auf keinen Fall wörtlich nehmen. Denn erstens handelt es sich um eine der beliebten Selbstverkleinerungen dieser gebildeten Gesellschaft, und zweitens ist in der Philosophie das Wort, das Cicero aus seinem Überfluß beisteuert, ein ganz wesentlicher Teil der Leistung. Und so ist denn auch kein einziges Buch Ciceros als eine Abschrift anzusprechen. Gang, Aufbau, Komposition im ganzen sind sein Eigentum wie die Übertragung ins römische Wort und die Stellungnahme. Ganz eigen und ein unnachahmbares Vorbild aber ist die Fähigkeit zur Erhebung, die Wendung zur Philosophie, die aus dem packendsten Leben immer wieder vollzogen wird. Eine solche Spannung zwischen dem Ungeheuren seines großen römischen Lebens und den daraus emporsteigenden und an den Systemen der Philosophie entwickelten Gedanken, die Weite der Erfahrung, die hier im Wort eingefangen wird, haben die wenigsten Großen der Philosophiegeschichte mit ihm gemein, manche Erfahrung, wie die Einheit der Weltherrschaft, der Zusammenstoß mit der griechischen Bildung, ist erstmalig oder einmalig.

Daß sich dabei in diesen Werken Ungleichmäßigkeiten finden, bedarf keines, vor allem keines entschuldigenden Wortes. Wohl aber darf man sich bewußt machen, wie man Cicero lesen sollte. Man wird nicht den Genuß eines bis ins letzte durchgestalteten Systems finden, und man muß von vornherein darauf verzichten, ihn etwa bei Inkonsequenzen systematischer Art packen zu wollen. Die Freiheit, mit der er aus den vorliegenden Meinungen gestaltet, wird auch häufig nicht zu einem geschlossenen künstlerischen Aufbau führen. Dagegen darf man bei dem einzelnen verweilen, ja darf gerade in der Stellungnahme und Färbung

der einzelnen Gedanken, im Abbrechen und in Brüchen ciceronisches Philosophieren, ciceronische Lebensweisheit entdecken, die Formulierungen genießen und sie häufig in sich aufklingen spüren. Denn meist findet sich die unvergleichliche rednerische Prägnanz, die Fülle und Schönheit des Ausdrucks an solchen Stellen, hinter denen Cicero steht und die er mit der ganzen Kunst seiner langen Erfahrung mit dem Wort schmückt. Daß beim Aufsuchen solcher Stellen die Quellenforschung von Nutzen, ja unentbehrlich ist und daß wir Cicero erst ganz schätzen würden, wenn wir alle seine griechischen Quellen kennten, ist dabei klar und nicht zu leugnen. Treibt man aber die Lektüre nur, um die griechischen Systeme kennenzulernen, so wird man keine reine Freude haben – man versteht das nach dem, was über seinen Skeptizismus und seinen Eklektizismus ausgeführt wurde –, man wird Cicero dann öfter zu tadeln haben, so wie es das vorige Jahrhundert ausgiebig getan hat. Ebenso klar ist aber, daß man dabei Cicero nicht gerecht wird, ja es ist ein solches Verfahren eine Entwürdigung Ciceros im eigentlichen Sinne des Wortes. Hat man aber einen Sinn für die Stellen bekommen, an denen Ciceros Erleben sich mit dem Gedanken identifiziert, wird einem auch die Einheit dieser Weltanschauung deutlich. Das ist das Ziel einer ganzen Lektüre. Neben dem verweilenden Lesen aber, das sich nicht so sehr von der Konsequenz des Gedankens ziehen läßt, sondern bei den Resultaten und ihrer Formulierung verweilt, wird den Cicero-Leser noch etwas anderes beglücken, das über die Konsequenz des Gedankens, die ja auch noch im Substantiellen ruht, hinausgeht: das ist der Nachvollzug jener Erhebung zum Gedanken, die sich in schöner Bewegung vollzieht und mitreißt, das Ermutigende, nicht in Worten zu Fassende, das es hat, daß hier ein Mensch in Begeisterung eine Wendung zum Geist hin vollzieht, weil er darin die Würde des Menschen sieht.

Jenes Eigentliche, im wahrsten Sinne des Wortes Philosophische aber prägt sich besonders schön in den Tuskulanen aus. Damit sind wir bei unserem Werk angelangt, dem einige kurze Erklärungen vorausgeschickt werden, denen eine kurze Analyse des Inhaltes folgen soll.

Der Titel Tusculanae disputationes steht unter den anderen Werken, die in der Nachfolge Platons entweder nach dem Inhalt oder der Hauptperson ihren Namen tragen, allein da. Die Anregung dazu gab ihm wohl Dikaiarch, der «Gespräche in Lesbos» und «Gespräche in Korinth» geschrieben hatte. Nur daß Tusculum eben jenen besonderen Klang auch für Cicero hatte, also der Titel nicht zufällig war. Schon der Titel gibt einen Hinweis darauf, daß hier Dinge vereinigt waren, die sich nicht unter einen gebräuchlichen Sammelnamen bringen ließen, daß mithin die Zusammenstellung und Komposition als Ganzes Ciceros Werk ist. Das Ganze ist ein Dialog besonderer Art. Cicero mußte bei seiner Art zu philosophieren die Form des Dialoges, in dem Ansicht gegen Ansicht gestellt wird, besonders nahe liegen. Gleich in seinen ersten Werken, dem Staat und De oratore, erneuert er den platonisch-aristotelischen Dialog. In den Tuskulanen und De fato verwendet er eine Spielart, die er De fin. 2,2 schildert. Die Griechen nennen sie «scholai» (vgl. Tusc. 1,8). Arkesilas, der der Akademie zuerst die skeptische Richtung gab, erneuerte diese Form in Erinnerung an das sokratische Gespräch und die Methode der Sophisten, über ein beliebig gestelltes Thema zu reden. Der Hörer stellt eine Behauptung auf, die der Vortragende, der Lehrer, widerlegt. Der Hörer sucht sie zu verteidigen, solange er kann. In der Schulpraxis wird das dann zum reinen Schein. Der Hörer kommt gar nicht mehr zu Wort und stellt häufig die Behauptung auf, ohne sie wirklich zu vertreten, nur um den zusammenhängenden Gegenvortrag hervorzulocken. Dies war wohl die Übung der «scholai» in der Schulpraxis. Cicero bezeichnete die Tusculanae disputationes 1,7/8 als «scholai», gibt aber dem Hörer, wenn auch keine ausgeprägte, so doch eine größere Rolle als üblich, ja der Hörer widerspricht sogar ernstlich. So kann er sein Verfahren, ohne falsch zu sein, eine «vetus et Socratica ratio» nennen (1,8). Das Gesprächsartige kommt dadurch zustande, daß immer die Gegenwart des anderen empfunden wird, auch wenn er nicht spricht, daß darauf Bezug genommen wird und der Gedankengang die Lockerheit des Erzählens und Darlegens im Gespräch hat. Das Gespräch spielt zwischen dem Lehrer und dem Schüler, der nur blaß ge-

zeichnet ist. Der Lehrer ist natürlich Cicero, wenn er sich selbst auch nie Lehrer genannt wissen will. Der Hörer ist jung (2,28), in die eleusinischen Mysterien eingeweiht (1,29), ist oft in Athen gewesen (2, 26) und ist im übrigen ein junger Römer guter Art. Die Bezeichnungen M und D (später A), die «magister» und «discipulus» bedeuten (bzw. «auditor»), sind erst in der Spätantike hinzugesetzt. Die fingierten Gespräche sollen wohl in der Zeit vom 16. bis 20. Juni 45 spielen. Ihre Abfassung – mehr läßt sich nicht sagen – fällt ins Jahr 45. Gewidmet sind sie durch die Anrede in den nach aristotelischer Weise vom eigentlichen Werke unabhängigen Vorreden dem jüngeren Freunde Marcus Brutus.

INHALT UND AUFBAU

I

Zu dem Zwecke, zu zeigen, daß der Tod ein Gut der Menschheit ist, holt Cicero weit aus. Man muß dabei nach dem Wesen der Seele fragen. In einem imponierenden Überblick ziehen die Ansichten der Philosophen über die Seele vorüber (18 ff.); aber nicht, daß man unter ihnen eine Entscheidung träfe – welches die richtige ist, sieht vielleicht ein Gott –, sondern um zu zeigen, daß der Tod, welches auch immer die wahre Ansicht sei, kein Unglück oder vielmehr sogar ein Gut ist. Denn nach allen diesen Meinungen geht die Seele entweder zugrunde, der Tod geht uns also nichts an, oder es bleibt die Hoffnung auf ein Fortleben in der eigentlichen Heimat der Seele. Der Hörer möchte, selbst wenn es nicht so ist, von der zweiten Möglichkeit überzeugt werden. Warum liest du dann nicht Platos Buch über die Seele, den Phaidon? ist die Entgegnung. Zum ersten Male taucht hier die Autorität Platos auf, wie dann noch öfters, aber nur, um zurückgewiesen zu werden. Ciceros Erfahrung wird sich in der Antwort auf die Frage aussprechen, des zäh mit seiner Zustimmung selbst bei dem so über alles verehrten Plato sparenden: überzeugt, wenn man ihn liest, regt sich der Zweifel, sobald man ihn weggelegt hat. Doch kann die Alternative zugegeben werden, daß

die Seele, geht sie zugrunde, nicht unglücklich ist, weil sie überhaupt nicht ist, bleibt sie bestehen, selig in ihrer Heimat ist. Und so ergibt sich die Disposition für das Buch (20): zuerst soll gezeigt werden, daß die Seele nach dem Tode bleibt (I), dann, wenn dies nicht ganz fest behauptet werden kann, daß der Tod frei ist von jeglichem Übel (II).

I. Als Beweis für die Unsterblichkeit der Seele wird angeführt: 1. die Meinung der Alten, die, dem Ursprung näher, die Wahrheit besser sehen (27ff.). Sorgfältige Beachtung der Totenzeremonien und Glaube an vergöttlichte Menschen zeigt, daß sie überzeugt waren, die Seele gehe nicht völlig zugrunde; 2. der consensus omnium: alle empfinden Trauer beim Abscheiden eines geliebten Menschen, weil sie glauben, der Tote empfinde, daß er der Freuden des Lebens beraubt ist. Ein großes Anakoluth – eine häufige Erscheinung in den Tuskulanen – zeigt die Unmittelbarkeit und Zwanglosigkeit des Gespräches, vielleicht auch, daß ein sehr vielfältiger Gedankengang nicht ganz gemeistert wird; 3. die Sorge aller um die Zukunft: der Bauer pflanzt Bäume in der Überzeugung, daß die folgenden Generationen etwas mit ihm zu tun haben. Das soll der gewichtigste Beweis sein, obwohl über die Art der Beziehungen schlechterdings nichts gesagt wird, sie also auch nicht als Beweis für die Unsterblichkeit der Seele genommen werden können. Ein griechischer Philosoph – das kann man nicht nur aus dem Fehlen aller Parallelen, sondern auch aus der Form des Gedankens schließen – hat so etwas nicht geschrieben. Daß hier ciceronische Anliegen im Spiele sind, zeigt der folgende Satz, der mit unnachahmlicher Gebärde für den Dienst am Ewigen wirbt, aber desto mehr aus dem Rahmen der Beweise fällt: «Also wird ein gewissenhafter Landmann Bäume stiften, deren Frucht er selbst nie sehen wird, ein großer Mann aber soll nicht Gesetze, Einrichtungen, einen Staat stiften?!» (31). Cicero ringt hier mit dem Problem des Anteils am Ewigen in der Zeit. Das ist ihm das eigentlich Wichtige am Problem der Unsterblichkeit der Seele. Wie wir sehen werden, kommt diese Wendung noch mehrfach, sich immer durch Herausfallen aus dem logischen Gedankengang bemerkbar machend, im Folgenden wieder. 4. Am Beispiel der Männer, die für die Menschheit

wirkten, wird dieser Gedanke mit Hilfe des aristotelischen Gedankens, daß man das Vorbild eines Wesens gerade vom besten Wesen nehmen müsse, weiterentwickelt. Aus einer Art Vorschau künftiger Zeiten nehmen diese Männer die Kraft, den Dienst für die anderen auf sich zu nehmen. Daß wir hier bei dem eigentlich ciceronischen Anliegen sind, zeigt die Tatsache, daß er hier auch sich selber erwähnt (32ff.). Unsterblichkeit wird hier vor allem bei der Erwähnung des Heldentods so vieler Römer für das Vaterland fast mit dem Ruhm des Namens identisch. Der Schluß freilich, daß jene, die so dem Ruhme dienen, glauben, nach dem Tode noch Empfindung von ihm zu haben, wird von Cicero selbst mit einem «wahrscheinlich» (35) seiner Kraft beraubt.

Gibt so der consensus omnium und gerade der Besten die Gewähr, daß in der Seele etwas Dauerndes ist oder, wie Cicero sagt, daß sie bleiben wird, so muß man mit Hilfe der Vernunft herauszubekommen suchen, wo sie sitzt und wie sie beschaffen ist (36ff.). Unkenntnis und Irrtum vor allem der Dichter hat hier verwirrend gewirkt. Pherekydes von Syros und Pythagoras haben nach den mythischen Gebilden der Dichter die Ewigkeit der Seele zuerst behauptet, Plato, der Kenner der Pythagoreer, sie begründet. «Die wollen wir beiseite lassen und diese ganze Hoffnung auf Unsterblichkeit aufgeben!» Wieder dies Zurückzucken bei dem festen gedanklichen Beweis. Und nur als der Hörer offen sagt, lieber wolle er mit Plato irren, als mit den anderen die Wahrheit haben, wird auf diesem Wege weitergegangen (40ff.). Zum Abschluß (49) dieser Erörterungen wird dann diese Unsicherheit und Zurückhaltung noch einmal zum Ausdruck gebracht. Ausgehend von der Lehre der Physiker, die zeigen, daß um das Zentrum der Erde die Elemente ihrer Schwere nach geordnet sind, wird gezeigt, daß die Seele auf jeden Fall so rein, unvermischt und leicht ist (40.41), daß sie, wofern sie dauert, nicht im Körper begraben liegenbleiben kann, sondern in die Höhe steigt. Die Stelle gibt Gelegenheit, Kritik an den schon einmal vorgeführten Meinungen über die Seele zu üben und bestimmte davon abzuweisen. Cicero neigt hier offenbar dazu – wenn auch mit den oben besprochenen Vorbehalten –, die Seele als materiell, und zwar als aus feinstem Stoff

bestehend, anzunehmen. Hat die Seele dann den Dunstkreis der Erde infolge ihrer Leichtigkeit überwunden, wird sie, Halt machend am äußersten Feuerkreis aus dünner Luft und gemilderter Sonnenwärme, die schönsten Schauspiele reiner Erkenntnis genießen, da sie vom Körper völlig ungehindert ist. Wie ärmlich dagegen die Atomtheorie der Epikureer, bei denen die Seele in ihre Bestandteile zerfällt. Beim Vortrag der Lehre der Naturphilosophen läßt sich Cicero also, berührt von der alten Menschheitserfahrung, daß reine Erkenntnis irgendwie vom Körperlichen befreit, davontragen und schildert die Wonnen, die einer körperlosen Seele harren. Wohlgemerkt aber läßt sich Cicero hier mit einer schönsten Möglichkeit nur unter einer Voraussetzung ein.

Aber man ist zu schnell vorgeeilt. Viele (50 ff.) bestrafen die Seele mit dem Tode, weil sie nicht einsehen können, wie die Seele ohne Körper beschaffen ist. Das Leib-Seele-Problem, unlösbar, sobald einmal beide Bestandteile gedanklich getrennt sind, macht hier unüberwindliche Schwierigkeiten. Die Schwierigkeit dieser göttlichen Selbsterkenntnis wird eingesehen (53), aber die Existenz der Seele, wenn schon nicht ihre Beschaffenheit, muß sich erkennen lassen. Platos Beweis aus dem Phaidros zeigt, daß die Seele als einziger Selbstbeweger ewig ist. Das kann also die Seele über sich erkennen und somit ihre Ewigkeit (55). Ihre Ewigkeit erkennt sie weiter an dem Göttlichen, das in ihr ist, dem Gedächtnis als anamnesis (58) oder als reinem Vermögen (59). Göttlich ist, und damit nicht sterblich, ferner die Erfindungsgabe, alles was geistig-seelische Initiative heißt (62 ff.). Ein Hymnus auf den menschlichen Geist, gekrönt von einem Zitat aus seinem «Trost», schließt den Teil über die Göttlichkeit des menschlichen Geistes ab, in dem man wieder die ewige Stimme des Geistes, wenn auch in fremder und durch Jahrtausende getrennter Form, spürt (65/66). Wo die Seele ist (67) und ihren Platz hat, ist weniger wichtig, wenn wir sie nur so erkennen, wie wir Gott aus der Natur – ein breites Gleichnis voll tiefer Freude an der Natur krönt die Parallelität von Gotteserkenntnis und Seelenerkenntnis, die schon im vorigen eine Rolle spielte (63–70) – erkennen und erschließen. Ihr Wesen ist, was es auch immer sei, unvermischt und deshalb

nicht teilbar und also ewig (71). Die logischen Verknüpfungen und ihre Stringenz nehmen ab und verlieren an Bedeutung gegenüber den unmittelbar auf das Gefühl wirkenden Bildern. Und so schließt dann die Rede des Sokrates aus dem Phaidon in ihrer Sicherheit über die Ewigkeit der Seele, selbst wo sie die Wahl zwischen beiden Möglichkeiten läßt, verbunden durch Höhe des Tones und Zuversichtlichkeit, eng an (71–73). Mit Gesang und Lust müsse man sterben, und jeder würde so denken und es erkennen, wenn die Schärfe des Geistes nicht von der Selbstbetrachtung blind würde. Mit derselben Zuversicht wie Sokrates ging Cato aus dem Leben. Auch wir wollen uns jetzt schon im Sterben üben, das Leben des Philosophen führen und die Seele von den Fesseln des Körpers befreien. Die Zuversicht und der Glaube an das Unsterbliche im Menschen führt so mit dem Plato-Wort vom Leben des Philosophen als einer Übung im Sterben wieder zu einer der Lebensrichtung Ciceros entspringenden und tief ersehnten Wendung, zum erlösenden und lösenden Geist und zur Mahnung und zum Aufruf.

Das Zwischenspiel (76–81), das folgt, sinkt im Ton merklich herab, wenn auch zu Anfang der Hörer noch leidenschaftlich beteuert, daß er völlig überzeugt ist. Soll er doch auf jeden Fall mit der Überzeugung entlassen werden, daß der Tod kein Übel ist. Scharen aber von Philosophen fechten die Unsterblichkeit der Seele an. Dikaiarch, die Stoiker, Panaitios. Die Stoiker braucht man kaum zu widerlegen, Panaitios aber wird sogleich der Ehre einer sehr scharfsinnigen Widerlegung teilhaftig. Man ist also wieder im Bereich des kritischen und auflösenden Gedankens.

II. Aber nehme man ruhig an, damit beginnt der zweite Teil, daß die Seele nach dem Tode nicht dauere, was kann diese Ansicht Schlimmes bringen? Nach dem Tode ist keine Empfindung, die Trennung der Seele vom Körper geschieht ohne oder höchstens unter einem geringen Schmerz. Und der Abschied von all den Gütern des Lebens? Von Übeln führt uns der Tod hinweg (83ff.), und wenn nicht direkt aus Übeln, so doch aus der Möglichkeit, immer Übles zu erleiden! Und selbst zugegeben (87), die Menschen würden durch den Tod guter Dinge beraubt, entbehren

werden sie sie nicht, da sie keine Empfindung haben und keinen Willen. Eine ausführliche Interpretation des Wortes «entbehren» läßt hier die Freude Ciceros am Wort besonders hervortreten. Solche Wortinterpretationen unterbrechen in den Tuskulanen mehrfach den Zusammenhang. Fast ungeduldig schließt dann Cicero hier ab: was braucht man hierbei Philosophie! Die stolze Reihe römischer Helden zeigt, daß sie den Tod nicht gefürchtet haben. Sind sie etwa elend? Doch nur, wenn sie Empfindung hätten (89). Behauptet man aber gerade das, ohne Empfindung zu sein, sei schrecklich, dann vergißt man wieder, daß es sich ja um kein Entbehren handelt. Camillus kümmert sich so wenig um den Bürgerkrieg jetzt wie ich mich um die Einnahme Roms damals. Warum also hätte Camillus damals Schmerz um die Zukunft empfinden sollen oder ich, wenn ich glaubte, in zehntausend Jahren werde Rom von seinen Gegnern eingenommen? Man denkt, im Zuge des Beweises geht es weiter: das wäre ja unsinnig, weil man keine Empfindung hat. Aber Cicero hat ein anderes Anliegen. Auch wenn die Seele nach dem Tode erlischt und empfindungslos wird, läßt sich sein Glaube nicht wankend machen, daß die Zukunft und die Ewigkeit uns angeht. Daher die überraschende, den Zusammenhang durchbrechende Antwort: weil die Liebe zum Vaterland sich nicht nach dem eigenen Empfinden, sondern nach dem Heil des umsorgten, hier höchsten Gegenstandes bemißt. Der Weise hat die Zukunft im Auge nicht aus Ruhmsucht, sondern aus dem Streben nach Vollkommenheit, der der Ruhm folgt. Man sieht die Verwandtschaft mit der oben interpretierten aus dem Zusammenhange fallenden Stelle. Hier wird das Problem in einem Zusammenhange, der ihm noch ungünstiger ist, etwas anders gewendet: das Anliegen und das Resultat des Lebens bleibt dasselbe. – Im Schlaf ist keine Empfindung, dem Abbild des Todes, wieviel weniger dann im Tod, der der Zeit vor der Geburt entspricht (92). Fort also mit dem Gerede, vor der Zeit zu sterben sei ein Jammer! (93). Das Glück ruht allein in der Vollkommenheit (95/96). Beispiele von Todesverachtung, Theramenes und Sokrates mit seiner stolzen Rede bekräftigen die Überzeugung, daß der Tod kein Übel ist. Sonst wäre er ein ewiges Übel, was die vorsorgende Natur nicht

gewollt haben kann (bis 100). Und nun häufen sich die erhebenden Beispiele von Todesverachtung, Spartaner, Römer, Spartanerin, Philosoph.

Über das Begräbnis, das sich nach diesen Erkenntnissen zu richten hat, wird in einem zwanglos angeordneten Exkurs gesprochen (102 ff.). Auch hier häufen sich die Beispiele. Man wäre noch mehr erstaunt über diese Sammlung anspornender Exempel, wenn man nicht wüßte, daß sich darin Gedanken verraten, die Cicero nach dem Tode der Tochter um und um gekehrt hat, um sich an ihnen zu stärken. So spricht auch hier das Leben Ciceros.

Wenn die Überlegung aber allein es nicht erreicht, daß man den Tod geringschätzt, so geht man dem Tod mit Gleichmut entgegen, wenn das Leben sich mit seinen eigenen lobenswerten Taten trösten darf. Wer sich im Leben mit dem Ewigen verbunden hat, darf ihn geringschätzen. In diesen abschließenden Worten, die Ciceros Grunderlebnis dieser Jahre spiegeln, gewinnt das Thema des echten Ruhmes, das schon in beiden Teilen anklang, selbständige Bedeutung (109–111).

Ein eigenes Schlußwort (113 ff.) nach rhetorischer Weise beendet das Buch nach einem kurzen Zwischengespräch. Die Götter selbst haben geurteilt, daß der Tod das Beste für den Menschen ist.

Daß der Tod entweder ein Verlöschen sei oder ein Weg in bessere Gefilde, war die Antithese, die Sokrates vor den Richtern stärkte. Cicero macht sie zum Aufbauprinzip seines Buches, nachdem sie oft schon die Aufbauform von Gedanken auch Ciceros gegeben hatte. Sie spiegelt aber darüber hinaus die freie Zurückhaltung Ciceros, der den letzten Fragen keine Gewalt antun möchte, sondern sich ehrfürchtig bescheidet. Unbewegt aber ist er in seiner Sicherheit, daß Leben und Seele des Menschen im Ewigen gründen.

Die Quellenfrage des ersten Buches ist, nachdem die einheitliche und ciceronische Führung der Gedanken und Empfindungen schon im Bericht erkannt ist, höchst schwierig geworden. Früher schrieb man das ganze erste Buch Poseidonius zu (Corssen; Pohlenz schloß sich an); Reinhardt glaubte es ganz Antiochus zuschreiben zu sollen. Philippson nimmt eine größere Zahl von Quellen und viel Cicero an. Ich glaube sogar, die

Frage ist noch schwieriger. Noch mehr Lektüre, wenn auch vielleicht weniger direkte «Quellen» sind wohl anzusetzen. Aber sicher ist es auch lohnenswert, das Ciceronische für sich zu betrachten, was hier allein und noch dazu in beschränktem Rahmen unsere Aufgabe sein kann.

2

Das zweite *Buch handelt vom Körperschmerz. Nach einem vom Buche losgelösten Proömium über das eigene Philosophieren (1–9) und einem zweiten ins Gespräch einbezogenen über den Nutzen der Philosophie und Einheit von Philosophie und Leben (10–13) wird die These aufgestellt, der Schmerz sei das größte aller Übel. Mit der Gegenfrage «Auch ein größeres als die Schande?» wird der Hörer, der die These eben aufgestellt hatte, sofort überraschend aus dem Sattel gehoben. Denn er hat soviel gute Art, um sich sofort geschlagen zu bekennen und seine Meinung insofern zu mildern, als er den Schmerz nur ein Übel nennt. Dem überraschenden edlen Zugeständnis des Jünglings wird als Kontrast eine Reihe Philosophen entgegengestellt, die diese These zur Grundlage ihrer Philosophie machten. Was kann eine solche Philosophie Gutes hervorbringen, wie das Glück verbürgen? Denn wenn Epikur trotz diesem Grundsatz den Weisen selbst über die schlimmsten Martern lachen, ja sie genießen läßt, so kann man darüber nur lachen. Nicht einmal die Stoiker versteigen sich doch zu solchen Behauptungen. Eine ernste Sache ist nämlich der Schmerz. Die Gestalten der Dichter, Philoktet, Herkules, Prometheus, beweisen es. Cicero legt hier eine Reihe eigener Übersetzungen ein und begründet das mit der Gepflogenheit vor allem seines Lehrers Philo (19ff.; 26). Aber die Tuskulanen zeichnen sich darin vor den anderen Werken Ciceros überhaupt besonders aus. Neben der Freude am Wort mag hierbei auch unbewußt mitspielen, daß in den Tuskulanen die Äußerungen und Leiden des Lebens, die ein glückliches Leben hindern, bekämpft werden. Dafür aber sind die Dichter die besten Zeugen. Und wie bei jeder Philosophie, die, um das Geistige zu sichern, das Lebendige zurückdrängt – das bezeichnendste Beispiel ist Plato und sein Verhältnis zu den Dichtern –, so wird auch hier Cicero, der*

sie ja eben als Beweis für die Schwere des Schmerzes einführte, dazu gedrängt, sie mit Berufung auf Plato zu tadeln. Ein bezeichnender Zug, der zeigt, aus welchem Ringen zwischen durchlebtem Schmerz und Empfänglichkeit für die Dichter und Streben zum beherrschenden Geist auf der anderen Seite Ciceros Haltung erworben wird. Jedenfalls ist er dem Leben näher als die Stoiker, die schlankweg leugnen, daß der Schmerz ein Übel sei. Der Tadel gegen die Dichter aber ergibt zugleich einen guten Übergang zu den Epikureern, bei denen als Philosophen die Betonung des Schmerzes noch verwunderlicher wirkt (28). Epikur würde sagen, in der Schande läge nichts Schlimmes, wenn keine Schmerzen folgten. Wie anders die Antwort des römischen Jünglings – man ist wieder bei der Situation des Anfangs –; wenn man die festhält, dann kommt es nicht so sehr auf die Frage an, ob der Schmerz ein Übel ist, als vielmehr darauf, seinen Geist zu stärken, ihn zu ertragen. Wieder spielt die Abneigung Ciceros, solche Dinge in theoretische Schemata zu pressen, eine Rolle. De tolerando dolore, das ist das eigentliche Thema dieses Buches, wie es in De divinatione dem Anliegen gemäß formuliert wird. So wird im folgenden denn auch gegen die Spitzfindigkeit der Stoiker, die den Schmerz hinwegdisputieren, vorgegangen (29ff.). Der beste Schutz gegen den Schmerz ist die Vorstellung von dem, was männlich und würdig ist. Entweder es gibt keine Tugend, keine Vollkommenheit – sie wird nach den vier Kardinaltugenden aufgespaltet – oder man muß den Schmerz ertragen (31–33). Die Vollkommenheit bekommt hier über das stoische noch das römische Pathos des Anstandes und der Ehre. Und er läßt sich ertragen: Erscheinungen des Lebens beweisen es. Die Kreter und Spartaner ertragen den Schmerz durch ihre Sitten gestählt, die Vernunft sollte diese Kraft nicht haben? (34ff.). Die Gewöhnung vor allem an Strapazen – ein Wort, das nahe Verwandtschaft mit dem Schmerz hat, die Griechen unterscheiden beides gar nicht in ihrem Worte πόνος – läßt den Schmerz leichter ertragen. Man schaue die Spartaner, die spartanischen Mädchen, das römische Heer, den Unterschied zwischen alten Soldaten und Rekruten an (38ff.); überall macht die Gewöhnung den Schmerz leicht. Und ein gebildeter und weiser

Mann sollte ihn nicht ertragen können? (40). *Wieder dieselbe Wendung, die den Vorrang der Vernunft vor allem anderen betont und soviel Anfeuerndes hat! Die Gewöhnung und innerliche Vorbereitung wird dann weiter an Beispielen bis zum Gladiator verfolgt* (41).

Was sagt die Vernunft dazu? Sie legt keinen Wert darauf, mit den Stoikern den Schmerz als ein Übel zu leugnen, wohl aber behauptet sie, daß falsche Vorstellungen ihn zu mächtig werden lassen (42). *Wenn wir virtus besitzen wollen, das heißt Männer sein wollen – das römische Pathos der virtus klingt wieder auf –, muß man den Schmerz wie den Tod verachten. Dazu gibt die Philosophie die Hilfe. Nicht freilich Epikur* (44/45), *wohl aber die Stoiker, die in der Schande das schlimmste Übel sehen* (46). *Hat man das gefaßt, so bleibt nur noch, daß man sich selbst befiehlt, das heißt, die Vernunft den Schmerz bändigen läßt* (47ff.). *Der Weise wird sich selbst aufrichten und wappnen. Womit? Und was sind die Waffen? Anspannung, Bestärkung, inneres Gespräch, Beispiele* (52ff.). *Zu aller Pflichterfüllung und zum Niederwerfen des Schmerzes und der übrigen Begierden gehört, wie man auch an Beispielen des Lebens sieht, vor allem die Anspannung, die aber dann auch selbst den Schmerz mildert* (53ff.). *Die Spannung aber hat ihre Kraft aus der Richtung des Menschen auf das wahrhaft Rühmliche* (58ff.). *Das wahrhaft Rühmliche aber wird nicht nach dem Urteile der Masse, sondern nach dem eigenen Bewußtsein und Gewissen bemessen. Geht man von festen Grundsätzen aus, wird man dann gleichmäßig rasche Schmerzen wie langes Siechtum ertragen.*

Die Quelle dieses Buches über das Thema, wie man den Schmerz ertragen solle, ist vor allem im zweiten Teile ein sehr frei behandelter Brief des Panaitios an Quintus Tubero De dolore patiendo (von Cicero de fin. 4, 23 *erwähnt), wie Pohlenz gezeigt hat.*

3

Das dritte *Buch handelt vom Kummer. Zu den Dingen, die dem dauernden Glück des Menschen gefährlich werden, gehören nicht nur Tod und Schmerz, gegen die man ankommen kann, indem man sie als unwesentlich*

auf ihre wahre Bedeutung zurückführt; es wird auch von den Leidenschaften her gefährdet, die über dem Augenblick alles vergessen lassen, was wahren und dauernden Wert ausmacht. Gibt es auch bei ihnen die Möglichkeit, die äußeren Dinge, die sie erregen, auf ihren Wert zurückzuführen, so ist es doch wirksamer, sie selbst als verderblich für die innere Ruhe und Gesundheit der Seele zu erkennen und zu bekämpfen. Dies Verfahren, sicher viel geübt, ist von Cicero im dritten und vierten Buche angewandt worden. Im dritten Buche bekämpft er den Kummer, im vierten die übrigen Leidenschaften. Es ist sicher keine unerlaubte psychologische Ausdeutung, wenn man darin, daß Cicero den Kummer in einem eigenen Buche behandelt, ein eigenstes Anliegen und Bedürfnis sieht. Er kannte jenen Zustand der Seele, in dem sie stumpf darniederliegt, in ihrem Schmerze ganz auf sich selbst bezogen. Er, der so an die Welt Gebundene, hatte ihm während seiner Verbannung und nach dem Tode seiner Tochter besonders einen furchtbaren Tribut gezollt. Dazu kommt noch ein römisches Anliegen: Begierde, lebenstolle Freude, ja sogar Furcht, die auf Sicherheit aus ist, das alles ist dem Römer verständlich, jede Art von Lässigkeit, Sichgehenlassen, Lahmheit, ignavia, torpedo ist ihm verhaßt. Mag es mit diesem inneren Beteiligtsein zusammenhängen: das dritte Buch ist für einen, der einen logisch klaren Aufbau sucht, voller Anstöße. Mehrmals setzt Cicero zum Thema an, er grübelt lateinischen Worten nach und schweift ab, er wird von heftiger Polemik gegen die Epikureer fortgerissen, verengt den Begriff des Kummers auf den der Trauer, von der er besonders erfaßt ist, er gleitet vom Thema ab, zieht aus den Beweisen den Schluß, der ihm am Herzen liegt, auch wenn der Zusammenhang anderes zu fordern scheint, die Stelle vergessend, für die er diente. Es ist ein Prüfstein der Liebe für Cicero, wenn jemand das dritte Buch ohne Ärgernis liest. Andrerseits: wer würde es nicht lohnend finden, es zu tun, wenn er Worte wie die von der Stumpfheit der Seele, die Folge völliger Leidenschaftslosigkeit ist, von dem zu meidenden Kampf mit Gott, von der männlichen Vernunft, von der Gesundheit der Seele usw. – man entdeckt immer wieder Neues – erwägt, die Früchte dieser Gedankengänge sind,

die aus dem Material griechischer Psychologie, es variierend, emporschießen.

Im einzelnen ist das Buch folgendermaßen aufgebaut: 1–7 Proömium über die Philosophie als Heilmittel der Seele; 8–12 die These, Kummer, einschließlich der übrigen Verwirrungen, berühre den Weisen – hier wird schon dem vierten Buche vorgearbeitet, ein Zeichen für ihren inneren Zusammenhang –, wird zurückgewiesen mit dem Satz vom Wahnsinn aller Toren. Diesem Wahnsinn kann der Weise nicht verfallen. Die Vorfahren haben mit ihrem Wort insania, dem Kranksein der Seele, das sie auf eine durch solche Verwirrungen getrübte Seele bezogen, diese philosophische Weisheit vorweggenommen.

12–22 Wiederholung der These. Sie ist begreiflich. Hat doch Cicero die Erfahrung von der Stärke des Seelenschmerzes gemacht, so daß er Krantors Bejahung der seelischen Empfindungen fast gutheißen möchte. Aber wenn die Seele von der Philosophie nicht geheilt ist, die Leidenschaften nicht beseitigt sind, wird es kein Ende des Jammers geben. Deshalb wird nach Art der Stoiker streng gegen alle Leidenschaften – wieder ist das Thema des vierten Buches miteinbezogen – mit dem Maßstab der Haupttugenden vorgegangen: Kummer verträgt sich nicht mit Tapferkeit (14), mit Seelengröße (15), mit Maß (16–18), hätte der Weise Kummer, könnte er auch Zorn (10), Mitleid und Neid haben (20/21). Die beiden letzten Beweise sind freier aus den drei vorhergehenden herausentwickelt. Sie widersprechen dem Vorsatz, über alle páthe den Beweis zu führen.

22ff. Beginn der freieren Erörterung, die sich aber doch an die Gedanken der Stoiker halten will. Ausführungen über die Bedeutung des Wortes « Kummer » bilden den Eingang – es kommt von der verkümmerten und hinsiechenden Seele – und über seine Stellung unter den Leidenschaften, die sich nach bevorstehenden oder gegenwärtigen Übeln oder Gütern in vier Teile gliedern: Furcht und Kummer, Begierde und Ausgelassenheit. Der Ursprung dieses Seelenschmerzes muß von uns dargelegt werden, heißt es dabei mitten drin, und das ist das Leitmotiv des ganzen Buches. Zu zeigen, daß jeder Kummer nur in der Vorstellung

ruht, also von einem selbst abhängig ist und deshalb überwunden werden kann und muß: das ist das männliche Ziel dieses Buches. Überleitend steht die stoische Definition des Kummers als der frischen Vorstellung eines großen gegenwärtigen Übels, bei der es richtig scheint, davon bedrückt zu sein. Diesen Furien muß man mit allen Mitteln Widerstand leisten, heißt es am Schluß. Ist das noch die Darlegung, daß den Weisen Kummer nicht berühre? Hier bricht das eigene Anliegen durch.

25 ff. der dritte Ansatz mit Wiederholung der These. Man will nur den Kummer verjagen, die anderen Leidenschaften jetzt lassen. Das ist eine Beschränkung, die dann noch enger auf die Trauer beim Tod von Angehörigen zusammengezogen wird. Kummer ist mit dem Begriff des Weisen nicht vereinbar. Was ist er für eine scheußliche, das Menschenbild entstellende Sache! Die Dichter müssen hier wieder Zeugnis geben, die Künder des Lebens (26/27). Beispiele vor allem grotesker Wirkungen des Kummers über verlorene Herrschaft – sie gehören hier nicht her, mußten aber Cicero und der Zeit der unerbittlichen Machtkämpfe besonders nahe sein – stützen das. Zum Abschluß faßt Cicero zusammen: «Jede Leidenschaft ist Elend – ... Kummer Schlimmeres: Siechtum, Marter, Pein, Entstellung; er zerreißt, zerfrißt die Seele und verzehrt sie einfach.» Das ist das eigene Erlebnis, das hier den Feind in all seiner Scheußlichkeit plastisch vor die Sinne stellt und sich von ihm distanziert und so schon die befreiende Wendung eintreten läßt.

28 ff.: War schon im vorigen vorausgenommen, daß der Kummer auf der frischen Vorstellung eines Übels beruhe (26), entsprechend der Definition (25), so beginnt auch jetzt nicht eine ruhige Darlegung der Reihe nach, sondern die Klärung in der Auseinandersetzung: Cicero wendet sich sogleich gegen die Epikureer und die Kyrenaiker. Mit einem «es ist wohl offenkundig, daß der Kummer dann entsteht, wenn etwas sich so gezeigt hat, daß es als ein großes Übel dem Anschein nach da ist und bedrängt, das heißt von der Vorstellung verursacht wird», übergeht Cicero das, was er zeigen müßte, offenbar von der Wahrheit selbst überzeugt und sie keiner Erörterung für bedürftig haltend, und setzt Epikurs Meinung und die der Kyrenaiker dagegen (28). Epikur meint,

jedes wahrgenommene Übel verursache naturnotwendig Kummer, das heißt ohne daß die Vorstellung des Menschen daran etwas ändern könne. Die Kyrenaiker sagen, nur ein unverhofftes und unvermutetes Übel verursache Kummer. Gewiß, die Unverhofftheit ist nicht ohne Bedeutung, sie steigert den Kummer. Und nun sogleich das Anliegen wieder: wie heilt man ihn? Nicht mit Unrecht faßt ja Cicero in De divinatione das Buch zusammen unter dem Titel De lenienda aegritudine. Dichter, die auf das Unerwartete vorbereiten, werden gelobt. Vorherbedenken möglichen Unglücks (29) mildert den Kummer. Hierbei als dem Wichtigen – mag es den Teil am Schluß über die Trostarten teilweise vorwegnehmen – verweilt Cicero. Terenz, Sokrates werden als Zeugen für die Notwendigkeit, alles Menschliche vorherzubedenken, genannt. Bezeichnend wieder die ciceronische Wendung: die Dichter wissen es, die Philosophie sollte es nicht wissen? Der Abschluß: «Deshalb übernehme ich von den Kyrenaikern diese Waffe gegen Zufälle und Schicksalsschläge, mit denen sie deren drängenden Ansturm durch stetes Vorausbedenken brechen, und zugleich urteile ich, jenes Übel liegt in der Vorstellung, nicht in der natürlichen Gegebenheit. Denn läge es in der Sache, warum würde es dann leichter, wenn man es voraussieht?» (31). Der Schluß ist überaus bezeichnend für das Abbiegen des Gedankens bei Cicero. Es wird nicht geschlossen: also ist gezeigt, daß die Kyrenaiker teilweise mit ihrer Behauptung recht haben, daß nur das Unerwartete schmerzt, wenn auch nicht ganz, wie noch zu zeigen ist, sondern das Anliegen bricht durch: ich übernehme von ihnen die Waffe des Vorausbedenkens, und gleichzeitig wird ein Schluß gezogen, der am Anfang als selbstverständlich abgetan wurde, der nicht hierher gehört, der aber für Cicero die Hauptsache ist, weil er ihm die Möglichkeit der Heilung gibt: der Kummer ist eine Sache der Vorstellung. Es ist ein ganz konkretes Denken, das sich aus der Sache, ohne die Linie des Gedankenganges allzusehr zu bedenken, holt, was ihm wichtig ist.

Aber die Behandlung der Kyrenaiker ist nicht abgeschlossen, sie haben nur teilweise recht. Genaueres kann man aber darüber erst sagen, wenn Epikur widerlegt wird, der sagt, dies Vorausbedenken habe gar

keinen Sinn. Deshalb werden die Kyrenaiker zurückgestellt und Epikur vorgenommen. Es wird aber nicht nur der Punkt erledigt, der sich gegen den Teil der Kyrenaikerbehauptungen wendet, dem Cicero beistimmt, sondern seine ganze Ansicht. Dieser Teil wächst sich zu einer ganz selbständigen Polemik aus (32–52). Epikur sagt, alle haben notwendig Kummer, die glauben, im Unglück zu sein, gleich, ob das vorausgesehen wurde oder veraltet ist. Gegenüber dem ersten Male (28) wird hier Epikurs Meinung viel ausführlicher dargestellt. Hinzugefügt wird außerdem seine Heilmethode der Ablenkung auf ein Gut (33). Zunächst wendet sich Cicero gegen die Herabwürdigung des Vorausbedenkens. Gerade darin sieht er die Aufgabe der Philosophie, sich über den Moment zu erheben. Daß aber Ablenkung nicht hilft, wenn ein Kummer reißt, quält, seinen Stachel ansetzt, wie Kohlen brennt, den Atem nimmt, das hatte Cicero erfahren. Ja, wenn man auf ein wirkliches Gut ablenkte, wie die alten Philosophen! Aber was ist das höchste Gut Epikurs? Genuß und Schmerzlosigkeit (36 ff.). In der Tat empfindet Cicero hier ganz richtig, daß Epikur sein schärfster Gegner ist. Aller Trost, alle Erhebung über die Zeit ist unmöglich, wenn man im Moment und in den Sinnen das Eigentliche des menschlichen Lebens sieht. Deshalb wird er hier so heftig (wenn er sich auch zurückruft), zitiert, zeigt Widersprüche auf (wenn er auch Epikur selbst von seiner Lehre trennt). Hier spielt sich der Kampf zwischen Sinn und Genuß, zwischen Dauer und Augenblick in der Entgegensetzung stoischer und epikureischer Gedanken ab, wobei Cicero auf seiten der Stoiker – für den Römer als Mann der ratio selbstverständlich – steht. Es ist der notwendige Kampf, exemplarisch in seiner Schärfe ausgefochten, der entsteht, wenn Leib und Geist getrennt eines gegen das andere mit ihren Prinzipien ausgespielt werden. Cicero hat die Partei des Geistes gewählt, erkennt den schärfsten Gegner und führt einen ebenso erbitterten wie mit seinen Mitteln nicht lösbaren Kampf. Er hat aber, die Würde des Menschen verteidigend, die Partei gewählt, der der Primat gebührt.

Was die Kyrenaiker betrifft, so wird nach diesem Kampf der Faden wieder aufgenommen (52), so haben sie teilweise recht. Das Unerwar-

tete ist ein großer Faktor. Alles Plötzliche erscheint größer, erstens, weil man keine Zeit hat, zu überlegen, wie groß es ist, was geschieht, zweitens, weil man bei dem Gedanken, man hätte es verhüten können, eine eigene Schuld sucht. Beweis dafür ist die Zeit: die Beispiele zeigen, daß man altes Leid fast nicht mehr spürt. Die Erfahrung lehrt, was die Vernunft hätte tun sollen, obwohl die Sache dieselbe geblieben ist, daß geringer ist, was erst größer schien. Es wird in den Beispielen also nur der eine Grund belegt. Zugleich aber kommt mit dem Bild von Wunden und Narben (54) der Gedanke wieder aufklingend in Erinnerung, daß der Kummer auf einem frischen Übel beruhe.

Immer noch ist nicht gesagt, worin die Kyrenaiker unrecht haben. Statt aber die Erörterung logisch weiterzuführen, bricht wieder das ciceronische Anliegen durch. Was bedarf's des Trostes, wenn die Zeit doch heilt? Die Sache bleibt doch dieselbe (55). Und doch hat der Trost, daß einem Menschen mit Notwendigkeit etwas Derartiges geschehen müsse, nichts unverhofft kommen dürfe, die größte Kraft. Wieso? Ist das ein Abschluß? Wir erwarten mehr, die Ausführung. Statt dessen kommt die Folgerung: Also dies Unerwartete hat nicht so große Macht, daß der Kummer ganz aus ihm entstünde. Er trifft vielleicht härter, bewirkt aber nicht dies, daß größer scheint, was geschieht; weil es frisch ist, scheint es größer. Wir sind also noch bei der Widerlegung der Kyrenaiker. Der Gesichtspunkt des frischen Übels, der im vorigen anklang, ist beherrschend hervorgetreten. Die Erklärung des Unerwarteten (52 wurde vom Plötzlichen gesprochen: vielleicht hat dieser Unterschied in der Terminologie etwas zu bedeuten) von vorher wird offenbar zurückgenommen. Was kann zu dieser Umstimmung geführt haben? Wenn trotz Trostes, der die Wirkung der Erfahrung ersetzt, der Kummer bleibt – und er ist so hartnäckig, wie noch betont werden wird –, dann läßt sich erkennen, daß nicht das Unerwartete es war, was das Übel größer erscheinen ließ, sondern das Frische.

Auch das Folgende (56–59) hat noch die Kyrenaiker im Sinn, freilich den Gedanken des Trostes weiterspinnend. Vorher nachdenken muß man über Beispiele, die zeigen, wie man Kummer tapfer ertragen hat, um

zu erkennen, daß erträglich ist, was jene getragen. Die Vernunft übernimmt so die Rolle der Zeit, die lehrt, daß das größte Übel keineswegs so groß ist, wie es schien, so daß es ein glückliches Leben zerstören könnte. Die Beziehung auf die Kyrenaiker ist nur noch lose: «Dadurch wird also bewiesen, daß der Schlag aus dem Unerwarteten zwar heftiger ist, nicht aber, wie jene glauben, daß, stößt zwei Leuten dasselbe Unglück zu, nur der von Kummer erfaßt wird, dem das Unglück unvermutet kam.» Nur aus der Tatsache, daß man so viele Bemühungen ansetzt, um zu trösten, Beispiele anführen muß und anführt, nicht sich auf das Wesen der Sache beschränkt, ergibt sich, daß auch den so Vorbereiteten der Schlag, wenn auch weniger heftig, trifft.

Schließlich wird der Gedanke des Trostes selbständig weitergesponnen (59/60). Manche wären gerade bei dieser Erkenntnis, daß alle vom Kummer betroffen würden, erst recht verzweifelt. Cicero aber hindert die Erinnerung an das Menschsein daran, mit Gott zu kämpfen.

Aber es gibt doch ein Mittel, wird zum Schluß mit trotzigem Aufbäumen gesagt (61), gegen den Kummer, wenn die Ursache, die in einem selbst liegt, klargelegt wird. Ein ehrenvoll und in Glanz verbrachtes Leben bringt so viel Trost, daß solche Menschen überhaupt nicht von Kummer berührt werden. Wir denken an das erste Buch. Auch da die Erinnerung an die Persönlichkeit und das recht verbrachte Leben als Trost gegen die Todesfurcht. Hier ist es der Trost gegen den Kummer. Wahres Sein erhebt sich über die Zeit und die zeitlichen Ängste der Seele. Das recht verbrachte Leben aber kann den Kummer lindern, weil er abhängig ist von der Vorstellung.

62ff. setzt ein neuer Gedankengang ein, nach dieser Abschweifung und diesem Abgleiten nunmehr erörternd: am schlimmsten ist der Kummer, wenn die Vorstellung hinzukommt, man müsse trauern. Hier ist die Beschränkung auf die Trauer ganz deutlich. Statt aber eindeutig zu argumentieren, also müsse man diese Vorstellung nehmen (wie etwa 70), dringt der für Cicero wichtigste Gedanke immer wieder durch und wird selbständig: der Kummer ist eigene Schuld und Vorstellung (67/71).

Diejenigen, die das nicht wahrhaben wollen, werden widerlegt (71 ff.) und so die versäumte Darstellung nachgeholt.

Die Aufgaben des Tröstenden ergeben sich aus dem Gesagten. Der römische Redner weiß, daß man hier nicht allgemeine Vorschriften geben kann, sondern daß man dem persönlichen Fall gerecht werden muß. Er, Cicero, hat bei sich in seinem « Trost » alles angewendet (75 ff.).

Betrachtet man diesen höchst merkwürdigen, aus dem persönlichsten Anliegen sich unmittelbar ergießenden Gedankengang, der einen Menschen zeigt, der sich mit Zuspruch zum Geist emporringt, sich dabei gegen alles wendend, was ihn am Irdischen festhalten möchte, so wird es einem schwer, hier an eine bestimmte Quelle zu glauben, die auch nur einigermaßen getreu abgeschrieben wäre. So hat auch die Wissenschaft, wie es scheint, in der Frage nach den Quellen des dritten und vierten Buches noch zu keinem abschließenden Resultat geführt.

4

Das vierte *Buch behandelt die übrigen Leidenschaften. Sie gingen Cicero weniger an. Denn großzügig und unabhängig von allem Äußeren ist er immer gewesen. So ist das Buch ruhiger und klarer in drei Teilen aufgebaut. In diesem Buche wird nachgeholt, was man im dritten Buche vermissen konnte, eine wissenschaftliche Begründung seiner Ansicht.*

Das Proömium bringt Gedanken über die Philosophie in Rom.

Teil I (8–33) geht von der These aus, daß der Weise nicht von jeder Verwirrung der Seele frei sein könne. Jedenfalls kann sogleich das Resultat des dritten Buches, daß die Seele des Weisen von Kummer nicht befallen werden könne – wenn das am Anfang des dritten Buches auch mehr abgewiesen als bewiesen worden war –, dagegen geltend gemacht und geschlossen werden, daß auch die mit ihm eng zusammenhängende Furcht ihn nicht befalle. Es handelt sich also nur noch um Ausgelassenheit und Begierde. So zeigt sich auch hier die enge Zusammengehörigkeit mit dem dritten Buche. Bevor man zur eigentlichen Behandlung mit vollen Segeln fährt, will man erst ein wenig rudern, das heißt sich mit der Schulphilosophie beschäftigen. Zenos Definitionen, der alle Af-

fekte als vernunftwidrig aus einer falschen Meinung ableitet, sind es, die Ciceros Ansicht, daß sie in des Menschen Hand gegeben sind, gerade durch ihre Strenge entgegenkommen. So entwickelt Cicero – wir müssen auf eine Darstellung im einzelnen verzichten, um der Lektüre nicht vorzugreifen – die stoische Affektenlehre mit offenbarer Freude, im Lateinischen den abgestuften Reichtum von Nüancen wiederzugeben. Natürlich wird hier der Systematik wegen der Kummer noch einmal mitberücksichtigt. Die Betonung, daß jeder Affekt gegen die Vernunft ist, und der Vergleich mit Krankheit und Gesundheit des Körpers stehen im Vordergrund.

Im Teil II (34–57) wird das Bild des Weisen entwickelt, der seinen besseren, ruhigen, in sich beständigen Seelenteil nicht von jenem schwächeren und kranken in Verwirrung bringen läßt. Es ist nicht der stoische Weise, den man nie gesehen hat, wohl aber der, der dank seiner Mäßigung und seines Haltes ruhig in seiner Seele ist und mit sich selbst befriedet, derart, daß er nicht unter der Unerquicklichkeit dahinwelkt, nicht von Furcht zerbrochen wird, nicht dürstend etwas erstrebt und vor Sehnsucht erglüht und nicht in läppischer Ausgelassenheit vor Lust vergeht. Was könnte einem solchen Mann groß erscheinen, der die Ewigkeit und das ganze All erforscht hat, dem nichts Unvorhergesehenes zustoßen kann, der überall einen Platz entdeckt, wo er ohne Verdruß und Angst leben kann und nicht in Furcht vor einem Schicksalsschlag zu sein braucht (37/38). Es ist dieses Bild eines weisen und lebenserfahrenen Römers, der sich schickt und auf das Ziemliche sieht, das mehr als alle Argumente diesem Buche die Beweiskraft gibt: ihm wohnt genügend Fülle und Kraft inne, es ist blutvoll und gesund genug, um es sich leisten zu können, die Lehre der Peripatetiker, die den Leidenschaften ihr Recht geben, sie sogar für gut halten und nur ihre Beherrschung und ein Halten der gesunden Mitte erstreben, glatt, ja heftig abzulehnen (38ff.). Die Leidenschaften befinden sich auf schlüpfriger Bahn, es gibt kein Halten mitten im Sturz vom Felsen. Freilich übt Cicero theoretisch wieder mit sicherem Instinkt die akademische Zurückhaltung (47), wenn er auch in Zenos Definitionen die Waffe gegen diese Lehre sucht. Alles

bloß Triebhafte ist ihm verhaßt. Nicht alles, was mit Schwung, Energie und Begeisterung geschieht, kommt aus einer irrationalen Wallung (51). Es ist der gesunde Lebensinstinkt, der Trieb und Geist nicht auseinanderreißen läßt und dafür gültige Worte findet, zum Beispiel 51: denn es gibt gar keine Tapferkeit, die ohne Vernunft wäre. Freilich neigt er dann auch wieder zu den stoischen rationalen Definitionen hin, die die Anziehungskraft des geformten Gedankens ausüben.

Teil III (58–81) handelt nicht mehr von der These, sondern bringt das eigentliche Lebensanliegen zur Geltung. Sein junger Freund hat sicher nichts über den Weisen hören wollen, sondern, wie er selber von solchen Verwirrungen frei sein könne. Mancherlei Methoden gibt es dafür; die beste ist, die Schädlichkeit aller Verwirrungen selbst zu zeigen. Darin müssen alle Philosophen der verschiedenen Richtungen übereinstimmen (61). Haltlosigkeit, Schwachheit und Würdelosigkeit müssen durch die Hinwendung zum klärenden, das Dauernde fassenden Geist bezwungen werden. Es ist nur eine Hilfe – allerdings hat es sich gut gefügt, daß man in den beiden ersten Büchern die schlimmsten Feinde der Menschheit unschädlich gemacht hat, ein Hinweis, daß Cicero die Anordnung der Bücher selbst getroffen hat –, wenn man die Dinge selbst auf ihren wahren Wert zurückführt. Die Hauptsache bleibt die Hinwendung zum Objektiven. Im einzelnen wird das für die Furcht, dann für die Begierde und die ausgelassene Freude gezeigt. Die Frage der Güter wird noch nicht grundsätzlich angeschnitten. Mögen es ruhig Güter sein, die man dafür hält, Ehren, Reichtum, Genüsse, so ist bei ihrer Erlangung eine übermütige und tolle Freude häßlich; mag es erlaubt sein zu lachen, das laute Gelächter wird doch getadelt. In gleichem Grade fehlerhaft nämlich ist die Ausgelassenheit der Seele in der Freude wie im Schmerz die Kleinmütigkeit usw. Römische Würde und Gehaltenheit mit ihrer Schönheit der Bewegung gibt hier eine sichere Waffe gegen alles Übermaß.

Diese ausgeglichene, mit Vernunft unter Anspannung die Leidenschaften bändigende, die Philosophie im Leben verwirklichende, das Glück und Heil immer im Auge behaltende, zeitüberlegene Haltung

des Römers, der das Leben meistert, hat eine Kehrseite und bringt sie auch theoretisch zum Ausdruck: sie lehnt alle Hingabe ab. Es ist nicht richtig, einen anderen mehr zu lieben als sich selbst. Gleich wie sich selbst soll man seinen Freund lieben. Ein Umsturz aller Verhältnisse wäre sonst die Folge. Kalt wäre diese Lehre aber nur, wenn sie nicht mit Pathos gerade der hingabefähigen römischen Seele abgerungen wäre und als Erlösung wie hier bei Cicero empfunden würde. Die Persönlichkeit, die sich vor jeder versklavenden Bindung schützt, sich aber allen im Gleichgewicht verbunden weiß, das ist der Schlüssel zum Verständnis des römischen Ideals und der besprochenen vier Bücher. So schließt sinnvoll das fünfte Buch an die Eroica des Römertums über die Persönlichkeit.

5

Es ist eine Erfahrung des Lebens, daß völlige Hingabe an etwas Endliches, sei es eine Person oder Sache, zum Scheitern führt, mag auch dabei oft Großes entstehen. Im «Stirb und Werde» diese Mischung des menschlichen Daseins aus Hingabe und Besinnung zu bejahen, wie Goethe, dazu versteht sich Cicero nicht. Auch er ist mehrfach groß gescheitert. Diese überleidenschaftliche, übersensible Natur bedurfte womöglich eines noch festeren Heilmittels als die natürliche Gesundheit Goethes. Auch die zu meisternde Welt war ja unvergleichlich größer und spannungsreicher. Daher nur nicht der Liebe verfallen: in der Freundschaft ruht der verschworene Lebenssinn. In dem Gestalten und damit Bejahen der Tragödie des unbedingt Liebenden kommt dann Vergil, auch darin die magna spes altera Romae, Goethe näher. Für Cicero heißt es sich wahren. Selbst die Abhängigkeit von Gott und das Gebet will sein stolzer, so oft gedemütigter Sinn nicht gelten lassen. In ihm selbst ruht, freilich nur, weil der Geist ein Teil Gottes ist, ihm ähnlich, der unabhängige Lebenssinn, in der eigenen, unangreifbaren Vollkommenheit das Glück. Die Beziehungen zu Welt und Mensch, die das Wesen des Menschen ausmachen – das wird dabei nie übersehen, ja kommt im Römischen erst eigentlich zur Geltung – werden als indirekte aufgefaßt: durch Teilnahme am Geist trifft man sich in der Mitte, im

gemeinsamen Streben durch Teilnahme am gemeinsamen höchsten Anliegen wie in der res publica. Jede direkte, abhängig machende Berührung wird damit gebannt, dagegen in der Freiheit des Geistigen aus dem Bereich des Vergänglichen ins Dauernde gehoben. Dieses darzustellen ist die Aufgabe des fünften Buches. Gegenstand und Weg dazu zugleich, Befreierin, Wahrerin und Wertstifterin ist der Geist, die Philosophie. Man versteht, daß das Proömium dieses Buches zu einem Gebet an die Philosophie wird.

Das Buch selbst handelt von der These, daß die Tugend genug an sich selbst habe, um glücklich zu leben. In dieser stoischen Schulfassung verbirgt sich mehr als daß es sich enthüllte, was als ciceronisches Anliegen eben entwickelt wurde und was immer wieder in den vorausgehenden Büchern aufklang, wenn gesagt wurde, in der ausgeglichenen festen Persönlichkeit, im wahren Ruhm, im Gewissen, im recht verbrachten Leben ruhe das Glück des Menschen. Das Buch gliedert sich in zwei Teile mit einem Vorspiel. Im ersten Teile wird gezeigt, daß es keine Güter außerhalb der Persönlichkeit gebe, daß mithin der Weise, die vollkommene Persönlichkeit, vollkommen glücklich sei. Das ist rigorose Stoa. Im zweiten Teil wird ausgeführt, daß, sofern auch dieser Satz nicht bewiesen werden könnte, doch alle philosophischen Menschen darin einig sind, daß im Geistigen allein wahres Glück zu finden sei. Hier führt die akademische Zurückhaltung und die aristokratische anerkennende Haltung Ciceros zur Würdigung aller wahren Vertreter des Geistes, mögen sie sich selbst auch in den Haaren liegen. Mag das menschlich Große in vielen Bereichen nur durch völlige Hingabe entstehen: hier zeigt sich, daß der sich wahrende, in sich ruhende und immer nach der Wahrheit strebende, jeden als Mitstreiter annehmende Geist der geborene, von Gott bestimmte Herrscher ist, dem ja nicht Hingabe, sondern Wahrung zum Ziel gesetzt ist.

Vorspiel (12–36). Nach Stellung der These: mir scheint die Vollkommenheit nicht genügend Macht zu haben, um glücklich zu leben, wird die Widerlegung sofort durch die Tatsache erschwert, daß der Mensch nicht reiner Geist, sondern eine leib-seelische Ganzheit ist, und

sogleich auf die härteste Probe gestellt: kann jemand glücklich sein, wenn er gemartert wird? Die Klugheit wird das Glück doch wohl selbst hindern, auf die Folterbank zu steigen. Die Resultate der vorhergehenden Bücher liefern den mathematischen Gegenbeweis (15ff.): wer Furcht, Kummer, Begierde und Ausgelassenheit über sich Macht bekommen läßt, ist unglücklich, also derjenige, der das Gegenteil davon ist, glücklich. Da das Gegenteil durch die Tugend, die Vollkommenheit, die Persönlichkeit bewirkt wird, ist also auch die vollkommene Persönlichkeit glücklich. Man hört aber auch nach diesem mathematischen Beweis noch nicht auf, sondern wie die Philosophen diese Fragen getrennt behandeln – ein Hinweis, daß es viele Schriften mit diesem Thema gegeben hat –, will man auch eigene Beweise für diese These bringen. Ein Einwurf des Hörers, daß Brutus noch andere Güter neben der Persönlichkeit gelten lasse, gibt Gelegenheit, auf eine Lösung der sogenannten Güterlehre einzugehen, die unter Bedenken jener Zweiheit des Menschen Aristus und Antiochus vertraten. Sie sagten, die sittliche Persönlichkeit bewirke zwar ein glückliches, nicht aber ein ganz glückliches Leben. Mit sicherem Instinkt lehnt Cicero diese Formulierung ab: sie verträgt sich nicht mit dem Begriff Glück, das etwas Ganzes ist. So sehr sich manche Güter oder entsprechend Übel des menschlichen Lebens verselbständigen und als objektive, absolute darstellen wollen, so ist hier doch noch mehr als bei der Wahrheit einsichtig, daß Güter und Übel ihren Sinn vom Subjekt erfahren. So lehnt Cicero auch Theophrast und der übrigen Ansicht ab, die, getrennt vom Geist, körperliche Güter oder Übel oder welche eines an sich bestehenden Schicksals, der fortuna, annehmen (24ff.). Daß die Konsequenz in einem solchen Falle die ist, daß es mit dem Glück des Weisen sehr schlecht bestellt ist, ist klar (29ff.). Hier glaubt der Hörer, Cicero selbst auf eine Inkonsequenz aufmerksam machen zu dürfen. Er hatte in dem Werke De finibus behauptet, es bestehe kein Unterschied zwischen den Peripatetikern, die drei Arten von Gütern, persönliche, körperliche, äußerliche, und den Stoikern, die zwar nur ein Gut, die Tugend, aber naturgemäße Vorzüge und Gleichgültiges annehmen. Es ist bezeichnend, wie sich Cicero in einer Frage des

philosophischen Gedankens und der philosophischen Konsequenz verhält. Er ist frei, lebt in den Tag, läßt sich vom Wahrscheinlichen erschüttern. Ob es richtig ist, daß allein gut sei, was sittlich-schön ist, kümmert ihn hier nicht; nur das eine will er sagen: wenn es nicht so ist, kann das Glück des Menschen nicht allein in der Persönlichkeit liegen. Das ist aber seine feste Überzeugung, und das gibt er Brutus zu, wenn er es behauptet. Wie Brutus mit seinen Konsequenzen fertig wird, mag er selbst sehen, wenn er noch andere Güter annimmt. Er selbst ist so durchdrungen von dem richtigen Gedanken, daß die Persönlichkeit allein Wert setzt, daß er hier, wo ihm eine neue Beziehung aufgeht, sofort umlernt, darüber scherzt und beim Richtigen bleibt, ohne sich um die philosophischen Konsequenzen groß zu kümmern. Es war das Beste, was er tun konnte; denn solange mit der Lehre von der Tugend, der Vollkommenheit oder der sittlichen Persönlichkeit der Mensch in Geist und Triebe gespalten war, konnte man mit philosophischen Mitteln dem Problem des Glückes und der Güter nicht beikommen, man konnte wohl aber Richtiges ahnen. Konnte sich bestärken lassen von Männern wie Sokrates und Plato (35 f.).

Teil I (37–82). Wenn Cicero diese seine richtige Ahnung, sein inneres Wissen, das kräftige Sichregen seiner Selbstbehauptung in die philosophische Sprache umsetzen wollte, so mußte er der Ansicht der Stoiker zuneigen. Deshalb folgt er in diesem Teile, wie er sagt, den Schlingen der Stoiker mehr als gewöhnlich.

Aus der Stufenordnung der Pflanzen-, Tier- und Menschenwelt, die jeweils in der Erfüllung ihres Wesens ihr Glück finden, ergibt sich, wenn der Gott vergleichbare menschliche Geist seine Vollkommenheit erreicht und vollständig in seiner Art erfüllt ist, daß der Weise, jenes nicht erreichbare Ideal, in dem er verkörpert ist, glücklich ist. Alle, die im Besitz der Tugend sind, sind glücklich.

Darin stimmt Cicero mit Brutus, das heißt mit Aristoteles, Xenokrates, Speusipp und Polemo überein. Cicero aber scheinen sie auch vollkommen glücklich (40 ff.). Mag auch durch den Sprung von dem Gottsurrogat des Idealweisen der Stoiker mitten ins Leben das Beweisende des

Gedankenganges sich abschwächen, das Folgende hat seine anziehende Beweiskraft darin, daß eine große Seele in ihrer Selbstbehauptung gegen alles Äußere, das sie nicht erschüttern kann, stolz ihr Glück empfindet.

Außerdem läßt sich beweisen, daß allein gut ist, also Glück bewirkt, was sittlich-schön ist – es wird hier nach stoischem Vorbild mit dem Begriff des Lobenswerten und der Übereinstimmung der Guten in der Anerkennung gearbeitet –, und schon darin zeigt sich, daß allein der Weise, der alles auf das Lobenswerte bezieht, vollkommen glücklich sei und es Güter nebenher nicht gebe (43–48). Es gibt doch im Leben etwas Rühmliches, was das Glück ausmacht, was nicht in einem jämmerlichen oder durchschnittlichen Leben des Alltags gefunden wird. Das glückliche Leben ist also zu rühmen, zu preisen und vorzuweisen. Wenn nicht dieses Sittlich-Schöne, das Rühmliche, das glückliche Leben ausmacht, muß etwas besser sein als dies. Das muß also besser sein als das glückliche Leben. Das ist das Törichteste, was sich denken läßt. Der stoische Begriff des kalón, lateinisch honestum, der im Festlichen sittlich-schönen Menschentums Anerkennung und Glück sammelt, wird hier mit dem, was Cicero sein Leben lang erstrebt hat, gloria, echtem Ruhm im Dienste der Gemeinschaft, verschmolzen. Weil es für ihn daneben nichts gibt, was in die Waagschale fiele, ist dieser Gedankengang für ihn von der größten Beweiskraft. Darin, daß allein die sittliche Persönlichkeit das Glück ausmacht, können auch die, die die anderen Güter im Vergleich zu den geistigen gering einschätzen, übereinstimmen, Kritolaos und Xenokrates (51 ff.). Und mehr als die immer wieder eindrücklich wiederholten Behauptungen, daß der tapferen sittlichen Persönlichkeit, der Tugend und Vollkommenheit, nichts fehlt, sie nichts hindert, sie nichts zu bereuen hat, daß sie mithin reich, vollkommen und in günstigen Umständen, also glücklich sei, wirken die Beispiele. Was ist das Leben eines Cinna, eines Marius, die zu Unmenschen wurden, was das Leben des Tyrannen Dionys! Jedenfalls sind sie, die so unvernünftig waren und deshalb in Schuld gerieten, nicht glücklich. Wie von selbst ist die Erörterung aus dem Theoretischen in das Leben und die Beispiele geraten, und daran ließ sich zeigen, wie wahres Glück und scheinhaftes

aussieht. Im Damokles, über dem in diesem Glück das Schwert hängt, klingt das Thema der durch keine Leidenschaften, durch keine Schrecken getrübten Seele nur noch an. Wie, wenn ein Weiser in diese Genüsse gesetzt worden wäre, der keine Furcht vor Schwert und Tod hat? könnte man scherzhaft fragen, um das Problematische dieser Gedankengänge, denen Cicero hier entschlüpft ist, zu zeigen. Zum Vergleich mit dem Tyrannenleben wird das Glück des Gelehrten im Beispiel des Archimedes mit allen lockenden Farben mit einer reizenden persönlichen Geschichte, in der er, Cicero, seinen Ruhm an den des Archimedes geknüpft hatte, ausgemalt. Und schließlich wird das Glück des Weisen in einem der Wirklichkeit erreichbaren Idealbild vor Augen gestellt, wie er in der Naturerkenntnis das Glück des Schauenden genießt, im Leben sich richtig verhält, sicher eine jede Sache, wie es ihr entspricht, beurteilen kann, also die Philosophie in ihren drei Teilen ganz beherrscht. Im Dienst am Staate wird dieser Mann seine Aufgabe, mit den Freunden das Glück des Lebens finden und im Anschauen der Ewigkeit und der Götter erkennen, daß allein in der Persönlichkeit, das heißt nicht der Persönlichkeit in unserem Sinne, sondern der sittlichen Persönlichkeit einer hohen Vernunft das Glück des Lebens ruht.

Auch in Martern und Qualen? Die Frage kann jetzt erneut gestellt werden, und wenn nicht allgemein beantwortet, was ja nicht möglich ist, so doch nach dem Bild vom Glück des Weisen stolz abgetan werden: glaubst du unter Veilchen und Rosen? Wenn Epikur nur den Weisen glücklich nennt, wieviel mehr wir, die wir allein in der Tugend, der Erfüllung des Menschen als geistigem Wesen, das Glück sehen. Den Schmerz soll der Weise fürchten? Aber ... und nun kommen (76ff.) teilweise dieselben Beispiele, die Cicero im zweiten Buche gegen den Schmerz gebracht hatte. Er wird genau so wenig wie alles andere die Schlußfolgerung der Stoiker stören. Sie ist glatt. So gut die Erörterung über den Schmerz paßt, so mag, weil auf das zweite Buch trotz Erwähnung des ersten und des dritten und vierten nicht Bezug genommen wird und die Beispiele sich wiederholen, die Vermutung etwas für sich haben, daß Cicero das zweite Buch erst später eingeschoben hat. Wir

würden dann einen Blick in die Entstehung der Gesamtkomposition tun können.

Teil II (83–120). Hier zeigt Cicero, daß alle Philosophen, die ernst zu nehmen sind und ernst zu nehmende Sätze über das Ziel des Menschen aufgestellt haben, darin übereinstimmen können, daß das Glück des Menschen allein in der sittlichen Persönlichkeit ruhe. Besonders bedenkt Cicero bei dieser Erörterung den, der seinem Ziel nach am wenigsten zustimmen dürfte und es doch tut. Und so ergibt sich die Gelegenheit, die heftige Polemik des dritten Buches wiedergutzumachen, ja in dieser Wiedergutmachung den stärksten Beweis für die eigene These zu finden. Wie unabhängig ist der Weise – so wird im Anschluß daran fortgefahren – gegen die Genüsse des Lebens, Pracht, Adel, Ruhm. Nichts bleibt, was man fürchten müßte; weder Verbannung, Armut, Schande, Blindheit, Taubheit können ihn unglücklich machen oder berühren, und wenn alles zusammenkäme, steht ja immer der Hafen des Todes offen.

In diesem letzten Teile wird nachgeholt, was an Stoff in jenen Büchern zusammengetragen wurde, die gegen die einzelnen Schicksalsschläge materiell Trostgründe vorbrachten, wie sie am Schlusse des dritten Buches (3,81) erwähnt worden waren.

Die Dinge, die zum glücklichen Leben am notwendigsten sind, hat Cicero, wie er sagt, in seinen Tuskulanen zusammengestellt. Ihr Wert liegt nicht in einem glatten Resultat. Zu Unrecht tadelt man ihn, daß er weder die Unsterblichkeit der Seele bewiesen noch gezeigt hat, daß allein in der sittlichen Persönlichkeit das vollkommene Glück ruhe. Sicher ist es bezeichnend, daß das erste und fünfte Buch ähnlich aufgebaut sind, daß nämlich nach dem Beweis für die Gegenthese nun noch die Gedanken angefügt werden, die anzuführen sind, wenn man mit der These nicht einverstanden ist, daß mithin das Bewiesene, wenn nicht ausdrücklich, so doch indirekt oder im Ton in Frage gestellt wird. Was hätten Beweise für Dinge genützt, die der Vernunft nicht mehr erreichbar, wohl aber auf ihrem Wege ahnbar sind? So liegt der Wert des Buches, der immer wieder von großen Geistern anerkannt wurde und

dessen Wirkung nicht überschätzt werden kann, darin, daß ohne die Verfestigung allzu starrer Gedanken hier das Grundanliegen des Menschen, die Hinwendung zum Geiste mit ansteckender stolzer Kraft verwirklicht wird. Von den Tuskulanen, die Cicero selbst in so gewaltiger Steigerung aufgebaut hat, die als eine Konfession sein Ringen aus der Fülle und dem Beängstigenden des Lebens zum Dauernden widerspiegeln, gilt das Wort, das Atticus, das «alter ego» Ciceros, vom ersten Buche schrieb: deine Tuskulanen haben mich gestärkt.

KARL BÜCHNER

TUSCULANAE DISPUTATIONES

GESPRÄCHE IN TUSKULUM

LIBER PRIMUS

Cum defensionum laboribus senatoriisque muneribus aut omnino aut magna ex parte essem aliquando liberatus, rettuli me, Brute, te hortante maxime ad ea studia, quae retenta animo, remissa temporibus, longo intervallo intermissa revocavi, et cum omnium artium, quae ad rectam vivendi viam pertinerent, ratio et disciplina studio sapientiae, quae philosophia dicitur, contineretur, hoc mihi Latinis litteris inlustrandum putavi, non quia philosophia Graecis et litteris et doctoribus percipi non posset, sed meum semper iudicium fuit omnia nostros aut invenisse per se sapientius quam Graecos aut accepta ab illis fecisse meliora, quae quidem digna statuissent, in quibus elaborarent. 2. Nam mores et instituta vitae resque domesticas ac familiaris nos profecto et melius tuemur et lautius, rem vero publicam nostri maiores certe melioribus temperaverunt et institutis et legibus. quid loquar de re militari? in qua cum virtute nostri multum valuerunt, tum plus etiam disciplina. iam illa, quae natura, non litteris adsecuti sunt, neque cum Graecia neque ulla cum gente sunt conferenda. quae enim tanta gravitas, quae tanta constantia, magnitudo animi, probitas, fides, quae tam excellens in omni

ERSTES BUCH

Da ich endlich einmal, mein Brutus, von den Mühen der Verteidigungen und den Senatsgeschäften ganz oder doch zum großen Teil befreit war, machte ich mich besonders auf deine Ermunterung hin an die Arbeiten, die ich jetzt wieder hervorgeholt habe, nachdem sie im Herzen bewahrt, doch den Zeitläuften zum Opfer gebracht und lange unterbrochen worden waren. Und weil aller Künste, die sich auf die rechte Lebensführung richten, System und Lehre im Bemühen um die Weisheit, das man Philosophie nennt, seine Mitte hat, glaubte ich, ich sollte das im lateinischen Wort erhellen. Nicht daß Philosophie nicht im Griechischen und von griechischen Lehrern aufgenommen werden könnte. Aber es war immer meine Überzeugung, daß die Unsern sei's von sich aus alles weiser erfunden haben als die Griechen oder, hatten sie etwas von ihnen übernommen, es verbessert haben, soweit sie es wenigstens für wert hielten, sich darum zu bemühen. 2. Denn Sitten und Lebenseinrichtungen, Zustände zu Haus und in der Familie, die wahren wir nun wirklich besser und vornehmer. Den Staat vollends haben sicherlich jedenfalls unsere Vorfahren mit besseren Einrichtungen und Gesetzen geordnet. Was soll ich über das Kriegswesen reden? Darin waren unsere Landsleute durch ihre Tapferkeit gewaltig, noch mehr aber durch ihre Zucht. Jene Dinge gar, die sie durch ihr Wesen, nicht durch Bildung erreichten, lassen sich nicht mit Griechenland und überhaupt mit keinem Volke vergleichen. Wo gibt es denn eine solche Ernsthaftigkeit, wo denn eine solche Festigkeit, Seelengröße, Redlichkeit, Verläßlichkeit, wo denn bei irgend jemandem eine so hervorstechende Tüchtigkeit auf jedem Ge-

genere virtus in ullis fuit, ut sit cum maioribus nostris comparanda?

3. Doctrina Graecia nos et omni litterarum genere superabat; in quo erat facile vincere non repugnantes. nam cum apud Graecos antiquissimum e doctis genus sit poëtarum, siquidem Homerus fuit et Hesiodus ante Romam conditam, Archilochus regnante Romulo, serius poëticam nos accepimus. annis fere cccc⟨c⟩x post Romam conditam Livius fabulam dedit C. Claudio, Caeci filio, M. Tuditano cos. anno ante natum Ennium. qui fuit maior natu quam Plautus et Naevius. (2) sero igitur a nostris poëtae vel cogniti vel recepti. quamquam est in Originibus solitos esse in epulis canere convivas ad tibicinem de clarorum hominum virtutibus; honorem tamen huic generi non fuisse declarat oratio Catonis, in qua obiecit ut probrum M. Nobiliori, quod is in provinciam poëtas duxisset; duxerat autem consul ille in Aetoliam, ut scimus, Ennium. quo minus igitur honoris erat poëtis, eo minora studia fuerunt, nec tamen, si qui magnis ingeniis in eo genere extiterunt, non satis Graecorum gloriae responderunt. 4. an censemus, si Fabio, nobilissimo homini, laudi datum esset, quod pingeret, non multos etiam apud nos futuros Polyclitos et Parrhasios fuisse? honos alit artes, omnesque incenduntur ad studia gloria, iacentque ea semper, quae apud quosque improbantur. summam eruditionem Graeci sitam censebant in nervorum vocumque cantibus; igitur et Epaminondas, princeps meo iudicio Graeciae,

biet, daß man einen Vergleich mit unseren Vorfahren ziehen könnte?

3. In der Gelehrsamkeit und jeder Art Schriften war Griechenland uns überlegen. Dabei war es leicht, über Leute zu siegen, die sich nicht wehrten. Denn da bei den Griechen das Geschlecht der Dichter das älteste unter den Gelehrten ist: wenn Homer und Hesiod vor Roms Gründung lebten, Archilochos zur Zeit des Königs Romulus, so haben wir die Dichtkunst wirklich später aufgenommen. Etwa 510 Jahre nach der Gründung Roms hat Livius ein Stück aufgeführt unter dem Konsulat des Gaius Claudius, des Sohnes des Caecus, und des Marcus Tuditanus, ein Jahr vor Ennius' Geburt. Er war aber älter als Plautus und Naevius. Spät also lernten unsere Landsleute Dichter kennen oder nahmen sie auf. Freilich liest man in den Origines, es hätte eine Sitte bestanden, daß die Gäste beim Mahl zur Begleitung des Flötenspielers von den Heldenstükken berühmter Männer sangen. Ehre aber hat die Dichtkunst nicht gehabt. Das zeigt eine Rede Catos, in der er dem Marcus Nobilior wie einen Schimpf vorwirft, daß er Dichter mit in die Provinz genommen hätte. Er hatte aber, wie wir wissen, als Konsul den Ennius nach Ätolien mitgenommen. Je weniger Ehre nun die Dichter hatten, um so geringer war das Streben. Doch wenn Männer von großer Begabung in dieser Gattung aufkamen, entsprachen sie ziemlich dem Ruhme der Griechen. 4. Oder meinen wir etwa, wenn man Fabius, einen Mann aus erlauchtestem Hause, gelobt hätte, daß er malte, es hätte nicht viele Männer wie Polyklet und Parrhasios bei uns gegeben? Ehre nährt die Künste, und alle lassen sich zu den Studien entzünden durch Ruhm. Und darnieder liegt immer das, was jeweils nicht gebilligt wird. Höchste Bildung lag nach dem Urteil der Griechen in der Beherrschung des Saitenspiels und Gesanges. So soll denn sowohl Epameinondas, nach meinem Urteil der größte Mann Griechenlands, hervorragend die Kithara

fidibus praeclare cecinisse dicitur, Themistoclesque aliquot ante annos cum in epulis recusaret lyram, est habitus indoctior. ergo in Graecia musici floruerunt, discebantque id omnes, nec qui nesciebat satis excultus doctrina putabatur. 5. in summo apud illos honore geometria fuit, itaque nihil mathematicis inlustrius; at nos metiendi ratiocinandique utilitate huius artis terminavimus modum.

(3) At contra oratorem celeriter complexi sumus, nec eum primo eruditum, aptum tamen ad dicendum, post autem eruditum. nam Galbam Africanum Laelium doctos fuisse traditum est, studiosum autem eum, qui his aetate anteibat, Catonem, post vero Lepidum Carbonem Gracchos, inde ita magnos nostram ad aetatem, ut non multum aut nihil omnino Graecis cederetur. Philosophia iacuit usque ad hanc aetatem nec ullum habuit lumen litterarum Latinarum; quae inlustranda et excitanda nobis est, ut, si occupati profuimus aliquid civibus nostris, prosimus etiam, si possumus, otiosi. 6. in quo eo magis nobis est elaborandum, quod multi iam esse libri Latini dicuntur scripti inconsiderate ab optimis illis quidem viris, sed non satis eruditis. fieri autem potest, ut recte quis sentiat et id quod sentit polite eloqui non possit; sed mandare quemquam litteris cogitationes suas, qui eas nec disponere nec inlustrare possit nec delectatione aliqua allicere lectorem, hominis est intemperanter abutentis et otio et litteris. itaque suos libros ipsi legunt cum suis, nec quisquam attingit praeter eos, qui eandem

gespielt haben, und Themistokles, einige Jahre vorher, galt als etwas ungebildet, da er beim Mahle die Kithara zurückwies. Die Folge war, daß in Griechenland die Musiker in Ansehen standen, alle suchten Musik zu lernen, und niemand galt für recht gebildet, der sich nicht auf sie verstand. 5. In höchster Ehre stand bei ihnen die Geometrie. Deshalb gab es nichts Vornehmeres als die Mathematiker. Wir hingegen haben das Maß dieser Kunst auf den Nutzen des Messens und Rechnens beschnitten.

Dagegen aber haben wir den Redner rasch anerkannt und gepflegt, und zwar nicht zuerst den ausgebildeten, wohl aber den redeveranlagten. Später aber auch den ausgebildeten. Denn Galba, Africanus und Laelius sind ausgebildet gewesen, wie die Überlieferung weiß, um Ausbildung aber bemüht der, der ihnen im Alter voranging, Cato. Darnach aber erst recht Lepidus, Carbo und die Gracchen. Von da so bedeutende bis zu unserer Zeit, daß man den Griechen nicht viel oder überhaupt nichts nachgab. Die Philosophie lag bis auf den heutigen Tag darnieder und fand keine Erleuchtung im lateinischen Wort. Sie müssen wir erläutern und erwecken, auf daß wir, wenn wir je unseren Mitbürgern in Geschäften irgend nützlich waren, ihnen auch, wenn wir vermögen, nützen in unserer Muße. 6. Um diese Dinge müssen wir uns um so mehr bemühen, weil es schon viele lateinische Bücher geben soll, die verantwortungslos hingeschrieben wurden, von zwar sehr braven, aber nicht genügend geschulten Männern. Es kann aber sehr wohl geschehen, daß einer richtig empfindet und doch nicht, was er empfindet, glatt auszusprechen vermag. Wenn aber einer seine Gedanken aufschreibt, der sie weder ordnen noch zum Leuchten bringen kann, noch den Leser durch irgendwelches Ergötzen anzulocken vermag, so heißt das, unbedacht Freizeit und Wissenschaft mißbrauchen. Und so lesen sie ihre eigenen Bücher mit ihren Anhängern, und keiner rührt sie an außer denen,

licentiam scribendi sibi permitti volunt. quare si aliquid oratoriae laudis nostra attulimus industria, multo studiosius philosophiae fontis aperiemus, e quibus etiam illa manabant.

(4) 7. Sed ut Aristoteles, vir summo ingenio, scientia, copia, cum motus esset Isocratis rhetoris gloria, dicere docere etiam coepit adulescentes et prudentiam cum eloquentia iungere, sic nobis placet nec pristinum dicendi studium deponere et in hac maiore et uberiore arte versari. hanc enim perfectam philosophiam semper iudicavi, quae de maximis quaestionibus copiose posset ornateque dicere; in quam exercitationem ita nos studiose [operam] dedimus, ut iam etiam scholas Graecorum more habere auderemus. ut nuper tuum post discessum in Tusculano cum essent complures mecum familiares, temptavi, quid in eo genere possem. ut enim antea declamitabam causas, quod nemo me diutius fecit, sic haec mihi nunc senilis est declamatio. ponere iubebam, de quo quis audire vellet; ad id aut sedens aut ambulans disputabam. 8. itaque dierum quinque scholas, ut Graeci appellant, in totidem libros contuli. fiebat autem ita, ut, cum is qui audire vellet dixisset, quid sibi videretur, tum ego contra dicerem. haec est enim, ut scis, vetus et Socratica ratio contra alterius opinionem disserendi. nam ita facillime, quid veri simillimum esset, inveniri posse Socrates arbitrabatur. Sed quo commodius disputationes nostrae explicentur, sic eas exponam, quasi agatur res, non quasi narretur. ergo ita nascetur exordium:

die gleiche Willkür im Schreiben für sich zugestanden wünschen. Daher wollen wir, wenn wir je durch unsere Anstrengungen einen geringen Ruhm in der Redekunst hinzugebracht haben, noch viel eifriger die Quellen der Philosophie erschließen, aus denen auch jenes alles floß.

7. Wie aber Aristoteles, ein Mann von gewaltigem Geist, größtem Wissen, größter Fülle, da er vom Ruhme des Redners Isokrates betroffen ward, die Jünglinge das Reden zu lehren und so die Weisheit mit der Beredsamkeit zu vermählen begann, so ist es auch mein Entschluß, nicht das frühere Bemühen um die Rede aufzugeben und doch in dieser größeren und reicheren Kunst mich zu betätigen. Die Philosophie habe ich nämlich immer für vollendet angesehen, die über die tiefsten Fragen voll und schön sprechen könne. Dieser Übung haben wir uns so eifrig ergeben, daß wir sogar schon Vorträge nach der Art der Griechen zu halten wagten. So habe ich neulich nach deinem Weggehen auf dem Tusculanum, als mehrere Freunde bei mir waren, versucht, was ich auf diesem Gebiete vermöchte. Wie ich nämlich früher Übungsreden über Rechtsfälle hielt – niemand hat es länger getan als ich –, so ist dies jetzt meine Vortragsübung im Alter. Ich ließ ein Thema stellen, über das jemand etwas hören wollte. Darüber sprach ich dann im Sitzen oder auch im Umhergehen. 8. Und so habe ich die Vorträge von fünf Tagen, scholae, wie die Griechen sie nennen, in ebensoviele Bücher gebracht. Es ging aber so vor sich: wenn der, der hören wollte, seine Meinung gesagt hatte, sprach ich dann dagegen. Ist dies doch, wie du weißt, die alte sokratische Weise, gegen die Meinung eines anderen die Erörterung zu führen. Denn so könne am leichtesten gefunden werden, was der Wahrheit am nächsten kommt, glaubte Sokrates. Damit sich aber unsere Gespräche zwangloser entwickeln, will ich sie so darstellen, wie wenn die Sache gespielt, nicht erzählt würde. Daher wird der Beginn auf folgende Weise seinen Anfang nehmen:

(5) 9. Malum mihi videtur esse mors.

Isne, qui mortui sunt, an is, quibus moriendum est?

Utrisque.

Est miserum igitur, quoniam malum.

Certe.

Ergo et i, quibus evenit iam ut morerentur, et i, quibus eventurum est, miseri.

Mihi ita videtur.

Nemo ergo non miser.

Prorsus nemo.

Et quidem, si tibi constare vis, omnes, quicumque nati sunt eruntve, non solum miseri, sed etiam semper miseri. nam si solos eos diceres miseros quibus moriendum esset, neminem tu quidem eorum qui viverent exciperes – moriendum est enim omnibus –, esset tamen miseriae finis in morte quoniam autem etiam mortui miseri sunt, in miseriam nascimur sempiternam. necesse est enim miseros esse eos qui centum milibus annorum ante occiderunt, vel potius omnis, quicumque nati sunt.

Ita prorsus existimo.

10. Dic quaeso: num te illa terrent, triceps apud inferos Cerberus, Cocyti fremitus, travectio Acherontis,

mento summam aquam attingens enectus siti

Tantalus? tum illud, quod

Sisyphus versat
saxum sudans nitendo neque proficit hilum?

fortasse etiam inexorabiles iudices, Minos et Rhadamanthus? apud quos nec te L. Crassus defendet nec M. Antonius nec,

9. A.: Ein Übel scheint mir der Tod zu sein.

M.: Für die, die tot sind, oder für die, die sterben müssen?

A.: Für beide.

M.: Er ist also ein Unglück, da er ja ein Übel ist.

A.: Gewiß.

M.: Folglich sind die, denen es schon zuteil ward, daß sie starben, und die, denen es noch zuteil werden wird, unglücklich.

A.: So scheint mir.

M.: Niemand ist folglich nicht unglücklich.

A.: Durchaus niemand.

M.: Und zwar sind, wenn du konsequent sein willst, alle, die geboren sind und es in Zukunft werden, nicht einfach unglücklich, sondern immer unglücklich. Denn wenn du allein die unglücklich nenntest, die sterben müssen, würdest du zwar niemanden von denen, die leben, ausnehmen – denn alle müssen sterben –, es gäbe jedoch ein Ende des Unglücks im Tode; da ja aber auch die Toten unglücklich sind, werden wir für ein ewiges Unglücklichsein geboren. Denn es folgt daraus, daß die, die vor hunderttausend Jahren gestorben sind, unglücklich sind oder vielmehr alle, die überhaupt geboren wurden.

A.: Genau das meine ich.

10. M.: Sag, bitte, schreckt dich etwa dies, der dreiköpfige Cerberus in der Unterwelt, das Tosen des Kokytos, die Fahrt über den Acheron,

das Kinn am Wasser und doch vor Durst dem Tode nah

Tantalus, dann daß

Sisyphos wälzet
stemmend sich im Schweiß den Block und befördert doch gar nichts,

vielleicht auch die unerbittlichen Richter, Minos und Rhadamanthys? Bei denen wird dich nicht Lucius Crassus verteidi-

quoniam apud Graecos iudices res agetur, poteris adhibere Demosthenen; tibi ipsi pro te erit maxima corona causa dicenda. haec fortasse metuis et idcirco mortem censes esse sempiternum malum.

Adeone me delirare censes, ut ista esse credam?

(6) An tu haec non credis?

Minime vero.

Male hercule narras.

Cur? quaeso.

Quia disertus esse possem, si contra ista dicerem.

Quis enim non in eius modi causa? 11. aut quid negotii est haec poëtarum et pictorum portenta convincere?

Atqui pleni libri sunt contra ista ipsa disserentium philosophorum.

Inepte sane. quis enim est tam excors, quem ista moveant?

Si ergo apud inferos miseri non sunt, ne sunt quidem apud inferos ulli.

Ita prorsus existimo.

Ubi sunt ergo i, quos miseros dicis, aut quem locum incolunt? si enim sunt, nusquam esse non possunt.

Ego vero nusquam esse illos puto.

Igitur ne esse quidem?

Prorsus isto modo, et tamen miseros ob id ipsum quidem, quia nulli sint.

12. Iam mallem Cerberum metueres quam ista tam inconsiderate diceres.

gen noch Marcus Antonius, und du wirst, da ja die Sache vor griechischen Richtern verhandelt werden wird, auch nicht Demosthenes zuziehen können: du selbst wirst für dich selbst reden müssen vor dem größten Zuhörerkranz. Das fürchtest du vielleicht, und deswegen meinst du wohl, der Tod sei ein ewigwährendes Übel.

A.: Meinst du, ich sei so verrückt, daß ich an dies Zeug glaube?

M.: Glaubst du das etwa nicht?

A.: Aber keineswegs!

M.: Das tut mir leid.

A.: Wieso bitte?

M.: Weil ich beredt sein könnte, wenn ich gegen dies Zeug reden dürfte.

A.: Ja. Denn wer wäre es nicht bei einem solchen Fall?

11. Und was ist es schon für eine Aufgabe, diese Ausgeburten der Dichter und Maler zu widerlegen!

M.: Und doch gibt es dicke Bücher von Philosophen, die gerade gegen dies Zeug mit ihren Beweisen kämpfen.

A.: Höchst überflüssig! Denn wer ist denn so töricht, daß dies Eindruck auf ihn machte?

M.: Wenn sie also in der Unterwelt nicht unglücklich sind, sind sie auch nicht in der Unterwelt als irgendwelche Wesen.

A.: Ganz so meine ich.

M.: Wo sind also die, die du unglücklich nennst, und welchen Ort bewohnen sie? Wenn sie nämlich existieren, müssen sie irgendwo existieren.

A.: Ich meine aber, sie seien nirgendwo.

M.: Also auch, sie existierten nicht?

A.: Ganz in der von dir angenommenen Weise und doch gerade deshalb unglücklich, weil sie wesenlos existieren.

12. M.: Ich wünschte lieber, du fürchtetest dich vor dem Cerberus, als dies so unüberlegt hinzusagen.

Quid tandem?

Quem esse negas, eundem esse dicis. ubi est acumen tuum? cum enim miserum esse dicis, tum eum qui non sit dicis esse.

Non sum ita hebes, ut istud dicam.

Quid dicis igitur?

Miserum esse verbi causa ⟨M.⟩ Crassum, qui illas fortunas morte dimiserit, miserum Cn. Pompeium, qui tanta gloria sit orbatus, omnis denique miseros, qui hac luce careant.

Revolveris eodem. sint enim oportet, si miseri sunt; tu autem modo negabas eos esse, qui mortui essent. si igitur non sunt, nihil possunt esse; ita ne miseri quidem sunt.

Non dico fortasse etiam, quod sentio; nam istuc ipsum, non esse, cum fueris, miserrimum puto.

13. Quid? miserius quam omnino numquam fuisse? ita, qui nondum nati sunt, miseri iam sunt, quia non sunt, et nos, si post mortem miseri futuri sumus, miseri fuimus ante quam nati. ego autem non commemini, ante quam sum natus, me miserum; tu si meliore memoria es, velim scire, ecquid de te recordere.

(7) Ita iocaris, quasi ego dicam eos miseros, qui nati non sint, et non eos miseros, qui mortui sunt.

Esse ergo eos dicis.

Immo, quia non sint, cum fuerint, eo miseros esse.

A.: Wieso denn?

M.: Von dem du eben sagtest, er sei nicht, von dem sagst du in einem Atemzuge, er sei. Wo bleibt dein Scharfsinn? Wenn du nämlich sagst, er ist unglücklich, sagst du, daß einer, der nicht ist, ist.

A.: Ich bin nicht so stumpf, daß ich das sagte.

M.: Was meinst du also?

A.: Daß zum Beispiel Marcus Crassus unglücklich ist, der solche Schätze von sich lassen mußte, als er starb; daß Gnaeus Pompeius unglücklich ist, der eines so gewaltigen Ruhmes verlustig ging; daß schließlich alle unglücklich sind, die dieses Licht hier entbehren müssen.

M.: Du kommst auf denselben Punkt zurück. Sie müssen nämlich sein, wenn sie unglücklich sind; du sagtest aber, die, welche tot wären, seien nicht. Wenn sie nun nicht sind, können sie auch nicht etwas sein. So können sie also auch nicht unglücklich sein.

A.: Ich sage vielleicht auch nicht, was ich meine; denn eben dies, nicht zu sein, wenn man gewesen ist, halte ich für das Schlimmste.

13. M.: Wie? Für schlimmer als überhaupt nie existiert zu haben? So sind die, welche noch nicht geboren sind, schon unglücklich, weil sie nicht sind. Und wir, wenn wir nach dem Tode notwendig unglücklich sind, waren unglücklich, bevor wir geboren wurden. Ich erinnere mich aber nicht, daß ich vor meiner Geburt unglücklich gewesen wäre. Wenn du ein Mann von besserem Gedächtnis bist, möchte ich wissen, ob du dich an irgend etwas dich betreffend erinnerst.

A.: Du scherzest so, als ob ich sagte, unglücklich seien die, die nicht geboren sind, und nicht vielmehr die, die tot sind.

M.: Also sagst du doch, sie seien.

A.: Aber nein, vielmehr daß sie deshalb unglücklich sind, weil sie nicht sind, obwohl sie gewesen sind.

Pugnantia te loqui non vides? quid enim tam pugnat, quam non modo miserum, sed omnino quicquam esse, qui non sit? an tu egressus porta Capena cum Calatini Scipionum Serviliorum Metellorum sepulcra vides, miseros putas illos?

Quoniam me verbo premis, posthac non ita dicam, miseros esse, sed tantum miseros, ob id ipsum, quia non sint.

Non dicis igitur: 'miser est M. Crassus', sed tantum: 'miser M. Crassus'?

Ita plane.

14. Quasi non necesse sit, quicquid isto modo pronunties, id aut esse aut non esse! an tu dialecticis ne imbutus quidem es? in primis enim hoc traditur: omne pronuntiatum (sic enim mihi in praesentia occurrit ut appellarem ἀξίωμα, utar post alio, si invenero melius) – id ergo est pronuntiatum, quod est verum aut falsum. cum igitur dicis: 'miser M. Crassus', aut hoc dicis: 'miser est Crassus', ut possit iudicari, verum id falsumne sit, aut nihil dicis omnino.

Age, iam concedo non esse miseros, qui mortui sint, quoniam extorsisti, ut faterer, qui omnino non essent, eos ne miseros quidem esse posse. quid? qui vivimus, cum moriendum sit, nonne miseri sumus? quae enim potest in vita esse iucunditas, cum dies et noctes cogitandum sit iam iamque esse moriendum?

(8) 15. Ecquid ergo intellegis, quantum mali de humana condicione deieceris?

Quonam modo?

M.: Siehst du denn nicht, daß du Widersprüchliches sagst? Denn was widerspricht sich so, als nicht nur unglücklich, sondern überhaupt zu sein, obwohl man nicht ist. Oder hältst du etwa, wenn du aus der Porta Capena trittst und die Grabmäler des Calatinus, der Scipionen, der Servilier und der Meteller siehst, diese für unglücklich?

A.: Da du mich so aufs Wort festnagelst, werde ich fortan nicht sagen, sie seien unglücklich, sondern nur die Unglücklichen, und zwar eben darum, daß sie nicht sind.

M.: Du sagst also nicht: «unglücklich ist Marcus Crassus», sondern nur «unglücklich Marcus Crassus».

A.: Genau so.

14. M.: Gerade als ob dann nicht auch alles, was du so verkündest, entweder sein oder nicht sein müßte. Oder hast du von der Philosophie nicht einmal einen Tropfen genippt? Unter den ersten Sätzen nämlich wird Folgendes gelehrt: jede Aussage – so fällt es mir nämlich eben ein, ἀξίωμα zu nennen; später werde ich einen anderen Ausdruck gebrauchen, wenn ich einen besseren finde – das also ist eine Aussage, was wahr oder falsch ist. Wenn du also sagst: unglücklich Marcus Crassus! sagst du entweder: unglücklich ist Marcus Crassus, so daß man beurteilen kann, ob es wahr oder falsch ist, oder du sagst überhaupt nichts.

A.: Gut, ich geb' schon zu, daß die, die tot sind, nicht unglücklich sind, da du mir das Zugeständnis entwunden hast, daß wer überhaupt nicht sei, auch nicht unglücklich sein könne. Wie aber? Wir, die wir leben, sind wir nicht unglücklich, da wir sterben müssen? Kann es denn im Leben noch etwas Erfreuliches geben, wenn man Tag und Nacht denken muß, in jedem Augenblick kann man sterben?

15. M.: Merkst du nun also wohl, wieviel Schlimmes du von der menschlichen Lage abgewälzt hast?

A.: Wie denn?

Quia, si mors etiam mortuis miserum esset, infinitum quoddam et sempiternum malum haberemus in vita; nunc video calcem, ad quam cum sit decursum, nihil sit praeterea extimescendum. sed tu mihi videris Epicharmi, acuti nec insulsi hominis ut Siculi, sententiam sequi.

Quam? non enim novi.

Dicam, si potero, Latine. scis enim me Graece loqui in Latino sermone non plus solere quam in Graeco Latine.

Et recte quidem. sed quae tandem est Epicharmi ista sententia?

'Émori noló, sed me esse mórtuum nihil aéstimo.'

Iam adgnosco Graecum. sed quoniam coëgisti, ut concederem, qui mortui essent, eos miseros non esse, perfice, si potes, ut ne moriendum quidem esse miserum putem.

16. Iam istuc quidem nihil negotii est, sed ego maiora molior.

Quo modo hoc nihil negotii est? aut quae sunt tandem ista maiora?

Quia, quoniam post mortem mali nihil est, ne mors quidem est malum, cui proxumum tempus est post mortem, in quo mali nihil esse concedis: ita ne moriendum quidem esse malum est; id est enim perveniendum esse ad id, quod non esse malum confitemur.

Uberius ista, quaeso. haec enim spinosiora, prius ut confitear me cogunt quam ut adsentiar. sed quae sunt ea, quae dicis te maiora moliri?

M.: Weil wir, wenn der Tod auch für die Toten ein Unglück wäre, sozusagen ein unbegrenztes und ewiges Leiden im Leben hätten; jetzt sehe ich ein Ziel. Wenn man bis dahin die Bahn durchlaufen hat, braucht man nichts weiter zu fürchten. Du scheinst mir aber einem Spruch Epicharms zu folgen, eines scharfsinnigen und witzigen Mannes, eben eines Siziliers.

A.: Welchem? Ich kenne ihn nicht.

M.: Ich will ihn dir, wenn ich vermag, auf lateinisch sagen. Du weißt ja, daß ich ebensowenig in der lateinischen Rede griechisch rede wie in der griechischen lateinisch.

A.: Und dies mit Recht. Aber wie heißt denn dieser Spruch Epicharms?

M.: «Sterben will ich nicht, doch daß ich tot bin, acht ich für ein Nichts.»

A.: Jetzt erkenne ich den griechischen Text. Aber da du mich zu dem Zugeständnis zwangst, daß wer tot ist, nicht unglücklich ist, so bring es fertig, wenn du es vermagst, daß ich es auch nicht für ein Unglück halte, daß wir sterben müssen.

16. M.: Das macht jetzt keine Umstände mehr, sondern ich bereite noch Größeres vor.

A.: Wieso macht das keine Umstände mehr, und was ist denn das Größere?

M.: Aus folgendem Grunde: da nach dem Tode nichts Schlimmes kommt, ist auch der Tod kein Übel, dem sofort ja die Zeit nach dem Tode folgt, die nach deinem Zugeständnis nichts Schlimmes birgt. So ist auch sterben zu müssen kein Übel. Denn das bedeutet doch nur, daß man zu dem gelangen muß, was, wie wir zugestehen, kein Übel ist.

A.: Dies bitte ausführlicher! Denn diese verzwickteren Dinge zwingen mich eher zum Zugeständnis als zur Beistimmung. Aber was ist das Größere, das du vorbereitest, wie du sagst?

Ut doceam, si possim, non modo malum non esse, sed bonum etiam esse mortem.

Non postulo id quidem, aveo tamen audire. ut enim non efficias quod vis, tamen, mors ut malum non sit, efficies. sed nihil te interpellabo; continentem orationem audire malo.

17. Quid, si te rogavero aliquid? nonne respondebis?

Superbum id quidem est, sed, nisi quid necesse erit, malo non roges.

(9) Geram tibi morem et ea quae vis, ut potero, explicabo, nec tamen quasi Pythius Apollo, certa ut sint et fixa, quae dixero, sed ut homunculus unus e multis probabilia coniectura sequens. ultra enim quo progrediar, quam ut veri similia videam, non habeo; certa dicent i, qui et percipi ea posse dicunt et se sapientis esse profitentur.

Tu, ut videtur; nos ad audiendum parati sumus.

18. Mors igitur ipsa, quae videtur notissima res esse, quid sit, primum est videndum. sunt enim qui discessum animi a corpore putent esse mortem; sunt qui nullum censeant fieri discessum, sed una animum et corpus occidere, animumque in corpore extingui. qui discedere animum censent, alii statim dissipari, alii diu permanere, alii semper.

Quid sit porro ipse animus aut ubi aut unde, magna dissensio est. aliis cor ipsum animus videtur, ex quo excordes, vecor-

M.: Darzulegen, wenn ich's vermag, daß der Tod nicht nur kein Übel, sondern sogar etwas Gutes ist.

A.: Das fordere ich zwar nicht, aber ich bin begierig, es zu hören. Denn gesetzt, du bewiesest nicht, was du willst, so wirst du doch beweisen, daß der Tod kein Übel ist. Aber ich werde dich mit nichts unterbrechen: ich möchte lieber eine zusammenhängende Rede hören.

17. M.: Wie? Wenn ich dich etwas frage? Willst du dann etwa nicht antworten?

A.: Das wäre hoffärtig, aber ich wünschte, du fragtest nur das Nötige.

M.: Ich will dir den Willen tun und das, was du willst, so gut ich kann, darlegen, aber nicht wie der Pythische Apollon, derart, daß gewiß sei und unverrückbar, was ich sage, sondern wie ein schwacher Mensch, einer von vielen, dem Wahrscheinlichen mit seinen Vermutungen nachgehend. Möglichkeiten nämlich, weiter vorzustoßen als bis ich das Wahrscheinliche sehe, habe ich nicht. Sicheres sollen die sagen, die behaupten, das lasse sich erkennen und von sich selbst verkünden, sie seien weise.

A.: Du sprich, wie es dir richtig scheint! Wir sind bereit zu hören.

18. M.: Zunächst muß man sehen, was der Tod, dem Anschein nach die bekannteste Sache, überhaupt ist. Es gibt nämlich Leute, die der Meinung sind, der Tod sei Trennung der Seele vom Körper; es gibt aber auch welche, nach deren Ansicht findet keine Trennung statt, sondern Seele und Körper gehen gemeinsam zugrunde, und die Seele erlischt im Körper. Von denen, deren Ansicht ist, daß die Seele sich trenne, sagen die einen, sie zerfließe sofort, andere, sie halte sich lange, andere wieder, immer.

Was weiter die Seele selbst sei und wo sie sei und woher sie stamme, darüber herrscht große Meinungsverschiedenheit. Die einen halten das Herz selbst für die Seele; daher haben die

des concordesque dicuntur et Nasica ille prudens bis consul Corculum et

egregie cordatus homo, catus Aelius Sextus.

19. Empedocles animum esse censet cordi suffusum sanguinem; aliis pars quaedam cerebri visa est animi principatum tenere; aliis nec cor ipsum placet nec cerebri quandam partem esse animum, sed alii in corde, alii in cerebro dixerunt animi esse sedem et locum; animum autem alii animam, ut fere nostri – declarat nomen: nam et agere animam et efflare dicimus et animosos et bene animatos et ex animi sententia; ipse autem animus ab anima dictus est –; Zenoni Stoico animus ignis videtur. (10)sed haec quidem quae dixi, cor, cerebrum, animam, ignem volgo, reliqua fere singuli. ut multi ante veteres, proxime autem Aristoxenus, musicus idemque philosophus, ipsius corporis intentionem quandam, velut in cantu et fidibus quae ἁρμονία dicitur: sic ex corporis totius natura et figura varios motus cieri tamquam in cantu sonos. 20. hic ab artificio suo non recessit et tamen dixit aliquid, quod ipsum quale esset erat multo ante et dictum et explanatum a Platone. Xenocrates animi figuram et quasi corpus negavit esse ullum, numerum dixit esse, cuius vis, ut iam ante Pythagorae visum erat, in natura maxuma esset. eius doctor

Herzlosen, die Wahnsinnigen und die Einträchtigen im Lateinischen (excordes, vaecordes, concordes) ihren Namen und der berühmte, kluge Nasica, der zweimal Konsul war, seinen Beinamen Corculum sowie

Aelius Sextus, ein Mann von Klugheit und großer Beherztheit.

19. Empedokles urteilt, die Seele sei das Blut, das zum Herzen ströme. Anderen schien ein Teil des Gehirnes die Herrschaft über die Seele innezuhaben. Anderen wieder leuchtet weder das Herz noch ein Teil des Gehirnes als Seele ein, sondern sie meinen, nur der Sitz und der Platz der Seele seien entweder im Herzen oder im Gehirn. Andere wiederum sind der Ansicht, die Seele sei Atem, wie etwa unsere Landsleute. Das Wort sagt es selbst. Sagen wir doch den Atem haben oder den Atem aushauchen, die Begeisterten, die Mutigen und aus der Meinung des Herzens. Animus aber in der Bedeutung Seele ist von Atem anima abgeleitet. Dem Stoiker Zenon ist die Seele Feuer. Das aber, was ich eben anführte, Herz, Gehirn, Atem, Feuer, sind allgemein verbreitete Ansichten. Das übrige vertreten meist nur einzelne. Wie zum Beispiel viele alte Philosophen früher, zuletzt aber Aristoxenos, Musiker und zugleich Philosoph, sie sei eine Art Spannung des Körpers selbst wie beim Gesang und Saiteninstrument die gespannte Stimmung, die sogenannte ἁρμονία: so würden aus Wesen und Gestalt des ganzen Körpers heraus verschiedene Schwingungen erregt, wie beim Gesang die Töne. 20. Dieser Mann blieb bei seinem Handwerk und sagte damit doch nur etwas, was lange vorher schon von Platon in seinem Wesen ausgesprochen und erläutert worden war. Xenokrates leugnete, daß es eine Gestalt und so etwas wie einen Körper der Seele gäbe, Zahl sei sie, behauptete er, und Rhythmus, Dinge, deren Macht in der Natur, wie schon vorher Pythagoras glaubte, besonders groß wäre. Sein Lehrer Platon dachte sich die Seele dreiteilig. Ihre

Plato triplicem finxit animum, cuius principatum, id est rationem, in capite sicut in arce posuit, et duas partes parere voluit, iram et cupiditatem, quas locis disclusit: iram in pectore, cupiditatem supter praecordia locavit. 21. Dicaearchus autem in eo sermone, quem Corinthi habitum tribus libris exponit, doctorum hominum disputantium primo libro multos loquentes facit; duobus Pherecratem quendam Phthiotam senem, quem ait a Deucalione ortum, disserentem inducit nihil esse omnino animum, et hoc esse nomen totum inane, frustraque animalia et animantis appellari, neque in homine inesse animum vel animam nec in bestia, vimque omnem eam, qua vel agamus quid vel sentiamus, in omnibus corporibus vivis aequabiliter esse fusam nec separabilem a corpore esse, quippe quae nulla sit, nec sit quicquam nisi corpus unum et simplex, ita figuratum ut temperatione naturae vigeat et sentiat. 22. Aristoteles, longe omnibus – Platonem semper excipio – praestans et ingenio et diligentia, cum quattuor nota illa genera principiorum esset complexus, e quibus omnia orerentur, quintam quandam naturam censet esse, e qua sit mens; cogitare enim et providere et discere et docere et invenire aliquid et tam multa alia meminisse, amare odisse, cupere timere, angi laetari, haec et similia eorum in horum quattuor generum inesse nullo putat; quintum genus adhibet vacans nomine et sic ipsum animum ἐνδελέχειαν appellat novo nomine quasi quandam continuatam motionem et perennem.

(11) Nisi quae me forte fugiunt, haec sunt fere de animo sententiae. Democritum enim, magnum illum quidem virum, sed levibus et rotundis corpusculis efficientem animum concursu quodam fortuito, omittamus; nihil est enim apud istos,

Regierung, das heißt die Vernunft, verlegte er ins Haupt wie in eine Burg. Die beiden anderen Teile aber sollten ihr gehorchen, Leidenschaft und Begehren. Er trennte sie dem Sitz nach: die Leidenschaft setzte er in die Brust, das Begehren unterhalb des Zwerchfells. 21. Dikaiarch wieder, in dem Gespräch, das in Korinth spielt und das er in drei Büchern darstellt, zwischen gelehrten Männern, die sich auseinandersetzen, läßt im ersten Buche viele reden; in zweien führt er einen Pherekrates, einen alten Mann aus der Phthiotis ein, der nach ihm von Deukalion abstammte, wie er entwickelt, die Seele sei überhaupt nichts. Sie sei ein leerer Name und ohne Grund heiße man etwas beseelte Wesen und Dinge. Weder im Menschen wohne eine Seele oder ein Leben noch im Tier. All die Kraft, mit der wir etwas täten oder empfänden, sei in allen lebenden Körpern gleichmäßig ergossen und sei untrennbar vom Körper, da sie keine selbständige Existenz habe. Und es gebe nichts außer dem einen geschlossenen Körper, der so gestaltet sei, daß er kraft der Ordnung seines Wesens lebe und empfinde. 22. Aristoteles, der an Geist und Umsicht alle – Platon nehme ich immer aus – weit übertrifft, kommt nach Aufstellung jener vier Arten von Elementen, aus denen alles entstehe, zu der Ansicht, es gebe noch eine Art fünftes Wesen, aus dem der Geist sei. Denn denken und voraussehen, lernen und lehren, etwas finden und so vieles andere im Gedächtnis haben, lieben, hassen, begehren, fürchten, sich ängstigen, sich freuen – dies und Ähnliches könne in keiner der vier Arten wohnen: eine fünfte nimmt er hinzu ohne Namen und nennt dann die Seele selbst mit neuem Namen ἐνδελέχειαν, etwa eine ununterbrochene dauernde Bewegung.

Das sind wohl, wenn mir nicht vielleicht etwas entgangen ist, die Ansichten über die Seele. Demokrit nämlich, jenen gewiß großen Mann, der aber die Seele aus glatten runden Körperchen durch zufälligen Zusammenprall entstehen läßt, wol-

quod non atomorum turba conficiat. 23. Harum sententiarum quae vera sit, deus aliqui viderit; quae veri simillima, magna quaestio est. utrum igitur inter has sententias diiudicare malumus an ad propositum redire?

Cuperem equidem utrumque, si posset, sed est difficile confundere. quare si, ut ista non disserantur, liberari mortis metu possumus, id agamus; sin id non potest nisi hac quaestione animorum explicata, nunc, si videtur, hoc, illud alias.

Quod malle te intellego, id puto esse commodius; efficiet enim ratio ut, quaecumque vera sit earum sententiarum quas exposui, mors aut malum non sit aut sit bonum potius. 24. nam si cor aut sanguis aut cerebrum est animus, certe, quoniam est corpus, interibit cum reliquo corpore; si anima est, fortasse dissipabitur; si ignis, extinguetur; si est Aristoxeni harmonia, dissolvetur. quid de Dicaearcho dicam, qui nihil omnino animum dicat esse? his sententiis omnibus nihil post mortem pertinere ad quemquam potest; pariter enim cum vita sensus amittitur; non sentientis autem nihil est ullam in partem quod intersit. reliquorum sententiae spem adferunt, si te hoc forte delectat, posse animos, cum e corporibus excesserint, in caelum quasi in domicilium suum pervenire.

Me vero delectat, idque primum ita esse velim, deinde, etiamsi non sit, mihi persuaderi tamen velim.

len wir übergehen. Bei denen gibt es ja nichts, was nicht das Gewimmel der Atome bewirkte. 23. Welche nun von diesen Meinungen die wahre ist, sieht vielleicht ein Gott; welche die wahrscheinlichste ist, ist eine große Frage. Wollen wir also unter diesen Meinungen die Entscheidung treffen oder wollen wir lieber zu unserem Thema zurückkehren?

A.: Ich möchte beides, wenn es möglich wäre; aber es ist schwer zu vereinigen. Daher wollen wir, wofern wir von der Todesfurcht befreit werden können, ohne daß man diese Dinge erörterte, darauf das Gewicht legen; ist dies unmöglich, ohne die Frage nach der Seele aufzurollen, jetzt, wenn es recht ist, das eine, das andere ein andermal.

M.: Das, was du lieber willst, wie ich merke, ist meiner Meinung nach auch besser. Die Überlegung wird nämlich zeigen, daß, welche der Meinungen, die ich dargelegt habe, auch wahr sei, der Tod kein Unglück ist oder vielmehr sogar ein Gut. 24. Denn wenn die Seele das Herz oder das Blut oder das Gehirn ist, wird sie gewiß, da sie ja Körper ist, mit dem übrigen Körper zugrunde gehen. Ist sie Atem, wird sie vielleicht verfliegen. Ist sie Feuer, wird sie erlöschen. Ist sie die Harmonie des Aristoxenos, wird sie sich auflösen. Was soll ich von Dikaiarch sprechen, der behauptete, die Seele sei überhaupt nichts? Nach allen diesen Meinungen kann niemanden nach dem Tode mehr etwas betreffen. Zusammen nämlich mit dem Leben geht auch die Empfindung verloren. Für einen Nichtempfindenden aber gibt es nichts, was in irgendeiner Hinsicht von Interesse wäre. Die Meinungen der übrigen bringen noch die Hoffnung, falls dich das freut, die Seele könne nach Verlassen des Körpers in den Himmel wie in ihre Heimat gelangen.

A.: Mich freut das allerdings, und ich wünschte vor allem, es möchte so sein; in zweiter Linie möchte ich doch, auch wenn es nicht so ist, davon überzeugt werden.

Quid tibi ergo opera nostra opus est? num eloquentia Platonem superare possumus? evolve diligenter eius eum librum, qui est de animo: amplius quod desideres nihil erit.

Feci mehercule, et quidem saepius; sed nescio quo modo, dum lego, adsentior, cum posui librum et mecum ipse de inmortalitate animorum coepi cogitare, adsensio omnis illa elabitur.

25. Quid? hoc dasne aut manere animos post mortem aut morte ipsa interire?

Do vero.

Quid, si maneant?

Beatos esse concedo.

Sin intereant?

Non esse miseros, quoniam ne sint quidem; iam istuc coacti a te paulo ante concessimus.

Quo modo igitur aut cur mortem malum tibi videri dicis? quae aut beatos nos efficiet animis manentibus aut non miseros sensu carentis.

(12) 26. Expone igitur, nisi molestum est, primum, si potes, animos remanere post mortem, tum, si minus id obtinebis – est enim arduum –, docebis carere omni malo mortem. ego enim istuc ipsum vereor ne malum sit non dico carere sensu, sed carendum esse.

Auctoribus quidem ad istam sententiam, quam vis obtineri, uti optimis possumus, quod in omnibus causis et debet et solet valere plurimum, et primum quidem omni antiquitate, quae

M.: Was brauchst du da also uns zu bemühen? Vermögen wir etwa einen Platon an Beredsamkeit zu übertreffen? Lies sorgfältig sein Buch, das von der Seele handelt: dann wirst du nichts weiter vermissen.

A.: Ich habe es bei Gott getan, und zwar öfter. Aber unerklärlich: während ich es lese, stimme ich bei. Habe ich das Buch beiseite gelegt und beginne bei mir selbst über die Unsterblichkeit der Seele nachzudenken, entgleitet mir all jene Sicherheit.

25. M.: Wie? Gibst du zu, daß die Seelen nach dem Tode entweder bleiben oder eben durch den Tod zugrunde gehen?

A.: Das gebe ich zu.

M.: Wie nun, wenn sie bleiben?

A.: Gebe ich zu, daß sie selig sind.

M.: Wenn sie aber zugrunde gehen?

A.: Daß sie nicht unglücklich sind, da sie ja nicht einmal sind. Das haben wir ja eben, von dir gezwungen, kurz vorher eingeräumt.

M.: Wie oder warum kannst du also behaupten, dir scheine der Tod ein Übel zu sein? Er macht uns doch entweder glücklich, wenn die Seele bleibt, oder nicht unglücklich, wenn wir keine Empfindung mehr haben.

26. A.: Stelle also, wenn es dir nicht beschwerlich ist, zuerst dar, wenn du es vermagst, daß die Seele nach dem Tode bleibt. Darauf, wenn du das nicht halten kannst – es ist nämlich schwierig –, magst du aufweisen, daß der Tod frei ist von jedem Übel. Ich fürchte nämlich, eben dies sei ein Übel, ich sage nicht, daß man keine Empfindung hat, aber daß man sie entbehren muß.

M.: Für diese Meinung, die du bewiesen sehen möchtest, kann ich die besten Gewährsmänner anführen. Und das muß und pflegt ja bei jeder Streitfrage das meiste Gewicht zu haben. Und zwar zunächst die ganze alte Zeit, die, je näher sie

quo propius aberat ab ortu et divina progenie, hoc melius ea fortasse quae erant vera cernebant.

27. Itaque unum illud erat insitum priscis illis, quos cascos appellat Ennius, esse in morte sensum neque excessu vitae sic deleri hominem, ut funditus interiret; idque cum multis aliis rebus, tum e pontificio iure et e caerimoniis sepulcrorum intellegi licet, quas maxumis ingeniis praediti nec tanta cura coluissent nec violatas tam inexpiabili religione sanxissent, nisi haereret in eorum mentibus mortem non interitum esse omnia tollentem atque delentem, sed quandam quasi migrationem commutationemque vitae, quae in claris viris et feminis dux in caelum soleret esse, in ceteris humi retineretur et permaneret tamen. 28. ex hoc et nostrorum opinione

Romulus in caelo cum dis agit aevum,

ut famae adsentiens dixit Ennius, et apud Graecos indeque perlapsus ad nos et usque ad Oceanum Hercules tantus et tam praesens habetur deus; hinc Liber Semela natus eademque famae celebritate Tyndaridae fratres, qui non modo adiutores in proeliis victoriae populi Romani, sed etiam nuntii fuisse perhibentur. quid? Ino Cadmi filia nonne Λευκοθέα nominata a Graecis Matuta habetur a nostris? quid? totum prope caelum, ne pluris persequar, nonne humano genere completum est? (13) 29. si vero scrutari vetera et ex is ea quae scriptores Graeciae prodiderunt eruere coner, ipsi illi maiorum gentium

dem Ursprung und der göttlichen Abstammung war, leicht um so besser die Wahrheit sah.

27. Daher war das eine in diesen Alten, die Ennius die Altvordern nennt, fest verwurzelt, daß im Tod Empfindung ist und daß der Mensch beim Scheiden aus dem Leben nicht so zerstört wird, daß er völlig zugrunde geht. Das kann man an vielen anderen Dingen, besonders aber aus dem Priesterrecht und den Grabfeierlichkeiten erkennen, die Geister von höchstem Rang nicht mit solcher Peinlichkeit innegehalten und deren Verletzung sie nicht mit so unentsühnbarem Fluche verpönt hätten, wenn nicht in ihrem Geiste die Vorstellung haftete, daß der Tod nicht ein Untergang sei, der alles beseitigt und zerstört, sondern ein Übergang und eine Verwandlung des Lebens. Das pflege bei berühmten Männern und Frauen ein Geleit empor zum Himmel zu sein, bei den übrigen werde es am Boden festgehalten, bleibe aber doch bestehen. 28. Deshalb

lebt mit den Göttern Romulus selig im Himmel

auch nach der Vorstellung unserer Landsleute, wie Ennius, dem Mythos beistimmend, sagt, und bei den Griechen und von da zu uns getragen und bis zum Ozean gilt Herakles als so großer und helfender Gott. Daher auch Bacchus, der Sohn der Semele, und von gleichweitem Ruhme das Bruderpaar, die Söhne des Tyndareos, die der Sage nach nicht nur Helfer im Kampf zum Sieg des römischen Volkes waren, sondern auch seine Boten gewesen sein sollen. Und wie? Ino, die Tochter des Kadmos, genießt sie nicht unter dem Namen Λευκοθέα bei den Griechen, als Matuta bei uns göttliche Ehren? Wie? Der ganze Himmel fast, um nicht mehr noch im einzelnen zu verfolgen, ist er nicht voll vom Geschlecht der Menschen? 29. Wenn ich gar das Alte durchstöbern und daraus das, was die Schriftsteller der Griechen überliefert haben, zutage fördern wollte, ließe sich finden, daß gerade die, die als alteingesessene

dii qui habentur hinc nobis profecti in caelum reperientur. quaere, quorum demonstrentur sepulcra in Graecia; reminiscere, quoniam es initiatus, quae tradantur mysteriis: tum denique, quam hoc late pateat, intelleges. sed qui nondum ea, quae multis post annis tractare coepissent, physica didicissent, tantum sibi persuaserant, quantum natura admonente cognoverant, rationes et causas rerum non tenebant, visis quibusdam saepe movebantur, isque maxime nocturnis, ut viderentur ei, qui vita excesserant, vivere.

30. Ut porro firmissimum hoc adferri videtur cur deos esse credamus, quod nulla gens tam fera, nemo omnium tam sit inmanis, cuius mentem non imbuerit deorum opinio – multi de diis prava sentiunt (id enim vitioso more effici solet), omnes tamen esse vim et naturam divinam arbitrantur, nec vero id conlocutio hominum aut consessus efficit, non institutis opinio est confirmata, non legibus; omni autem in re consensio omnium gentium lex naturae putanda est. – quis est igitur, qui suorum mortem primum non eo lugeat, quod eos orbatos vitae commodis arbitretur? tolle hanc opinionem, luctum sustuleris. nemo enim maeret suo incommodo: dolent fortasse et anguntur, sed illa lugubris lamentatio fletusque maerens ex eo est, quod eum, quem dileximus, vitae commodis privatum arbitramur idque sentire. atque haec ita sentimus natura duce, nulla ratione nullaque doctrina.

Götter gelten, von hier aus den Aufstieg zum Himmel begonnen haben. Frage nach denen, deren Grabmäler in Griechenland gezeigt werden. Erinnere dich, da du ja eingeweiht bist, was man in den Mysterien weitergibt. Dann erst wirst du erkennen, wie weit sich diese Erscheinung erstreckt. Aber da sie die Dinge, die man erst viele Jahre später zu behandeln begann, die Physika, noch nicht gelernt hatten, hatten sie nur soviel zu ihrer Überzeugung gemacht, wie sie durch Hinweise der Natur erkannt hatten, System und Ursachen faßten sie nicht. Durch bestimmte Erscheinungen, und zwar meistens zur Nachtzeit, wurden sie oft so erschüttert, daß die, welche aus dem Leben gegangen waren, zu leben schienen.

30. Wie man ferner als sichersten Beweis für die Existenz der Götter anführt, daß kein Volk so wild, niemand unter allen ein solches Ungeheuer ist, daß seinen Geist nicht wenigstens eine Vorstellung von den Göttern durchdrungen hätte – viele haben zwar von den Göttern falsche Meinungen (das pflegt nämlich von einer verderbten allgemeinen Vorstellungswelt herzurühren), alle aber glauben doch, daß es eine göttliche Macht und ein göttliches Wesen gibt. Nicht das Gespräch aber oder eine Versammlung der Menschen bewirken dies, nicht durch Einrichtungen ist die Vorstellung gefestigt worden, nicht durch Gesetze. Bei allen Dingen aber ist die Übereinstimmung aller Völker als ein Naturgesetz zu betrachten. – Wen gibt es nun, der den Tod der Seinen nicht in erster Linie deshalb betrauerte, weil er meinte, sie wären der Genüsse des Lebens beraubt? Nimm diese Meinung, so hast du die Trauer beseitigt. Denn niemand trauert über seinen eigenen Schaden. Man hat vielleicht Schmerz und ängstigt sich, aber jenes Schluchzen der Trauer und klagende Weinen kommt daher, daß wir glauben, der, den wir liebten, sei der Freuden des Lebens beraubt und empfinde das. Und dies empfinden wir so unter Führung der Natur, ohne Begründung und ohne Lehre.

(14) 31. Maxumum vero argumentum est naturam ipsam de inmortalitate animorum tacitam iudicare, quod omnibus curae sunt, et maxumae quidem, quae post mortem futura sint. 'serit arbores, quae alteri saeclo prosint', ut ait ⟨Statius⟩ in Synephebis, quid spectans nisi etiam postera saecula ad se pertinere? ergo arbores seret diligens agricola, quarum aspiciet bacam ipse numquam; vir magnus leges instituta rem publicam non seret? quid procreatio liberorum, quid propagatio nominis, quid adoptationes filiorum, quid testamentorum diligentia, quid ipsa sepulcrorum monumenta elogia significant nisi nos futura etiam cogitare?

32. Quid? illud num dubitas, quin specimen naturae capi deceat ex optima quaque natura? quae est melior igitur in hominum genere natura quam eorum, qui se natos ad homines iuvandos tutandos conservandos arbitrantur? abiit ad deos Hercules: numquam abisset, nisi, cum inter homines esset, eam sibi viam munivisset. (15) vetera iam ista et religione omnium consecrata: quid in hac re p. tot tantosque viros ob rem p. interfectos cogitasse arbitramur? isdemne ut finibus nomen suum quibus vita terminaretur? nemo umquam sine magna spe inmortalitatis se pro patria offerret ad mortem. 33. licuit esse otioso Themistocli, licuit Epaminondae, licuit, ne et vetera et externa quaeram, mihi; sed nescio quo modo inhaeret in mentibus quasi saeclorum quoddam augurium futurorum, idque in maximis ingeniis altissimisque animis et existit maxime et apparet facillime. quo quidem dempto quis

31. Der gewichtigste Beweis aber ist, daß die Natur selbst über die Unsterblichkeit der Seele schweigend ihr Urteil spricht, weil alle sich Sorgen machen, und zwar die schwersten, was nach dem Tode geschieht. «Er pflanzt den Baum dem anderen Geschlecht zum Nutzen», wie Statius in den «Synepheben» sagt, doch wohl in Hinsicht darauf, daß auch die späteren Generationen etwas mit ihm zu tun haben. Also wird ein gewissenhafter Landmann Bäume setzen, deren Frucht er selbst nie sehen wird, ein großer Mann aber soll nicht Gesetze, Einrichtungen, einen Staat stiften? Was bedeuten Zeugung von Kindern, Ausbreitung des Namens, Adoption von Söhnen, sorgfältige Testamente, was selbst die Denkmäler der Gräber, was die Ehreninschriften anderes, als daß wir auch das Zukünftige im Sinn haben?

32. Was meinst du weiter zu folgendem Beweis? Zweifelst du etwa, daß das Vorbild für ein Wesen gerade von den besten Wesen genommen werden muß? Welches Wesen ist nun besser unter der Menschenart als das derjenigen, deren Glauben ist, sie seien geboren, den Menschen zu helfen, sie zu schützen, sie zu erhalten? Zu den Göttern ist Herakles gegangen: er wäre nie gegangen, wenn er sich nicht, als er unter den Menschen weilte, diese Straße bereitet hätte. Das ist schon alt und durch den Glauben aller geheiligt: was, meinen wir wohl, haben in diesem Staate so viele Helden im Sinne gehabt, die für den Staat fielen? Daß vom selben Ende ihr Name wie ihr Leben begrenzt würde? Niemand würde sich je ohne die große Hoffnung auf Unsterblichkeit für das Vaterland zum Tode erbieten. 33. Erlaubt war es für Themistokles, sich der Ruhe zu ergeben, erlaubt dem Epameinondas, erlaubt, um nicht Altes und Auswärtiges aufzusuchen, mir. Aber irgendwie haftet in den Geistern eine Art Vorschau künftiger Zeiten, und zwar entsteht sie vornehmlich in den größten und tiefsten Seelen und tritt in ihnen am leichtesten an den Tag. Wäre das genom-

tam esset amens, qui semper in laboribus et periculis viveret? loquor de principibus; quid? 34. poëtae nonne post mortem nobilitari volunt? unde ergo illud:

Aspicite, o cives, senis Enni imaginis formam:
Hic vestrum panxit maxima facta patrum?

mercedem gloriae flagitat ab is quorum patres adfecerat gloria, idemque:

Nemo me lacrimis ...
Cur? volito vivos per ora virum.

sed quid poëtas? opifices post mortem nobilitari volunt. quid enim Phidias sui similem speciem inclusit in clupeo Minervae, cum inscribere non liceret? quid? nostri philosophi nonne in is libris ipsis, quos scribunt de contemnenda gloria, sua nomina inscribunt?

35. Quodsi omnium consensus naturae vox est, omnesque qui ubique sunt consentiunt esse aliquid, quod ad eos pertineat, qui vita cesserint, nobis quoque idem existimandum est, et si, quorum aut ingenio aut virtute animus excellit, eos arbitrabimur, quia natura optima sint, cernere naturae vim maxume, veri simile est, cum optumus quisque maxume posteritati serviat, esse aliquid, cuius is post mortem sensum sit habiturus.

(16) 36. Sed ut deos esse natura opinamur, qualesque sint, ratione cognoscimus, sic permanere animos arbitramur consensu nationum omnium, qua in sede maneant qualesque sint,

men, wer wäre so wahnsinnig, immer in Strapazen und Gefahren zu leben? Ich spreche über Staatsmänner von Rang: wie steht es mit den Dichtern? 34. Wollen sie nicht nach dem Tode geehrt werden? Woher denn sonst jenes Wort:

> Schaut, ihr Bürger, hier des greisen Ennius Bildnis.
> Mächtige Taten hat er euerer Väter gerühmt?

Den Preis des Ruhmes fordert er von denen, deren Väter er gerühmt hatte. Und ebenso:

> Niemand möge mit Tränen ...
> Warum? Belebt flieg' ich im Munde der Welt!

Doch was spreche ich von den Dichtern? Die Künstler wollen nach dem Tode geehrt werden. Warum denn sonst fügte Pheidias ein ihm ähnliches Bild im Schilde der Minerva ein, da es nicht erlaubt war, eine Inschrift anzubringen? Was tun unsere Philosophen? Schreiben sie nicht selbst auf die Bücher, die sie über die Verachtung des Ruhmes schreiben, ihren Namen?

35. Wenn aber die Übereinstimmung aller die Stimme der Natur ist und alle überall wo es sein mag darin übereinstimmen, daß es etwas gibt, was die berührt, die aus dem Leben geschieden sind, müssen wir dasselbe glauben. Und wenn wir der Ansicht sind, daß die, deren Geist durch Begabung und Tüchtigkeit hervorragt, deshalb, weil sie von bestem Wesen sind, die Kraft der Natur besonders scharf erkennen, so gibt es wahrscheinlich etwas, da gerade die Besten am meisten der Nachwelt dienen, wovon sie nach dem Tode noch Empfindung haben werden.

36. Indes, wie wir von Natur her eine Vorstellung von der Existenz der Götter haben und ihre Beschaffenheit mit Hilfe der Vernunft erkennen, so glauben wir wegen der Übereinstimmung aller Völker, daß die Seele bleiben wird; an welchem Sitze sie bleibt und wie sie beschaffen ist, müssen wir verstan-

ratione discendum est. cuius ignoratio finxit inferos easque formidines, quas tu contemnere non sine causa videbare. in terram enim cadentibus corporibus isque humo tectis, e quo dictum est humari, sub terra censebant reliquam vitam agi mortuorum; quam eorum opinionem magni errores consecuti sunt, quos auxerunt poëtae. 37. frequens enim consessus theatri, in quo sunt mulierculae et pueri, movetur audiens tam grande carmen:

Ádsum atque advenio Ácherunte víx via alta atque árdua
Pér speluncas sáxis structas ásperis pendéntibus
Máxumis, ubi rígida constat crássa caligo ínferum,

tantumque valuit error – qui mihi quidem iam sublatus videtur –, ut, corpora cremata cum scirent, tamen ea fieri apud inferos fingerent, quae sine corporibus nec fieri possent nec intellegi. animos enim per se ipsos viventis non poterant mente complecti, formam aliquam figuramque quaerebant. inde Homeri tota νέκυια, inde ea quae meus amicus Appius νεκυομαντεῖα faciebat, inde in vicinia nostra Averni lacus,

únde animae excitántur obscura úmbra opertae, imágines
mórtuorum, alto óstio Acherúntis salso sánguine.

has tamen imagines loqui volunt, quod fieri nec sine lingua nec sine palato nec sine faucium laterum pulmonum vi et figura potest. nihil enim animo videre poterant, ad oculos omnia referebant.

desmäßig lernen. Unkenntnis hierin hat die Unterirdischen und die Schreckbilder erdichtet, die du nicht ohne Grund zu verachten schienest. Da nämlich die Leichen in die Erde sanken, und zwar mit Erde bedeckt – weshalb man von beerdigen spricht –, meinten sie, das übrige Leben der Toten vollziehe sich unter der Erde. Dieser ihrer Vorstellung folgten große Irrtümer, und die Dichter vergrößerten sie. 37. Ein vollbesetztes Theaterrund nämlich, in dem sich Frauenzimmer und Kinder befinden, wird ergriffen, wenn es so hochtönende Verse wie die hört:

Mühsam steig' und komme ich vom Acheron auf steilem Pfad
tief durch Höhlen, die aus schroffem Fels erbaut, aus hangendem,
ungeheurem, wo der Unterirdschen dichte starre Finsternis.

Und soviel Macht hatte der Irrtum, der mir wenigstens jetzt beseitigt scheint, daß sie, mochten sie die Körper auch verbrannt wissen, doch sich vorstellten, daß das bei den Unterirdischen geschähe, was ohne Körper weder geschehen noch vorgestellt werden kann. Seelen nämlich, die an sich lebten, konnte man sich im Geiste nicht vorstellen. Man suchte irgendeine Gestalt und Form. Daher denn die ganze Totenzitierung Homers, daher die Geisterbeschwörungen, die mein Freund Appius zu veranstalten pflegte. Daher in unserer Nachbarschaft der Avernersee,

wo der Seelen dunkle Schatten werden aus des Acherons
tiefem Mund, der Toten Bild, mit salz'gem Blut hervorgelockt.

Diese Bilder jedoch sollen nach ihrer Ansicht sprechen, was doch ohne Zunge, ohne Gaumen, ohne Kraft und Form des Kehlkopfes, der Brust, der Lunge gar nicht geschehen kann. Man vermochte nämlich noch nichts im Geiste zu schauen; auf die Augen war alles bezogen.

38. Magni autem est ingenii sevocare mentem a sensibus et cogitationem ab consuetudine abducere. itaque credo equidem etiam alios tot saeculis, sed quod litteris exstet, Pherecydes Syrius primus dixit animos esse hominum sempiternos, antiquus sane; fuit enim meo regnante gentili. hanc opinionem discipulus eius Pythagoras maxime confirmavit, qui cum Superbo regnante in Italiam venisset, tenuit Magnam illam Graeciam cum honore disciplinae, tum etiam auctoritate, multaque saecula postea sic viguit Pythagoreorum nomen, ut nulli alii docti viderentur. (17) sed redeo ad antiquos. rationem illi sententiae suae non fere reddebant, nisi quid erat numeris aut descriptionibus explicandum: 39. Platonem ferunt, ut Pythagoreos cognosceret, in Italiam venisse et didicisse Pythagorea omnia primumque de animorum aeternitate non solum sensisse idem quod Pythagoram, sed rationem etiam attulisse. quam, nisi quid dicis, praetermittamus et hanc totam spem inmortalitatis relinquamus.

An tu cum me in summam exspectationem adduxeris, deseris? errare mehercule malo cum Platone, quem tu quanti facias scio et quem ex tuo ore admiror, quam cum istis vera sentire.

40. Macte virtute! ego enim ipse cum eodem ipso non invitus erraverim. num igitur dubitamus –? an sicut pleraque? quamquam hoc quidem minime; persuadent enim mathematici terram in medio mundo sitam ad universi caeli complexum

38. Es ist aber ein Zeichen eines großen Geistes, das Denken von den Sinnen zu trennen und die Überlegung von der gewohnten Bahn hinwegzuführen. Deshalb bin ich der Meinung, daß auch andere es in soviel Jahrhunderten gesagt haben, aber, soweit es in den Schriften steht, hat Pherekydes von Syros als erster behauptet, daß die Seele der Menschen ewig ist. Wirklich einer von den Alten: hat er doch unter der Regierung meines Sippengenossen gelebt. Diese Ansicht hat sein Schüler Pythagoras besonders erhärtet. Dieser hat dann, als er unter dem Königtum des Superbus nach Italien gekommen war, Großgriechenland mit dem Ansehen seiner Lehre, dann vor allem mit seiner Autorität beherrscht. Und viele Jahrhunderte später noch hatte der Name Pythagoreer einen solchen Klang, daß niemand anderes gelehrt schien. Aber ich kehre zu den Alten zurück. Eine Begründung gaben sie für ihre Meinung gewöhnlich nicht, außer wenn etwas in Zahlen oder Figuren zu entwickeln war: 39 Platon, heißt es, ist nach Italien gekommen, um die Pythagoreer kennenzulernen, hat alle pythagoreischen Lehren in sich aufgenommen und hat als erster nicht nur über die Ewigkeit der Seele dasselbe gemeint wie Pythagoras, sondern auch die Begründung dafür gebracht. Die wollen wir, wenn du nichts dagegen hast, beiseite lassen und diese ganze Hoffnung auf Unsterblichkeit aufgeben.

A.: Willst du mich etwa im Stich lassen jetzt, wo du mich in die höchste Erwartung geführt hast? Irren will ich bei Gott lieber mit Platon, den du so hoch stellst, wie ich weiß, und den ich in deinen Worten bewundere, als mit diesen die wahre Ansicht zu haben.

40. M.: Gepriesen seist du ob deiner Trefflichkeit! Möchte ich doch selbst mit ihm nicht ungern irren. Wir zweifeln doch nun nicht etwa an Folgendem? Oder zweifeln wir auch hieran wie an dem meisten? Indes hieran doch wohl am allerwenigsten. Die Mathematiker nämlich beweisen, daß die Erde, in der

quasi puncti instar optinere, quod κέντρον illi vocant; eam porro naturam esse quattuor omnia gignentium corporum, ut, quasi partita habeant inter se ac divisa momenta, terrena et umida suopte nutu et suo pondere ad paris angulos in terram et in mare ferantur, reliquae duae partes, una ignea altera animalis, ut illae superiores in medium locum mundi gravitate ferantur et pondere, sic hae rursum rectis lineis in caelestem locum subvolent, sive ipsa natura superiora adpetente sive quod a gravioribus leviora natura repellantur. quae cum constent, perspicuum debet esse animos, cum e corpore excesserint, sive illi sint animales, id est spirabiles, sive ignei, sublime ferri. 41. si vero aut numerus quidam sit animus, quod subtiliter magis quam dilucide dicitur, aut quinta illa non nominata magis quam non intellecta natura, multo etiam integriora ac puriora sunt, ut a terra longissime se ecferant. Horum igitur aliquid ⟨debet esse⟩ animus, ne tam vegeta mens aut in corde cerebrove aut in Empedocleo sanguine demersa iaceat. (18) Dicaearchum vero cum Aristoxeno aequali et condiscipulo suo, doctos sane homines, omittamus; quorum alter ne condoluisse quidem umquam videtur, qui animum se habere non sentiat, alter ita delectatur suis cantibus, ut eos etiam ad haec transferre conetur. ἁρμονίαν autem ex intervallis sonorum nosse possumus, quorum varia compositio etiam harmonias efficit pluris; membrorum vero situs et figura corporis vacans animo quam possit harmoniam efficere, non video. sed hic quidem,

Mitte des Weltalls ruhend, im Vergleich zu dem Umfang des gesamten Himmels an Raum nur einen Punkt einnimmt, den sie κέντρον heißen. Weiter sei das Wesen der vier alles erzeugenden Körper so beschaffen, daß die Erde und das Feuchte, als hätten sie die Bewegungsrichtungen unter sich verteilt und voneinander geschieden, durch die eigene Schwere und das eigene Gewicht senkrecht auf die Erde und ins Meer fallen, die übrigen zwei Teile, der eine der feurige, der andere der luftartige aber, wie die eben erwähnten oberen zu der Mitte der Welt infolge ihrer Wucht und ihres Gewichtes eilen, so sie wieder geradewegs zum Himmel emporfliegen, sei es, daß ihre Natur nach der Höhe strebt, sei es, daß das Leichtere von Natur vom Schwereren zurückgestoßen wird. Da dies feststeht, sollte es einleuchtend sein, daß die Seelen, wenn sie aus dem Körper gewichen sind – seien sie nun luftartig, das heißt aus Atem bestehend, seien sie aus Feuer – nach oben getragen werden. 41. Wenn aber die Seele eine Art Zahl ist, wie mehr feinsinnig als klar gesagt wird, oder auch jenes eher nicht benannte als nicht verstandene fünfte Wesen, so ist das alles noch viel unvermischter und reiner, so daß es sich am weitesten von der Erde erhebt. Von diesen Dingen nun muß die Seele etwas sein – daß nicht etwa ein so beweglicher Geist im Herzen oder Gehirn oder im Blute des Empedokles begraben liege. Dikaiarch aber, mit seinem Altersgenossen und Mitschüler Aristoxenos, gewiß gelehrte Männer, wollen wir beiseite lassen: von ihnen scheint der eine nie auch nur Schmerz empfunden zu haben, da er nicht spürt, daß er eine Seele hat, der andere freut sich so an seinen Gesängen, daß er sie auch hierher zu übertragen versucht. Harmonien nun aus Abständen von Tönen können wir wahrnehmen; denn ihre verschiedenartige Zusammenstellung bewirkt auch mehrere Harmonien. Wie aber Lage und Gestalt des Körpers ohne Seele eine Harmonie bewirken kann, sehe ich nicht. Er selbst aber, mag

quamvis eruditus sit, sicut est, haec magistro concedat Aristoteli, canere ipse doceat; bene enim illo Graecorum proverbio praecipitur:

quam quisque norit artem, in hac se exerceat.

42. Illam vero funditus eiciamus individuorum corporum levium et rutundorum concursionem fortuitam, quam tamen Democritus concalefactam et spirabilem, id est animalem, esse volt. is autem animus, qui, si est horum quattuor generum, ex quibus omnia constare dicuntur, ex inflammata anima constat, ut potissimum videri video Panaetio, superiora capessat necesse est. nihil enim habent haec duo genera proni et supera semper petunt. ita, sive dissipantur, procul a terris id evenit, sive permanent et conservant habitum suum, hoc etiam magis necesse est ferantur ad caelum et ab is perrumpatur et dividatur crassus hic et concretus aër, qui est terrae proximus. calidior est enim vel potius ardentior animus quam est hic aër, quem modo dixi crassum atque concretum; quod ex eo sciri potest, quia corpora nostra terreno principiorum genere confecta ardore animi concalescunt. (19)43. accedit ut eo facilius animus evadat ex hoc aëre, quem saepe iam appello, eumque perrumpat, quod nihil est animo velocius, nulla est celeritas quae possit cum animi celeritate contendere. qui si permanet incorruptus suique similis, necesse est ita feratur, ut penetret et dividat omne caelum hoc, in quo nubes imbres ventique coguntur, quod et umidum et caliginosum est propter exhalationes terrae.

Quam regionem cum superavit animus naturamque sui similem contigit et adgnovit, iunctis ex anima tenui et ex

er auch noch so gelehrt sein, wie er es ja auch ist, soll doch diese Dinge seinem Lehrer Aristoteles überlassen. Singen mag er selbst lehren. Denn gut ist der Rat des griechischen Sprichwortes:

Es übe jeder seine Kunst, die er versteht.

42. Den zufälligen Zusammenprall glatter und runder unteilbarer Körperchen aber wollen wir gründlich verwerfen, wenn ihn sich Demokrit auch erwärmt und atemartig, das heißt belebt, denkt. *Die* Seele aber, die, falls sie zu den vier Arten gehört, aus denen alles bestehen soll, aus entzündeter Luft gebildet ist, wie wohl besonders Panaitios annimmt, wie ich sehe, muß notwendig das Obere zu ergreifen suchen. Denn diese beiden Elemente haben nichts Sinkendes und streben immer nach der Höhe. Lösen sie sich auf, geschieht das darum weit von der Erde entfernt. Dauern sie und bewahren sie ihren Zustand, müssen sie erst recht zum Himmel steigen, und durchbrochen und zerteilt werden muß von ihnen diese dicke und feste Luft, die der Erde zunächst ist. Wärmer nämlich oder vielmehr glühender ist die Seele als diese Luft, die ich eben dick und fest nannte. Das kann man daran erkennen, daß unsere Körper, aus dem Erdartigen der Urstoffe gebildet, im Feuer der Seele erglühen. 43. Hinzu kommt, daß die Seele aus dieser Luft, die ich nun schon mehrfach nenne, um so leichter herausdringt und sie durchbricht, weil nichts rascher ist als die Seele, ja es keine Schnelligkeit gibt, die mit der Schnelligkeit der Seele wetteifern könnte. Wenn diese unzerstört und sich selbst ähnlich bleibt, muß sie sich notwendig so bewegen, daß sie diesen ganzen Himmel durchdringt und zerteilt, in dem sich Wolken, Regen und Winde sammeln, der feucht und finster ist infolge der Ausdünstungen der Erde.

Wenn die Seele dieses Gebiet überwunden und ein ihr ähnliches Wesen erreicht und erkannt hat, bleibt sie stehen bei

ardore solis temperato ignibus insistit et finem altius se ecferendi facit. cum enim sui similem et levitatem et calorem adeptus ⟨est⟩, tamquam paribus examinatus ponderibus nullam in partem movetur, eaque ei demum naturalis est sedes, cum ad sui simile penetravit; in quo nulla re egens aletur et sustentabitur isdem rebus, quibus astra sustentantur et aluntur.

44. Cumque corporis facibus inflammari soleamus ad omnis fere cupiditates eoque magis incendi, quod is aemulemur, qui ea habeant quae nos habere cupiamus, profecto beati erimus, cum corporibus relictis et cupiditatum et aemulationum erimus expertes; quodque nunc facimus, cum laxati curis sumus, ut spectare aliquid velimus et visere, id multo tum faciemus liberius totosque nos in contemplandis rebus perspiciendisque ponemus, propterea quod et natura inest in mentibus nostris insatiabilis quaedam cupiditas veri videndi et orae ipsae locorum illorum, quo pervenerimus, quo faciliorem nobis cognitionem rerum caelestium, eo maiorem cognoscendi cupiditatem dabunt. 45. haec enim pulchritudo etiam in terris 'patritam' illam et 'avitam', ut ait Theophrastus, philosophiam cognitionis cupiditate incensam excitavit. praecipue vero fruentur ea, qui tum etiam, cum has terras incolentes circumfusi erant caligine, tamen acie mentis dispicere cupiebant.

(20) Etenim si nunc aliquid adsequi se putant, qui ostium Ponti viderunt et eas angustias, per quas penetravit ea quae est nominata

dem Feuerkreis aus dünner Luft und gemilderter Sonnenwärme und macht ein Ende damit, sich höher zu erheben. Wenn sie nämlich eine ihr ähnliche Leichtigkeit und Wärme erlangt hat, bewegt sie sich, wie durch gleiche Gewichte ausgewogen, nach keiner Richtung mehr; und das ist erst ihr wesensgemäßer Platz, wenn sie zu dem ihr Ähnlichen hindurchgedrungen ist. Dort wird sie ohne jeden Mangel gespeist und unterhalten werden durch dieselben Dinge, von denen die Sterne erhalten und gespeist werden.

44. Und da wir durch Brände des Körpers fast zu allen Begierden entzündet zu werden pflegen, und zwar um so mehr entflammt, als wir denen nacheifern, die das haben, was wir zu haben begehren, werden wir wahrlich glücklich sein, wenn wir nach Verlassen des Körpers frei sind von Begierden und Wetteifer. Und was wir jetzt tun, wenn wir entspannt von Sorgen sind, daß wir nämlich etwas schauen und sehen wollen, das werden wir dann viel freier tun und werden uns ganz aufs Betrachten und die Erkenntnis der Dinge legen, deshalb weil von Natur in unserem Sinn eine unersättliche Begierde, die Wahrheit zu schauen, wohnt, und vor allem die Bereiche der Orte, wohin wir kommen, uns eine um so größere Begier nach Erkenntnis einflößen werden, je leichter sie uns die Erkenntnis der Dinge am Himmel machen. 45. Ihre Schönheit nämlich hat auch auf Erden die Philosophie der «Väter und Großväter», wie Theophrast sagt, in Erkenntnisdrang entzündet und entfacht. Vorzüglich aber werden die sie genießen, die auch zu der Zeit, als sie diese Erde hier bewohnten und von Finsternis umgeben waren, doch mit der Schärfe des Geistes durchzublicken begehrten.

Denn wenn jetzt die etwas zu erreichen glauben, die die Mündung des Schwarzen Meeres gesehen haben und die Engen, durch die hindurch drang sie, die mit Namen hieß

Argó, quia Argivi ín ea delectí viri
Vectí petebant péllem inauratam árietis,

aut i qui Oceani freta illa viderunt,

Europam Libyamque rapax ubi dividit unda,

quod tandem spectaculum fore putamus, cum totam terram contueri licebit eiusque cum situm, formam, circumscriptionem, tum et habitabiles regiones et rursum omni cultu propter vim frigoris aut caloris vacantis? 46. nos enim ne nunc quidem oculis cernimus ea quae videmus; neque est enim ullus sensus in corpore, sed, ut non physici solum docent verum etiam medici, qui ista aperta et patefacta viderunt, viae quasi quaedam sunt ad oculos, ad auris, ad naris a sede animi perforatae. itaque saepe aut cogitatione aut aliqua vi morbi impediti apertis atque integris et oculis et auribus nec videmus nec audimus, ut facile intellegi possit animum et videre et audire, non eas partis quae quasi fenestrae sint animi, quibus tamen sentire nihil queat mens, nisi id agat et adsit. quid, quod eadem mente res dissimillimas comprendimus, ut colorem, saporem, calorem, odorem, sonum? quae numquam quinque nuntiis animus cognosceret, nisi ad eum omnia referrentur et is omnium iudex solus esset. atque ea profecto tum multo puriora et dilucidiora cernentur, cum, quo natura fert, liber animus pervenerit. 47. nam nunc quidem, quamquam foramina illa, quae patent ad animum a corpore, callidissimo artificio natura fabricata est, tamen terrenis concretisque corporibus sunt intersaepta quodam modo: cum autem nihil erit praeter animum,

die Argo, weil in ihr erles'ne Männerschar
aus Argos fuhr auf Suche nach dem Goldnen Vlies

oder die, welche jene Ströme des Ozeans sahen,

wo die reißende Wog' Europen und Libyen trennet,

was, meint ihr wohl, wird es dann für ein Schauspiel geben, wenn man die ganze Erde schauen darf und ihre Lage, ihre Gestalt, ihren Umfang, besonders dann aber die bewohnbaren Striche und wiederum die wegen der Gewalt der Kälte oder Hitze aller Bebauung baren! 46. Wir sehen nämlich auch jetzt nicht mit den Augen, was wir sehen. Denn es gibt keine Empfindung im Körper, sondern – wie nicht nur die Forscher, sondern auch die Ärzte lehren, die diese Dinge frei und geöffnet gesehen haben – es sind zu den Augen, zu den Ohren, zur Nase vom Sitze der Seele aus eine Art Gänge gebohrt. Daher sehen und hören wir oft nicht, wenn wir durch Gedanken oder durch die Gewalt einer Krankheit beansprucht sind, trotz offener und unversehrter Augen und Ohren. So daß sich leicht einsehen läßt, daß die Seele sieht und hört, nicht jene Teile, die nur eine Art Fenster der Seele sind. Und mit ihnen könnte doch der Geist nichts empfinden, wenn er sich nicht darauf richtete und gegenwärtig wäre. Was sagst du dazu, daß wir mit demselben Geiste die verschiedensten Dinge erfassen, wie Farbe, Geschmack, Hitze, Duft und Ton? Dies würde die Seele niemals mit Hilfe ihrer fünf Boten erkennen, wenn ihr nicht alles gemeldet würde und nicht sie über alles einzige Richterin wäre. Und das wird in der Tat dann viel reiner und klarer erblickt werden, wenn die Seele frei dorthin gelangt ist, wohin sie ihr Wesen führt. 47. Denn jetzt sind die Gänge, die vom Körper zur Seele laufen, wenn die Natur sie auch mit raffinierter Kunst gebaut hat, doch in bestimmtem Maße durch irdische und verfestigte Körper versperrt; wenn es aber nichts außer

nulla res obiecta impediet, quo minus percipiat, quale quidque sit.

(21) Quamvis copiose haec diceremus, si res postularet, quam multa, quam varia, quanta spectacula animus in locis caelestibus esset habiturus. 48. quae quidem cogitans soleo saepe mirari non nullorum insolentiam philosophorum, qui naturae cognitionem admirantur eiusque inventori et principi gratias exultantes agunt eumque venerantur ut deum; liberatos enim se per eum dicunt gravissimis dominis, terrore sempiterno et diurno ac nocturno metu. quo terrore? quo metu? quae est anus tam delira, quae timeat ista, quae vos videlicet, si physica non didicissetis, timeretis, 'Acherunsia templa alta Orci, pallida leti, nubila tenebris loca'? non pudet philosophum in eo gloriari, quod haec non timeat et quod falsa esse cognoverit? e quo intellegi potest, quam acuti natura sint, quoniam haec sine doctrina credituri fuerunt. 49. praeclarum autem nescio quid adepti sunt, quod didicerunt se, cum tempus mortis venisset, totos esse perituros. quod ut ita sit – nihil enim pugno –, quid habet ista res aut laetabile aut gloriosum? Nec tamen mihi sane quicquam occurrit, cur non Pythagorae sit et Platonis vera sententia. ut enim rationem Plato nullam adferret – vide, quid homini tribuam –, ipsa auctoritate me frangeret: tot autem rationes attulit, ut velle ceteris, sibi certe persuasisse videatur.

(22) 50. Sed plurimi contra nituntur animosque quasi capite damnatos morte multant, neque aliud est quicquam cur incre-

der Seele gibt, wird auch kein Ding entgegenstehen und sie hindern, ein jedes so aufzufassen, wie es ist.

Wenn es die Sache forderte, könnte ich davon überreich sprechen: wie viele, wie mannigfaltige, wie gewaltige Schauspiele die Seele in den himmlischen Gefilden haben würde. 48. Und wenn ich das bedenke, pflege ich oft über die Frechheit einiger Philosophen zu staunen, die die Naturerkenntnis bewundern und ihrem Erfinder und Beginner überschwenglich Dank sagen und ihn wie einen Gott verehren. Sie seien, so sagen sie nämlich, durch ihn von den drückendsten Herren befreit worden, von ewiger Drohung und Ängsten bei Tag und bei Nacht. Von welcher Bedrohtheit? Von welchen Ängsten? Welches alte Weib ist so irrsinnig, daß sie das fürchtete, wovor ihr offenbar Angst hättet, wenn ihr die Naturlehre nicht gelernt hättet, «die tiefen acherusischen Gefilde der Unterwelt, die todesbleichen, die von Finsternis umwölkten Räume»? Schämt man sich nicht, als Philosoph sich einer Sache zu rühmen, die ein solches Weib nicht fürchtet und als Unsinn erkannt hat? Man kann daran erkennen, wie scharfsinnig sie von Natur sind, da sie dieses Zeug ohne ihre Lehre offenbar geglaubt hätten! 49. Etwas Schönes aber haben sie erreicht, wenn sie gelernt haben, daß sie ganz zugrunde gehen würden, wenn die Zeit des Todes gekommen wäre. Gesetzt, es sei so (ich will nämlich nichts dagegen sagen): was hat diese Erkenntnis Erfreuliches oder Rühmliches? Aber mir wenigstens begegnet nichts, weswegen die Meinung des Pythagoras und des Platon nicht wahr sein sollte. Denn wenn Platon auch keinen Beweis brächte – merk auf, was ich diesem Manne einräume –, würde er mich doch durch seine bloße Persönlichkeit zwingen. Er hat aber so viele Gründe beigebracht, daß er die anderen überzeugen wollte, selbst gewißlich überzeugt ist, wie man sieht.

50. Indes, viele sträuben sich dagegen und bestrafen die Seelen wie zum Tode Verurteilte mit dem Tode. Und sie haben

dibilis is animorum videatur aeternitas, nisi quod nequeunt qualis animus sit vacans corpore intellegere et cogitatione comprehendere. quasi vero intellegant, qualis sit in ipso corpore, quae conformatio, quae magnitudo, qui locus; ut, si iam possent in homine vivo cerni omnia quae nunc tecta sunt, casurusne in conspectum videatur animus, an tanta sit eius tenuitas, ut fugiat aciem? 51. haec reputent isti qui negant animum sine corpore se intellegere posse: videbunt, quem in ipso corpore intellegant! mihi quidem naturam animi intuenti multo difficilior occurrit cogitatio, multo obscurior, qualis animus in corpore sit tamquam alienae domi, quam qualis, cum exierit et in liberum caelum quasi domum suam venerit. nisi enim, quod numquam vidimus, id quale sit intellegere non possumus, certe et deum ipsum et divinum animum corpore liberatum cogitatione complecti possumus. Dicaearchus quidem et Aristoxenus, quia difficilis erat animi quid aut qualis esset intellegentia, nullum omnino animum esse dixerunt. 52. est illud quidem vel maxumum animo ipso animum videre, et nimirum hanc habet vim praeceptum Apollinis, quo monet ut se quisque noscat. non enim credo id praecipit, ut membra nostra aut staturam figuramve noscamus; neque nos corpora sumus, nec ego tibi haec dicens corpori tuo dico. cum igitur 'nosce te' dicit, hoc dicit: 'nosce animum tuum.' nam corpus quidem quasi vas est aut aliquod animi receptaculum; ab animo tuo quicquid agitur, id agitur a te. hunc igitur nosse

keinen anderen Grund dafür, daß ihnen die Ewigkeit der Seele unglaubwürdig erscheint, als daß sie nicht einsehen und nicht in ihren Gedanken fassen können, wie beschaffen eine Seele ohne Körper ist. Als ob sie wüßten, wie beschaffen sie im Körper selbst ist, wie ihre Gestalt, wie ihre Größe, welches ihr Platz sei. So daß ich frage: wenn schon am lebenden Menschen alles gesehen werden könnte, was jetzt bedeckt ist, würde die Seele unter unser Sehvermögen fallen, oder ist ihre Feinheit so groß, daß sie unserer Schärfe entgeht? 51. Das sollen die erwägen, die sagen, sie könnten sich eine Seele ohne Körper nicht vorstellen: dann werden sie sehen, was für eine sie im Körper selbst begreifen! Mir wenigstens, wenn ich das Wesen der Seele betrachte, kommt die Überlegung viel schwieriger und unverständlicher vor, wie beschaffen die Seele im Körper als einem fremden Hause sei, als die, wie beschaffen sie sei, wenn sie ihn verlassen hat und in den freien Himmel als ihre Heimstatt gekommen ist. Denn wenn wir das, was wir niemals gesehen haben, in seinem Wesen sehr wohl erkennen können, können wir wie Gott selbst so auch die göttliche vom Körper befreite Seele in Gedanken erfassen. Dikaiarch freilich und Aristoxenos sagten zwar, weil die Einsicht, was und wie beschaffen die Seele sei, schwierig war, es gäbe gar keine Seele. 52. Und es ist ja wohl auch das Größte, mit der Seele selbst die Seele zu erkennen, und offenbar hat die Weisung Apollons diesen Sinn, wenn er mahnt, ein jeder solle sich selbst erkennen. Denn er befiehlt, glaube ich, nicht dies, daß wir unsere Glieder oder unsere Gestalt oder unser Aussehen erkennen sollen. Sind wir doch nicht Körper, und wenn ich dies zu dir sage, sage ich es nicht zu deinem Körper. Wenn er also sagt «lerne dich kennen», so meint er «lerne deine Seele kennen». Denn der Körper ist gleichsam nur ein Gefäß oder irgendwie ein Behälter der Seele. Was von deiner Seele betrieben wird, wird von dir betrieben. Wenn sie kennenzulernen nicht göttlich

nisi divinum esset, non esset hoc acrioris cuiusdam animi praeceptum tributum deo [sc. hoc se ipsum posse cognoscere].

53. Sed si, qualis sit animus, ipse animus nesciet, dic quaeso, ne esse quidem se sciet, ne moveri quidem se? ex quo illa ratio nata est Platonis, quae a Socrate est in Phaedro explicata, a me autem posita est in sexto libro de re p.: (23) 'Quod semper movetur, aeternum est; quod autem motum adfert alicui quodque ipsum agitatur aliunde, quando finem habet motus, vivendi finem habeat necesse est. solum igitur, quod se ipsum movet, quia numquam deseritur a se, numquam ne moveri quidem desinit; quin etiam ceteris quae moventur hic fons, hoc principium est movendi. 54. principii autem nulla est origo; nam e principio oriuntur omnia, ipsum autem nulla ex re alia nasci potest; nec enim esset id principium, quod gigneretur aliunde. quod si numquam oritur, ne occidit quidem umquam; nam principium extinctum nec ipsum ab alio renascetur nec ex se aliud creabit, siquidem necesse est a principio oriri omnia. ita fit, ut motus principium ex eo sit, quod ipsum a se movetur; id autem nec nasci potest nec mori, vel concidat omne caelum omnisque natura consistat necesse est nec vim ullam nanciscatur, qua a primo inpulsa moveatur. cum pateat igitur aeternum id esse, quod se ipsum moveat, quis est qui hanc naturam animis esse tributam neget? inanimum est enim omne, quod pulsu agitatur externo; quod autem est animal

wäre, wäre diese Weisung eines scharfen Geistes nicht einem Gotte zugeschrieben worden [nämlich dies, sich selbst erkennen zu können].

53. Aber angenommen, die Seele selbst wird nicht erkennen, wie beschaffen die Seele ist: sag bitte, wird sie auch nicht wissen, daß sie existiert? Auch nicht, daß sie sich bewegt? Aus diesen Fragen ist jener Beweis Platons entstanden, der von Sokrates im «Phaidros» dargelegt, von mir aber im sechsten Buche «vom Gemeinwesen» angeführt wird. ‚Was sich immer bewegt, ist ewig; was aber einem anderen Bewegung verschafft und was selbst von irgendeiner Seite getrieben wird, muß notwendig, da es ein Ende der Bewegung hat, auch ein Ende des Lebens haben. Allein also das, was sich selbst bewegt, hört, weil es niemals von sich im Stich gelassen wird, niemals auf, sich zu bewegen, ja das ist sogar für das übrige, das bewegt wird, die Quelle, der Urgrund der Bewegung. 54. Für den Urgrund aber gibt es keinen Anfang. Denn aus dem Urgrund entsteht alles, selbst jedoch kann er aus nichts anderem entwachsen. Wäre das doch kein Urgrund, der anderswoher erzeugt würde. Wenn er aber niemals entsteht, geht er auch nie zugrunde. Denn ist der Urgrund erloschen, wird er selbst aus keinem anderen wiedererstehen noch wird er aus sich einen anderen erschaffen, wofern es wenigstens notwendig ist, daß aus dem Urgrund alles entstehe. So kommt es, daß der Anfang der Bewegung aus dem kommt, was sich selbst von sich aus bewegt; das aber kann weder entstehen noch sterben. Sonst müßte der ganze Kosmos in sich zusammenstürzen, und erstarren müßte die ganze Natur. Und es würde ihr keine Kraft mehr zuteil werden, mit deren Hilfe sie am Anfang angestoßen würde und sich bewegte. Da also klar zutage liegt, daß ewig ist, was sich selbst bewegt: wer möchte dann wohl noch bestreiten, daß dieses Wesen den Seelen eignet? Unbeseelt nämlich ist alles, was durch äußeren Anstoß getrieben wird. Ein

id motu cietur interiore et suo; nam haec est propria natura animi atque vis. quae si est una ex omnibus quae se ipsa [semper] moveat, neque nata certe est et aeterna est.' 55. licet concurrant omnes plebei philosophi – sic enim i, qui a Platone et Socrate et ab ea familia dissident, appellandi videntur –, non modo nihil umquam tam eleganter explicabunt, sed ne hoc quidem ipsum quam subtiliter conclusum sit intellegent. sentit igitur animus se moveri; quod cum sentit, illud una sentit, se vi sua, non aliena moveri, nec accidere posse ut ipse umquam a se deseratur. ex quo efficitur aeternitas, nisi quid habes ad haec.

Ego vero facile sim passus ne in mentem quidem mihi aliquid contra venire; ita isti faveo sententiae.

(24) 56. Quid? illa tandem num leviora censes, quae declarant inesse in animis hominum divina quaedam? quae si cernerem quem ad modum nasci possent, etiam quem ad modum interirent viderem. nam sanguinem bilem pituitam ossa nervos venas, omnem denique membrorum et totius corporis figuram videor posse dicere unde concreta et quo modo facta sint: animum ipsum – si nihil esset in eo nisi id, ut per eum viveremus, tam natura putarem hominis vitam sustentari quam vitis, quam arboris; haec enim etiam dicimus vivere. item si nihil haberet animus hominis nisi ut appeteret aut fugeret, id quoque esset ei commune cum bestiis. 57. Habet primum memoriam, et eam infinitam rerum innumerabilium. quam

Lebewesen aber regt sich in innerer und eigener Bewegung. Denn dies ist das eigentümliche Wesen der Seele und ihre Kraft. Wenn sie aber das einzige Wesen von allen ist, das sich selbst [immer] bewegt, ist sie sicherlich nicht geboren und ewig.' 55. Da mag der ganze Philosophenpöbel – denn so muß man offenbar alle nennen, die von Platon und Sokrates und ihrem Kreis abgefallen sind – zusammenlaufen: sie werden nicht nur niemals etwas so fein darlegen, sondern sie werden nicht einmal verstehen, wie scharfsinnig der Schluß geführt worden ist. Es empfindet nun die Seele, daß sie sich bewegt. Wenn sie das empfindet, empfindet sie zugleich, daß sie sich durch eigene, nicht durch fremde Kraft bewegt und daß es nicht geschehen kann, daß sie je von sich selbst im Stich gelassen würde. Daraus folgt die Ewigkeit – wenn du nichts dagegen zu sagen hast.

A.: Ich habe es vielmehr gern geschehen lassen, daß mir etwas dagegen nicht einmal in den Sinn gekommen ist: so sehr bin ich dieser Meinung geneigt.

56. M.: Wie aber? Hältst du die Tatsachen etwa für weniger gewichtig, die zeigen, daß in den Seelen der Menschen etwas Göttliches ist? Sähe ich, wie das entstehen könnte, würde ich auch sehen, wie es zugrunde ginge. Denn Blut, Galle, Schleim, Knochen, Sehnen, Adern, endlich jede Gestalt der Glieder und des ganzen Körpers, von all dem kann ich offenbar sagen, woraus es sich gebildet hat und wie es entstanden ist. Was die Seele selbst anlangt – wenn nichts in ihr läge außer dem Vermögen, daß wir durch sie lebten, würde ich meinen, das Leben der Menschen werde von Natur so unterhalten wie das der Rebe, wie das des Baumes; denn auch das heißen wir leben. Wenn die Seele des Menschen nichts hätte außer dem Vermögen zu erstreben oder zu meiden, so hätte sie auch dies mit den Tieren gemein. 57. Sie hat aber vor allem Gedächtnis, und zwar ein unendliches an zahllose Dinge, was Platon Erinnerung

quidem Plato recordationem esse volt vitae superioris. nam in illo libro, qui inscribitur Menon, pusionem quendam Socrates interrogat quaedam geometrica de dimensione quadrati. ad ea sic ille respondet ut puer, et tamen ita faciles interrogationes sunt, ut gradatim respondens eodem perveniat, quo si geometrica didicisset. ex quo effici volt Socrates, ut discere nihil aliud sit nisi recordari. quem locum multo etiam accuratius explicat in eo sermone, quem habuit eo ipso die, quo excessit e vita; docet enim quemvis, qui omnium rerum rudis esse videatur, bene interroganti respondentem declarare se non tum illa discere, sed reminiscendo recognoscere, nec vero fieri ullo modo posse, ut a pueris tot rerum atque tantarum insitas et quasi consignatas in animis notiones, quas ἐννοίας vocant, haberemus, nisi animus, ante quam in corpus intravisset, in rerum cognitione viguisset. 58. cumque nihil esset, ut omnibus locis a Platone disseritur – nihil enim ille putat esse, quod oriatur et intereat, idque solum esse, quod semper tale sit quale ‹est› (ἰδέαν appellat ille, nos speciem) –, non potuit animus haec in corpore inclusus adgnoscere, cognita attulit; ex quo tam multarum rerum cognitionis admiratio tollitur. neque ea plane videt animus, cum repente in tam insolitum tamque perturbatum domicilium inmigravit, sed cum se collegit atque recreavit, tum adgnoscit illa reminiscendo. ita nihil est aliud discere nisi recordari. 59. Ego autem maiore etiam quodam modo memoriam admiror. quid est enim illud quo meminimus, aut quam habet vim aut unde naturam? non quaero, quanta memoria Simonides fuisse dicatur, quanta Theodectes, quanta

an ein früheres Leben sein läßt. Denn in dem bekannten «Menon» betitelten Buch stellt Sokrates einem Knaben geometrische Fragen über den Inhalt des Quadrates. Auf sie antwortet jener wie eben ein Knabe. Die Fragen sind so geschickt gestellt, daß er schrittweise im Antworten an denselben Punkt kommt, wohin er kommen würde, wenn er die Geometrie gelernt hätte. Damit will Sokrates beweisen, daß lernen nichts anderes sei als sich erinnern. Diese Gedanken setzt er noch genauer in dem Gespräch auseinander, das er am Tag, als er aus dem Leben schied, geführt hat. Er lehrt nämlich, daß jeder, der ungebildet in allen Dingen zu sein scheine, aber auf geschickte Fragen Antwort gebe, damit zeige, daß er dann jenes nicht lerne, sondern im Sicherinnern es erkenne. Es könne vollends auf keine Weise sein, daß wir von Kindheit an von so vielen und gewaltigen Dingen eingepflanzt und sozusagen fast eingestempelt in der Seele Begriffe – man heißt sie ἔννοιαι – trügen, wenn die Seele nicht, bevor sie den Körper betrat, in der Erkenntnis der Dinge erstarkt wäre. 58. Und da nichts wirklich existiere, wie von Platon an allen Stellen dargelegt wird – nichts ist nach seiner Meinung nämlich alles das, was entsteht und vergeht, und nur das ist wirklich, was immer so beschaffen ist, wie es ist (er bezeichnet es mit Idee, wir mit Wesensbild [species]), so konnte die Seele im Körper eingeschlossen dieses nicht erkennen, hat vielmehr Gekanntes mitgebracht. So braucht man sich über die Kenntnis so vieler Dinge nicht zu wundern. Und die Seele sieht diese Dinge nicht klar, wenn sie plötzlich in ein so ungewohntes und so verwirrtes Heim eingezogen ist, sondern wenn sie sich gesammelt und erholt hat, dann erkennt sie jene Dinge im Sicherinnern. So ist lernen nichts anderes als sich erinnern. 59. Ich aber bewundere das Gedächtnis irgendwie noch mehr. Was ist denn das, womit wir uns erinnern, welche Kraft hat es und woher hat es sein Wesen? Ich frage nicht, ein wie großes Gedächtnis Simonides gehabt haben soll, ein wie

is, qui a Pyrrho legatus ad senatum est missus, Cineas, quanta nuper Charmadas, quanta, qui modo fuit, Scepsius Metrodorus, quanta noster Hortensius: de communi hominum memoria loquor, et eorum maxume qui in aliquo maiore studio et arte versantur, quorum quanta mens sit, difficile est existimare; ita multa meminerunt. (25) 60. Quorsus igitur haec spectat oratio? quae sit illa vis et unde sit, intellegendum puto. non est certe nec cordis nec sanguinis nec cerebri nec atomorum; anima sit ignisve. nescio, nec me pudet ut istos fateri nescire quod nesciam: illud, si ulla alia de re obscura adfirmare possem, sive anima sive ignis sit animus, eum iurarem esse divinum. quid enim, obsecro te, terrane tibi hoc nebuloso et caliginoso caelo aut sata aut concreta videtur tanta vis memoriae? si quid sit hoc non vides, at quale sit vides; si ne id quidem, at quantum sit profecto vides. 61. quid igitur? utrum capacitatem aliquam in animo putamus esse, quo tamquam in aliquod vas ea quae meminimus infundantur? absurdum id quidem; qui enim fundus aut quae talis animi figura intellegi potest aut quae tanta omnino capacitas? an inprimi quasi ceram animum putamus, et esse memoriam signatarum rerum in mente vestigia? quae possunt verborum, quae rerum ipsarum esse vestigia, quae porro tam inmensa magnitudo, quae illa tam multa possit effingere?

62. Quid? illa vis quae tandem est quae investigat occulta, quae inventio atque excogitatio dicitur? ex hacne tibi terrena

großes Theodektes, ein wie großes der, welcher von Pyrrhos als Gesandter zum Senat geschickt ward, Kineas, ein wie großes vor einiger Zeit Charmadas, ein wie großes jüngst Metrodor von Skepsis, ein wie großes unser Hortensius. Ich spreche über das allgemeine Gedächtnis der Menschen und besonders derjenigen, die sich auf irgendeinem größeren Gebiet, in einer größeren Kunst betätigen. Wie groß deren Geist ist, ist schwer abzuschätzen. An so vieles erinnern sie sich. 60. Wohin zielt nun diese Rede? Was jene Kraft sei und woher, meine ich, müsse man so verstehen. Sicher ist sie nicht Sache des Herzens, des Hirns, des Blutes und der Atome. Mag sie Luft sein oder Feuer. Ich weiß es nicht. Und ich schäme mich nicht, wie diese, zu gestehen, nicht zu wissen, was ich nicht weiß. Jenes, wenn ich überhaupt über irgendeine schwer durchschaubare Sache feste Aussagen machen dürfte, sei nun die Seele Atem oder Feuer – daß sie göttlich ist, darauf würde ich schwören. Denn wie denn, ich bitte dich: scheint dir aus Erden bei diesem nebligen und düsteren Himmel entsprossen oder zusammengeschossen eine solche Gewalt des Gedächtnisses? Wenn du nicht siehst, was sie ist, siehst du doch, wie beschaffen sie ist; wenn auch das nicht, siehst du doch, etwas wie Gewaltiges sie ist. 61. Wie nun? Wollen wir annehmen, daß die Seele einen Aufnahmeraum besitzt, worein wie in ein Gefäß das, woran wir uns erinnern, hineingeschüttet wird? Das ist doch töricht! Wie soll man sich denn einen Boden oder eine solche Gestalt der Seele vorstellen und wie überhaupt einen so gewaltigen Aufnahmeraum? Oder sollen wir etwa glauben, daß die Seele wie Wachs Eindrücke empfange und das Gedächtnis die Spuren der in den Geist geprägten Dinge sei? Wie kann es Spuren von Worten, wie solche der Dinge selbst geben? Welches Ausmaß weiter ist so unermeßlich, daß es so zahlreiche Dinge ausprägen könnte?

62. Wie weiter? Was ist denn schließlich das Vermögen, das Verborgenes aufspürt und das man Erfindungsgabe und Spür-

mortalique natura et caduca concreta ea videtur? aut qui primus, quod summae sapientiae Pythagorae visum est, omnibus rebus imposuit nomina? aut qui dissipatos homines congregavit et ad societatem vitae convocavit, aut qui sonos vocis, qui infiniti videbantur, paucis litterarum notis terminavit, aut qui errantium stellarum cursus praegressiones insti[tu]tiones notavit? omnes magni; etiam superiores, qui fruges, qui vestitum, qui tecta, qui cultum vitae, qui praesidia contra feras invenerunt, a quibus mansuefacti et exculti a necessariis artificiis ad elegantiora defluximus. nam et auribus oblectatio magna parta est inventa et temperata varietate et natura sonorum, et astra suspeximus tum ea quae sunt infixa certis locis, tum illa non re sed vocabulo errantia, quorum conversiones omnisque motus qui animo vidit, is docuit similem animum suum eius esse, qui ea fabricatus esset in caelo. 63. nam cum Archimedes lunae solis quinque errantium motus in sphaeram inligavit, effecit idem quod ille, qui in Timaeo mundum aedificavit, Platonis deus, ut tarditate et celeritate dissimillimos motus una regeret conversio. quod si in hoc mundo fieri sine deo non potest, ne in sphaera quidem eosdem motus Archimedes sine divino ingenio potuisset imitari. (26) 64. Mihi vero ne haec quidem notiora et inlustriora carere vi divina videntur, ut ego aut poëtam grave plenumque carmen sine caelesti aliquo mentis instinctu putem fundere, aut eloquentiam sine maiore quadam vi fluere abundantem so-

sinn heißt? Glaubst du, das habe sich aus dieser irdischen, sterblichen und hinfälligen Natur gebildet? Oder die Seele dessen, der als erster, was Pythagoras für einen Beweis höchster Weisheit hielt, allen Dingen Namen beilegte? Oder dessen, der die verstreuten Menschen zusammenscharte und zu gemeinsamem Leben versammelte? Oder dessen, der die Töne der Stimme, die unendlich schienen, durch wenige Buchstabenzeichen begrenzte? Oder dessen, der die Bahn, das Vorlaufen und Stillstehen der Wandelsterne aufzeichnete? Alle sind groß; auch die früheren, die die Feldfrucht, die Kleidung, Obdach, Lebensbedürfnisse, Schutz gegen wilde Tiere erfanden, und die, von denen wir gesänftigt und ausgebildet wurden und so von den lebensnotwendigen Fertigkeiten zu den erleseneren gelangten. Denn für die Ohren wurde ein großer Genuß geschaffen, als man die Verschiedenheit und das Wesen der Töne entdeckte und in Harmonie brachte, und zu den Sternen schauten wir auf, zu denen, die an bestimmter Stelle angeheftet sind, aber auch zu jenen, die nicht in Wirklichkeit, sondern nur dem Wort nach umherirren. Der, welcher als erster ihre Umdrehungen und alle Bewegungen sah, hat damit gezeigt, daß seine Seele dem ähnlich ist, der sie geschaffen hat am Himmel. 63. Denn damit, daß Archimedes die Bewegungen des Mondes, der Sonne, der fünf Planeten an seine Kugel bannte, hat er erzielt, was jener Gott Platons tat, der im Timaios die Welt erbaute, daß *eine* Umdrehung die nach Verlangsamung und Schnelligkeit verschiedensten Bewegungen beherrschte. Wenn das in diesem Weltall ohne Gott nicht geschehen kann, konnte auch Archimedes die gleichen Bewegungen nicht nachahmen ohne göttlichen Geist. 64. Mir aber scheint auch dies Bekanntere, Erlauchtere göttlicher Kraft nicht zu ermangeln, so daß ich etwa glauben sollte, daß der Dichter ein gediegenes, volltönendes Gedicht ohne irgendeinen himmlischen Anstoß des Geistes schaffe oder daß die Beredsamkeit ohne eine höhere

nantibus verbis uberibusque sententiis. philosophia vero, omnium mater artium, quid est aliud nisi, ut Plato, donum, ut ego, inventum deorum? haec nos primum ad illorum cultum, deinde ad ius hominum, quod situm est in generis humani societate, tum ad modestiam magnitudinemque animi erudivit, eademque ab animo tamquam ab oculis caliginem dispulit, ut omnia supera infera prima ultima media videremus. 65. prorsus haec divina mihi videtur vis, quae tot res efficiat et tantas. quid est enim memoria rerum et verborum? quid porro inventio? profecto id, quo ne in deo quidem quicquam maius intellegi potest. non enim ambrosia deos aut nectare aut Iuventate pocula ministrante laetari arbitror, nec Homerum audio, qui Ganymeden ab dis raptum ait propter formam, ut Iovi bibere ministraret; non iusta causa, cur Laomedonti tanta fieret iniuria. fingebat haec Homerus et humana ad deos transferebat: divina mallem ad nos. quae autem divina? vigere, sapere, invenire, meminisse. ergo animus [qui ...], ut ego dico, divinus est, ut Euripides dicere audet, deus. Et quidem, si deus aut anima aut ignis est, idem est animus hominis. nam ut illa natura caelestis et terra vacat et umore, sic utriusque harum rerum humanus animus est expers; sin autem est quinta quaedam natura, ab Aristotele inducta primum, haec et deorum est et animorum. Hanc nos sententiam secuti his ipsis verbis in Consolatione hoc expressimus: (27) 66. 'Animorum nulla in terris origo inveniri potest; nihil enim est in animis

Macht dahinfließe in der Fülle klingender Worte und reicher Gedanken. Die Philosophie gar, die Mutter aller Künste, was ist sie anderes als ein Geschenk, wie Platon sagt, oder wie ich sage, als eine Erfindung der Götter? Sie hat uns zuerst zu deren Verehrung, dann zum Menschenrecht, das in der Gemeinschaft des Menschengeschlechtes ruht, dann vor allem zu Maß und Seelengröße gebildet und hat ebenso wie vor Augen vor dem Geist die Finsternis zerschlagen, auf daß wir alles, oben und unten, Anfang, Ende und Mitte sähen. 65. Wirklich göttlich scheint mir dieses Vermögen, daß es so viele gewaltige Dinge bewirkt. Was ist denn das Gedächtnis der Dinge und Worte? Was weiter die Erfindungsgabe? In der Tat das Größte, was man selbst an Gott sich vorstellen kann. Glaube ich doch nicht, daß die Götter sich an Ambrosia oder Nektar ergötzen oder an Hebe, die die Becher reicht, und ich höre nicht auf Homer, der sagt, Ganymed sei von den Göttern seiner Schönheit wegen geraubt worden, um Iuppiter den Trunk zu schenken. Das ist kein gerechter Grund, warum dem Laomedon ein so schlimmes Unrecht hätte geschehen sollen. Erdichtet hat dies Homer und Menschliches auf die Götter übertragen; ich wünschte lieber, Göttliches auf uns! Was für göttliche Dinge aber? Kräftigen Geistes zu sein, vernünftig zu sein, etwas zu erfinden, sich zu erinnern. Die Seele also ist, wie ich sage, göttlich, wie Euripides zu sagen wagt, Gott. Und zwar ist, wenn Gott entweder Odem oder Feuer ist, auch die Seele des Menschen dasselbe. Denn wie jenes himmlische Wesen frei ist von Erde und Feuchte, so ist auch die menschliche Seele bar dieser beiden Dinge. Wenn es aber eine Art fünftes Wesen gibt, wie es von Aristoteles zum ersten Male eingeführt wurde, so ist dies das Wesen sowohl der Götter wie der Seelen. Diesem Gedanken sind wir gefolgt und haben Folgendes im «Trost» in eben diesen Worten hier ausgeführt: 66. ‚Auf Erden läßt sich kein Ursprung der Seele finden. Nichts nämlich

mixtum atque concretum aut quod ex terra natum atque fictum esse videatur, nihil ne aut umidum quidem aut flabile aut igneum. his enim in naturis nihil inest, quod vim memoriae mentis cogitationis habeat, quod et praeterita teneat et futura provideat et complecti possit praesentia. quae sola divina sunt, nec invenietur umquam, unde ad hominem venire possint nisi a deo. singularis est igitur quaedam natura atque vis animi seiuncta ab his usitatis notisque naturis. ita, quicquid est illud, quod sentit quod sapit quod vivit quod viget, caeleste et divinum ob eamque rem aeternum sit necesse est. nec vero deus ipse, qui intellegitur a nobis, alio modo intellegi potest nisi mens soluta quaedam et libera, segregata ab omni concretione mortali, omnia sentiens et movens ipsaque praedita motu sempiterno.' hoc e genere atque eadem e natura est humana mens.

67. Ubi igitur aut qualis est ista mens? – ubi tua aut qualis? potesne dicere? an, si omnia ad intellegendum non habeo quae habere vellem, ne is quidem quae habeo mihi per te uti licebit? non valet tantum animus, ut se ipsum ipse videat, at ut oculus, sic animus se non videns alia cernit. non videt autem, quod minimum est, formam suam (quamquam fortasse id quoque, sed relinquamus); vim certe, sagacitatem, memoriam, motum, celeritatem videt. haec magna, haec divina, haec sempiterna sunt; qua facie quidem sit aut ubi habitet, ne quaerendum quidem est.

(28) 68. Ut cum videmus speciem primum candoremque caeli, dein conversionis celeritatem tantam quantam cogitare non possumus, tum vicissitudines dierum ac noctium commu-

gibt es in den Seelen Gemischtes oder Zusammengeronnenes oder was aus Erde entstanden und gebildet schiene. Auch nichts Feuchtes, Hauchartiges oder Feuriges. Denn diesen Wesenheiten wohnt nichts inne, was die Kraft des Gedächtnisses, des Geistes, des Denkens hätte, was das Vergangene festhalten, die Zukunft voraussehen, die Gegenwart umfassen könnte. Das allein aber ist göttlich, und niemals wird man finden, woher es den Menschen kommen könnte, wenn nicht von Gott. Etwas Einzigartiges ist also irgendwie das Wesen und das Vermögen der Seele, weit entfernt von den üblichen und bekannten Wesenheiten. So muß notwendig, was es auch immer sei, was empfindet, verständig ist, lebt, kräftig gedeiht, himmlisch und göttlich und deswegen ewig sein. Gott vollends selbst aber, von dem wir einen Begriff in uns haben, kann man sich nicht anders vorstellen als irgendwie als gelösten und freien Geist, geschieden von jeder sterblichen Verfestigung, alles empfindend und bewegend, selbst begabt mit ewiger Bewegung.‘ Von dieser Art und von demselben Wesen ist der menschliche Geist.

67. Wo nun und wie beschaffen ist dieser Geist? Wo ist deiner und wie beschaffen? Kannst du es sagen? Oder wenn ich nicht alles, was ich haben möchte, für das Erkennen habe, darf ich von dir aus auch das nicht brauchen, was ich habe? Die Seele vermag nicht so viel, daß sie sich selbst sieht, aber wie das Auge, so sieht die Seele, ohne sich zu sehen, anderes. Sie sieht aber nicht, was das Geringste ist, ihre Gestalt. – Indes vielleicht auch das; aber wir wollen das lassen. – Ihre Kraft jedenfalls, den Scharfsinn, das Gedächtnis, ihre Beweglichkeit, ihre Schnelligkeit sieht sie. Das ist etwas Großes, das etwas Göttliches, das etwas Ewiges. Von welchem Aussehen sie sei und wo sie sitze, braucht man nicht einmal zu fragen.

68. Wie wenn wir zunächst das Aussehen und die Helle des Himmels bemerken; dann die Schnelligkeit seiner Umdrehung, die so groß ist, daß wir sie nicht zu denken vermögen; dann

tationesque temporum quadrupertitas ad maturitatem frugum et ad temperationem corporum aptas eorumque omnium moderatorem et ducem solem, lunamque adcretione et deminutione luminis quasi fastorum notantem et significantem dies, tum in eodem orbe in duodecim partes distributo quinque stellas ferri eosdem cursus constantissime servantis disparibus inter se motibus, nocturnamque caeli formam undique sideribus ornatam, tum globum terrae eminentem e mari, fixum in medio mundi universi loco, duabus oris distantibus habitabilem et cultum, quarum altera, quam nos incolimus,

Sub áxe posita ad stéllas septem, unde hórrifer,
Aquilónis stridor gélidas molitúr nives,

altera australis, ignota nobis, quam vocant Graeci ἀντίχθονα, ceteras partis incultas, quod aut frigore rigeant aut urantur calore; 69. hic autem, ubi habitamus, non intermittit suo tempore

Caelúm nitescere, árbores frondéscere,
Vités laetificae pámpinis pubéscere,
Ramí bacarum ubértate incurvéscere,
Segetés largiri frúges, florere ómnia,
Fontés scatere, herbis práta convestírier,

tum multitudinem pecudum partim ad vescendum, partim ad cultus agrorum, partim ad vehendum, partim ad corpora vestienda, hominemque ipsum quasi contemplatorem caeli ac deorum cultorem atque hominis utilitati agros omnis et maria parentia –: 70. haec igitur et alia innumerabilia cum cernimus,

den Wechsel von Tag und Nacht und den viergeteilten Wandel der Zeiten, dem Reifen der Feldfrucht und dem Ausgleich der Körper gemäß; dann aller dieser Dinge Leiterin und Führerin die Sonne; und den Mond, der durch Zunahme und Schwinden seines Lichtes gleichsam Kalendertage heraushebt und kennzeichnet; dann wie in demselben Kreise, dem zwölfgeteilten, fünf Sterne laufen, indem sie dieselbe Bahn aufs unerschütterlichste bewahren bei unter sich verschiedenen Bewegungen; und das nächtliche Himmelsbild über und über mit Sternen geschmückt; dann die Kugel der Erde, wie sie aus dem Meer herausragt, haftend in der Mitte des Weltalls, bewohnbar und bebaut nur in zwei entfernten Zonen, deren eine, die wir bewohnen,

am Pole ruht beim Siebengestirn, wo schaurig her
des Nordwinds Pfeifen treibt mit Wucht den eis'gen Schnee,

deren andere im Süden liegt uns unbekannt, von den Griechen Gegenerde geheißen; die übrigen Teile dann, die unbebaut sind, weil sie vor Kälte starren oder von der Hitze verbrannt werden; 69. hier aber, wo wir wohnen, vergißt nie zu seiner Zeit

der Himmel zu strahlen, der Baum zu grünen,
die prangende Rebe mit Laub sich zu bekleiden,
der Olive Zweige unter der Fülle sich zu beugen,
die Saaten die Frucht zu spenden, alles zu grünen,
die Quellen zu rauschen, die Wiese mit Gräsern sich zu schmücken;

dann die Menge des Viehs teils zur Nahrung, teils zur Ackerbestellung, teils zum Fahren, teils zur Bekleidung des Körpers, und den Menschen selbst, den Betrachter des Himmels und Verehrer der Götter, und alle Äcker und Meere, die dem Nutzen des Menschen gehorchen –: 70. wenn wir dies fürwahr und unzähliges andere sehen, können wir dann noch zweifeln,

possumusne dubitare quin is praesit aliquis vel effector, si haec nata sunt, ut Platoni videtur, vel, si semper fuerunt, ut Aristoteli placet, moderator tanti operis et muneris? sic mentem hominis, quamvis eam non videas, ut deum non vides, tamen, ut deum adgnoscis ex operibus eius, sic ex memoria rerum et inventione et celeritate motus omnique pulchritudine virtutis vim divinam mentis adgnoscito.

(29) In quo igitur loco est? credo equidem in capite et cur credam adferre possum. sed alias, ubi sit animus; certe quidem in te est. quae est eius natura? propria, puto, et sua. sed fac igneam, fac spirabilem: nihil ad id de quo agimus. illud modo videto, ut deum noris, etsi eius ignores et locum et faciem, sic animum tibi tuum notum esse oportere, etiamsi ignores et locum et formam. 71. in animi autem cognitione dubitare non possumus, nisi plane in physicis plumbei sumus, quin nihil sit animis admixtum, nihil concretum, nihil copulatum, nihil coagmentatum, nihil duplex: quod cum ita sit, certe nec secerni nec dividi nec discerpi nec distrahi potest, ne interire ⟨quidem⟩ igitur. est enim interitus quasi discessus et secretio ac diremptus earum partium, quae ante interitum iunctione aliqua tenebantur.

His et talibus rationibus adductus Socrates nec patronum quaesivit ad iudicium capitis nec iudicibus supplex fuit adhibuitque liberam contumaciam a magnitudine animi ductam, non a superbia, et supremo vitae die de hoc ipso multa disseruit et paucis ante diebus, cum facile posset educi e custodia, noluit,

daß es regiert ein Schöpfer, wenn es entstanden ist, wie Platon meint, oder, ist es immer gewesen, wie Aristoteles denkt, ein Lenker eines so gewaltigen Werkes und Baues? So erkenne den Geist des Menschen, ob du ihn gleich nicht siehst, wie du auch Gott nicht siehst, doch, wie du Gott aus seinen Werken erkennst, so die göttliche Kraft des Geistes am Gedächtnis, der Erfindungskraft, der Schnelligkeit seiner Bewegung und der ganzen Schönheit der Vollkommenheit.

An welcher Stelle also sitzt er? Ich glaube, im Haupte und kann Gründe anführen, warum ich es glaube. Aber dies, wo die Seele sitzt, ein andermal; sicherlich aber doch in dir. Was ist ihr Wesen? Ein eigentümliches und nur ihr gehöriges, meine ich. Aber laß sie aus Feuer, laß sie aus Odem sein: das tut nichts zu der Sache, worüber wir handeln. Das nur halte dir vor Augen, daß dir, so wie du Gott kennst, magst du auch seinen Sitz und sein Aussehen nicht kennen, auch die Seele bekannt sein muß, auch wenn du ihren Platz und ihre Gestalt nicht kennst. 71. Bei dem Erkennen der Seele aber können wir nicht zweifeln, wenn wir nicht völlig stumpf sind in der Naturerkenntnis, daß die Seelen nichts Vermischtes, daß sie nichts Dichtes, nichts Verknüpftes, nichts Zusammengefügtes, nichts Doppeltes an sich haben. Da das so ist, kann sie gewißlich weder getrennt noch zerteilt, weder zerpflückt noch zerrissen werden, also ⟨auch⟩ nicht untergehen. Denn Untergang ist Scheidung, Trennung und Auseinandergehen der Teile, die vor dem Untergang von irgendeiner Verbindung gehalten wurden.

Aus diesen und ähnlichen Erwägungen hat Sokrates keinen Verteidiger für seinen Prozeß um Leben und Tod gesucht, er hat die Richter nicht um Schonung gebeten und hat einen stolzen Trotz gezeigt, der sich aus seiner Seelengröße herleitete, nicht aus Überhebung, und am letzten Tage seines Lebens hat er gerade hierüber viele Reden geführt. Wenige Tage vorher hat er, obwohl er leicht aus dem Gefängnis hätte her-

et tum, paene in manu iam mortiferum illud tenens poculum, locutus ita est, ut non ad mortem trudi, verum in caelum videretur escendere. (30) 72. Ita enim censebat itaque disseruit, duas esse vias duplicesque cursus animorum e corpore excedentium: nam qui se humanis vitiis contaminavissent et se totos libidinibus dedissent, quibus caecati vel domesticis vitiis atque flagitiis se inquinavissent vel re publica violanda fraudes inexpiabiles concepissent, is devium quoddam iter esse, seclusum a concilio deorum; qui autem se integros castosque servavissent, quibusque fuisset minima cum corporibus contagio seseque ab is semper sevocavissent essentque in corporibus humanis vitam imitati deorum, is ad illos a quibus essent profecti reditum facilem patere. 73. Itaque commemorat, ut cygni, qui non sine causa Apollini dicati sint, sed quod ab eo divinationem habere videantur, qua providentes quid in morte boni sit cum cantu et voluptate moriantur, sic omnibus bonis et doctis esse faciendum. nec vero de hoc quisquam dubitare posset, nisi idem nobis accideret diligenter de animo cogitantibus, quod is saepe usu venit, qui [cum] acriter oculis deficientem solem intuerentur, ut aspectum omnino amitterent; sic mentis acies se ipsa intuens non numquam hebescit, ob eamque causam contemplandi diligentiam amittimus. itaque dubitans circumspectans haesitans, multa adversa reverens tamquam in rate in mari inmenso nostra vehitur oratio. 74. sed haec et vetera et a Graecis; Cato autem sic abiit e vita, ut cau-

ausgeführt werden können, es nicht gewollt und hat dann fast schon mit jenem todbringenden Becher in der Hand so gesprochen, daß es nicht den Anschein hatte, als ob er in den Tod getrieben würde, sondern als ob er empor in den Himmel steige. 72. So war nämlich seine Meinung, und so hat er gesprochen: zwei Straßen gebe es und eine doppelte Bahn für die Seelen, die aus dem Körper schieden. Die, welche sich mit den menschlichen Lastern befleckt und sich ganz ihren Lüsten ergeben hätten, von denen geblendet sie mit Lastern und Schandtaten daheim sich beschmutzt oder durch Verletzung des Staates unsühnbare Verbrechen auf sich geladen hätten, für die gebe es eine Art Abweg, fern abgeschieden von der Versammlung der Götter. Die aber sich unberührt und keusch bewahrt hätten und die die wenigste Berührung mit den Körpern gehabt, sich von ihnen immer ferngehalten und im menschlichen Körper das Leben der Götter nachgeahmt hätten, denen stehe eine leichte Rückkehr zu ihnen, von denen sie hergekommen seien, offen. 73. Deshalb sagt er: wie die Schwäne, die nicht ohne Grund dem Apollon heilig sind, sondern weil sie von ihm die Gabe der Weissagung zu haben scheinen, dank deren sie vorhersehen, was an Gutem im Tode liege, so daß sie mit Gesang und Lust sterben – so müßten es alle Guten und Weisen machen. Darüber aber könnte niemand im Zweifel sein, wenn uns nicht beim angestrengten Nachdenken über die Seele dasselbe zustieße, was denen häufig begegnete, die mit ihren Augen scharf einer Sonnenfinsternis zuschauten, daß sie nämlich ihr Gesicht gänzlich verloren. So wird die Schärfe des Geistes, wenn sie sich selbst betrachtet, bisweilen stumpf, und aus diesem Grunde verlieren wir die Sorgfalt des Betrachtens. Zweifelnd, vorsichtig, zögernd, vieles Widrige fürchtend fährt daher unsere Rede wie auf einem Floß auf einem unendlichen Meere. 74. All das aber ist alt und von den Griechen. Cato aber ging so aus seinem Leben, daß er voll Freude war, einen Grund

sam moriendi nactum se esse gauderet. vetat enim dominans ille in nobis deus iniussu hinc nos suo demigrare; cum vero causam iustam deus ipse dederit, ut tum Socrati, nunc Catoni, saepe multis, ne ille me Dius Fidius vir sapiens laetus ex his tenebris in lucem illam excesserit, nec tamen illa vincla carceris ruperit – leges enim vetant –, sed tamquam a magistratu aut ab aliqua potestate legitima, sic a deo evocatus atque emissus exierit. (31) 75. Tota enim philosophorum vita, ut ait idem, commentatio mortis est. nam quid aliud agimus, cum a voluptate, id est a corpore, cum a re familiari, quae est ministra et famula corporis, cum a re publica, cum a negotio omni sevocamus animum, quid, inquam, tum agimus nisi animum ad se ipsum advocamus, secum esse cogimus maximeque a corpore abducimus? secernere autem a corpore animum, num quicquam aliud est ‹nisi› mori discere? quare hoc commentemur, mihi crede, disiungamusque nos a corporibus, id est consuescamus mori. hoc, et dum erimus in terris, erit illi caelesti vitae simile, et cum illuc ex his vinclis emissi feremur, minus tardabitur cursus animorum. nam qui in compedibus corporis semper fuerunt, etiam cum soluti sunt, tardius ingrediuntur, ut ii qui ferro vincti multos annos fuerunt. quo cum venerimus, tum denique vivemus. nam haec quidem vita mors est, quam lamentari possem, si liberet.

76. Satis tu quidem in Consolatione es lamentatus; quam cum lego, nihil malo quam has res relinquere, his vero modo auditis multo magis.

zum Sterben gefunden zu haben. Verboten nämlich hat jener Gott, der in uns die Herrschaft hat, ohne sein Geheiß von hier zu entweichen. Wenn aber Gott selbst einen gerechten Grund gibt, wie damals dem Sokrates, jetzt Cato, häufig auch sonst vielen, dann wird bei Gott der Weise heiter aus dieser Finsternis in jenes Licht heraustreten. Er wird aber nicht jene Kerkerfesseln zerreißen – verbieten es doch die Gesetze –, sondern wird hinausgehen wie von einem Beamten oder sonst einer gesetzlichen Macht, so von Gott aufgerufen und entlassen. 75. Das ganze Leben der Philosophen nämlich – so sagt derselbe Mann – ist ein Denken auf den Tod. Denn was tun wir anderes, wenn wir die Seele von der Lust, das heißt vom Körper, wenn wir sie vom Besitz, der der Diener und Gehilfe des Körpers ist, wenn wir sie vom Staat, wenn wir sie von jedem Geschäft abrufen: was, sage ich, tun wir dann anderes, als die Seele zu sich selbst zu rufen, sie zu zwingen, bei sich zu sein, und als aufs stärkste sie vom Körper wegzuziehen? Die Seele aber vom Körper trennen, ist das denn etwas anderes als sterben lernen? Daher wollen wir hierauf sinnen, glaube mir, und wollen uns von unseren Körpern trennen, das heißt, wollen uns ans Sterben gewöhnen. Das wird, solange wir auf Erden weilen, dem Leben im Himmel ähnlich sein, und eilen wir dann aus unseren Banden entlassen dorthin, wird der Flug der Seelen weniger gehemmt sein. Denn die immer in den Fesseln des Körpers waren, gehen, auch wenn sie gelöst sind, langsamer einher, so wie die, welche viele Jahre in Eisen geschmiedet lagen. Wenn wir dorthin kommen, dann erst werden wir leben; denn dieses Leben ist der Tod. Ich könnte ein Klagelied darüber singen, wenn ich Lust hätte.

76. A.: Genug bejammert hast du es in deinem «Trost». Wenn ich den lese, will ich nichts lieber, als diese Welt hier hinter mir lassen; jetzt aber, wo ich eben dies gehört habe, noch viel mehr.

Veniet tempus, et quidem celeriter, sive retractabis sive properabis; volat enim aetas. tantum autem abest ab eo, ut malum mors sit, quod tibi dudum videbatur, ut verear, ne homini nihil sit non malum aliud certe, sed nihil bonum aliud potius, si quidem vel di ipsi vel cum dis futuri sumus.

Quid refert?

Adsunt enim, qui haec non probent. ego autem numquam ita te in hoc sermone dimittam, ulla [uti] ratione ut mors tibi videri malum possit.

Qui potest, cum ista cognoverim?

77. Qui possit, rogas? catervae veniunt contra dicentium, nec solum Epicureorum – quos equidem non despicio –, sed nescio quo modo doctissimus quisque [contemnit], acerrume autem deliciae meae Dicaearchus contra hanc inmortalitatem disseruit. is enim tris libros scripsit, qui Lesbiaci vocantur quod Mytilenis sermo habetur, in quibus volt efficere animos esse mortalis. Stoici autem usuram nobis largiuntur tamquam cornicibus: diu mansuros aiunt animos, semper negant. (32) num non vis igitur audire, cur, etiamsi ita sit, mors tamen non sit in malis?

Ut videtur, sed me nemo de inmortalitate depellet.

78. Laudo id quidem, etsi nihil nimis oportet confidere; movemur enim saepe aliquo acute concluso, labamus mutamusque sententiam clarioribus etiam in rebus; in his est enim aliqua obscuritas. id igitur si acciderit, simus armati.

M.: Es wird die Zeit kommen, und zwar schnell, ob du dich sträubst oder ob du dich beeilst. Fliegt doch die Zeit dahin. So weit aber ist der Tod davon entfernt, ein Übel zu sein, wie es dir eben schien, daß ich fürchte, daß für den Menschen nichts anderes in höherem Grade – sicherlich kein Übel, sondern auch ein Gut ist, wofern wir selbst Götter oder mit den Göttern sein werden.

A.: Was macht das aus?

M.: Es gibt nämlich Leute, die das nicht für richtig halten. Ich aber werde dich bei diesem Gespräch niemals so entlassen, daß du irgendwie noch meinen könntest, der Tod sei ein Übel.

A.: Wie kann das sein, da ich deine Beweise kennengelernt habe?

77. M.: Wie das möglich sei, fragst du? Scharen kommen, die dagegen reden, und zwar nicht nur von Epikureern, die ich für meine Person nicht verachte, sondern merkwürdigerweise sprechen gerade die Gelehrtesten, am schärfsten aber mein Liebling Dikaiarch, gegen diese Unsterblichkeit. Dieser hat nämlich drei Bücher geschrieben – man heißt sie die «lesbischen», weil das Gespräch in Mytilene spielt –, in denen er zu erweisen sucht, daß die Seele sterblich ist. Die Stoiker aber gestehen uns nur reichlich den Nießbrauch des Lebens zu wie Krähen; sie meinen, daß die Seelen lange dauern werden, daß sie es immer tun, leugnen sie. Du willst also doch wohl auch hören, warum, gesetzt auch, es wäre so, der Tod doch nicht unter die Übel zählt?

A.: Wie du meinst, aber niemand wird mich von der Unsterblichkeit abbringen.

78. M.: Ich lobe das; freilich darf man auf nichts allzu sehr vertrauen; häufig nämlich lassen wir uns durch irgendeinen scharfsinnigen Schluß bestechen, wir werden wankend und ändern unsere Meinung sogar bei leichter durchschaubaren Dingen. In diesen hier herrscht noch dazu eine ziemliche Undurchsichtigkeit. Wenn das also eintritt, wollen wir gewappnet sein.

Sane quidem, sed ne accidat, providebo.

Num quid igitur est causae, quin amicos nostros Stoicos dimittamus? eos dico, qui aiunt manere animos, cum e corpore excesserint, sed non semper.

Istos vero qui, quod tota in hac causa difficillimum est, suscipiant, posse animum manere corpore vacantem, illud autem, quod non modo facile ad credendum est, sed eo concesso, quod volunt, consequens, id vero non dant, ut, cum diu permanserit, ne intereat.

79. Bene reprehendis, et se isto modo res habet. credamus igitur Panaetio a Platone suo dissentienti? quem enim omnibus locis divinum, quem sapientissimum, quem sanctissimum, quem Homerum philosophorum appellat, huius hanc unam sententiam de inmortalitate animorum non probat. volt enim, quod nemo negat, quicquid natum sit interire; nasci autem animos, quod declaret eorum similitudo qui procreentur, quae etiam in ingeniis, non solum in corporibus appareat. alteram autem adfert rationem, nihil esse quod doleat, quin id aegrum esse quoque possit; quod autem in morbum cadat, id etiam interiturum; dolere autem animos, ergo etiam interire. (33) 80. haec refelli possunt: sunt enim ignorantis, cum de aeternitate animorum dicatur, de mente dici, quae omni turbido motu semper vacet, non de partibus iis, in quibus aegritudines irae libidinesque versentur, quas is, contra quem haec dicuntur, semotas a mente et disclusas putat. iam similitudo magis appa-

A.: Freilich! Daß es aber nicht eintritt, dafür werde ich schon sorgen.

M.: Wir haben doch wohl Grund, unsere Freunde, die Stoiker, beiseite zu lassen? Ich meine die, welche behaupten, die Seelen blieben, wenn sie aus dem Körper entwichen sind, aber nicht ewig.

A.: Jawohl sie, die, was das schwierigste ist bei der ganzen Angelegenheit, verfechten, daß nämlich die Seele dauern könne ohne Körper, das aber nicht zugeben, was nicht nur leicht zu glauben ist, sondern, räumt man ein, was sie wollen, die Folge wäre, daß sie nämlich, wenn sie lange dauert, nicht zugrunde geht.

79. M.: Mit Recht tadelst du sie, und so verhält sich die Sache. Wollen wir also Panaitios Glauben schenken, der hier von seinem Platon abweicht? Ihn nämlich, den er an allen Stellen göttlich, den er den weisesten, den er den heiligsten, den er den Homer der Philosophie heißt, dessen Ansicht über die Unsterblichkeit der Seelen billigt er als einzige nicht. Er will nämlich – was niemand bestreitet –, daß alles, was entstanden sei, zugrunde gehe; es entstünden aber die Seelen, was die Ähnlichkeit derer, die geboren würden, beweise, die auch in den Anlagen, nicht nur in den Körpern zutage träte. Als zweiten Grund aber führt er an, es gäbe nichts, was Schmerz empfinde, ohne daß es nicht auch krank sein könne; was aber in Krankheit sinken könne, das werde auch zugrunde gehen; die Seelen aber empfanden Schmerz, gingen also auch zugrunde. 80. Das läßt sich widerlegen. Sind es doch Behauptungen eines Mannes, der nicht weiß, daß, wenn man von der Ewigkeit der Seele spricht, vom Geist gesprochen wird, der von jeder stürmischen Bewegung immer frei ist, nicht von den Teilen, in denen Krankheiten, Leidenschaften und Begierden wirken. Von denen meint der, gegen den dies gesagt wird, daß sie getrennt vom Geiste und von ihm geschieden sind. Die Ähnlichkeit

ret in bestiis, quarum animi sunt rationis expertes; hominum autem similitudo in corporum figura magis exstat, et ipsi animi magni refert quali in corpore locati sint. multa enim e corpore existunt, quae acuant mentem, multa, quae obtundant. Aristoteles quidem ait omnis ingeniosos melancholicos esse, ut ego me tardiorem esse non moleste feram. enumerat multos, idque quasi constet, rationem cur ita fiat adfert. quod si tanta vis est ad habitum mentis in iis quae gignuntur in corpore – ea sunt autem, quaecumque sunt, quae similitudinem faciant –, nihil necessitatis adfert, cur nascantur animi, similitudo. omitto dissimilitudines. 81. vellem adesse posset Panaetius – vixit cum Africano –, quaererem ex eo, cuius suorum similis fuisset Africani fratris nepos, facie vel patris, vita omnium perditorum ita similis, ut esset facile deterrimus; cuius etiam similis P. Crassi, et sapientis et eloquentis et primi hominis, nepos multorumque aliorum clarorum virorum, quos nihil attinet nominare, nepotes et filii.

Sed quid agimus? oblitine sumus hoc nunc nobis esse propositum, cum satis de aeternitate dixissemus, ne si interirent quidem animi, quicquam mali esse in morte?

Ego vero memineram, sed te de aeternitate dicentem aberrare a proposito facile patiebar.

(34) 82. Video te alte spectare et velle in caelum migrare. spero fore ut contingat id nobis. sed fac, ut isti volunt, animos non remanere post mortem: video nos, si ita sit, privari spe

gar tritt mehr bei den Tieren hervor, deren Seelen der Vernunft entbehren; der Menschen Ähnlichkeit zeigt sich mehr in der Gestalt der Körper, und was die Seele angeht, so macht es viel aus, in welchen Körper sie versetzt sind. Viel nämlich entspringt dem Körper, was den Geist schärft, viel, was ihn abstumpft. Aristoteles zum Beispiel sagt, alle Menschen von Geist seien Melancholiker, so daß ich mich nicht ärgere, daß ich geistig weniger rasch bin. Er zählt viele auf und bringt, gerade als ob es feststünde, den Grund für diese Erscheinung. Wenn aber die Dinge, die im Körper entstehen, einen so großen Einfluß auf den Zustand des Geistes haben – diese aber sind es, was sie auch immer sind, welche die Ähnlichkeit machen –, nötigt uns die Ähnlichkeit gar nicht, anzunehmen, daß die Seelen entstehen. Ich lasse die Ähnlichkeiten. 81. Ich möchte, Panaitios – er war mit Africanus befreundet – könnte anwesend sein –: ich würde ihn fragen, wem von den Seinen der Enkel des Bruders des Africanus ähnlich gewesen ist. Dem Aussehen nach meinetwegen dem Vater. In der Lebensführung war er allen Verworfenen so ähnlich, daß er leicht der schlechteste war; dem ähnlich war auch des Publius Crassus, eines weisen, beredten und hervorragenden Mannes, Enkel und vieler anderer berühmter Männer, die hier zu nennen nicht nötig ist, Enkel und Söhne.

Aber was treiben wir? Haben wir vergessen, daß uns zum Thema gesetzt war, wenn wir genug über die Ewigkeit gesprochen hätten, zu zeigen, daß auch, wenn die Seelen zugrunde gingen, nichts Schlimmes im Tode läge?

A.: Ich erinnerte mich schon, aber als du über die Ewigkeit sprachst, ließ ich dich gern vom Thema abirren.

82. M.: Ich sehe, du blickst in die Höhe und willst den Himmel erklimmen. Ich hoffe, es gelingt uns. Aber nimm an, wie diese wollen, daß die Seelen nach dem Tode nicht dauern. Ich sehe, falls es so sein sollte, daß wir der Hoffnung auf ein selige-

beatioris vitae; mali vero quid adfert ista sententia? fac enim sic animum interire ut corpus: num igitur aliquis dolor aut omnino post mortem sensus in corpore est? nemo id quidem dicit, etsi Democritum insimulat Epicurus, Democritii negant. ne in animo quidem igitur sensus remanet; ipse enim nusquam est. ubi igitur malum est, quoniam nihil tertium est? an quod ipse animi discessus a corpore non fit sine dolore? ut credam ita esse, quam est id exiguum! sed falsum esse arbitror, et fit plerumque sine sensu, non numquam etiam cum voluptate, totumque hoc leve est, qualecumque est; 83. fit enim ad punctum temporis. 'Illud angit vel potius excruciat, discessus ab omnibus is quae sunt bona in vita.' vide ne 'a malis' dici verius possit. quid ego nunc lugeam vitam hominum? vere et iure possum; sed quid necesse est, cum id agam ne post mortem miseros nos putemus fore, etiam vitam efficere deplorando miseriorem? fecimus hoc in eo libro, in quo nosmet ipsos, quantum potuimus, consolati sumus. a malis igitur mors abducit, non a bonis, verum si quaerimus. et quidem hoc a Cyrenaico Hegesia sic copiose disputatur, ut is a rege Ptolomaeo prohibitus esse dicatur illa in scholis dicere, quod multi is auditis mortem sibi ipsi consciscerent. 84. Callimachi quidem epigramma in Ambraciotam Theombrotum est, quem ait, cum ei nihil accidisset adversi, e muro se in mare abiecisse lecto Platonis libro. eius autem, quem dixi, Hegesiae liber est Ἀποκαρτερῶν, quo a vita quidam per inediam discedens revocatur

res Leben beraubt werden; aber was bringt uns diese Ansicht Schlimmes? Denn angenommen, die Seele ginge so zugrunde wie die Körper: ist dann etwa der geringste Schmerz oder überhaupt eine Empfindung nach dem Tode im Körper? Niemand behauptet das doch; auch wenn Epikur es Demokrit unterlegt, bestreiten es doch die Anhänger des Demokrit. Auch in der Seele bleibt also keine Empfindung; denn sie selbst ist ja nirgendwo mehr. Wo steckt also das Übel, da es ja nichts drittes gibt? Oder geschieht etwa die Trennung der Seele vom Körper selbst nicht ohne Schmerzen? Gesetzt, ich glaubte, es sei so, wie geringfügig ist das! Aber ich bin der Ansicht, es ist falsch, und meist geschieht es ohne Empfindung, bisweilen sogar mit Wohlgefühl. Und das Ganze ist ohne Bedeutung, wie es auch immer sein mag; 83. denn es geschieht in einem Augenblick. «Das ängstigt oder vielmehr martert: der Abschied von all dem, was Güter sind im Leben.» Sieh zu, daß man nicht mit mehr Recht sagen könne: «von den Übeln»! Was soll ich jetzt über das Leben der Menschen jammern? Ich könnte es wahrhaftig und mit Recht. Aber was soll ich, da ich dahin ziele, daß wir nicht glauben sollen, wir seien nach dem Tode elend, auch das Leben durch Klagen jammervoller machen? Wir haben das in dem Buche getan, in dem wir uns selbst, so weit wir es vermochten, getröstet haben. Von Übeln also führt uns der Tod hinweg, nicht von Gütern, wenn wir die Wahrheit suchen. Und dies wird von dem Kyrenaiker Hegesias mit solcher Gedankenfülle erörtert, daß er vom König Ptolemaios gehindert worden sein soll, es in Vorträgen zu sagen, weil viele, als sie es hörten, sich selbst den Tod gaben. 84. Von Kallimachos gibt es ein Epigramm auf Kleombrotos aus Ambrakia, der, wie er sagt, obwohl ihm nichts Widriges zugestoßen war, sich von einer Mauer ins Meer stürzte, als er Platons Buch gelesen hatte. Des eben erwähnten Hegesias Buch aber hieß «der sich zu Tode Hungernde», 'Αποκαρτερῶν. In ihm wird einer, der

ab amicis; quibus respondens vitae humanae enumerat incommoda. possem idem facere, etsi minus quam ille, qui omnino vivere expedire nemini putat. mitto alios: etiamne nobis expedit? qui et domesticis et forensibus solaciis ornamentisque privati certe si ante occidissemus, mors nos a malis, non a bonis abstraxisset. (35) 85. Sit igitur aliquis, qui nihil mali habeat, nullum a fortuna volnus acceperit.

Metellus ille honoratis quattuor filiis aut quinquaginta Priamus, e quibus septemdecim iusta uxore natis: in utroque eandem habuit fortuna potestatem, sed usa in altero est; Metellum enim multi filii filiae nepotes neptes in rogum inposuerunt, Priamum tanta progenie orbatum, cum in aram confugisset, hostilis manus interemit. hic si vivis filiis incolumi regno occidisset

astánte ope bárbarica
Tectís caelatis láqueatis,

utrum tandem a bonis an a malis discessisset? tum profecto videretur a bonis. at certe ei melius evenisset nec tam flebiliter illa canerentur:

Haec ómnia vidi inflámmari,
Priamó vi vitam evítari,
Iovis áram sanguine túrpari.

quasi vero ista vi quicquam tum potuerit ei melius accidere! quodsi ante occidisset, tamen eventum omnino amisisset; hoc

durch Hungern aus dem Leben scheiden will, von den Freunden zurückgerufen. Und als Antwort zählt er ihnen die Leiden des menschlichen Lebens auf. Ich könnte dasselbe tun, wenn auch nicht in dem Maße wie jener, der glaubt, zu leben fromme überhaupt keinem. Ich lasse andere: frommt es auch uns? Zu Hause und auf dem Forum des Trostes und Glanzes beraubt, hätte sicherlich, wenn wir vorher den Untergang gefunden hätten, der Tod uns von Übeln, nicht von Gütern hinweggerissen. 85. Stellen wir uns also einen vor, der kein Leiden hat, keine Wunden vom Schicksal empfing.

Metellus, der Vater von vier Söhnen in Staatswürden, Priamos von fünfzig, von denen siebzehn von der rechtmäßigen Gattin stammten: über beide hatte das Schicksal dieselbe Macht, aber ausgeübt hat es sie nur an dem einen. Den Metellus nämlich haben viele Söhne, Töchter, Enkel und Enkelinnen auf den Scheiterhaufen gelegt, den Priamos vernichtete, einer so gewaltigen Nachkommenschaft beraubt, als er an den Altar geflohen war, die Hand des Feindes. Wenn er zu Lebzeiten der Söhne, zu einer Zeit, als sein Reich noch unversehrt war, gestorben wäre,

> als die Macht der Barbaren noch ihm
> beistand im verzierten, getäfelten Haus,

wäre er dann von Gütern oder von Übeln geschieden? Damals hätte es den Anschein gehabt, von Gütern. Aber sicherlich wäre es ihm besser ergangen und es würden nicht jammervoll jene Verse gesungen:

> dies alles sah ich in Flammen stehn,
> dem Priamos frevelnd ans Leben gehn
> und Iuppiters Altar blutig entstellen.

Als ob ihm damals etwas Besseres hätte geschehen können als dieser Gewaltfrevel! Wenn er aber vorher gestorben wäre,

autem tempore sensum amisit malorum. 86. Pompeio, nostro familiari, cum graviter aegrotaret Neapoli, melius est factum. coronati Neapolitani fuerunt, nimirum etiam Puteolani; volgo ex oppidis publice gratulabantur: ineptum sane negotium et Graeculum, sed tamen fortunatum. utrum igitur, si tum esset extinctus, a bonis rebus an a malis discessisset? certe a miseris. non enim cum socero bellum gessisset, non inparatus arma sumpsisset, non domum reliquisset, non ex Italia fugisset, non exercitu amisso nudus in servorum ferrum et manus incidisset [non liberi defleti, non fortunae omnes a victoribus possiderentur]. qui, si mortem tum obisset, in amplissimis fortunis occidisset, is propagatione vitae quot, quantas, quam incredibilis hausit calamitates! (36) haec morte effugiuntur, etiamsi non evenerunt, tamen, quia possunt evenire; sed homines ea sibi accidere posse non cogitant: Metelli sperat sibi quisque fortunam, proinde quasi aut plures fortunati sint quam infelices aut certi quicquam sit in rebus humanis aut sperare sit prudentius quam timere.

87. Sed hoc ipsum concedatur, bonis rebus homines morte privari: ergo etiam carere mortuos vitae commodis idque esse miserum? certe ita dicant necesse est. an potest is, qui non est, re ulla carere? triste enim est nomen ipsum carendi, quia subicitur haec vis: habuit, non habet; desiderat requirit indiget. haec, opinor, incommoda sunt carentis: caret oculis,

wäre er doch um das Ereignis überhaupt gekommen; jetzt aber hat er wenigstens die Empfindung für sein Unglück verloren. 86. Pompeius, meinem Freunde, ging es, als er schwer krank in Neapel darniederlag, besser. Bekränzt war die Bevölkerung von Neapel, natürlich auch die von Puteoli; allgemein brachte man offiziell aus den Städten seine Glückwünsche: eine Angelegenheit, albern und echt griechisch, aber doch auch vom Glücke zeugend. Wäre es also, wenn sein Leben damals erloschen wäre, guten oder schlimmen Verhältnissen entgangen? Sicherlich beklagenswerten. Denn er hätte nicht mit dem Schwiegervater Krieg geführt, er hätte nicht unvorbereitet zu den Waffen gegriffen, hätte sein Haus nicht verlassen, wäre nicht aus Italien geflohen, wäre nicht nach dem Verlust seines Heeres nackt in das Schwert und die Hände der Sklaven gefallen. [Nicht wären die Kinder beweint worden, nicht sein Vermögen von den Siegern in Besitz genommen.] Wäre er damals gestorben, hätte er im reichsten Glück geendet. Wie viele aber, wie gewaltige und unglaubliche Schicksalsschläge mußte er durch die Verlängerung seines Lebens auskosten! Denen entgeht man durch den Tod, auch wenn sie nicht eintreffen, dennoch, weil sie eintreffen können; aber die Menschen überlegen sich nicht, daß ihnen so etwas zustoßen kann. Jeder erhofft sich das Glück des Metellus, gerade als ob mehr Menschen glücklich wären als unglücklich, etwas Gewisses in menschlichen Dingen sei und Hoffen klüger sei als Fürchten.

87. Aber selbst das soll zugegeben sein, daß die Menschen durch den Tod guter Dinge beraubt werden. Also müßten die Toten die Annehmlichkeiten des Lebens auch entbehren und das sei bejammernswert? Wenigstens müßten sie so sagen. Aber kann denn der, der nicht ist, irgendetwas entbehren? Trübselig nämlich ist schon das Wort entbehren an sich, weil die Bedeutung unterlegt wird: er hat gehabt, er hat nicht; er vermißt, sucht, bedarf. Das sind, meine ich, die Leiden eines

odiosa caecitas; liberis, orbitas. valet hoc in vivis, mortuorum autem non modo vitae commodis, sed ne vita quidem ipsa quisquam caret. de mortuis loquor, qui nulli sunt: nos, qui sumus, num aut cornibus caremus aut pinnis? ecquis id dixerit? certe nemo. quid ita? quia, cum id non habeas quod tibi nec usu nec natura sit aptum, non careas, etiamsi sentias te non habere. 88. hoc premendum etiam atque etiam est et urguendum confirmato illo, de quo, si mortales animi sunt, dubitare non possumus, quin tantus interitus in morte sit, ut ne minima quidem suspicio sensus relinquatur – hoc igitur probe stabilito et fixo illud excutiendum est, ut sciatur, quid sit carere, ne relinquatur aliquid erroris in verbo. carere igitur hoc significat: egere eo quod habere velis; inest enim velle in carendo, nisi cum sic tamquam in febri dicitur alia quadam notione verbi. dicitur enim alio modo etiam carere, cum aliquid non habeas et non habere te sentias, etiamsi id facile patiare. ⟨ita⟩ carere in morte non dicitur; nec enim esset dolendum; dicitur illud: 'bono carere', quod est malum. sed ne vivus quidem bono caret, si eo non indiget; sed in vivo intellegi tamen potest regno te carere – dici autem hoc in te satis subtiliter non potest; posset in Tarquinio, cum regno esset expulsus –: at in mortuo ne intellegi quidem. carere enim sen-

Entbehrenden: er entbehrt der Augen, lastende Blindheit; der Kinder, Kinderlosigkeit. Das hat Geltung für die Lebenden, von den Toten aber entbehrt keiner nicht nur die Annehmlichkeiten des Lebens, sondern nicht einmal das Leben selbst. Ich spreche von den Toten, die gar nicht sind; wir, die wir sind, entbehren wir etwa Hörner oder Federn? Würde das wohl jemand sagen? Sicherlich niemand. Wieso? Weil du, wenn du das nicht hast, was dir weder durch Gebrauch noch von Natur gemäß ist, es nicht entbehrst, auch wenn du merkst, daß du es nicht hast. 88. Auf diesen Beweis muß man noch und noch pochen und drängen, wenn man das erhärtet hat, woran wir, wenn die Seelen sterblich sind, nicht zweifeln können, daß nämlich der Untergang im Tode so vollkommen ist, daß auch nicht der kleinste Verdacht einer Empfindung übrigbleibt; nachdem das also ordentlich gesichert und festgestellt ist, muß die Bedeutung des Wortes entbehren, carere, gründlich untersucht werden, damit kein Irrtum in dem Wort übrigbleibt. Carere, entbehren, bezeichnet also dies: dessen bedürftig sein, was du haben willst. Enthalten nämlich ist ein Wollen im Entbehren, wenn man es nicht so wie beim Fieber in einer anderen Wortbedeutung gebraucht. Denn man sagt auch in anderer Weise entbehren carere, wenn du etwas nicht hast und merkst, daß du es nicht hast, auch wenn du das leicht ertragen würdest. Ein solches Entbehren meint man allerdings nicht beim Tode; denn sonst brauchte man darüber ja gar keinen Schmerz zu empfinden; man meint jenes «eines Gutes entbehren», was ein Übel ist. Aber auch ein Lebender entbehrt nicht eines Gutes, wenn er seiner nicht bedarf. Indes bei einem Lebenden könnte man ‹du entbehrst der Herrschaft› wenigstens verstehen – von dir kann man es nicht recht eigentlich sagen; bei Tarquinius wäre es möglich, da er aus seiner Herrschaft vertrieben war –, jedoch bei einem Toten kann man es nicht einmal verstehen. Entbehren nämlich ist Sache eines Empfindenden, in

tientis est; nec sensus in mortuo: ne carere quidem igitur in mortuo est.

(37) 89. Quamquam quid opus est in hoc philosophari, cum rem non magnopere philosophia egere videamus? quotiens non modo ductores nostri, sed universi etiam exercitus ad non dubiam mortem concurrerunt! quae quidem si timeretur, non Lucius Brutus arcens eum reditu tyrannum, quem ipse expulerat, in proelio concidisset; non cum Latinis decertans pater Decius, cum Etruscis filius, cum Pyrrho nepos se hostium telis obiecissent; non uno bello pro patria cadentis Scipiones Hispania vidisset, Paulum et Geminum Cannae, Venusia Marcellum, Litana Albinum, Lucani Gracchum. num quis horum miser hodie? ne tum quidem post spiritum extremum; nec enim potest esse miser quisquam sensu perempto.

90. 'At id ipsum odiosum est, sine sensu esse.' odiosum, si id esset carere; cum vero perspicuum sit nihil posse in eo esse qui ipse non sit, quid potest esse in eo odiosum qui nec careat nec sentiat? quamquam hoc quidem nimis saepe, sed eo quod in hoc inest omnis animi contractio ex metu mortis. qui enim satis viderit, id quod est luce clarius, animo et corpore consumpto totoque animante deleto et facto interitu universo illud animal, quod fuerit, factum esse nihil, is plane perspiciet inter Hippocentaurum, qui numquam fuerit, et regem Agamemnonem nihil interesse, nec pluris nunc facere M. Camillum hoc civile bellum, quam ego illo vivo fecerim Romam captam.

einem Toten aber ist keine Empfindung: also ist auch kein Entbehren in einem Toten.

89. Indes, was braucht man hierbei zu philosophieren, wo wir doch sehen, daß die Sache der Philosophie gar nicht sehr bedarf. Wie oft sind nicht nur unsere Führer, sondern sogar geschlossene Heere in einen sicheren Tod gestürmt! Hätte man ihn gefürchtet, hätte Lucius Brutus den Tyrannen, den er selbst vertrieben hatte, nicht an der Rückkunft gehindert und wäre nicht im Kampfe gefallen, hätten sich nicht der Vater Decius im Entscheidungskampf mit den Latinern, der Sohn in dem mit den Etruskern, der Enkel in dem mit Pyrrhos den Waffen der Feinde entgegengeworfen, hätte nicht Spanien die Scipionen in *einem* Krieg fürs Vaterland fallen sehen, Cannae aber Paulus und Geminus, Venusia Marcellus, Litana Albinus, die Lukaner Gracchus. Ist etwa einer von diesen heute elend? Auch damals nicht nach dem letzten Atemzuge; denn es kann keiner elend sein, wenn die Empfindung zerstört ist.

90. «Aber gerade dies ist abscheulich, ohne Empfindung zu sein.» Abscheulich, wenn das hieße entbehren. Da es aber klar ist, daß nichts in dem sein kann, der selbst nicht ist, was kann dann bei einem Wesen abscheulich sein, das weder entbehrt noch empfindet? Indes spreche ich hiervon allzu oft. Aber nur deshalb, weil hiervon all das seelische Gedrücktsein infolge der Todesfurcht abhängt. Denn wer recht gesehen hat – was ja sonnenklar ist –, daß nach Vernichtung des Körpers und der Seele, nach Zerstörung des ganzen Lebewesens und seinem vollständigen Untergang jenes Lebewesen, das gewesen ist, zu nichts wurde, der wird klar erkennen, daß zwischen einem Hippokentauren, den es nie gab, und dem König Agamemnon kein Unterschied besteht, und daß Marcus Camillus jetzt sich nicht mehr um diesen Bürgerkrieg kümmert, als ich mich zu seinen Lebzeiten um die Einnahme Roms gekümmert habe.

Cur igitur et Camillus doleret, si haec post trecentos et quinquaginta fere annos eventura putaret, et ego doleam, si ad decem milia annorum gentem aliquam urbe nostra potituram putem? quia tanta caritas patriae est, ut eam non sensu nostro, sed salute ipsius metiamur. itaque non deterret sapientem mors, (38) 91. quae propter incertos casus cotidie imminet, propter brevitatem vitae numquam potest longe abesse, quo minus in omne tempus rei p. suisque consulat, ut posteritatem ipsam, cuius sensum habiturus non sit, ad se putet pertinere. quare licet etiam mortalem esse animum iudicantem aeterna moliri, non gloriae cupiditate, quam sensurus non sis, sed virtutis, quam necessario gloria, etiamsi tu id non agas, consequatur.

Natura vero ⟨si⟩ se sic habet, ut, quo modo initium nobis rerum omnium ortus noster adferat, sic exitum mors, ut nihil pertinuit ad nos ante ortum, sic nihil post mortem pertinebit. in quo quid potest esse mali, cum mors nec ad vivos pertineat nec ad mortuos? alteri nulli sunt, alteros non attinget. 92. quam qui leviorem faciunt, somni simillimam volunt esse: quasi vero quisquam ita nonaginta annos velit vivere, ut, cum sexaginta confecerit, reliquos dormiat; ne sui quidem id velint, non modo ipse. Endymion vero, si fabulas audire volumus, ut nescio quando in Latmo obdormivit, qui est mons Cariae, nondum, opinor, est experrectus. num igitur eum curare censes, cum Luna laboret, a qua consopitus putatur, ut eum dormientem oscularetur? quid curet autem, qui ne sentit quidem? habes somnum imaginem mortis eamque cotidie in-

Warum hätte also Camillus Schmerz empfinden sollen, wenn er geglaubt hätte, dies werde nach 350 Jahren geschehen, und warum sollte ich Schmerz empfinden, wenn ich glaubte, daß in 10000 Jahren sich irgendein Volk unserer Stadt bemächtigen würde? Weil die Liebe zum Vaterland so groß ist, daß wir sie nicht nach unserem Empfinden, sondern seinem eigenen Heil messen. 91. Deshalb schreckt der Tod, der wegen der Ungewißheit der Schicksalsfälle täglich droht, wegen der Kürze des Lebens nie weit entfernt sein kann, den Weisen nicht ab, auf die ganze Zeit hin für den Staat und die Seinen zu sorgen, so daß (man erkennen kann, daß) nach seiner Meinung die Zeit nach dem Tode, von der er keine Empfindung haben wird, ihn doch angeht. Daher kann auch der, welcher urteilt, die Seele ist sterblich, doch Ewiges planen nicht aus Gier nach Ruhm, den er nicht genießen wird, als vielmehr nach Vollkommenheit, der notwendig Ruhm, auch wenn man nicht darauf abzielt, folgt.

Wenn aber die Natur so eingerichtet ist, daß der Tod uns das Ende bringt, wie den Anfang aller Dinge unsere Geburt, so wird uns, wie uns nichts vor unserer Geburt anging, auch nichts nach dem Tode angehen. Was für ein Übel kann hierin liegen, da der Tod weder die Lebenden noch die Toten angeht? Die einen sind nicht, die anderen wird er nicht berühren. 92. Die, welche ihn leichter machen, wollen, daß er dem Schlafe ganz ähnlich sei. Als wenn einer neunzig Jahre so leben wollte, daß er, wenn es sechzig vollendet hat, die übrigen schlafe; das wollen wohl nicht einmal seine Angehörigen, geschweige denn er selber. Endymion aber, wollen wir auf die Sagen hören, seitdem der irgendwann einmal auf dem Latmos, einem Berge Kariens, einschlief, ist, meine ich, heute noch nicht erwacht. Glaubst du etwa, daß es ihn kümmert, wenn Luna leidet? Von ihr, glaubt man, ist er eingeschläfert worden, daß sie ihn schlafend küsse. Was sollte aber einen, der nicht ein-

duis: et dubitas quin sensus in morte nullus sit, cum in eius simulacro videas esse nullum sensum?

(39) 93. Pellantur ergo istae ineptiae paene aniles, ante tempus mori miserum esse. quod tandem tempus? naturaene? at ea quidem dedit usuram vitae tamquam pecuniae nulla praestituta die. quid est igitur quod querare, si repetit, cum volt? ea enim condicione acceperas. Idem, si puer parvus occidit, aequo animo ferendum putant, si vero in cunis, ne querendum quidem. atqui ab hoc acerbius exegit natura quod dederat. 'nondum gustaverat', inquit, 'vitae suavitatem; hic autem iam sperabat magna, quibus frui coeperat.' at id quidem in ceteris rebus melius putatur, aliquam partem quam nullam attingere: cur in vita secus? quamquam non male ait Callimachus multo saepius lacrimasse Priamum quam Troilum. eorum autem, qui exacta aetate moriuntur, fortuna laudatur. 94. cur? nam, reor, nullis, si vita longior daretur, posset esse iucundior; nihil enim est profecto homini prudentia dulcius, quam, ut cetera auferat, adfert certe senectus. Quae vero aetas longa est, aut quid omnino homini longum? nonne

Módo pueros, modo ádulescentes ín cursu a tergo ínsequens
Néc opinantis ádsecuta est

senectus? sed quia ultra nihil habemus, hoc longum dicimus. Omnia ista, perinde ut cuique data sunt pro rata parte, ita aut longa aut brevia dicuntur. apud Hypanim fluvium, qui ab

mal empfindet, kümmern? Du hast den Schlaf als Bild des Todes vor dir und hüllst dich täglich in sein Gewand. Und da zweifelst du noch, daß im Tode keine Empfindung sei, obwohl du siehst, daß in seinem Abbild keine Empfindung ist?

93. Fort also mit diesem albernen Altweibergeschwätz, vor der Zeit zu sterben sei ein Jammer. Vor welcher Zeit denn? Der Zeit der Natur? Aber sie hat den Nießbrauch des Lebens, wie den einer Geldsumme, gegeben, ohne vorher eine Frist festzusetzen. Wie darfst du dich also beklagen, wenn sie es zurückfordert, sobald sie will? Unter dieser Bedingung hattest du es doch empfangen. Dieselben Leute sind der Ansicht, wenn ein kleiner Knabe stirbt, müsse man es mit Gleichmut ertragen, wenn gar einer in der Wiege, dürfe man nicht einmal klagen. Und doch trieb die Natur von diesen erbarmungsloser ein, was sie gegeben hatte. «Er hatte noch nicht», sagt einer, «des Lebens Süße gekostet; der aber hoffte schon Großes, das er schon zu genießen begonnen hatte.» Aber bei den übrigen Dingen wird es doch für besser gehalten, einen Teil anzurühren als gar keinen; warum sollte es beim Leben anders sein? Freilich sagt Kallimachos nicht übel, Priamos habe viel öfter geweint als Troilos. Deren Schicksal aber, die im Alter sterben, preist man. 94. Warum? Niemandem könnte es doch, glaube ich, wenn ein längeres Leben gegeben würde, angenehmer sein; denn nichts Süßeres gibt es in der Tat für den Menschen als Einsicht und die bringt doch das Alter, wenn es auch das übrige nimmt. Welches Leben aber ist lang oder was ist überhaupt für den Menschen lang? Hat nicht das Greisenalter

> sie, die Knaben eben noch und Burschen, hinterrücks im Lauf
> unvermutet eingeholt?

Aber weil wir nichts darüber hinaus haben, nennen wir es lang. All diese Dinge heißen, je nachdem sie einem als ein festbestimmter Teil gegeben sind, lang oder kurz. Am Bug, der vom

Europae parte in Pontum influit, Aristoteles ait bestiolas quasdam nasci, quae unum diem vivant. ex his igitur hora VIII quae mortua est, provecta aetate mortua est: quae vero occidente sole, decrepita, eo magis, si etiam solstitiali die. confer nostram longissimam aetatem cum aeternitate: in eadem propemodum brevitate qua illae bestiolae reperiemur.

(40) 95. Contemnamus igitur omnis ineptias – quod enim levius huic levitati nomen inponam? – totamque vim bene vivendi in animi robore ac magnitudine et in omnium rerum humanarum contemptione ac despicientia et in omni virtute ponamus. nam nunc quidem cogitationibus mollissimis effeminamur, ut, si ante mors adventet quam Chaldaeorum promissa consecuti sumus, spoliati magnis quibusdam bonis, inlusi destitutique videamur. 96. quodsi expectando et desiderando pendemus animis, cruciamur, angimur, pro di inmortales, quam illud iter iucundum esse debet, quo confecto nulla reliqua cura, nulla sollicitudo futura sit! quam me delectat Theramenes! quam elato animo est! etsi enim flemus, cum legimus, tamen non miserabiliter vir clarus emoritur: qui cum coniectus in carcerem triginta iussu tyrannorum venenum ut sitiens obduxisset, reliquum sic e poculo eiecit, ut id resonaret, quo sonitu reddito adridens 'propino' inquit 'hoc pulchro Critiae', qui in eum fuerat taeterrimus. Graeci enim ⟨in⟩ conviviis solent nominare, cui poculum tradituri sint. lusit vir egregius extremo spiritu, cum iam praecordiis conceptam mortem contineret, vereque ei, cui venenum praebiberat,

europäischen Festland ins Schwarze Meer mündet, würden, sagt Aristoteles, bestimmte Tierchen geboren, die nur einen Tag lebten. Das also von ihnen, das um die achte Stunde stirbt, ist vorgerückten Alters gestorben; das vollends, welches bei Sonnenuntergang stirbt, als Klappergreis, um so mehr, wenn noch an einem Tag der Sonnenwende. Vergleiche unser längstes Leben mit der Ewigkeit: man wird uns fast von derselben Kurzlebigkeit finden wie jene Tierchen.

95. Verachten wir also alle Albernheiten – denn welchen milderen Namen sollte ich dieser Schwäche beilegen – und legen den Begriff des Glücklichlebens ganz in die Kraft und Größe der Seele, in die Verachtung und Geringschätzung aller menschlichen Dinge und ganz in die Vollkommenheit. Denn jetzt werden wir durch die weichlichsten Gedanken zu Weibern, derart daß wir, wenn der Tod kommt, bevor wir die Versprechungen der Astrologen erreicht haben, uns großer Güter beraubt, verspottet und verraten vorkommen. 96. Wenn wir dabei in Harren und Sehnen im Geiste auf die Folter gespannt sind, uns martern und ängstigen, o ihr unsterblichen Götter!, wie angenehm muß dann jener Weg sein, nach dessen Vollendung es keine Sorgen mehr, keine Aufregung geben wird! Wie freue ich mich am Theramenes! Wie gemuten Sinnes ist er! Wenn wir nämlich auch beim Lesen weinen, so stirbt ein großer Mann nicht bejammernswert. Als dieser in den Kerker geworfen, auf Befehl der dreißig Tyrannen das Gift, wie wenn er Durst hätte, geschlürft hatte, spritzte er den Rest so aus dem Becher, daß er einen Klang gab. Als es diesen Klang gab, sagte er lächelnd: «Das trinke ich auf das Wohl des schönen Kritias!» Der war gegen ihn am scheußlichsten gewesen. Die Griechen nämlich pflegen bei Gelagen mit Namen zu nennen, wem sie den Becher weiterreichen wollen. So scherzte der ungewöhnliche Mann beim letzten Atemzuge, als er in seinem Innern schon den Tod empfangen hatte, und hat wirklich dem,

mortem eam est auguratus, quae brevi consecuta est. 97. Quis hanc maximi animi aequitatem in ipsa morte laudaret, si mortem malum iudicaret?

Vadit [enim] in eundem carcerem atque in eundem paucis post annis scyphum Socrates, eodem scelere iudicum quo tyrannorum Theramenes. quae est igitur eius oratio, qua facit eum Plato usum apud iudices iam morte multatum? (41) 'magna me' inquit 'spes tenet, iudices, bene mihi evenire, quod mittar ad mortem. necesse est enim sit alterum de duobus, ut aut sensus omnino omnes mors auferat aut in alium quendam locum ex his locis morte migretur. quam ob rem, sive sensus extinguitur morsque ei somno similis est, qui non numquam etiam sine visis somniorum placatissimam quietem adfert, di boni, quid lucri est emori! aut quam multi dies reperiri possunt, qui tali nocti anteponantur! cui si similis est perpetuitas omnis consequentis temporis, quis me beatior? 98. sin vera sunt quae dicuntur, migrationem esse mortem in eas oras, quas qui e vita excesserunt incolunt, id multo iam beatius est. tene, cum ab is, qui se iudicum numero haberi volunt, evaseris, ad eos venire, qui vere iudices appellentur, Minoem Rhadamanthum Aeacum Triptolemum, convenireque eos qui iuste ⟨et⟩ cum fide vixerint – haec peregrinatio mediocris vobis videri potest? ut vero conloqui cum Orpheo Musaeo Homero Hesiodo liceat, quanti tandem aestimatis? equidem saepe emori, si fieri posset, vellem, ut ea quae dico mihi liceret invenire. quanta delectatione autem adficerer, cum Palamedem, cum Aiacem, cum alios iudicio iniquo cir-

dem er das Gift zugetrunken hatte, den Tod geweissagt, der bald darauf eintrat. 97. Wer würde diesen Gleichmut einer ungeheuren Seele im Angesicht des Todes loben, wenn er den Tod für ein Übel ansähe?

In denselben Kerker und zu demselben Becher schreitet wenige Jahre darnach Sokrates, dank derselben Ruchlosigkeit der Richter, wie Theramenes dank der der Tyrannen. Wie lautet nun seine Rede, die ihn Platon vor den Richtern halten läßt, gleich nach dem Todesurteil: «Große Hoffnung», sagte er, «ihr Richter, läßt mich nicht los, daß es gut ist für mich, daß ich in den Tod geschickt werde. Notwendig nämlich muß das eine von zweien sein, daß der Tod entweder überhaupt alle Empfindungen wegnimmt oder daß man durch den Tod an einen anderen bestimmten Ort von hier aus wandert. Wenn darum die Empfindung erlischt und der Tod dem Schlaf ähnlich ist, der bisweilen auch ohne Traumgesichte friedlichste Ruhe bringt, ihr Götter, was für ein Gewinn ist es dann zu sterben! Und wie viele Tage lassen sich wohl finden, die man einer solchen Nacht vorziehen könnte. Wenn die Ewigkeit der ganzen folgenden Zeit ihr ähnlich sein wird, wer ist dann seliger als ich? 98. Wenn es aber wahr ist, was man sagt, daß der Tod eine Wanderung zu den Gefilden sei, welche die Abgeschiedenen bewohnen, liegt darin noch viel mehr Seligkeit. Daß du, wenn du aus den Händen derer, die zu den Richtern gezählt werden wollen, entronnen bist, zu denen kommst, die mit Recht Richter heißen, zu Minos, Rhadamanthys, Aiakos, Triptolemos und die triffst, die gerecht und ohne Falsch gelebt haben: kann uns diese Wanderung als unbedeutend erscheinen? Wenn man vollends mit Orpheus, Musaios, Homer und Hesiod sprechen darf, wie hoch schlagt ihr das erst an? Ich möchte für meinen Teil, wenn es möglich wäre, mehrmals sterben, um das, was ich sage, finden zu dürfen. Mit welch großer Freude aber würde ich erfüllt, wenn ich Palamedes, wenn ich Aias, wenn ich an-

cumventos convenirem! temptarem etiam summi regis, qui maximas copias duxit ad Troiam, et Ulixi Sisyphique prudentiam, nec ob eam rem, cum haec exquirerem sicut hic faciebam, capite damnarer. – Ne vos quidem, iudices ii qui me absolvistis, mortem timueritis. 99. nec enim cuiquam bono mali quicquam evenire potest nec vivo nec mortuo, nec umquam eius res a dis inmortalibus neglegentur, nec mihi ipsi hoc accidit fortuito. nec vero ego is, a quibus accusatus aut a quibus condemnatus sum, habeo quod suscenseam, nisi quod mihi nocere se crediderunt.' et haec quidem hoc modo; nihil autem melius extremo: 'sed tempus est' inquit 'iam hinc abire, me, ut moriar, vos, ut vitam agatis. utrum autem sit melius, dii inmortales sciunt, hominem quidem scire arbitror neminem.'

(42) Ne ego haud paulo hunc animum malim quam eorum omnium fortunas, qui de hoc iudicaverunt. etsi, quod praeter deos negat scire quemquam, id scit ipse utrum sit melius – nam dixit ante –, sed suum illud, nihil ut adfirmet, tenet ad extremum; 100. nos autem teneamus, ut nihil censeamus esse malum, quod sit a natura datum omnibus, intellegamusque, si mors malum sit, esse sempiternum malum. nam vitae miserae mors finis esse videtur; mors si est misera, finis esse nullus potest.

Sed quid ego Socratem aut Theramenem, praestantis viros virtutis et sapientiae gloria, commemoro, cum Lacedaemonius quidam, cuius ne nomen quidem proditum est, mortem tantopere contempserit, ut, cum ad eam duceretur damnatus ab

dere, die durch ungerechten Spruch hintergangen wurden, träfe! Auf die Probe stellen aber würde ich des erhabenen Königs, der die gewaltigsten Truppen vor Troia führte, und des Odysseus und Sisyphos Weisheit und würde nicht dessentwegen, wenn ich das erforschte, wie ich es hier zu tun pflegte, zum Tode verurteilt. Auch ihr, die Richter, die ihr mich freigesprochen habt, fürchtet nicht den Tod! 99. Keinem Guten nämlich kann etwas Schlimmes zustoßen weder zu seinen Lebzeiten noch wenn er tot ist, und niemals werden seine Dinge von den unsterblichen Göttern vernachlässigt werden, und auch mir stieß dies hier nicht von ungefähr zu. Ich habe aber auch keinen Grund, denen zu zürnen, von denen ich angeklagt oder von denen ich verurteilt worden bin, außer daß sie glaubten, mir zu schaden.» Und solches auf diese Weise; nichts aber ist besser als der Schluß: «Aber es ist Zeit», sagte er, «daß ich jetzt hier fortgehe, ich, um zu sterben, ihr, um euer Leben zu führen. Welches von beiden besser ist, wissen die unsterblichen Götter, von den Menschen weiß es, glaube ich, niemand.»

Fürwahr viel lieber hätte ich diese Seele als den Reichtum aller derer, die über ihn gerichtet haben. Indes, was, wie er sagt, außer den Göttern niemand weiß, das weiß er selbst, welches von beiden nämlich besser ist – denn er sagte es vorher –, aber seinen bekannten Grundsatz, nichts fest zu behaupten, hält er bis zum Schluß fest. 100. Wir aber wollen festhalten, daß nach unserer Meinung nichts ein Übel ist, was von der Natur allen gegeben ist, und wollen erkennen: wenn der Tod ein Übel ist, ist er ein ewiges Übel. Denn der Tod ist offenbar das Ende eines jämmerlichen Lebens; wenn der Tod bejammernswert ist, kann es dafür kein Ende geben.

Aber was erwähne ich Sokrates oder Theramenes, Männer, hervorragend durch den Ruhm der Mannhaftigkeit und Weisheit? Da doch ein Spartaner, dessen Namen nicht einmal be-

ephoris et esset voltu hilari atque laeto dixissetque ei quidam inimicus: 'contemnisne leges Lycurgi?', responderit: 'ego vero illi maximam gratiam habeo, qui me ea poena multaverit, quam sine mutuatione et sine versura possem dissolvere.' o virum Sparta dignum! ut mihi quidem, qui tam magno animo fuerit, innocens damnatus esse videatur. 101. talis innumerabilis nostra civitas tulit. sed quid duces et principes nominem, cum legiones scribat Cato saepe alacris in eum locum profectas, unde redituras se non arbitrarentur? pari animo Lacedaemonii in Thermopylis occiderunt, in quos Simonides:

Dic, hospes, Spartae nos te hic vidisse iacentis,
Dum sanctis patriae legibus obsequimur.

quid ille dux Leonidas dicit? 'pergite animo forti, Lacedaemonii, hodie apud inferos fortasse cenabimus.' fuit haec gens fortis, dum Lycurgi leges vigebant. e quibus unus, cum Perses hostis in conloquio dixisset glorians: 'solem prae iaculorum multitudine et sagittarum non videbitis', 'in umbra igitur' inquit 'pugnabimus'. 102. viros commemoro: qualis tandem Lacaena? quae cum filium in proelium misisset et interfectum audisset, 'idcirco' inquit 'genueram, ut esset, qui pro patria mortem non dubitaret occumbere'. (43) Esto: fortes et duri Spartiatae; magnam habet vim rei p. disciplina. quid? Cyrenaeum Theodorum, philosophum non ignobilem, nonne miramur? cui cum Lysimachus rex crucem minaretur, 'istis, quaeso'

kannt ist, den Tod so sehr verachtet hat. Als man ihn von den Ephoren zum Tode verurteilt zum Tode führte, war er heiteren und fröhlichen Aussehens, und als ein Gegner ihm sagte: «Du verachtest die Gesetze Lykurgs?» antwortete er: «Im Gegenteil, ich bin ihm äußerst dankbar, da er mich mit einer Strafe belegt hat, die ich ohne Anleihe und Geldaufnahme bezahlen kann!» Ein Mann, Spartas würdig! So daß mir wenigstens, wer von solcher Seelengröße war, unschuldig verurteilt zu sein scheint. 101. Solche Männer hat unzählige unser Staat hervorgebracht. Was soll ich Fürsten und Feldherren nennen, da Cato schreibt, daß ganze Legionen häufig beschwingt an eine Stelle rückten, von der sie nach ihrer Ansicht nicht wieder zurückkommen würden? Im gleichen Geiste fielen die Spartaner bei Thermopylai, auf die Simonides das Epigramm machte:

Kommst du nach Sparta, so sag, o Wanderer, du sahst uns hier liegen,
da wir dem heilgen Gesetz unserer Heimat getreu.

Was sagt jener Führer Leonidas? «Brecht los mit tapferem Sinn, Spartaner; heute werden wir vielleicht bei den Unterirdischen speisen.» Dieses Volk war tapfer, solange des Lykurg Gesetze in Kraft standen. Von ihnen sagte einer, als ein Perser, der Feind, bei einem Gespräch, sich brüstend, bemerkt hatte: «Ihr werdet die Sonne vor der Menge der Speere und Pfeile nicht sehen!»: «Also werden wir im Schatten kämpfen.» 102. Die Männer erwähne ich. Wie aber ist erst die Spartanerin? Als sie ihren Sohn in den Kampf geschickt und gehört hatte, er sei gefallen, sagte sie: «Ich hatte ihn geboren, daß einer wäre, der nicht zauderte, fürs Vaterland den Tod zu erleiden.» Zugestanden, tapfer und hart sind die Spartaner; eine große Macht hat die Zucht des Staates. Wie aber? Bewundern wir nicht auch den Kyrenaiker Theodoros, einen angesehenen Philosophen? Als dem der König Lysimachos das Kreuz androhte,

inquit 'ista horribilia minitare purpuratis tuis: Theodori quidem nihil interest, humine an sublime putescat.'

Cuius hoc dicto admoneor, ut aliquid etiam de humatione et sepultura dicendum existimem, rem non difficilem, is praesertim cognitis, quae de nihil sentiendo paulo ante dicta sunt. de qua Socrates quidem quid senserit, apparet in eo libro in quo moritur, de quo iam tam multa diximus. 103. cum enim de inmortalitate animorum disputavisset et iam moriendi tempus urgeret, rogatus a Critone, quem ad modum sepeliri vellet, 'multam vero' inquit 'operam, amici, frustra consumpsi; Critoni enim nostro non persuasi me hinc avolaturum neque mei quicquam relicturum. verum tamen, Crito, si me adsequi potueris aut sicubi nanctus eris, ut tibi videbitur, sepelito. sed, mihi crede, nemo me vestrum, cum hinc excessero, consequetur.' praeclare id quidem, qui et amico permiserit et se ostenderit de hoc toto genere nihil laborare. 104. durior Diogenes, et is idem sentiens, sed ut Cynicus asperius: proici se iussit inhumatum. tum amici: 'volucribusne et feris?' 'minime vero' inquit, 'sed bacillum propter me, quo abigam, ponitote.' 'qui poteris?' illi, 'non enim senties.' 'quid igitur mihi ferarum laniatus oberit nihil sentienti?' praeclare Anaxagoras, qui cum Lampsaci moreretur, quaerentibus amicis, velletne Clazomenas in patriam, si quid accidisset, auferri, 'nihil necesse est' inquit, 'undique enim ad inferos tantundem viae

sagte er: «Diese Schrecknisse drohe deinen purpurprangenden Würdenträgern an; dem Theodoros macht es nichts aus, ob er im Boden oder in der Luft fault.»

Bei dessen Wort fällt mir ein, daß ich glaube, auch etwas über Beerdigung und Begräbnis sagen zu müssen, kein schwieriges Problem, zumal wenn man begriffen hat, was kurz vorher über die Empfindungslosigkeit gesagt wurde. Was Sokrates darüber denkt, tritt in dem Buche hervor, in dem sein Tod dargestellt ist und über das wir schon soviel gesagt haben. 103. Denn als er über die Unsterblichkeit der Seele gesprochen hatte und die Stunde des Sterbens nahe heranrückte, wurde er von Kriton gefragt, wie er begraben zu werden wünsche. Da sagte er: «Viel Mühe habe ich, Freunde, umsonst aufgewendet; denn unseren Kriton habe ich nicht überzeugt, daß ich von hier entfliegen und nichts von mir zurücklassen werde. Aber, Kriton, wenn du mich erreichen kannst oder mich irgendwo erhaschst, dann begrab mich meinetwegen, wie es dir gut scheint. Indes, glaube mir, niemand von euch wird mich, wenn ich hier entwichen bin, einholen.» Trefflich sagte er das, da er dem Freunde die Erlaubnis gab und zugleich zeigte, daß er sich um diese ganze Sache keine Gedanken mache. 104. Derber war Diogenes – und zwar meinte er dasselbe, drückte es aber als Kyniker derber aus –: er befahl, man solle ihn unbeerdigt hinauswerfen. Da sagten die Freunde: «Den Vögeln und den wilden Tieren vor?» Er antwortete: «Keineswegs, legt vielmehr einen Stock neben mich, daß ich sie wegtreibe.» – «Wie wirst du das können?» jene, «Du wirst doch nichts merken.» – «Was kann mir also das Zerreißen durch die wilden Tiere schaden, wenn ich nichts empfinde?» – Trefflich Anaxagoras; als er in Lampsakos im Sterben lag und ihn die Freunde fragten, ob er nach Klazomenai, in seine Heimat, gebracht zu werden wünsche, wenn ihm etwas zustieße, sagte er: «Ist nicht nötig; überall ist der Weg in die Unterwelt gleich weit.» Und was

est.' totaque de ratione humationis unum tenendum est, ad corpus illam pertinere, sive occiderit animus sive vigeat. in corpore autem perspicuum est vel extincto animo vel elapso nullum residere sensum.

(44) 105. Sed plena errorum sunt omnia. trahit Hectorem ad currum religatum Achilles: lacerari eum et sentire, credo, putat. ergo hic ulciscitur, ut quidem sibi videtur; at illa sicut acerbissimam rem maeret:

Vidí, videre quód me passa aegérrume,
Hectórem curru quádriiugo raptárier.

quem Hectorem, aut quam diu ille erit Hector? melius Accius et aliquando sapiens Achilles:

Immo enimvero córpus Priamo réddidi, Hectora ábstuli.

non igitur Hectora traxisti, sed corpus quod fuerat Hectoris.
106. ecce alius exoritur e terra, qui matrem dormire non sinat:

Matér, te appello, tú, quae curam sómno suspensám levas,
Neque té mei miseret, súrge et sepeli nátum –

haec cum pressis et flebilibus modis, qui totis theatris maestitiam inferant, concinuntur, difficile est non eos qui inhumati sint miseros iudicare –

prius quám ferae volucrésque –

metuit, ne laceratis membris minus bene utatur; ne combustis, non extimescit.

das Wesen der Beerdigung anlangt, so ist eines festzuhalten, daß sie nur den Körper angeht, ob nun die Seele zugrunde geht oder ob sie weiterlebt. Im Körper aber, das ist klar, bleibt, sei es, daß die Seele ausgelöscht ist, sei es, daß sie entwichen ist, keine Empfindung zurück.

105. Aber alles ist voll von Irrtum. Achill schleift Hektor am Wagen angebunden. Daß er zerrissen werde und es empfinde, ist, glaube ich, seine Ansicht. Also rächt sich dieser, wie es wenigstens ihm scheint; jene aber klagt darüber wie über das bitterste Leid:

> gesehen hab' ich, was zu sehn ich kaum ertrug,
> wie Hektor hingerissen ward vom Viergespann.

Welcher Hektor oder wie lange wird jener Hektor sein? Besser Accius und der hier einmal weise Achill:

> Traun, ich gab die Leiche nur dem Priamos, Hektor rafft' ich hin.

Nicht also Hektor hast du geschleift, sondern den Körper, der Hektor gehört hatte. 106. Sieh da, schon steht ein anderer aus der Erde auf, der seine Mutter nicht schlafen läßt:

> Ich ruf dich, Mutter, die im Schlafe sich von schwanker Sorg' erholt,
> sich meiner nicht erbarmt, erhebe dich, begrab den Sohn –

Wenn das mit verhaltenen und klagenden Weisen, die dem ganzen Theater Trauer einflößen, gesungen wird, ist es schwer, die, welche unbeerdigt sind, nicht für erbarmungswürdig zu halten –

> bevor die wilden Tiere und die Vögel –

– er fürchtet, daß er die zerrissenen Glieder weniger gut gebrauchen kann, um die verbrannten hat er keine Angst –

Neu réliquias semésas sireis dénudatis óssibus
Per térram sanie délibutas foéde divexárier,

non intellego, quid metuat, cum tam bonos septenarios fundat ad tibiam. Tenendum est igitur nihil curandum esse post mortem, cum multi inimicos etiam mortuos poeniuntur. exsecratur luculentis sane versibus apud Ennium Thyestes, primum ut naufragio pereat Atreus: durum hoc sane; talis enim interitus non est sine gravi sensu; illa inania:

Ipse summis sáxis fixus ásperis, evísceratus,
Látere pendens, sáxa spargens tábo, sanie et sánguine atro.

107. non ipsa saxa magis sensu omni vacabunt quam ille 'latere pendens', cui se hic cruciatum censet optare. quae essent dura, si sentiret, ⟨sunt⟩ nulla sine sensu. illud vero perquam inane:

Néque sepulcrum, quó recipiat, hábeat, portum córporis,
Úbi remissa humána vita córpus requiescát malis.

vides, quanto haec in errore versentur: portum esse corporis et requiescere in sepulcro putat mortuum; magna culpa Pelopis, qui non erudierit filium nec docuerit, quatenus esset quidque curandum.

(45) 108. Sed quid singulorum opiniones animadvertam, nationum varios errores perspicere cum liceat? condiunt Aegyptii mortuos et eos servant domi; Persae etiam cera circumlitos condunt, ut quam maxime permaneant diuturna

Laß nicht die halbverbrannten Überreste, bloßgelegt Gebein,
zerfetzen scheußlich anzusehn mit Blut bespritzt am Boden hin.

Ich verstehe nicht, was er fürchtet, da er so gute Septenare zur Flöte singt. Man muß also festhalten, daß man sich nach dem Tode um nichts zu kümmern braucht, wenn viele sogar die toten Feinde strafen. Verwünschungen stößt in wirklich prächtigen Versen bei Ennius Thyestes aus, zunächst, daß Atreus durch Schiffbruch zugrunde gehen möge. Das ist allerdings hart; ein solcher Tod ist nämlich nicht ohne schweres Leiden. Das Folgende ist ohne Sinn:

Selbst an rauher Felsenspitze aufgespießt und ausgeweidet
hangenden Leibs, den Fels mit Jauche, Eiter, schwarzem Blut benetzend.

107. Nicht einmal die Felsen selbst werden mehr jeder Empfindung bar sein als jener «hangenden Leibs», dem dieser eine Marter zu wünschen meint. Was hart wäre, wenn er Empfindung hätte, ist nichts ohne Empfindung. Folgendes aber ist ganz unsinnig:

und verwehrt sei ihm, des Körpers Port, ein Grab, wo er sich birgt,
wo der Leib, wenn er des Lebens bar, vom Leiden ruht.

Du siehst, in welch großem Irrtum das befangen ist: er glaubt, daß es einen Hafen für den Körper gäbe und daß er tot im Grabe ausruhe; woran Pelops die Hauptschuld trägt, der seinen Sohn nicht erzogen und ihn nicht gelehrt hat, wie weit man sich um jedes Sorgen machen müsse.

108. Doch was rüge ich die Irrtümer einzelner, da man mannigfache Irrtümer von Völkern bemerken kann. Die Ägypter balsamieren die Toten und bewahren sie zu Hause; die Perser setzen sie sogar mit Wachs bestrichen bei, damit die Leichen

corpora. Magorum mos est non humare corpora suorum, nisi a feris sint ante laniata; in Hyrcania plebs publicos alit canes, optumates domesticos: nobile autem genus canum illud scimus esse, sed pro sua quisque facultate parat a quibus lanietur, eamque optumam illi esse censent sepulturam. permulta alia colligit Chrysippus, ut est in omni historia curiosus, sed ita taetra sunt quaedam, ut ea fugiat et reformidet oratio. totus igitur hic locus est contemnendus in nobis, non neglegendus in nostris, ita tamen, ut mortuorum corpora nihil sentire vivi sentiamus; 109. quantum autem consuetudini famaeque dandum sit, id curent vivi, sed ita, ut intellegant nihil id ad mortuos pertinere.

Sed profecto mors tum aequissimo animo oppetitur, cum suis se laudibus vita occidens consolari potest. nemo parum diu vixit, qui virtutis perfectae perfecto functus est munere. multa mihi ipsi ad mortem tempestiva fuerunt. quam utinam potuissem obire! nihil enim iam adquirebatur, cumulata erant officia vitae, cum fortuna bella restabant. quare si ipsa ratio minus perficiet, ut mortem neglegere possimus, at vita acta perficiat, ut satis superque vixisse videamur. quamquam enim sensus abierit, tamen suis et propriis bonis laudis et gloriae, quamvis non sentiant, mortui non carent. etsi enim nihil habet in se gloria cur expetatur, tamen virtutem tamquam um-

so lange wie möglich dauern. Der Magier Sitte ist es, die Körper der Ihrigen erst zu beerdigen, wenn sie vorher von den wilden Tieren zerrissen worden sind. In Hyrkanien hält das Volk Hunde auf Kosten der Gemeinde, die Begüterten zu Haus auf eigene. Das ist eine vornehme Hunderasse, wie wir wissen, aber nach seinem Vermögen schafft sich jeder welche an, von denen er zerrissen werden will, und das halten sie für die beste Bestattung. Sehr vieles andere noch sammelt Chrysipp, wie er sich ja um alles Wißbare sehr kümmert, aber manches ist so scheußlich, daß die Rede es flieht und davor scheut. Diese ganze Frage also ist bei uns selbst nicht wichtig zu nehmen, nicht zu vernachlässigen bei den Unsrigen, indes so, daß wir als Lebende merken, daß die Körper der Verstorbenen nichts merken. 109. Wieviel man aber dem Brauch und der öffentlichen Meinung einräumen müsse, darum sollen sich die Lebenden kümmern; aber so, daß sie wissen, es geht die Toten nichts an.

Dann jedoch geht man wirklich dem Tode mit dem größten Gleichmut entgegen, wenn das erlöschende Leben sich mit seinen eigenen lobenswerten Taten trösten darf. Niemand hat zu wenig lange gelebt, der die Aufgabe vollendeter Tugend vollkommen gelöst hat. Viele Augenblicke sind mir selbst reif für den Tod gewesen. Hätte ich ihn doch erleiden können! Denn nichts wurde mehr hinzuerworben, in höchstem Maße waren die Pflichten des Lebens erfüllt worden, Kriege mit dem Geschick blieben übrig. Wenn daher die Überlegung allein es nicht erreicht, daß wir den Tod geringzuschätzen vermögen, dürfte das verbrachte Leben es erreichen, daß wir uns genug und übergenug gelebt zu haben scheinen. Denn wenn auch die Empfindung geschwunden ist, so sind die Toten doch nicht ihnen gehöriger und eigentümlicher Güter des Lobes und Ruhmes bar, mögen sie auch keine Empfindung davon haben. Wenn nämlich der Ruhm auch nichts in sich hat, weswegen man ihn

bra sequitur. (46) 110. verum multitudinis iudicium de bonis si quando est, magis laudandum est quam illi ob eam rem beati. non possum autem dicere, quoquo modo hoc accipietur, Lycurgum Solonem legum et publicae disciplinae carere gloria, Themistoclem Epaminondam bellicae virtutis. ante enim Salaminem ipsam Neptunus obruet quam Salaminii tropaei memoriam, priusque Boeotia Leuctra tollentur quam pugnae Leuctricae gloria. multo autem tardius fama deseret Curium Fabricium Calatinum, duo Scipiones duo Africanos, Maximum Marcellum Paulum, Catonem Laelium, innumerabilis alios; quorum similitudinem aliquam qui arripuerit, non eam fama populari, sed vera bonorum laude metiens, fidenti animo, si ita res fert, gradietur ad mortem; in qua aut summum bonum aut nullum malum esse cognovimus. secundis vero suis rebus volet etiam mori; non enim tam cumulus bonorum iucundus esse potest quam molesta decessio. 111. hanc sententiam significare videtur Laconis illa vox, qui, cum Rhodius Diagoras, Olympionices nobilis, uno die duo suos filios victores Olympiae vidisset, accessit ad senem et gratulatus: 'morere, Diagora' inquit; 'non enim in caelum ascensurus es.' magna haec, et nimium fortasse, Graeci putant vel tum potius putabant, isque, qui hoc Diagorae dixit, permagnum existimans tris Olympionicas una e domo prodire cunctari illum diutius in vita fortunae obiectum inutile putabat ipsi.

erstreben sollte, folgt er doch der Tüchtigkeit wie ein Schatten. 110. Wenn einmal das Urteil der Menge über die Guten wahr ist, so ist das mehr für die Menge ein Lob, als daß jene deswegen glücklich wären. Ich kann aber nicht sagen, wie das auch immer verstanden werden möge, daß Lykurg und Solon den Ruhm der Gesetzgebung und der Staatseinrichtung, Themistokles und Epameinondas den der kriegerischen Tapferkeit nicht genössen. Eher nämlich wird Neptunus Salamis selbst verschütten als das Andenken an den Sieg von Salamis, und eher wird Leuktra in Böotien vernichtet werden als der Ruhm der Schlacht bei Leuktra. Viel langsamer aber noch wird der Ruhm weichen von Curius, Fabricius, Calatinus, den zwei Scipionen, von den beiden Africani, von Maximus, Marcellus, Paulus, Cato, Laelius und unzähligen anderen. Wer einige Ähnlichkeit mit diesen errungen hat, sie nicht nach der Meinung des Volkes, sondern dem wahren Ruhm der Guten bemessend, wird getrosten Sinnes, wenn es die Lage erheischt, zum Tode schreiten, in dem entweder das höchste Gut oder doch kein Übel liegt, wie wir erkannt haben. In seinem Glück aber wird er sogar sterben wollen: denn die Fülle der Güter kann nicht so angenehm sein wie ihr Schwinden bedrückend. 111. Dieser Meinung scheint das berühmte Wort des Lakoniers Ausdruck zu geben. Als der Rhodier Diagoras, ein bekannter Olympiasieger, an einem Tage zwei seiner Söhne als Sieger in Olympia gesehen hatte, ging er zu dem Greis hin und beglückwünschte ihn mit den Worten: «Stirb, Diagoras; denn zum Himmel empor kannst du nicht steigen.» Für etwas Großes – vielleicht allzusehr – halten dies die Griechen oder vielmehr hielten sie es damals, und der, der dem Diagoras dieses Wort sagte, in der Überzeugung, daß es etwas sehr Großes sei, daß drei Olympiasieger aus einem Hause hervorgingen, hielt es für gefährlich für ihn selber, länger im Leben zu verweilen, den Launen des Schicksals ausgesetzt.

Ego autem tibi quidem, quod satis esset, paucis verbis, ut mihi videbar, responderam – concesseras enim nullo in malo mortuos esse –; sed ob eam causam contendi ut plura dicerem, quod in desiderio et luctu haec est consolatio maxima. nostrum enim et nostra causa susceptum dolorem modice ferre debemus, ne nosmet ipsos amare videamur; illa suspicio intolerabili dolore cruciat, si opinamur eos quibus orbati sumus esse cum aliquo sensu in is malis quibus volgo opinantur. hanc excutere opinionem mihimet volui radicitus, eoque fui fortasse longior. (47) 112. Tu longior? non mihi quidem. prior enim pars orationis tuae faciebat, ut mori cuperem, posterior, ut modo non nollem, modo non laborarem; omni autem oratione illud certe perfectum est, ut mortem non ducerem in malis.

Num igitur etiam rhetorum epilogum desideramus? an hanc iam artem plane relinquimus?

Tu vero istam ne reliqueris, quam semper ornasti, et quidem iure; illa enim te, verum si loqui volumus, ornaverat. sed quinam est iste epilogus? aveo enim audire, quicquid est.

113. Deorum inmortalium iudicia solent in scholis proferre de morte, nec vero ea fingere ipsi, sed Herodoto auctore aliisque pluribus. primum Argiae sacerdotis Cleobis et Bito filii praedicantur. nota fabula est. cum enim illam ad sollemne et statu[tu]m sacrificium curru vehi ius esset satis longe ab oppido ad fanum morarenturque iumenta, tum iuvenes ii quos

Ich hatte dir, daß es dir hätte genügen können, mit wenigen Worten, wie es mir schien, geantwortet. Zugestanden hattest du nämlich, daß die Verstorbenen in keinem Unglück sind; aber deswegen habe ich mich beeifert, mehr noch zu sagen, weil in Sehnsucht und Trauer dies der größte Trost ist. Denn unseren und einen unseretwegen empfundenen Schmerz müssen wir beherrscht ertragen, damit es nicht scheine, daß wir uns selbst lieben. Jener Verdacht ist es, der uns mit unerträglichem Schmerz martert, wenn wir wähnen, die, derer wir beraubt sind, lebten mit irgendwelcher Empfindung in dem Unglück, in dem man sie allgemein glaubt. Diese Vorstellung habe ich selbst von Grund abschütteln wollen, und deshalb war ich vielleicht zu ausführlich.

112. A.: Du zu ausführlich? Nicht für mich. Denn der erste Teil deiner Rede bewirkte, daß ich zu sterben begehrte, der zweite, daß ich bald mich nicht sträubte, bald mich nicht darum kümmerte; durch die ganze Rede ist aber wenigstens dies erreicht worden, daß ich den Tod nicht zu den Übeln zähle.

M.: Wir vermissen aber nun doch wohl auch noch ein Nachwort, wie es die Redelehrer bringen – oder verlassen wir diese Kunst jetzt gänzlich?

A.: Verlasse du nicht sie, die du immer geziert hast, und zwar mit Recht; denn jene hatte auch dich, wenn wir die Wahrheit sagen wollen, ausgezeichnet! Aber was ist das für ein Nachwort? Ich bin begierig, es zu hören, was es auch immer sei.

113. M.: Der unsterblichen Götter Urteile über den Tod pflegen sie in den Vorträgen vorzubringen, sie aber nicht selbst zu erfinden, sondern unter Berufung auf Herodot und viele andere. Zuerst werden die Söhne einer argivischen Priesterin, Kleobis und Biton, verherrlicht. Die Geschichte ist bekannt. Da es nämlich Brauch war, daß sie zu einem feierlichen und regelmäßigen Opfer bis zum Tempel ziemlich weit von der Stadt zu Wagen fuhr, und das Gespann verzog, da legten die

modo nominavi veste posita corpora oleo perunxerunt, ad iugum accesserunt. ita sacerdos advecta in fanum, cum currus esset ductus a filiis, precata a dea dicitur, ut id illis praemii daret pro pietate, quod maxumum homini dari posset a deo; post epulatos cum matre adulescentis somno se dedisse, mane inventos esse mortuos. 114. simili precatione Trophonius et Agamedes usi dicuntur; qui cum Apollini Delphis templum exaedificavissent, venerantes deum petiverunt mercedem non parvam quidem operis et laboris sui: nihil certi, sed quod esset optimum homini. quibus Apollo se id daturum ostendit post eius diei diem tertium; qui ut inluxit, mortui sunt reperti. iudicavisse deum dicunt, et eum quidem deum, cui reliqui dii concessissent, ut praeter ceteros divinaret. (48) adfertur etiam de Sileno fabella quaedam; qui cum a Mida captus esset, hoc ei muneris pro sua missione dedisse scribitur: docuisse regem non nasci homini longe optimum esse, proximum autem quam primum mori. 115. qua est sententia in Cresphonte usus Euripides:

Nam nós decebat coétus celebrantís domum
Lugére, ubi esset áliquis in lucem éditus,
Humánae vitae vária reputantís mala;
At, quí labores mórte finissét gravis,
Hunc ómni amicos laúde et laetitia éxsequi.

simile quiddam est in Consolatione Crantoris: ait enim Terinaeum quendam Elysium, cum graviter filii mortem maere-

Jünglinge, die ich eben nannte, ihr Gewand ab, salbten ihre Leiber mit Öl und gingen selbst ins Joch. So fuhr die Priesterin in das Heiligtum, indem der Wagen von ihren Söhnen gezogen wurde. Und da soll sie die Göttin gebeten haben, sie möchte ihnen als Lohn für ihren frommen Sinn geben, was als Größtes einem Menschen von einer Gottheit gegeben werden könnte. Darnach sollen die Jünglinge mit ihrer Mutter am Mahle teilgenommen und sich dem Schlafe überlassen haben. Morgens seien sie tot aufgefunden worden. 114. Ein ähnliches Gebet sollen Trophonios und Agamedes ausgesprochen haben; als sie dem Apollon in Delphi den Tempel gebaut hatten, baten sie beim Opfer den Gott um einen Lohn, und zwar keinen kleinen für ihr Werk und ihre Mühe, nichts Bestimmtes, aber was das Beste für den Menschen sei. Apollon bedeutete ihnen, daß er es nach dem dritten Tage von diesem an geben werde. Als dieser heraufzog, wurden sie tot aufgefunden. Ein Urteil habe damit der Gott gesprochen, sagt man, und zwar der Gott, dem die übrigen Götter es zugestanden hätten, daß er vor den anderen göttliche Eingebung habe. Man führt auch ein Histörchen vom Silen an. Als er von Midas gefangen worden war, hat er ihm folgendes Geschenk für seine Freilassung, wie man schreibt, gegeben: er habe den König gelehrt, daß nicht geboren zu werden für den Menschen bei weitem am besten sei, das Zweitbeste aber, so zeitig wie möglich zu sterben. 115. Diesen Gedanken hat Euripides im Kresphontes genützt:

zu kommen nämlich ziemte sich zahlreich ins Haus
zu trauern, wo ein Kind das Licht der Welt erblickt,
erwägt des Menschenlebens man verschieden Leid.
Doch wer im Tod geendet hätte schwere Last,
den sollten die Freunde geleiten mit Preis und Fröhlichkeit.

Etwas Ähnliches steht im «Trost» Krantors. Er sagt nämlich, Elysios aus Terina sei, als er wegen des Todes seines Sohnes

ret, venisse in psychomantium quaerentem, quae fuisset tantae calamitatis causa; huic in tabellis tris huius modi versiculos datos:

> Ignaris homines in vita mentibus errant:
> Euthynous potitur fatorum numine leto.
> Sic fuit utilius finiri ipsique tibique.

116. his et talibus auctoribus usi confirmant causam rebus a diis inmortalibus iudicatam. Alcidamas quidem, rhetor antiquus in primis nobilis, scripsit etiam laudationem mortis, quae constat ex enumeratione humanorum malorum; cui rationes eae quae exquisitius a philosophis colliguntur defuerunt, ubertas orationis non defuit. Clarae vero mortes pro patria oppetitae non solum gloriosae rhetoribus, sed etiam beatae videri solent. repetunt ab Erechtheo, cuius etiam filiae cupide mortem expetiverunt pro vita civium; ⟨commemorant⟩ Codrum, qui se in medios inmisit hostis veste famulari, ne posset adgnosci, si esset ornatu regio, quod oraculum erat datum, si rex interfectus esset, victricis Athenas fore; Menoeceus non praetermittitur, qui item oraculo edito largitus est patriae suum sanguinem; ⟨nam⟩ Iphigenia Aulide duci se immolandam iubet, ut hostium eliciatur suo. (49) veniunt inde ad propiora: Harmodius in ore ⟨est⟩ et Aristogiton; Lacedaemonius Leonidas, Thebanus Epaminondas viget. nostros non norunt, quos enumerare magnum est: ita sunt multi, quibus videmus optabilis mortes fuisse cum gloria.

in schwerer Trauer war, zu einem Totenorakel gekommen, zu fragen, was die Ursache eines so schweren Unglücks gewesen sei. Da seien ihm auf Täfelchen drei Verse folgenden Inhaltes gegeben worden:

Törichten Sinnes fürwahr verirrn sich im Leben die Menschen;
Euthynous hat erreicht seinen Tod durch den Willen des Schicksals.
War es doch so ihm zu enden und dir von größerem Nutzen.

116. Auf diese und ähnliche Gewährsmänner sich stützend, versichern sie, daß unsere Frage von den Göttern durch die Tatsachen entschieden worden sei. Hat doch Alkidamas, ein besonders angesehener alter Redner, sogar ein Lob des Todes geschrieben, das aus einer Aufzählung der menschlichen Leiden besteht. Ihm, dem die Gründe, die erlesener von den Philosophen gesammelt werden, fehlten, fehlte nicht die Fülle der Rede. Ein strahlender Tod aber, fürs Vaterland aufgesucht, ist nicht nur ein Prunkstück für die Redner, sondern pflegt sogar für ein Glück zu gelten. Man geht auf Erechtheus zurück, dessen Töchter gar um des Lebens ihrer Mitbürger willen begierig den Tod gesucht haben. Man erwähnt Kodros, der sich mitten unter die Feinde stürzte im Gewand seines Dieners, daß er nicht erkannt werden könne, wenn er im königlichen Schmucke wäre. Es war nämlich eine Weissagung gegeben worden, wenn ein König getötet worden sei, werde Athen siegreich sein. Man übergeht nicht Menoikeus, der ebenfalls auf ein Orakel hin der Heimat sein Blut schenkte; Iphigenie heißt sich in Aulis zum Opfer führen, um durch ihr Blut das der Feinde herauszulocken. Man kommt dann zu Näherliegendem. Harmodios und Aristogeiton sind in aller Munde. Der Spartaner Leonidas, der Thebaner Epameinondas sind noch lebendig. Unsere Helden kennen sie nicht. Sie auf-

117. Quae cum ita sint, magna tamen eloquentia est utendum atque ita velut superiore e loco contionandum, ut homines mortem vel optare incipiant vel certe timere desistant? nam si supremus ille dies non extinctionem, sed commutationem adfert loci, quid optabilius? sin autem perimit ac delet omnino, quid melius quam in mediis vitae laboribus obdormiscere et ita conniventem somno consopiri sempiterno? quod si fiat, melior Enni quam Solonis oratio. hic enim noster:

nemo me lacrimis decoret

inquit

nec funera fletu faxit!

at vero ille sapiens:

Mors mea ne careat lacrimis: linquamus amicis
Maerorem, ut celebrent funera cum gemitu.

118. nos vero, si quid tale acciderit, ut a deo denuntiatum videatur ut exeamus e vita, laeti et agentes gratias pareamus emittique nos e custodia et levari vinclis arbitremur, ut aut in aeternam et plane in nostram domum remigremus aut omni sensu molestiaque careamus; sin autem nihil denuntiabitur, eo tamen simus animo, ut horribilem illum diem aliis nobis faustum putemus nihilque in malis ducamus, quod sit vel a diis inmortalibus vel a natura parente omnium constitutum. non enim temere nec fortuito sati et creati sumus, sed profecto fuit quaedam vis, quae generi consuleret humano nec id gigneret aut aleret, quod cum exanclavisset omnes la-

zuzählen, wäre eine schwere Aufgabe. So viele sind es, denen der ruhmvolle Tod, wie wir sehen, wünschenswert war.

117. Muß man also, obwohl das so ist, doch noch große Beredsamkeit anwenden und so gleich wie von erhabener Kanzel Ansprachen halten, daß die Menschen den Tod zu wünschen beginnen oder wenigstens zu fürchten aufhören? Denn wenn jener letzte Tag nicht das Verlöschen, sondern nur eine Änderung des Ortes bringt, was gibt es da Wünschenswerteres? Wenn er aber vernichtet und gänzlich zerstört, was ist dann besser, als mitten in den Leiden des Lebens einzuschlummern und so die Augen schließend in den ewigen Schlaf zu sinken? Wenn dies aber geschieht, ist die Rede des Ennius besser als die Solons. Unser Dichter sagt:

Niemand soll mich mit Tränen ehren, Begängnis mit Weinen machen!

Jener Weise indes:

Nicht entbehre mein Tod der Tränen; lassen wir Freunden
Trauer zurück, daß mit Schmerz feiern sie unser Geleit!

118. Wir aber wollen, wenn etwas Derartiges eintritt, daß unser Scheiden aus dem Leben von Gott angekündigt scheint, froh und mit Danksagung gehorchen und wollen glauben, daß wir aus einem Gefängnis entlassen und von Fesseln befreit werden, um entweder in die ewige und eigentlich unsere Heimat zurückzuwandern oder jeglicher Empfindung und Beschwerlichkeit zu entbehren; wenn aber nichts angekündigt wird, wollen wir dennoch so gesinnt sein, daß wir schrecklich jenen Tag für andere, für uns aber für glückverheißend erachten und nichts zu den Übeln zählen, was entweder von den unsterblichen Göttern oder der Natur, der Mutter aller Dinge, festgesetzt ist. Nicht von Ungefähr und zufällig sind wir gezeugt und geschaffen worden, sondern es war wirklich eine

bores, tum incideret in mortis malum sempiternum: portum potius paratum nobis et perfugium putemus. 119. quo utinam velis passis pervehi liceat! sin reflantibus ventis reiciemur, tamen eodem paulo tardius referamur necesse est. quod autem omnibus necesse est, idne miserum esse uni potest? Habes epilogum, ne quid praetermissum aut relictum putes.

Ego vero, et quidem fecit etiam iste me epilogus firmiorem.

Optime, inquam. sed nunc quidem valetudini tribuamus aliquid, cras autem et quot dies erimus in Tusculano, agamus haec et ea potissimum, quae levationem habeant aegritudinum formidinum cupiditatum, qui omnis philosophiae est fructus uberrimus.

bestimmte Macht da, die sich um das menschliche Geschlecht kümmerte und es nicht erzeugte oder aufzog, daß es nach dem Auskosten aller Leiden in des Todes ewiges Unglück stürze. Glauben wir lieber, ein Hafen und eine Zuflucht stünden für uns bereit. 119. Wenn es doch erlaubt wäre, mit ausgebreiteten Segeln dahin zu fahren! Wenn wir aber durch entgegenwehende Winde zurückgeworfen werden, müssen wir uns doch notwendig ein wenig später ebendorthin zurückbegeben. Was aber für alle Notwendigkeit ist, kann das einem einzigen beklagenswert sein? Damit hast du das Schlußwort, daß du nicht meinst, es sei etwas übergangen oder ausgelassen.

A.: Jawohl und dein Nachwort hat mich noch fester gemacht.

M.: Trefflich, sage ich. Aber jetzt wollen wir etwas für die Gesundheit tun. Morgen indes und so viele Tage wir auf dem Tusculanum sein werden, wollen wir dies weiterbetreiben, und zwar das besonders, was eine Linderung bringt des Kummers, der Ängste und der Begierden. Das ist aller Philosophie reichste Frucht.

LIBER SECUNDUS

Neoptolemus quidem apud Ennium philosophari sibi ait necesse esse, sed paucis; nam omnino haud placere: ego autem, Brute, necesse mihi quidem esse arbitror philosophari – nam quid possum, praesertim nihil agens, agere melius? – sed non paucis, ut ille. difficile est enim in philosophia pauca esse ei nota, cui non sint aut pleraque aut omnia. nam nec pauca nisi e multis eligi possunt nec, qui pauca perceperit, non idem reliqua eodem studio persequetur. 2. sed tamen in vita occupata atque, ut Neoptolemi tum erat, militari pauca ipsa multum saepe prosunt et ferunt fructus, si non tantos quanti ex universa philosophia percipi possunt, tamen eos quibus aliqua ex parte interdum aut cupiditate aut aegritudine aut metu liberemur. velut ex ea disputatione, quae mihi nuper habita est in Tusculano, magna videbatur mortis effecta contemptio, quae non minimum valet ad animum metu liberandum. nam qui id quod vitari non potest metuit, is vivere animo quieto nullo modo potest; sed qui non modo quia necesse est mori, verum etiam quia nihil habet mors quod sit horrendum, mortem non timet, magnum is sibi praesidium ad beatam vitam comparat. 3. Quamquam non sumus ignari multos studiose contra esse dicturos; quod vitare nullo modo potuimus, nisi nihil omnino scriberemus. etenim si orationes, quas nos multitudinis iudicio probari volebamus (popularis

ZWEITES BUCH

Neoptolemos sagt bei Ennius, Philosophieren sei nötig für ihn, aber in bescheidenem Maße; denn überhaupt, das gefalle ihm nicht. Ich aber, Brutus, halte es für mich auch für nötig, zu philosophieren; denn was kann ich, zumal wo ich nichts tue, Besseres tun? Aber nicht in geringem Maße, wie jener. Denn es ist schwer möglich, daß in der Philosophie weniges dem bekannt ist, dem nicht das meiste oder alles bekannt ist; kann doch weniges nur aus vielem ausgewählt werden, und wer weniges aufgenommen hat, wird auch das übrige mit demselben Eifer verfolgen. 2. In einem beschäftigten und, wie es bei Neoptolemos damals war, einem Soldatenleben nutzt freilich oft schon dieses wenige viel und trägt Früchte, nicht so große, wie man sie aus der ganzen Philosophie gewinnen könnte, aber doch so, daß wir zu einem gewissen Teil bisweilen von Begierde, Kummer und Furcht befreit werden. Zum Beispiel wurde aus dem Gespräch, das ich neulich auf dem Tusculanum führte, wie es schien, eine große Verachtung des Todes gewonnen, die nicht zum wenigsten Macht hat, die Seele von Furcht zu befreien. Denn wer das Unvermeidliche fürchtet, kann überhaupt nicht ruhigen Herzens leben; wer aber, nicht nur, weil es eine Notwendigkeit ist zu sterben, sondern auch weil der Tod nichts hat, wovor man schaudern müßte, den Tod nicht fürchtet, der hat sich damit eine bedeutende Hilfe für ein glückliches Leben gewonnen. 3. Freilich weiß ich sehr wohl, daß hier viele leidenschaftlich widersprechen werden. Das ließ sich nicht vermeiden, oder wir hätten überhaupt nicht schreiben dürfen. Denn wenn die Reden, die wir durch das Urteil der Menge gebilligt sehen wollten – handelt es sich doch um

est enim illa facultas, et effectus eloquentiae est audientium adprobatio) – sed si reperiebantur non nulli, qui nihil laudarent nisi quod se imitari posse confiderent, quemque sperandi sibi, eundem bene dicendi finem proponerent, et cum obruerentur copia sententiarum atque verborum, ieiunitatem et famem se malle quam ubertatem et copiam dicerent, unde erat exortum genus Atticorum is ipsis, qui id sequi se profitebantur, ignotum, qui iam conticuerunt paene ab ipso foro inrisi: 4. quid futurum putamus, cum adiutore populo, quo utebamur antea, nunc minime nos uti posse videamus? est enim philosophia paucis contenta iudicibus, multitudinem consulto ipsa fugiens eique ipsi et suspecta et invisa, ut, vel si quis universam velit vituperare, secundo id populo facere possit, vel si in eam quam nos maxime sequimur conetur invadere, magna habere possit auxilia e reliquorum philosophorum disciplinis. (2) Nos autem universae philosophiae vituperatoribus respondimus in Hortensio, pro Academia autem quae dicenda essent, satis accurate in Academicis quattuor libris explicata arbitramur; sed tamen tantum abest ut scribi contra nos nolimus, ut id etiam maxime optemus. in ipsa enim Graecia philosophia tanto in honore numquam fuisset, nisi doctissimorum contentionibus dissensionibusque viguisset.

5. Quam ob rem hortor omnis, qui facere id possunt, ut huius quoque generis laudem iam languenti Graeciae eripiant et transferant in hanc urbem, sicut reliquas omnis, quae quidem erant expetendae, studio atque industria sua maiores nostri transtulerunt. atque oratorum quidem laus ita ducta

eine aufs Volk bezogene Fähigkeit, und ist der Erfolg der Beredsamkeit doch der Beifall der Hörer –, wenn sich aber einige fanden, die nichts lobten, außer was sie selbst nachahmen zu können die Zuversicht hatten, und das Ziel, das sie für sich erhoffen durften, zugleich als das Ziel des richtigen Redens überhaupt aufstellten, und, wenn sie von der Fülle der Gedanken und Worte überschüttet wurden, sagten, sie wollten lieber Nüchternheit und Hunger als Überfluß und Fülle, woraus die Gattung der Attiker entstanden war, unbekannt selbst benen, die dies Ziel zu verfolgen bekannten, Leute, die jetzt, vom Forum selbst verlacht, fast verstummt sind: 4. was wird, glauben wir wohl, sein, wenn wir die Hilfe des Volkes, deren wir uns vorher bedienten, jetzt offensichtlich keineswegs mehr genießen können? Die Philosophie nämlich ist mit wenigen Richtern zufrieden, selbst mit Absicht die Masse fliehend und ihr wiederum verdächtig und verhaßt, so daß, wenn einer sie insgesamt tadeln wollte, das wohl unter der Begünstigung des Volkes tun oder, wenn er die, der wir am meisten anhängen, anzufallen versuchte, große Hilfe bei den Lehren der übrigen Philosophen finden könnte. Wir aber haben den Tadlern der Philosophie überhaupt im Hortensius geantwortet; was aber für die Akademie zu sagen war, ist, glaube ich, in den vier Büchern «Academica» ausführlich genug entwickelt. Doch weit gefehlt, daß wir nicht wollten, daß man gegen uns schreibe: wir wünschen das sogar besonders. In Griechenland selbst wäre nämlich die Philosophie niemals in so hohen Ehren gestanden, wenn sie sich nicht im Streit und der Meinungsverschiedenheit der gelehrtesten Männer kräftig geregt hätte.

5. Deshalb ermuntere ich alle, die das leisten können, daß sie auch den Ruhm dieser Art dem schon ermattenden Griechenland entreißen und in unsere Stadt überführen, wie den anderen, soweit er erstrebenswert war, unsere Vorfahren schon mit Eifer und Energie übertragen haben. Und der Ruhm der Red-

ab humili venit ad summum, ut iam, quod natura fert in omnibus fere rebus, senescat brevique tempore ad nihilum ventura videatur, philosophia nascatur Latinis quidem litteris ex his temporibus, eamque nos adiuvemus nosque ipsos redargui refellique patiamur. quod ii ferunt animo iniquo, qui certis quibusdam destinatisque sententiis quasi addicti et consecrati sunt eaque necessitate constricti, ut etiam, quae non probare soleant, ea cogantur constantiae causa defendere: nos, qui sequimur probabilia nec ultra [quam] id quod veri simile occurrit progredi possumus, et refellere sine pertinacia et refelli sine iracundia parati sumus.

6. Quodsi haec studia traducta erunt ad nostros, ne bibliothecis quidem Graecis egebimus, in quibus multitudo infinita librorum propter eorum est multitudinem, qui scripserunt. eadem enim dicuntur a multis, ex quo libris omnia referserunt. quod accidet etiam nostris, si ad haec studia plures confluxerint. sed eos, si possumus, excitemus, qui liberaliter eruditi adhibita etiam disserendi elegantia ratione et via philosophantur. (3) 7. est enim quoddam genus eorum qui se philosophos appellari volunt, quorum dicuntur esse Latini sane multi libri; quos non contemno equidem, quippe quos numquam legerim; sed quia profitentur ipsi illi, qui eos scribunt, se neque distincte neque distribute neque eleganter neque ornate scribere, lectionem sine ulla delectatione neglego. quid enim dicant et quid sentiant ii qui sunt ab ea disciplina, nemo mediocriter quidem doctus ignorat. quam ob rem, quoniam quem ad modum

ner ist von niedrigen Anfängen hergeleitet so zur höchsten Höhe emporgestiegen, daß er jetzt schon, wie es die Natur bei fast allen Dingen mit sich bringt, altert und in kurzer Zeit, wie es scheint, zu nichts werden wird, die Philosophie in der jetzigen Zeit in der lateinischen Literatur entsteht. Sie wollen wir fördern und ertragen, daß wir selbst zurückgewiesen und widerlegt werden. Darüber sind nur die unwillig, die sich gewissen bestimmten und entschiedenen Meinungen gleichsam verschrieben und geweiht haben und durch solche Verpflichtung gebunden sind, daß sie auch, was sie nicht zu billigen pflegen, zu verteidigen der Folgerichtigkeit wegen sich gezwungen sehen. Wir, die wir dem Einleuchtenden folgen und über das, was uns als wahrscheinlich entgegentritt, nicht hinausgehen können, sind gerüstet, ohne Rechthaberei zu widerlegen und ohne Gereiztheit uns widerlegen zu lassen.

6. Wenn aber diese Studien zu unseren Landsleuten verpflanzt worden sind, werden wir auch die griechischen Bibliotheken nicht brauchen, in denen eine unendliche Menge Bücher stehen wegen der Menge derjenigen, die geschrieben haben. Es wird nämlich von vielen dasselbe gesagt; infolgedessen haben sie alles mit Büchern angefüllt. Was auch unseren Landsleuten begegnen wird, wenn mehr zu diesen Studien zusammenströmen. Die aber wollen wir, wenn möglich, anregen, die, frei gebildet, unter Anwendung auch einer gewissen gewählten Form der Erörterung methodisch philosophieren. 7. Es gibt nämlich eine Sorte von Leuten, die Philosophen heißen wollen und von denen es ziemlich viele lateinische Bücher geben soll. Ich verachte sie nicht, da ich sie nie gelesen habe. Aber weil sie, die diese Bücher schreiben, selbst gestehen, daß sie weder klar und geordnet, noch gewählt und mit Schmuck schreiben, so lasse ich eine Lektüre ohne jeden Genuß beiseite. Was nämlich die, welche zu dieser Lehre gehören, sagen und denken, weiß jeder auch nur halbwegs Gebildete. Da sie ja

dicant ipsi non laborant, cur legendi sint nisi ipsi inter se qui idem sentiunt, non intellego. 8. nam, ut Platonem reliquosque Socraticos et deinceps eos, qui ab his profecti sunt, legunt omnes, etiam qui illa aut non adprobant aut non studiosissime consectantur, Epicurum autem et Metrodorum non fere praeter suos quisquam in manus sumit, sic hos Latinos ii soli legunt, qui illa recte dici putant. nobis autem videtur, quicquid litteris mandetur, id commendari omnium eruditorum lectioni decere; nec, si id ipsi minus consequi possumus, idcirco minus id ita faciendum esse sentimus. 9. Itaque mihi semper Peripateticorum Academiaeque consuetudo de omnibus rebus in contrarias partis disserendi non ob eam causam solum placuit, quod aliter non posset, quid in quaque re veri simile esset, inveniri, sed etiam quod esset ea maxuma dicendi exercitatio. qua princeps usus est Aristoteles, deinde eum qui secuti sunt. nostra autem memoria Philo, quem nos frequenter audivimus, instituit alio tempore rhetorum praecepta tradere, alio philosophorum: ad quam nos consuetudinem a familiaribus nostris adducti in Tusculano, quod datum est temporis nobis, in eo consumpsimus. itaque cum ante meridiem dictioni operam dedissemus, sicut pridie feceramus, post meridiem in Academiam descendimus. in qua disputationem habitam non quasi narrantes exponimus, sed eisdem fere verbis, ut actum disputatumque est.

(4) 10. Est igitur ambulantibus ad hunc modum sermo ille nobis institutus et a tali quodam ductus exordio:

Dici non potest, quam sim hesterna disputatione tua delectatus vel potius adiutus. etsi enim mihi sum conscius num-

selbst sich nicht darum bemühen, wie sie etwas sagen, sehe ich deshalb nicht ein, warum sie zu lesen wären, außer unter sich selbst, die derselben Ansicht sind. 8. Denn wie alle Platon, die übrigen Sokratiker und dann der Reihe nach die, welche sich von diesen herleiten, lesen, auch die, die ihre Lehre nicht billigen oder nicht besonders leidenschaftliche Anhänger sind, den Epikur aber und den Metrodor fast keiner außer den eigenen Leuten in die Hand nimmt, so lesen auch diese lateinischen nur die allein, die von ihrer Richtigkeit überzeugt sind. Uns aber scheint, was immer der Schrift anvertraut wird, das müsse der Lektüre aller Gebildeten anempfohlen sein. Und wenn wir das selbst nicht erreichen können, sind wir deshalb nicht weniger dafür, daß es so gehalten werden muß. 9. Und so hat mir immer der Brauch der Peripatetiker und der Akademiker, über alle Dinge nach beiden Seiten zu argumentieren, nicht nur deshalb gefallen, weil anders nicht gefunden werden kann, was in jeder Sache das Wahrscheinliche ist, sondern auch, weil dies die beste Übung im Reden ist; als erster hat sie Aristoteles angewendet, darauf die, die ihm gefolgt sind. Zu unserer Zeit aber hat Philon, den wir fleißig gehört haben, es so eingerichtet, daß er zu der einen Zeit die Vorschriften der Redner lehrte, zu der anderen die der Philosophen. Zu dieser Gewohnheit wurden wir durch unsere Freunde gebracht und haben auf dem Tusculanum, was uns an Zeit gegeben ist, darauf verwandt. So stiegen wir, als wir am Vormittag, wie wir es am Tage vorher getan, unsere Arbeit dem Stil gewidmet hatten, in die Akademie hinab. Das dort gehaltene Gespräch legen wir nicht als Erzähler dar, sondern etwa mit denselben Worten, wie es vorgetragen und die Erörterung geführt wurde.

10. Beim Umherwandeln wurde jenes Gespräch von uns auf folgende Weise begonnen und nahm seinen Anfang etwa so:

A.: Es läßt sich nicht mit Worten sagen, wie sehr ich durch dein gestriges Gespräch erfreut oder, besser, gefördert worden

quam me nimis vitae cupidum fuisse, tamen interdum obiciebatur animo metus quidam et dolor cogitanti fore aliquando finem huius lucis et amissionem omnium vitae commodorum. hoc genere molestiae sic, mihi crede, sum liberatus, ut nihil minus curandum putem.

11. Minime mirum id quidem; nam efficit hoc philosophia: medetur animis, inanes sollicitudines detrahit, cupiditatibus liberat, pellit timores. sed haec eius vis non idem potest apud omnis: tum valet multum, cum est idoneam complexa naturam. fortis enim non modo fortuna adiuvat, ut est in vetere proverbio, sed multo magis ratio, quae quibusdam quasi praeceptis confirmat vim fortitudinis. te natura excelsum quendam videlicet et altum et humana despicientem genuit; itaque facile in animo forti contra mortem habita insedit oratio. sed haec eadem num censes apud eos ipsos valere nisi admodum paucos, a quibus inventa disputata conscripta sunt? quotus enim quisque philosophorum invenitur, qui sit ita moratus, ita animo ac vita constitutus, ut ratio postulat? qui disciplinam suam non ostentationem scientiae, sed legem vitae putet? qui obtemperet ipsi sibi et decretis suis pareat? 12. videre licet alios tanta levitate et iactatione, ut iis fuerit non didicisse melius, alios pecuniae cupidos, gloriae non nullos, multos libidinum servos, ut cum eorum vita mirabiliter pugnet oratio. quod quidem mihi videtur esse turpissimum. ut enim si grammaticum se professus quispiam barbare loquatur, aut si absurde canat is qui se haberi velit musicum,

bin. Denn wenn ich mir auch bewußt bin, niemals allzusehr am Leben gehangen zu haben, so drängte sich doch bisweilen dem Geist eine Furcht auf und ein Schmerz, wenn er daran dachte, daß einmal ein Ende dieses Lichtes und der Verlust aller Annehmlichkeiten des Lebens kommen werde. Von dieser Art Leiden bin ich, glaube mir, so befreit, daß man sich nach meiner Überzeugung um nichts weniger zu kümmern hat.

11. M.: Das ist gar nicht merkwürdig; denn das bewirkt eben die Philosophie: sie heilt die Seelen, nimmt unbegründeten Kummer, befreit von Begierden, verjagt die Ängste. Indes diese ihre Kraft vermag nicht bei allen dasselbe; dann hat sie die größte Kraft, wenn sie eine veranlagte Natur trifft. Dem Tapferen nämlich hilft nicht nur das Glück, wie es in einem alten Sprichwort heißt, sondern in viel höherem Maße der Geist, der durch bestimmte Lehren die Kraft der Tapferkeit festigt. Dich hat die Natur offenbar in gewisser Weise als erhaben, tief, Menschliches verachtend erschaffen. Daher haftete in einem tapferen Geiste leicht eine Rede gegen den Tod. Aber meinst du etwa, daß alles dies – abgesehen von sehr wenigen – gerade bei denen etwas gilt, von denen es gefunden, erörtert und aufgeschrieben wurde? Wie wenig Philosophen lassen sich doch finden, die so geartet, so in Seele und Leben geordnet sind, wie die Vernunft es fordert; die ihre Lehre nicht als ein Prunken mit ihrer Wissenschaft, sondern als ein Gesetz fürs Leben ansehen; die selbst auf sich hören und den eigenen Bestimmungen gehorchen! 12. Man kann welche von solcher Hohlheit und Eitelkeit finden, daß es für sie besser gewesen wäre, sie hätten nicht gelernt; andere geldgierig, manche ruhmsüchtig, viele als Sklaven ihrer Begierden, so daß ihre Rede auf merkwürdige Weise mit ihrem Leben im Streite liegt. Und das scheint mit das Schimpflichste zu sein. Wie nämlich einer, der sich als Philologe ausgibt, wenn er falsch spricht, oder einer verkehrt singt, der als Musiker gelten will, dadurch

hoc turpior sit, quod in eo ipso peccet, cuius profitetur scientiam, sic philosophus in vitae ratione peccans hoc turpior est, quod in officio, cuius magister esse vult, labitur artemque vitae professus delinquit in vita.

(5) Nonne verendum est igitur, si est ita, ut dicis, ne philosophiam falsa gloria exornes? quod est enim maius argumentum nihil eam prodesse, quam quosdam perfectos philosophos turpiter vivere?

13. Nullum vero id quidem argumentum est. nam ut agri non omnes frugiferi sunt qui coluntur, falsumque illud Acci:

Probae étsi in segetem súnt deteriorém datae
Frugés, tamen ipsae suápte natura énitent,

sic animi non omnes culti fructum ferunt. atque, ut in eodem simili verser, ut ager quamvis fertilis sine cultura fructuosus esse non potest, sic sine doctrina animus; ita est utraque res sine altera debilis. cultura autem animi philosophia est; haec extrahit vitia radicitus et praeparat animos ad satus accipiendos eaque mandat iis et, ut ita dicam, serit, quae adulta fructus uberrimos ferant. Agamus igitur, ut coepimus. dic, si vis, de quo disputari velis.

14. Dolorem existimo maxumum malorum omnium.

Etiamne maius quam dedecus?

Non audeo id dicere equidem, et me pudet tam cito de sententia esse deiectum ...

Magis esset pudendum, si in sententia permaneres. quid enim minus est dignum quam tibi peius quicquam videri de-

mehr Schimpf auf sich lädt, daß er gerade darin Fehler macht, worin er etwas zu wissen behauptet, so ist ein Philosoph, der in seiner Lebensführung sich vergeht, dadurch schimpflicher, daß er auf einem Gebiete strauchelt, dessen Lehrer er sein will, und, die Kunst des Lebens als seinen Beruf ausgebend, gerade in seinem Leben sich versündigt.

A.: Ist dann nicht also zu fürchten, daß du, wenn es so ist, wie du sagst, die Philosophie mit falschem Ruhme zierst? Welcher Beweis ist denn schlagender, daß sie nichts nützt, als daß bestimmte, vollkommen ausgebildete Philosophen schimpflich leben?

13. M.: Das ist gar kein Beweis. Denn wie nicht alle Äcker, die bestellt werden, fruchttragend sind und das bekannte Wort des Accius falsch ist:

Wenn rechte Frucht auch in ein mindres Feld zur Saat
gegeben wird, sie glänzt empor durch eigenen Wuchs,

so tragen auch nicht alle ausgebildeten Seelen Frucht. Und, um im selben Bilde zu bleiben: wie ein noch so fruchtbarer Acker ohne Kultur nicht fruchtbringend sein kann, so der Geist nicht ohne Lehre. Denn beides ist ohne das andere schwach. Die Kultur des Geistes aber ist die Philosophie; sie zieht die Laster mit den Wurzeln aus, bereitet die Seele zur Aufnahme der Saat vor und vertraut ihr das an und sät es sozusagen aus, was, herangereift, die üppigsten Früchte trägt. Tun wir also, wie wir begonnen. Sag bitte, worüber du ein Gespräch wünschst.

14. A.: Den Schmerz halte ich für das größte aller Übel.

M.: Auch für ein größeres als die Schande?

A.: Das zu behaupten, wage ich freilich nicht, und ich schäme mich, so schnell aus meiner Stellung geschlagen worden zu sein ...

M.: Du müßtest dich mehr schämen, wenn du auf deiner Meinung beharrtest. Denn was ist weniger würdig, als daß

decore flagitio turpitudine? quae ut effugias, quis est non modo recusandus, sed non ultro adpetendus subeundus excipiendus dolor?

Ita prorsus existimo. quare ne sit sane summum malum dolor, malum certe est.

Videsne igitur, quantum breviter admonitus de doloris terrore deieceris?

15. Video plane, sed plus desidero.

Experiar equidem; sed magna res est, animoque mihi opus est non repugnante.

Habebis id quidem. ut enim heri feci, sic nunc rationem, quo ea me cumque ducet, sequar.

(6) Primum igitur de inbecillitate multorum et de variis disciplinis philosophorum loquar. quorum princeps et auctoritate et antiquitate Socraticus Aristippus non dubitavit summum malum dolorem dicere. deinde ad hanc enervatam muliebremque sententiam satis docilem se Epicurus praebuit. hunc post Rhodius Hieronymus dolore vacare summum bonum dixit: tantum in dolore duxit mali. ceteri praeter Zenonem, Aristonem, Pyrrhonem idem fere quod modo tu: malum illud quidem, sed alia peiora. 16. ergo id quod natura ipsa et quaedam generosa virtus statim respuit, ne scilicet dolorem summum malum diceres oppositoque dedecore sententia depellerere, in eo magistra vitae philosophia tot saecula permanet. quod huic officium, quae laus, quod decus erit tanti, quod adipisci cum dolore corporis velit, qui dolorem summum ma-

dir etwas schlimmer erschiene als Schmach, Schande und Schimpf? Welchen Schmerz dürfte man, um dem zu entgehen, nicht nur ablehnen, sondern müßte ihn vielmehr nicht noch selbst erstreben, auf sich nehmen und sich aufbürden?

A.: Das ist ganz meine Ansicht. Wenn deshalb freilich der Schmerz auch nicht das größte Übel ist, so ist er sicherlich ein Übel.

M.: Siehst du also, wieviel du, nur kurz erinnert, von dem Schrecken des Schmerzes verdrängt hast?

15. A.: Ich sehe es klar, aber ich wünschte, noch mehr.

M.: Ich will es versuchen; aber es ist ein gewaltig Ding, und ich bedarf eines nicht widerstrebenden Geistes.

A.: Das sollst du haben. Wie ich nämlich gestern getan habe, werde ich jetzt dem Gedankengange, wohin immer er mich führen wird, folgen.

M.: Zuerst also werde ich über die Schwachheit vieler und aus verschiedenen Schulen stammender Philosophen sprechen. Ihr Führer nach Ansehen und Alter, der Sokratiker Aristipp, trug kein Bedenken, den Schmerz das größte Übel zu nennen. Darauf hat sich dieser kraftlosen und weibischen Meinung gegenüber Epikur recht gelehrig erwiesen. Nach ihm hat der Rhodier Hieronymos von Schmerz frei zu sein das höchste Gut geheißen; so viel des Übels hat er im Schmerz gesehen. Die übrigen außer Zenon, Ariston und Pyrrhon sagen ungefähr dasselbe wie eben du: ein Übel sei er zwar, aber anderes sei schlimmer. 16. Also das, was die Natur schon und eine edle männliche Haltung sogleich abwies, daß du natürlich nicht den Schmerz das größte Übel nanntest und, als man die Schande entgegenstellte, von deiner Meinung abgebracht wurdest, darin verharrt die Philosophie, die Meisterin des Lebens, so viele Jahrhunderte. Welche Pflicht, welcher Ruhm, welche Ehre wird dem, der der Überzeugung lebt, daß der Schmerz das größte Übel sei, so teuer sein, daß er sie unter Schmerzen

lum sibi esse persuaserit? quam porro quis ignominiam, quam turpitudinem non pertulerit, ut effugiat dolorem, si id summum malum esse decreverit? quis autem non miser non modo tunc, cum premetur summis doloribus, si in his est summum malum, sed etiam cum sciet id sibi posse evenire? et quis est, cui non possit? ita fit, ut omnino nemo esse possit beatus. 17. Metrodorus quidem perfecte eum beatum putat, cui corpus bene constitutum sit et exploratum ita semper fore. quis autem est iste, cui id exploratum possit esse? (7) Epicurus vero ea dicit, ut mihi quidem risus captare videatur. adfirmat enim quodam loco, si uratur sapiens, si crucietur – expectas fortasse, dum dicat: 'patietur, perferet, non succumbet'; magna mehercule laus et eo ipso, per quem iuravi, Hercule, digna; sed Epicuro, homini aspero et duro, non est hoc satis: in Phalaridis tauro si erit, dicet: 'quam suave est, quam hoc non curo!' suave etiam? an parum est, si non amarum? at id quidem illi ipsi, qui dolorem malum esse negant, non solent dicere, cuiquam suave esse cruciari: asperum, difficile, odiosum, contra naturam dicunt, nec tamen malum. hic, qui solum hoc malum dicit et malorum omnium extremum, sapientem censet id suave dicturum. 18. ego a te non postulo, ut dolorem eisdem verbis adficias quibus Epicurus [voluptatem], homo, ut scis, voluptarius. ille dixerit sane idem in Phalaridis tauro, quod, si esset in lectulo; ego tantam vim non tribuo sapientiae contra dolorem. si fortis est in perferendo, officio satis est; ut

des Körpers erlangen wollte? Welche Schande weiter, welche Schmach wird einer wohl nicht erdulden, um dem Schmerz zu entgehen, wenn es ihm ausgemacht ist, daß dies das größte Übel ist? Wer aber ist nicht unglücklich, wenn in ihnen das höchste Übel liegt, nicht nur dann, wenn er von den schlimmsten Schmerzen überwältigt wird, sondern auch, wenn er weiß, daß ihm das zustoßen kann? Und wen gibt es, dem es nicht zustoßen könnte? So kommt es, daß überhaupt niemand glücklich sein kann. 17. Metrodor zwar hält den für vollkommen glücklich, der einen in guter Verfassung befindlichen Körper besitzt und dem es ausgemacht ist, daß es immer so sein wird. Wer aber ist der, dem das ausgemacht sein kann? Epikur spricht gar so, daß er mir wenigstens auf einen Lacherfolg auszugehen scheint. Er versichert nämlich an einer Stelle, wenn der Weise gebrannt, wenn er gemartert würde – du erwartest vielleicht, daß er sagt: dann wird er es erdulden, ertragen, nicht unterliegen; ein großes Lob beim Herakles und dessen selbst, bei dem ich schwur, des Herakles, würdig; aber Epikur, dem rauhen und harten Mann, ist das nicht genug: wenn er im Stier des Phalaris sitzt, wird er sagen: Wie angenehm ist das! Wie wenig kümmere ich mich darum! Auch noch angenehm? Ist es etwa zu wenig, wenn es nicht bitter ist? Das pflegen doch nicht einmal jene selbst, die leugnen, das der Schmerz ein Übel sei, zu sagen, daß es für irgendeinen angenehm wäre, gemartert zu werden; hart, schwer, lästig, wider die Natur nennen sie es, freilich kein Übel. Der, der nur hierin ein Übel sieht, und zwar das schlimmste aller Übel, meint, der Weise würde das angenehm heißen. 18. Ich verlange von dir nicht, daß du den Schmerz mit denselben Worten belegst wie Epikur, ein Mann, wie du wohl weißt, des Genusses. Jener mag freilich im Stier des Phalaris dasselbe sagen, wie wenn er auf dem Lager läge. Ich spreche der Weisheit nicht eine solche Kraft gegen den Schmerz zu. Wenn sie tapfer ist im Ertragen, ist es für das rechte

laetetur etiam, non postulo. tristis enim res est sine dubio, aspera, amara, inimica naturae, ad patiendum tolerandumque difficilis.

19. Aspice Philoctetam, cui concedendum est gementi; ipsum enim Herculem viderat in Oeta magnitudine dolorum eiulantem. nihil igitur hunc virum sagittae, quas ab Hercule acceperat, tum consolabantur, cum

E víperino mórsu venae víscerum
Veneno inbutae taétros cruciatús cient.

itaque exclamat auxilium expetens, mori cupiens:

Heu, quí salsis fluctíbus mandet
Me ex súblimo vertíce saxi!
Iam iam ábsumor; confícit animam
Vis vólneris, ulceris aéstus.

difficile dictu videtur eum non in malo esse, et magno quidem, qui ita clamare cogatur. (8) 20. Sed videamus Herculem ipsum, qui tum dolore frangebatur, cum inmortalitatem ipsa morte quaerebat: quas hic voces apud Sophoclem in Trachiniis edit! cui cum Deianira sanguine Centauri tinctam tunicam induisset inhaesissetque ea visceribus, ait ille:

O múlta dictu grávia, perpessu áspera,
Quae córpore exancláta atque animo pértuli!
Nec míhi Iunonis térror inplacábilis
Nec tántum invexit trístis Eurystheús mali,
Quantum úna vaecors Oénei partu édita.
Haec me ínretivit véste furiali ínscium,
Quae látere inhaerens mórsu lacerat víscera
Urgénsque graviter púlmonum haurit spíritus:

Handeln genug. Daß sie sich noch freut, fordere ich nicht. Eine ernste Sache ist er nämlich ohne Zweifel, rauh, bitter, wider die Natur, schwer zu ertragen und auszuhalten.

19. Schau den Philoktet an, dem man erlauben muß, zu stöhnen; denn er hatte den Herakles selbst auf dem Oeta unter seinen großen Schmerzen jammern sehen. Nicht trösteten diesen Helden damals die Pfeile, die er von Herakles empfangen hatte, da

vom Biß der Schlange her die Adern tief im Fleisch,
vom Gift durchdränkt, ihm ekle Martern fachen an.

Deshalb schreit er Hilfe suchend auf, im Wunsch zu sterben:

ach, wer übergibt mich der salzigen Flut
vom erhabenen Scheitel des Felsens herab?
Schon sterb' ich dahin: mein Leben zerfrißt
der Wunden Kraft, des Geschwüres Brand.

Schwer scheint es, zu behaupten, daß der nicht in einem Übel, und zwar einem großen, sich befinde, der so zu schreien gezwungen wird. 20. Aber sehen wir Herakles selbst an, der damals unter dem Schmerz zerbrach, als er die Unsterblichkeit gerade durch seinen Tod erwarb. Was für Klageworte stößt dieser bei Sophokles in den ‹Trachinierinnen› aus! Als ihm Deianeira das mit dem Blut des Kentauren getränkte Hemd angelegt hat und es auf dem Fleische saß, sagt er:

O vieles schwer zu sagen, zu tragen aber hart,
was ich mit Geist und Körper ausgeschöpft und litt!
Doch nicht der Iuno unversöhnter schrecklich Zorn,
Eurystheus nicht, der finstre, bracht' mir soviel Leid,
wie einer Rasen, die aus Oineus' Stamm entsproß!
Sie hat nichtsahnend mich im Giftgewand verstrickt,
das, haftend meinem Leib, im Biß mein Fleisch zerreißt
und heftig würgend meiner Lungen Atem nimmt;

Iam décolorem sánguinem omnem exórbuit.
Sic córpus clade horríbili absumptum éxtabuit,
Ipse ínligatus péste interimor téxtili.
Hos nón hostilis déxtra, non Terra édita
Molés Gigantum, nón biformato ímpetu
Centaúrus ictus córpori inflixít meo,
Non Gráia vis, non bárbara ulla inmánitas,
Non saéva terris géns relegata últimis,
Quas péragrans undique ómnem ecferitatem éxpuli,
Sed féminae vir féminea interimór manu.
(9) O náte, vere hoc nómen usurpá patri,
Ne me óccidentem mátris superet cáritas.
Huc árripe ad me mánibus abstractám piis;
Iam cérnam, mene an íllam potiorém putes.
21. Perge, aúde, ante! inlácrima patris péstibus,
Miserére: gentes nóstras flebunt míserias.
Heu, vírginalem me óre ploratum édere,
Quem vídit nemo ulli íngemescentém malo!
Ecféminata vírtus adflicta óccidit.
Accéde, nate, adsíste, miserandum áspice
Evísceratum córpus lacerati patris!
Vidéte, cuncti, túque, caelestúm sator,
Iace, óbsecro, in me vím coruscam fúlminis!
Nunc, núnc dolorum anxíferi torquent vértices,
Nunc sérpit ardor. o ánte victricés manus,
22. O péctora, o terga, ó lacertorúm tori,
Vestróne pressu quóndam Nemeaeús leo
Frendéns efflavit gráviter extremum hálitum?
Haec déxtra Lernam taétra mactata éxcetra
Pacávit? haec bicórporem adflixít manum?
Erymánthiam haec vastíficam abiecit béluam?
Haec é Tartarea ténebrica abstractúm plaga

schon hat es all mein farblos Blut herausgeschlürft.
So schwand der Leib, von grausigem Unheil ausgezehrt,
ich selber gehe in dem Pestgewand zugrund.
Des Feindes Rechte nicht noch der Giganten Wucht,
die erdentsproßne, nicht mit zwiegestaltnem Sprung
hat meinem Leibe der Kentaur den Schlag versetzt,
nicht der Hellenen Kraft, barbarisch Übermaß,
kein wildes Volk, am fernsten Erdenrand verbannt.
Die Erd' durchstreifend, trieb ich alle Wildheit aus,
doch eines Weibes Mann sterb' ich durch Weiberhand.
Mein Sohn, in Wahrheit eigne diesen Namen an,
daß nicht der Mutter Lieb mich Sterbenden verdräng.
Mit frommen Händen reiß die Entzogne mir hierher;
dann werd' ich sehn, ob jene du, ob mich vorziehst.
21. Geh, Sohn, und wag es! Weine ob des Vaters Not,
hab Mitgefühl, denn Völker beweinen einst mein Leid.
Ach, daß das Jammern eines Mädchens mir entströmt,
den niemand seufzen sah ob eines Unglücks je!
Verweichlicht ist die Kraft, gebrochen und dahin!
Komm her, mein Sohn, tritt näher, schau den armen an,
den ausgeweideten, zerstückten Vaterleib!
Seht alle her! Und du, der Götter Zeuger du,
ich flehe, wirf auf mich des Blitzes helle Kraft!
Jetzt, jetzt erreicht der Schmerzen Gipfel meine Qual,
jetzt schleicht die Glut. O Hände, früher sieggekrönt,
22. o Brust, o Rücken, o der Arme Polster ihr,
auf euren Druck hat knirschend einst Nemeas Leu
mit schwerem Mühn den letzten Atemzug getan?
Die Rechte hier hat Lerna von dem eklen Wurm
befreit? Zu Boden sie gestreckt der Zwitter Schar?
Sie traf das breite Untier Erymanthias?
Sie zog heraus im finstren Reich des Tartarus

Tricípitem eduxit Hýdra generatúm canem?
Haec ínteremit tórtu multiplicábili
Dracónem auriferam optútu adservantem árborem?
Multa ália victrix nóstra lustravít manus,
Nec quísquam e nostris spólia cepit laúdibus.

Possumusne nos contemnere dolorem, cum ipsum Herculem tam intoleranter dolore videamus? (10) 23. Veniat Aeschylus, non poëta solum, sed etiam Pythagoreus; sic enim accepimus. quo modo fert apud eum Prometheus dolorem, quem excipit ob furtum Lemnium,

Unde ígnis cluet mortálibus clam
Divísus; eum doctús Prometheus
Clepsísse dolo poenásque Iovi
Fato éxpendisse suprémo?

has igitur poenas pendens adfixus ad Caucasum dicit haec:

Titánum suboles, sócia nostri sánguinis,
Generáta Caelo, aspícite religatum ásperis
Vinctúmque saxis, návem ut horrisonó freto
Noctém paventes tímidi adnectunt návitae.
Satúrnius me síc infixit Iúppiter,
Iovísque numen Múlciberi adscivit manus.
Hos ílle cuneos fábrica crudeli ínserens
Perrúpit artus; quá miser sollértia
Transvérberatus cástrum hoc Furiarum incolo.
24. Iam tértio me quóque funestó die
Tristi ádvolatu adúncis lacerans únguibus
Iovís satelles pástu dilaniát fero.
Tum iécore opimo fárta et satiata ádfatim
Clangórem fundit vástum et sublime ávolans
Pinnáta cauda nóstrum adulat sánguinem.

den Dreikopfhund, der Hydra Sproß, und schleift' ihn hoch?
Sie hat vernichtet trotz der Windungen Riesenzahl
den Drachen, dessen Blick die goldnen Äpfel wahrt?
Viel andres noch hat meine Siegerhand vollbracht,
und keiner machte Beute je von unserem Ruhm.

Dürfen wir den Schmerz geringschätzen, wenn wir selbst Herakles so unduldsam jammern sehen? 23. Es erscheine Aischylos, Dichter nicht nur, sondern auch Pythagoreer; so haben wir nämlich vernommen. Wie erträgt bei ihm Prometheus den Schmerz, der ihn trifft wegen seines Diebstahls in Lemnos,

woher das Feuer den Sterblichen soll
verteilt worden sein und Prometheus klug
es mit List geraubt und dem hehren Zeus
gebüßt haben soll durch sein Los.

Diese Strafen nun büßend, angeschmiedet am Kaukasus, sagte er folgendes:

Titanensöhne, Gefährten unseres selben Bluts,
gezeugt von Caelum, schaut mich an, am rauhen Fels
gebunden und gefesselt, wie bei lauter See
das Schiff verankern zage Schiffer vor der Nacht.
Saturnus' Sohn hat mich hier angeheftet, Zeus,
der Wille Iuppiters befahl die Hand Vulkans,
und fügend diese Keile ein mit roher Kunst
zerteilte er die Glieder; durch seine Fertigkeit
durchbohrt, bewohn' ich Armer dieses Höllennest.
24. An jedem dritten unheilvollen Tag dazu
in grimmem Anflug reißend mit gekrümmtem Fang
zerfleischt des Zeus Begleiter mich in wildem Fraß.
Mit fetter Leber dann gefüllt und satt genug,
entläßt er einen weiten Schrei, fliegt hoch davon
und streift mit seines Schwanzes Federn unser Blut.

Cum véro adesum inflátu renovatúmst iecur,
Tum rúrsum taetros ávida se ad pastús refert.
Sic hánc custodem maésti cruciatús alo,
Quae mé perenni vívum foedat míseria.
Namque, út videtis, vínclis constrictús Iovis
Arcére nequeo díram volucrem a péctore.
25. Sic me ípse viduus péstes excipio ánxias
Amóre mortis términum anquiréns mali;
Sed lónge a leto númine aspellór Iovis,
Atque haéc vetusta, saéclis glomerata hórridis,
Luctífica clades nóstro infixa est córpori;
E quó liquatae sólis ardore éxcidunt
Guttaé, quae saxa adsídue instillant Caúcasi.

vix igitur posse videmur ita adfectum non miserum dicere et, si hunc miserum, certe dolorem malum.

(11) 26. Tu quidem adhuc meam causam agis, sed hoc mox videro; interea, unde isti versus? non enim adgnosco.

Dicam hercle; etenim recte requiris. videsne abundare me otio?

Quid tum?

Fuisti saepe, credo, cum Athenis esses, in scholis philosophorum.

Vero, ac libenter quidem.

Animadvertebas igitur, etsi tum nemo erat admodum copiosus, verum tamen versus ab is admisceri orationi.

Ac multos quidem a Dionysio Stoico.

Probe dicis. sed is quasi dictata, nullo dilectu, nulla elegantia: Philo † et proprium nrī † et lecta poëmata et loco adiungebat.

Drauf, wenn die angefressene Leber schwellend neu,
kehrt wieder gierig er zum eklen Mahl zurück.
So nähr' ich diesen Wächter unheilvoller Qual,
der mich, am Leben noch, entstellt in ew'ger Pein.
Denn, wie ihr seht, umschnürt vom Band des Zeus,
kann ich
des Schreckens Vogel wehren nicht von meiner Brust.
25. So meiner selbst verwaist, erleid' ich würgend Not
im Tod, ihn liebend, suchend meines Unglücks Ziel.
Doch weit vom Tode fern hält mich des Iovis Macht.
Und dieses Unheil, alt, Jahrhunderte getürmt
– entsetzliche! –, klagebringend sitzt in meinem Leib,
seitdem geschmolzen fallen von der Sonne Glut
die Tropfen, die stetig fallen auf Kaukasens Fels.

Nur schwer also können wir einen so Gestimmten nicht unglücklich heißen, und wenn ihn unglücklich, so den Schmerz ein Übel.

26. A.: Du verfichst noch meine Sache, aber das werde ich sogleich sehen. Unterdessen: woher sind deine Verse hier? Ich kenne sie nämlich nicht.

M.: Ich will es dir, beim Herakles, sagen; denn du fragst mit Recht. Siehst du, daß ich Überfluß an Muße habe?

A.: Ja, und?

M.: Du warst, als du in Athen warst, meine ich, oft in den Vorträgen der Philosophen.

A.: Gewiß und gern.

M.: Dann hast du auch bemerkt, mochte damals auch niemand rechte Wortfülle besitzen, so wurden doch von ihnen der Rede Verse beigemischt.

A.: Ja, und zwar viele vom Stoiker Dionys.

M.: Ganz recht. Aber dieser hat sozusagen Merkverse, ohne Auswahl und ohne Geschmack, Philon hat seinem eigenen

itaque postquam adamavi hanc quasi senilem declamationem, studiose equidem utor nostris poëtis; sed sicubi illi defecerunt ... verti enim multa de Graecis, ne quo ornamento in hoc genere disputationis careret Latina oratio.

27. Sed videsne, poëtae quid mali adferant? lamentantis inducunt fortissimos viros, molliunt animos nostros, ita sunt deinde dulces, ut non legantur modo, sed etiam ediscantur. sic ad malam domesticam disciplinam vitamque umbratilem et delicatam cum accesserunt etiam poëtae, nervos omnis virtutis elidunt. recte igitur a Platone eiciuntur ex ea civitate, quam finxit ille, cum optimos mores et optimum rei p. statum exquireret. at vero nos, docti scilicet a Graecia, haec et a pueritia legimus et discimus, hanc eruditionem liberalem et doctrinam putamus.

(12) 28. Sed quid poëtis irascimur? virtutis magistri, philosophi, inventi sunt, qui summum malum dolorem dicerent. at tu, adulescens, cum id tibi paulo ante dixisses videri, rogatus a me, etiamne maius quam dedecus, verbo de sententia destitisti. roga hoc idem Epicurum: maius dicet esse malum mediocrem dolorem quam maxumum dedecus; in ipso enim dedecore mali nihil esse, nisi sequantur dolores. quis igitur Epicurum sequitur dolor, cum hoc ipsum dicit, summum malum esse dolorem? quo dedecus maius a philosopho nullum expecto. quare satis mihi dedisti, cum respondisti maius tibi videri malum dedecus quam dolorem. hoc ipsum enim si tene-

Rhythmus erlesene und an der rechten Stelle angefügt. Und so nutze ich, seit ich diese sozusagen greisenhafte Vortragsübung liebgewonnen, eifrig unsere Dichter; indes, wenn die irgendwo mangelten ... ich habe nämlich vieles von den Griechen übersetzt, daß die lateinische Rede keines Schmuckes in dieser Art der Darlegung entbehre.

27. Aber siehst du, was die Dichter Schlimmes mit sich bringen? Jammernd führen sie die tapfersten Männer ein, sie machen unsere Herzen weich und sind so verlockend und süß, daß man sie nicht nur liest, sondern sogar auswendig lernt. Wenn so auch noch die Dichter zu einer schlechten häuslichen Zucht und einem beschaulichen und üppigen Leben hinzukommen, verdrängen sie alle Energie der Mannestugend. Mit Recht also werden sie von Platon aus dem Staat gejagt, den er erdachte, als er nach den besten Sitten und dem besten Zustand des Staatswesens forschte. Indes wir, natürlich von Griechenland gebildet, lesen dies Zeug von Kindheit an, lernen es und halten das für edle Bildung und Lehre.

28. Aber was zürnen wir den Dichtern? Lehrer der Tugend, Philosophen, haben sich gefunden, die den Schmerz als höchstes Übel bezeichneten. Doch du, Jüngling, hast, obwohl du eben dies vorher als deine Ansicht bezeichnetest, als du von mir gefragt wurdest, ob auch für ein größeres als die Schande, auf ein Wort hin von deiner Meinung gelassen. Frage dasselbe Epikur: er wird antworten, ein mäßiger Schmerz sei ein größeres Übel als die größte Schande; in der Schande selbst liege nichts Schlimmes, wenn nicht Schmerzen folgten. Welcher Schmerz nun trifft den Epikur, wenn er eben dies behauptet, daß der Schmerz das größte Übel sei? Eine größere Schande jedenfalls als dies kann ich mir bei einem Philosophen nicht vorstellen. Deshalb hast du mir genug eingeräumt dadurch, daß du antwortetest, daß dir die Schande ein größeres Übel scheine als der Schmerz. Wenn du das nämlich festhältst, wirst

bis, intelleges quam sit obsistendum dolori; nec tam quaerendum est, dolor malumne sit, quam firmandus animus ad dolorem ferendum.

29. Concludunt ratiunculas Stoici, cur non sit malum; quasi de verbo, non de re laboretur. quid me decipis, Zeno? nam cum id, quod mihi horribile videtur, tu omnino malum negas esse, capior et scire cupio, quo modo id, quod ego miserrimum existemem, ne malum quidem sit. 'nihil est' inquit 'malum nisi quod turpe atque vitiosum est.' ad ineptias redis; illud enim, quod me angebat, non eximis. scio dolorem non esse nequitiam; desine id me docere: hoc doce, doleam necne doleam, nihil interesse. 'numquam quicquam' inquit 'ad beate quidem vivendum, quod est in una virtute positum; sed est tamen reiciendum.' cur? 'asperum est, contra naturam, difficile perpessu, triste, durum.' (13) 30. haec est copia verborum, quod omnes uno verbo malum appellamus, id tot modis posse dicere. definis tu mihi, non tollis dolorem, cum dicis asperum, contra naturam, vix quod ferri tolerarique possit; nec mentiris; sed re succumbere non oportebat verbis gloriantem. 'dum nihil bonum nisi quod honestum, nihil malum nisi quod turpe–' optare hoc quidem est, non docere; illud et melius et verius, omnia quae natura aspernetur in malis esse, quae adsciscat, in bonis. hoc posito et verborum concertatione sublata tantum tamen excellet illud quod recte amplexantur isti, quod honestum, quod rectum, quod decorum appellamus, quod idem interdum virtutis nomine amplectimur, ut omnia praeterea,

du erkennen, wie sehr man dem Schmerz widerstehen muß; und man muß nicht so sehr nur fragen, ob der Schmerz ein Übel sei, als vielmehr seinen Geist stärken, den Schmerz zu ertragen.

29. Da führen die Stoiker ihre verzwickten Beweise, warum er kein Übel sei, als ob man sich ums Wort, nicht um die Sache mühe. Warum betrügst du mich, Zenon? Denn wenn du sagst, das, was mir schauerlich scheint, ist überhaupt kein Übel, so laß' ich mich bestechen und wünsche zu wissen, wie es kommt, daß, was ich für das Beklagenswerteste halte, nicht einmal ein Übel sei. – Nichts ist ein Übel, sagt er, außer was schmählich und lasterhaft ist. – Auf Torheiten greifst du zurück; das, was mich ängstigt, beseitigst du nicht. Ich weiß, daß der Schmerz keine Schlechtigkeit ist; hör auf, mich das zu lehren, lehre, daß nichts daran liegt, ob ich Schmerz empfinde oder keinen Schmerz empfinde. – Niemals auch nur das geringste, sagt er, wenigstens für ein glückliches Leben, das allein in der Tugend ruht; aber es gehört freilich zu dem Nichtwünschenswerten. – Warum? – Es ist bitter, gegen die Natur, schwer zu ertragen, freudlos, hart. – 30. Das nenne ich Wortfülle, was wir alle mit einem Wort Übel heißen, auf so viele Weisen sagen zu können. Du bestimmst, aber nimmst mir nicht den Schmerz, wenn du ihn bitter, gegen die Natur, so, daß er nur mit Mühe ertragen und erduldet werden kann, heißest; und du lügst nicht; aber du solltest nicht in der Wirklichkeit unterliegen, während du dich noch mit Worten brüstest. – Solange nichts gut ist, es sei denn das Schöne, ist nichts ein Übel, es sei denn das Schmähliche. – Das heißt Wunschträume haben, nicht Beweise führen. So wäre es besser und wahrer: alles, was die Natur ablehnt, gehört zu den Übeln, was sie verlangt, zu den Gütern. Stellt man das auf und läßt den Streit um Worte, so ragt jenes freilich so sehr hervor, was diese richtig mit Liebe festhalten, was wir das Ehrenvolle, das Rechte, das Schickliche nennen, was wir bisweilen auch mit dem Namen Tugend zusammenfassen, daß

quae bona corporis et fortunae putantur, perexigua et minuta videantur, ne⟨c⟩ malum quidem ullum nec, si in unum locum conlata omnia sint, cum turpitudinis malo comparanda. 31. quare si, ut initio concessisti, turpitudo peius est quam dolor, nihil est plane dolor. nam dum tibi turpe nec dignum viro videbitur gemere, eiulare, lamentari, frangi, debilitari dolore, dum honestas, dum dignitas, dum decus aderit, tuque in ea intuens te continebis, cedet profecto virtuti dolor et animi inductione languescet.

Aut enim nulla virtus est aut contemnendus omnis dolor. prudentiamne vis esse, sine qua ne intellegi quidem ulla virtus potest? quid ergo? ea patieturne te quicquam facere nihil proficientem et ⟨frustra⟩ laborantem? an temperantia sinet te inmoderate facere quicquam? an coli iustitia poterit ab homine propter vim doloris enuntiante commissa, prodente conscios, multa officia relinquente? quid? fortitudini comitibusque eius, 32. magnitudini animi, gravitati, patientiae, rerum humanarum despicientiae, quo modo respondebis? adflictusne et iacens et lamentabili voce deplorans audieris: ‘o virum fortem!’? te vero ita adfectum ne virum quidem quisquam dixerit. amittenda igitur fortitudo est aut sepeliendus dolor. (14) Ecquid scis igitur, si quid de Corinthiis tuis amiseris, posse habere te reliquam supellectilem salvam, virtutem autem si unam amiseris – etsi amitti non potest virtus, sed si unam con-

alles daneben, was als Gut des Körpers und des Glückes gilt, sehr klein und gering scheint, weder ein Übel, noch, wenn alles an einen Ort zusammengetragen wäre, mit dem Übel der Schande vergleichbar. 31. Wenn deshalb, wie du am Anfang zugabst, die Schande etwas Schlimmeres ist als der Schmerz, ist der Schmerz überhaupt nichts. Denn solange es dir schmählich und eines Mannes nicht würdig scheint, zu stöhnen, zu jammern, zu klagen, zu zerbrechen, unter dem Schmerz schwach zu werden, solange Anstand, Würde, Ehre gewahrt sind und du dich darauf blickend beherrschst, wird wirklich der Schmerz der Manneskraft weichen und vor dem festen Vorsatz ermatten.

Denn entweder es gibt keine männliche Vollkommenheit, oder jeder Schmerz ist zu verachten. Du willst, daß es Klugheit gibt, ohne die man irgendeine Tugend sich nicht einmal vorstellen kann? Wie dann? Wird sie dulden, daß du etwas tust, ohne etwas zu erreichen und dich ⟨vergeblich⟩ mühend, oder wird das Maßhalten dich etwas unbeherrscht tun lassen, oder wird die Gerechtigkeit geübt werden können von einem Menschen, der unter der Gewalt des Schmerzes Anvertrautes ausplaudert, Mitwisser verrät, viele Pflichten preisgibt? Wie? Der Tapferkeit und ihren Begleitern, 32. der Seelengröße, der Gesetztheit, der Festigkeit im Ausharren, der Verachtung der menschlichen Dinge – auf welche Weise willst du ihnen dann gerecht werden? Wirst du leidgebeugt, am Boden liegend und mit kläglicher Stimme jammernd das Lob hören: «O dieser tapfere Mann!»? In einem solchen Zustand wird keiner dich auch nur einen Mann heißen. Entweder ist also die Tapferkeit aufzugeben oder der Schmerz zu begraben. Du weißt doch nun wohl, daß du, wenn du einen Teil von deinen korinthischen Gefäßen verlierst, den Rest deines Geschirres heil behalten kannst, wenn du aber eine einzige Tugend verlierst, wenn auch eine Tugend nicht verloren werden kann, aber wenn du

fessus eris te non habere, nullam esse te habiturum? 33. num igitur fortem virum, num magno animo, num patientem, num gravem, num humana contemnentem potes dicere aut Philoctetam illum –? a te enim malo discedere, sed ille certe non fortis, qui iacet

in tecto úmido,
Quod éiulatu, quéstu, gemitu, frémitibus
Resonándo mutum flébilis vocés refert.

non ego dolorem dolorem esse nego – cur enim fortitudo desideraretur? – sed eum opprimi dico patientia, si modo est aliqua patientia; si nulla est, quid exornamus philosophiam aut quid eius nomine gloriosi sumus? pungit dolor, vel fodiat sane: si nudus es, da iugulum; sin tectus Volcaniis armis, id est fortitudine, resiste; haec enim te, nisi ita facies, custos dignitatis relinquet et deseret.

34. Cretum quidem leges, quas ⟨sive Iuppiter⟩ sive Minos sanxit de Iovis quidem sententia, ut poëtae ferunt, itemque Lycurgi laboribus erudiunt iuventutem, venando currendo, esuriendo sitiendo, algendo aestuando. Spartae vero pueri ad aram sic verberibus accipiuntur,

ut multus e visceribus sanguis exeat;

non numquam etiam, ut, cum ibi essem, audiebam, ad necem; quorum non modo nemo exclamavit umquam, sed ne ingemuit quidem. quid ergo? hoc pueri possunt, viri non poterunt? et mos valet, ratio non valebit? (15) 35. Interest aliquid inter laborem et dolorem. sunt finitima omnino, sed tamen differt

gestehst, eine nicht zu haben, keine haben wirst? 33. Wirst du also etwa einen tapferen Mann groß gesinnt, wirst du ausharrend, ernst, das Menschliche verachtend heißen können, sei es Philoktet – von dir will ich nämlich lieber absehen, aber jener ist sicherlich nicht tapfer, der zu Boden liegt

unter feuchtem Dach,
das durch sein Klagen, Stöhnen, Jammern und Geheul
im Widerhall selbst stumm die klagende Antwort gibt.

Ich leugne nicht, daß der Schmerz ein Schmerz ist – warum brauchte man denn sonst Tapferkeit –, aber ich behaupte, daß er durch Standhaftigkeit unterdrückt wird, wenn es überhaupt eine Standhaftigkeit gibt; wenn es keine gibt, was rühmen wir die Philosophie oder was brüsten wir uns ihres Namens? Es sticht der Schmerz oder er mag sogar wühlen: wenn du bloß bist, so halte deine Kehle hin; wenn du aber gedeckt bist durch Waffen Vulkans, das heißt durch die Tapferkeit, so wehre dich; diese Wächterin der Würde wird dich nämlich sonst verlassen und aufgeben.

34. Der Kreter Gesetze, die Iuppiter oder nach dem Willen Iuppiters Minos gegeben hat, wie die Dichter überliefern, und ebenso die des Lykurg, erziehen die Jugend durch Strapazen, durch Jagen, Laufen, Hungern, Dürsten, Kälte und Hitze. In Sparta aber werden die Knaben am Altar so mit Geißelhieben empfangen,

daß mächtig aus dem Innersten das Blut entströmt;

bisweilen sogar, wie ich hörte, als ich dort war, bis zum Tode; von denen hat keiner je aufgeschrien, ja nicht einmal gestöhnt. Wie also? Das vermögen Knaben, Männer sollen es nicht vermögen? Und die Sitte hat Kraft, die Vernunft soll keine haben? 35. Es besteht ein Unterschied zwischen Strapaze und Schmerz; sie stehen allerdings einander sehr nahe, aber doch ist etwas

aliquid. labor est functio quaedam vel animi vel corporis gravioris operis et muneris, dolor autem motus asper in corpore alienus a sensibus. haec duo Graeci illi, quorum copiosior est lingua quam nostra, uno nomine appellant. itaque industrios homines illi studiosos vel potius amantis doloris appellant, nos commodius laboriosos: aliud est enim laborare, aliud dolere. o verborum inops interdum, quibus abundare te semper putas, Graecia! aliud, inquam, est dolere, aliud laborare. cum varices secabantur C. Mario, dolebat; cum aestu magno ducebat agmen, laborabat. est inter haec quaedam tamen similitudo: consuetudo enim laborum perpessionem dolorum efficit faciliorem. 36. itaque illi, qui Graeciae formam rerum publicarum dederunt, corpora iuvenum firmari labore voluerunt; quod Spartiatae etiam in feminas transtulerunt, quae ceteris in urbibus mollissimo cultu 'parietum umbris occuluntur'. illi autem voluerunt nihil horum simile esse

ápud Lacaenas vírgines,
Quibus mágis palaestra Euróta sol pulvís labor
Milítia in studio est quám fertilitas bárbara.

ergo his laboriosis exercitationibus et dolor intercurrit non numquam, inpelluntur feriuntur abiciuntur cadunt, et ipse labor quasi callum quoddam obducit dolori.

(16) 37. Militiam vero – nostram dico, non Spartiatarum, quorum procedit ad modum ⟨acies⟩ ac tibiam, nec adhibetur

abweichend dabei. Strapaze ist die körperliche oder geistige Bewältigung eines schweren Werkes oder einer schweren Aufgabe, Schmerz eine unsanfte Bewegung im Körper, die den Sinnen zuwider ist. Diese zwei Dinge nennen jene Griechen, deren Sprache reicher ist als unsere, mit *einem* Namen. Und so nennen sie rastlos tätige Menschen schmerzbeflissen oder vielmehr schmerzliebend, wir passender leistungsfreudig; denn etwas anderes ist es, Strapazen auf sich zu nehmen, etwas anderes, Schmerz zu empfinden. O Griechenland, wie bist du bisweilen arm an Worten, an denen du immer glaubst, Überfluß zu haben. Etwas anderes, sage ich, ist Schmerz empfinden, etwas anderes Strapazen ertragen. Wenn dem Gaius Marius die Krampfadern geschnitten wurden, empfand er Schmerz; wenn er bei glühender Hitze an der Spitze des Heeres schritt, machte er Strapazen durch. Es besteht freilich zwischen diesen Dingen eine Art Verwandtschaft; denn die Gewöhnung an Strapazen macht das Erdulden von Schmerzen leichter. 36. Deshalb wollten die, welche Griechenland die Staatsform gaben, daß die Körper der Jünglinge durch Strapazen gehärtet würden; das haben die Spartaner auch auf die Frauen übertragen, die in den übrigen Staaten in üppiger Weichheit «sich im Schatten der Wände bergen». Sie aber wollten, daß es nichts Ähnliches gäbe

bei Spartas Mädchenschaft,
die mehr auf Kampf, Eurotas, Sonne, Staub und Müh'
und Kriegsdienst sinnt als der Barbarin Fruchtbarkeit.

So mischt sich in diese mühsamen Übungen auch der Schmerz bisweilen ein, sie werden gestoßen, geschlagen, zu Boden geworfen, fallen, und die Strapazen geben sozusagen ein dickes Fell gegen den Schmerz.

37. Der Kriegsdienst gar – ich meine unseren, nicht den der Spartaner, deren ⟨Heer⟩ zur Flöte vorrückt und bei denen keine

ulla sine anapaestis pedibus hortatio–, nostri exercitus primum unde nomen habeant, vides; deinde qui labor, quantus agminis: ferre plus dimidiati mensis cibaria, ferre, si quid ad usum velint, ferre vallum (nam scutum gladium galeam in onere nostri milites non plus numerant quam umeros lacertos manus: arma enim membra militis esse dicunt; quae quidem ita geruntur apte, ut, si usus fuerit, abiectis oneribus expeditis armis ut membris pugnare possint). quid? exercitatio legionum, quid? ille cursus concursus clamor quanti laboris est! ex hoc ille animus in proeliis paratus ad volnera. adduc pari animo inexercitatum militem: mulier videbitur. 38. cur tantum interest inter novum et veterem exercitum, quantum experti sumus? aetas tironum plerumque melior, sed ferre laborem, contemnere volnus consuetudo docet. quin etiam videmus ex acie efferri saepe saucios, et quidem rudem illum et inexercitatum quamvis levi ictu ploratus turpissimos edere: at vero ille exercitatus et vetus ob eamque rem fortior medicum modo requirens, a quo obligetur:

O Pátricoles, inquit, ad vós adveniens aúxilium et vestrás manus
Petó, prius quam oppetó malam pestem mándatam hostilí manu
Neque sánguis ullo pótis est pacto prófluens consístere,
Si quí sapientiá magis vestra mórs devitarí potest.

Ermunterung in Gebrauch ist ohne Anapäste –, bei unseren Heeren siehst du zunächst schon, woher sie ihren Namen haben. Dann welche Strapazen, wie große auf dem Marsche! Proviant für mehr als einen halben Monat zu tragen, zu tragen, wenn sie etwas für ihre Bedürfnisse brauchen, den Schanzpfahl zu tragen; denn Schild, Schwert, Helm zählen unsere Soldaten ebensowenig als Last wie Schultern, Arme und Hände. Waffen sind die Glieder des Soldaten, sagen sie. Die weiß man so geschickt zu führen, daß sie, wenn es nötig ist, die Lasten fortwerfen und mit den freigemachten Waffen wie mit Gliedmaßen kämpfen können. Wie gar? Die Übungen der Legionen, wie der berühmte Lauf, der Zusammenprall, das Geschrei, was sind das für Anstrengungen! Aus ihnen entspringt jener Mut im Gefecht, der bereit ist zu den Wunden. Bringe herbei einen ungeübten Soldaten von gleichem Mute, er wird sich wie ein Weib ausnehmen. 38. Warum ist denn so ein großer Unterschied zwischen einem neuen und einem alten Heer, wie wir es erfahren haben? Das Alter der Rekruten ist meistens geeigneter dazu, aber Strapazen zu ertragen, die Wunden zu verachten lehrt die Gewöhnung. Sehen wir doch, wie Verwundete oft aus der Schlacht weglaufen, und zwar wie der Frische und Ungeübte bei einem noch so leichten Hieb ein gar schmähliches Jammern hören läßt; jener Geübte, Alte und deswegen Tapfere aber sucht nur einen Arzt, von dem er verbunden werden kann, und sagt:

O Patroklos, um Hilf' und eure Hände bittend, komme ich
zu euch, bevor den schlimmen Tod ich leid', von Feindeshand geschickt,
und keine Möglichkeit ist mehr, daß hemme sich der Lauf des Bluts –
ob irgendwie durch eure Weisheit mehr der Tod sich meiden ließ'.

Namque Aésculapi líberorum saúcii opplent pórticus;
Non pótest accedi. –
Cérte Eurypylus híc quidem est. hominem exércitum!

(17) 39. ubi tantum luctum continuat, vide quam non flebiliter respondeat, rationem etiam adferat cur aequo animo sibi ferendum sit:

Qui álteri exitiúm parat,
Eum scíre oportet síbi paratam péstem ut participét parem.

abducet Patricoles, credo, ut conlocet in cubili, ut volnus obliget. siquidem homo esset; sed nihil vidi minus. quaerit enim, quid actum sit:

Elóquere eloquere, rés Argivum proélio ut se sústinet. –
Non pótest ecfari tántum dictis, quántum factis súppetit
Labóris.

quiesce igitur et volnus alliga. etiamsi Eurypylus posset, non posset Aesopus:

Ubi fortuna Hectóris nostram acrem áciem inclinatám ...

et cetera explicat in dolore; sic est enim intemperans militaris in forti viro gloria. ergo haec veteranus miles facere poterit, doctus vir sapiensque non poterit? ille vero melius, ac non paulo quidem. 40. Sed adhuc de consuetudine exercitationis loquor, nondum de ratione et sapientia. aniculae saepe inediam biduum aut triduum ferunt; subduc cibum unum diem athletae: Iovem, Iovem Olympium, eum ipsum, cui se exercebit,

Der Asklepiossöhne Zelte ja sind von Getroffnen voll:
nicht möglich, heranzugehn. P. Das ist Eurypylos! Geplagter Mann!

39. Als er nur die Klagen fortsetzte, sieh, wie wenig weinerlich er antwortet, auch noch Gründe anführt, warum er mit Gleichmut leiden müsse:

E.: Wer anderen Verderben sinnt,
muß wissen, daß das gleiche Unheil, es zu teilen, ihm bereit.

Patroklos wird ihn, so sollte man meinen, wegführen, um ihn aufs Bett zu legen, um seine Wunden zu verbinden. Wenigstens wenn er ein Mensch wäre. Aber nichts weniger als das! Er fragt ihn nämlich, was geschehen sei:

P.: So sag, so sag doch an, wie der Argiver Sach' im Kampf sich hält.
E.: So viel im Wort zu sagen ist nicht möglich wie an Müh' sich häuft tatsächlich.

Sei also ruhig und laß die Wunde verbinden! Selbst wenn es Eurypylos könnte, könnte es nicht Äsop.

E.: Als des Hektor Glück der Unsern mutge Reihe ⟨bringt⟩ zum Wanken ...

und so weiter, das legt er in seinem Schmerze dar. So unmäßig ist der Gedanke an den Kriegsruhm in einem tapferen Mann. Das soll also ein alter Soldat leisten können, ein gebildeter und weiser Mann soll es nicht können? Er doch wohl besser, und zwar um vieles besser! 40. Aber ich spreche noch von der Gewöhnung durch Übung, noch nicht von Vernunft und Weisheit. Alte Frauen ertragen den Hunger oft zwei, drei Tage lang. Entziehe einem Wettkämpfer die Nahrung nur einen Tag, so wird er flehentlich Zeus, den olympischen Zeus, ihn selbst,

inplorabit, ferre non posse clamabit. consuetudinis magna vis est: pernoctant venatores in nive in montibus; uri se patiuntur Indi; pugiles caestibus contusi ne ingemescunt quidem. 41. sed quid hos, quibus Olympiorum victoria consulatus ille antiquus videtur? gladiatores, aut perditi homines aut barbari, quas plagas perferunt! quo modo illi, qui bene instituti sunt, accipere plagam malunt quam turpiter vitare! quam saepe apparet nihil eos malle quam vel domino satis facere vel populo! mittunt etiam volneribus confecti ad dominos, qui quaerant quid velint: si satis is factum sit, se velle decumbere. quis mediocris gladiator ingemuit, quis vultum mutavit umquam? quis non modo stetit, verum etiam decubuit turpiter? quis, cum decubuisset, ferrum recipere iussus collum contraxit? tantum exercitatio meditatio consuetudo valet. ergo hoc poterit

Samnis, spurcus homo, vita illa dignus locoque;

vir natus ad gloriam ullam partem animi tam mollem habebit, quam non meditatione et ratione conroboret? crudele gladiatorum spectaculum et inhumanum non nullis videri solet, et haud scio an ita sit, ut nunc fit; cum vero sontes ferro depugnabant, auribus fortasse multae, oculis quidem nulla poterat esse fortior contra dolorem et mortem disciplina.

zu dessen Ehre er sich übt, anrufen, wird schreien, er könne es nicht ertragen. Die Gewöhnung besitzt eine große Kraft; die Nacht verbringen die Jäger im Schnee in den Bergen, verbrennen lassen sich die Inder, die Faustkämpfer, von den Faustriemen zermalmt, geben nicht einmal einen Laut von sich. 41. Doch was rede ich von diesen, denen der Sieg in Olympia soviel wie ein Konsulat in alten Zeiten gilt? Gladiatoren, verkommene Menschen oder Barbaren, was für Schläge halten sie aus! Wie wollen die, welche gut geschult sind, lieber den Streich empfangen als ihm mit Schande ausweichen! Wie oft liegt es am Tag, daß sie nichts lieber wollen als ihrem Herrn Genüge tun oder dem Volk. Sie schicken sogar durch Wunden erschöpft zu ihren Herren, zu fragen, was sie wünschen; wenn ihnen Genüge getan, wollen sie sich niederstoßen lassen. Welcher auch nur mittelmäßige Gladiator hat je gestöhnt, welcher je seine Miene verändert? Wer hat schimpflich nicht nur im Kampf gestanden, sondern auch sich niedergestreckt? Wer hat, wenn er sich niedergestreckt hatte, auf den Befehl, den Todesstoß zu empfangen, den Hals eingezogen? So viel Kraft hat die Übung, die innerliche Vorbereitung und die Gewöhnung! Also: das soll vermögen

Einer aus Samnium, ein Unflat, wert dieses Lebens und Ranges,

ein Mann, der zum Ruhme geboren, soll dagegen auch nur einen Teil der Seele so verweichlicht haben, daß er ihn nicht durch sein Nachdenken und seine Vernunft stärken könnte? Als grausam pflegt manchem eine Gladiatorenvorstellung und als unmenschlich zu gelten, und vielleicht ist das der Fall, so wie es jetzt geschieht. Wenn aber Schuldige mit dem Schwerte ums Leben kämpften, so gab es fürs Ohr vielleicht viele, fürs Auge konnte es keine kräftigere Schule gegen Schmerz und Tod geben.

(18) 42. De exercitatione et consuetudine et commentatione dixi. age sis, nunc de ratione videamus, nisi quid vis ad haec.

Egone ut te interpellem? ne hoc quidem vellem: ita me ad credendum tua ducit oratio.

Sitne igitur malum dolere necne, Stoici viderint, qui contortulis quibusdam et minutis conclusiunculis nec ad sensus permanantibus effici volunt non esse malum dolorem. ego illud, quicquid sit, tantum esse, quantum videatur, non puto, falsaque eius visione et specie moveri homines dico vehementius, doloremque eis omnem esse tolerabilem.

Unde igitur ordiar? an eadem breviter attingam, quae modo dixi, quo facilius oratio progredi possit longius? 43. inter omnis igitur hoc constat, nec doctos homines solum sed etiam indoctos, virorum esse fortium et magnanimorum et patientium et humana vincentium toleranter dolorem pati; nec vero quisquam fuit, qui eum, qui ita pateretur, non laudandum putaret. quod ergo et postulatur a fortibus et laudatur, cum fit, id aut extimescere veniens aut non ferre praesens nonne turpe est? atquin vide ne, cum omnes rectae animi adfectiones virtutes appellentur, non sit hoc proprium nomen omnium, sed ab ea quae una ceteris excellebat omnes nominatae sint. appellata est enim ex viro virtus; viri autem propria maxime est fortitudo, cuius munera duo sunt maxima: mortis dolorisque con-

42. Über Übung, Gewöhnung und innerliche Vorbereitung habe ich gesprochen. Auf, sehen wir jetzt, wenn es dir recht ist, wie es mit der Vernunft steht – wenn du nichts mehr zu diesem zu sagen hast.

A.: Ich sollte dich unterbrechen? Nicht einmal diese Unterbrechung, wollte ich, wäre geschehen; so führt mich deine Rede zum Glauben.

M.: Ob also Schmerz zu empfinden ein Übel sei oder nicht, mögen die Stoiker sehen, die mit ihren gewundenen und ausgetüftelten Kunststückchen von Beweisen, die nicht bis zur Empfindung dringen, schließen wollen, der Schmerz sei kein Übel. Was mich anlangt, so glaube ich, daß jenes, was immer es sei, nicht so bedeutend ist, wie es scheint, und behaupte, daß die Menschen durch falsche Vorstellung von ihm zu mächtig sich bewegen lassen und daß jeder Schmerz ihnen erträglich ist.

Wo soll ich nun beginnen? Soll ich vielleicht kurz berühren, was ich eben sagte, auf daß die Rede leichter weiter voranschreiten kann? – 43. Bei allen also, nicht nur bei gebildeten Menschen, sondern auch ungebildeten, steht fest, daß es zu tapferen, großgesinnten, ausharrenden und das Menschliche überwindenden Männern gehört, mit fester Geduld den Schmerz zu ertragen, und es gab keinen, der den, der so ihn ertrug, nicht für lobeswürdig gehalten hätte. Was also von Tapferen gefordert und gelobt wird, wenn es geschieht, das zu fürchten, wenn es bevorsteht, oder nicht zu tragen, wenn es da ist, ist das nicht schimpflich? Indes sieh, es möchte vielleicht, obgleich alle richtigen seelischen Verfassungen Tugenden heißen, dies doch nicht der eigentliche Name aller, sondern es möchten vielleicht von der einen, die unter den übrigen hervorragte, alle benannt sein. Es ist virtus nämlich nach dem Manne vir geheißen. Dem Manne wesenhaft aber ist die Tapferkeit, von deren Leistungen zwei am größten sind: die Verachtung des Todes und die des Schmerzes. Sie müssen wir also haben, wenn wir im

temptio. utendum est igitur his, si virtutis compotes vel potius si viri volumus esse, quoniam a viris virtus nomen est mutuata.

Quaeres fortasse, quo modo, et recte: talem enim medicinam philosophia profitetur. (19) 44. venit Epicurus, homo minime malus vel potius vir optimus; tantum monet, quantum intellegit. 'neglege' inquit 'dolorem.' quis hoc dicit? idem, qui dolorem summum malum? vix satis constanter. audiamus. 'si summus dolor est,' inquit 'brevem necesse est esse.' 'iteradum eadem ista mihi!' non enim satis intellego, quid summum dicas esse, quid breve. 'summum, quo nihil sit superius, breve, quo nihil brevius. contemno magnitudinem doloris, a qua me brevitas temporis vindicabit ante paene quam venerit.' sed si est tantus dolor, quantus Philoctetae? 'bene plane magnus mihi quidem videtur, sed tamen non summus; nihil enim dolet nisi pes: possunt oculi, potest caput latera pulmones, possunt omnia; longe igitur abest a summo dolore. ergo' inquit 'dolor diuturnus habet laetitiae plus quam molestiae'. 45. nunc ego non possum tantum hominem nihil sapere dicere, sed nos ab eo derideri puto. ego summum dolorem – summum autem dico, etiamsi decem atomis est maior alius – non continuo esse dico brevem multosque possum bonos viros nominare, qui complures annos doloribus podagrae crucientur maximis. sed homo catus numquam terminat nec magnitudinis nec diuturnitatis modum, ut sciam, quid summum dicat in dolore, quid breve in tempore. omittamus hunc igitur nihil prorsus dicentem cogamusque confiteri non esse ab eo doloris remedia quae-

Besitz der Tugend oder, besser, wenn wir Männer sein wollen, da ja von den Männern die virtus ihren Namen geliehen hat.

Du wirst vielleicht fragen, auf welche Weise, und mit Recht: denn ein solches Heilmittel verspricht die Philosophie. 44. Da kommt Epikur, kein schlechter Mensch oder vielmehr ein trefflicher Mann. Er mahnt soviel, wie er versteht. «Achte den Schmerz gering», sagt er. Wer sagt das? Derselbe, der den Schmerz das größte Übel heißt. Kaum recht konsequent. Hören wir ihn weiter! «Wenn es der höchste Schmerz ist», sagt er, «muß er notwendig kurz sein.» Das wiederhole mir ein zweites Mal! Ich verstehe nämlich nicht recht, was du unter dem höchsten, was unter kurz verstehst. «Das Höchste ist das, über das es nichts Höheres gibt, kurz, über das hinaus es nichts Kürzeres gibt. Ich achte die Größe eines Schmerzes gering, von der mich die Kürze der Zeit befreit, fast bevor er gekommen ist.» – Wenn der Schmerz aber so groß ist wie der des Philoktet? – «Er scheint mir schon recht groß, aber doch nicht der höchste; nichts empfindet nämlich Schmerz außer dem Fuß; es könnten es aber die Augen, der Kopf, die Seiten, die Lunge, es könnte es alles. Weit also ist er vom höchsten Schmerz entfernt. Folglich», sagt er, «hat ein langdauernder Schmerz mehr Freude als Beschwerden.» – 45. Jetzt kann ich nicht mehr sagen, daß ein so großer Mann nicht recht gescheit ist, sondern ich glaube einfach, wir werden von ihm verlacht. Ich behaupte, der höchste Schmerz – den höchsten heiße ich aber ihn, auch wenn ein anderer um zehn Atome größer ist – ist nicht ohne weiteres kurz, und ich kann viele treffliche Männer nennen, die mehrere Jahre von den schlimmsten Podagraschmerzen gemartert werden. Aber der gewitzte Mann begrenzt weder das Maß der Größe noch der Zeit, auf daß ich wüßte, was er das Höchste beim Schmerz, was kurz bei der Zeit nennt. Lassen wir also diesen, der überhaupt nichts sagt,

renda, qui dolorem malorum omnium maxumum dixerit, quamvis idem forticulum se in torminibus et in stranguria sua praebeat. Aliunde igitur est quaerenda medicina, et maxime quidem, si, quid maxime consentaneum sit, quaerimus, ab is quibus, quod honestum sit, summum bonum, quod turpe, summum videtur malum. his tu praesentibus gemere et iactare te non audebis profecto; (20) 46. loquetur enim eorum voce Virtus ipsa tecum: ‘tune, cum pueros Lacedaemone, adulescentis Olympiae, barbaros in harena videris excipientis gravissimas plagas et ferentis silentio, si te forte dolor aliquis pervellerit, exclamabis ut mulier, non constanter et sedate feres?’ ‘fieri non potest; natura non patitur.’ audio. pueri ferunt gloria ducti, ferunt pudore alii, multi metu, et tamen veremur, ut hoc, quod a tam multis et quod tot locis perferatur, natura patiatur? illa vero non modo patitur, verum etiam postulat: nihil enim habet praestantius, nihil quod magis expetat quam honestatem, quam laudem, quam dignitatem, quam decus. hisce ego pluribus nominibus unam rem declarari volo, sed utor, ut quam maxime significem, pluribus. volo autem dicere illud homini longe optumum esse, quod ipsum sit optandum per se, a virtute profectum vel in ipsa virtute situm, sua sponte laudabile, quod idem citius dixerim solum quam non summum bonum. atque ut haec de honesto, sic de turpi contraria: nihil tam taetrum, nihil tam aspernandum, nihil homine indignius.

47. Quod si tibi persuasum est – principio enim dixisti plus in dedecore mali tibi videri quam in dolore –, reliquum est, ut

beiseite und zwingen ihn zum Geständnis, daß die Heilmittel gegen den Schmerz nicht bei dem zu suchen sind, der behauptet, der Schmerz sei das größte aller Übel, mag er sich auch ganz tapfer bei seinen Koliken und seinem Harnzwang zeigen.

Anderswoher also ist das Heilmittel zu holen, und zwar am ehesten, wofern wir fragen, was in sich am folgerichtigsten ist von denen, welchen was ehrenvoll ist, das höchste Gut, was schimpflich, das höchste Übel scheint. In deren Gegenwart wirst du in der Tat nicht wagen zu stöhnen und dich herumzuwälzen. 46. Die Tugend selbst nämlich wird in ihren Worten zu dir sprechen: Du willst, während du Knaben in Sparta, Jünglinge in Olympia, Barbaren in der Kampfbahn die schwersten Schläge hinnehmen und schweigend ertragen siehst, wenn dich einmal ein Schmerz ein wenig plagt, schreien wie ein Weib, nicht ihn fest und ruhig ertragen? – Ich kann es nicht, die Natur erträgt es nicht. – Ich höre. Knaben ertragen ihn, vom Streben nach Ruhm gezogen, es ertragen ihn andere aus Scham, viele aus Furcht, und doch fürchten wir, daß das, was von so vielen, was an so vielen Orten erduldet wird, die Natur nicht ertrage? Sie erträgt es nicht nur, sondern fordert es sogar; denn sie hat nichts Hervorragenderes, nichts, was sie mehr erstrebte, als Anständigkeit, als Ruhm, als Würde, als Ehre. Mit dieser Mehrzahl von Namen soll *eine* Sache bezeichnet werden, ich gebrauche, um sie so sehr wie möglich zu kennzeichnen, mehrere. Ich will aber sagen, daß jenes dem Menschen bei weitem das Beste ist, was selbst an sich wünschenswert ist, was von der Tugend ausgeht oder eben in der Tugend ruht, was von sich aus rühmlich ist. Das möchte ich eher das einzige als nicht das höchste Gut heißen. Und wie ich dies vom Sittlich-Schönen sagen möchte, so vom Schimpflichen das Gegenteil; nichts ist so scheußlich, nichts so zu verabscheuen, nichts eines Menschen unwürdiger.

tute tibi imperes. quamquam hoc nescio quo modo dicatur. quasi duo simus, ut alter imperet, alter pareat! non inscite tamen dicitur. (21) est enim animus in partis tributus duas, quarum altera rationis est particeps, altera expers. cum igitur praecipitur, ut nobismet ipsis imperemus, hoc praecipitur, ut ratio coërceat temeritatem. est in animis omnium fere natura molle quiddam, demissum, humile, enervatum quodam modo et languidum. si nihil esset aliud, nihil esset homine deformius. sed praesto est domina omnium et regina ratio, quae conixa per se et progressa longius fit perfecta virtus. haec ut imperet illi parti animi, quae oboedire debet, id videndum est viro. 48. 'quonam modo?' inquies. vel ut dominus servo vel ut imperator militi vel ut parens filio. si turpissime se illa pars animi geret, quam dixi esse mollem, si se lamentis muliebriter lacrimisque dedet, vinciatur et constringatur amicorum propinquorumque custodiis; saepe enim videmus fractos pudore, qui ratione nulla vincerentur. ergo hos quidem ut famulos vinclis prope ac custodia, qui autem erunt firmiores nec tamen robustissimi, hos admonitu oportebit ut bonos milites revocatos dignitatem tueri. non nimis in Niptris ille sapientissimus Graeciae saucius lamentatur vel modice potius: pedetemptim, inquit, ite

et sedató nisu
Ne súccussu arripiát maior
Dolor

47. Wenn du hiervon überzeugt bist – zu Anfang nämlich hast du gesagt, dir scheine mehr Übel in der Schande als im Schmerz –, bleibt nur, daß du dir selbst befiehlst; freilich verstehe ich nicht recht, wie man so sagen kann. Als ob wir zwei wären, so daß der eine herrscht, der andere gehorcht! Recht hübsch jedoch ist es ausgedrückt. Die Seele nämlich ist in zwei Teile geteilt, deren einer der Vernunft teilhaftig, deren anderer ihrer bar ist. Wenn also gelehrt wird, wir sollen uns selbst befehlen, wird das gelehrt, daß die Vernunft das Unvernünftige im Zaum halten soll. Es liegt in den Seelen fast aller etwas von Natur Weiches, Unterwürfiges, Erbärmliches, irgendwie Kraftloses und Schlaffes. Wenn es nichts anderes darin gäbe, gäbe es nichts Häßlicheres als den Menschen. Aber gegenwärtig ist als Herrin aller und als Königin die Vernunft, die, von sich aus emporstrebend und weiter vorgeschritten, vollkommene Tugend wird. Daß diese jenem Teil der Seele, der gehorchen muß, befiehlt, darauf muß ein Mann sehen. – 48. Wie denn? wirst du fragen. – Wie ein Herr dem Sklaven, ein Feldherr dem Soldaten oder wie ein Vater dem Sohn. Wenn jener Teil der Seele, den ich weich nannte, sich sehr schimpflich hält, wenn er sich weibisch den Klagen und Tränen ergibt, soll er gefesselt und geknebelt werden durch Wachen von Freunden und Verwandten; oft sehen wir nämlich die von Scham gebrochen, die sich durch keine Vernunft bezwingen ließen. Also müssen diese wie Sklaven durch Bande und Wache, die aber, die fester sind, wenn auch nicht sehr kräftig, durch Appell an die Ehre wie gute Soldaten aufgerufen ihre Würde wahren. Nicht allzusehr jammert verwundet in den Niptra jener klügste Mann von Griechenland, oder vielmehr sogar mit Maß: Geht, sagt er, Schritt für Schritt

und mit gelaßnem Tritt,
daß durch Erschüttrung mich nicht faßt
ein größrer Schmerz

49. (Pacuvius hoc melius quam Sophocles; apud illum enim perquam flebiliter Ulixes lamentatur in volnere); tamen huic leviter gementi illi ipsi, qui ferunt saucium, personae gravitatem intuentes non dubitant dicere:

Tu quóque, Ulixes, quamquám graviter
Cernímus ictum, nimis paéne animo es
Mollí, qui consuetús in armis
Aevom ágere ...

intellegit poëta prudens ferendi doloris consuetudinem esse non contemnendam magistram. 50. atque ille non inmoderate magno in dolore:

Retinéte, tenete! oppri\u0301mit ulcus;
Nudáte! heu miserum me: éxcrucior.

incipit labi, deinde ilico desinit:

Operíte, abscedite iám iam!
Mittíte! nam attrectatu ét quassu
Saevum ámplificatis dolórem.

videsne, ut obmutuerit non sedatus corporis, sed castigatus animi dolor? itaque in extremis Niptris alios quoque obiurgat, idque moriens:

Cónqueri fortúnam adversam, nón lamentarí decet:
Id viri est offícium, fletus múliebri ingenio ádditus.

(22) 51. Huius animi pars illa mollior rationi sic paruit ut severo imperatori miles pudens. in quo vero erit perfecta sapientia – quem adhuc nos quidem vidimus neminem; sed

49. (Pacuvius macht das besser als Sophokles; bei jenem nämlich jammert Odysseus sehr kläglich bei seiner Verwundung), und doch zögern eben die, welche den Verwundeten tragen, nicht, im Hinblick auf die Würde seiner Rolle zu ihm, der nur leicht stöhnt, zu sagen:

> Ulixes, auch du, wenn wir gleich dich sehn
> getroffen schwer, bist fast allzu weich
> im Herzen, du, der gewöhnt ist, im Kampf
> sein Leben zu führen ...

Der weise Dichter erkennt, daß die Gewöhnung im Schmerzertragen eine nicht zu unterschätzende Lehrmeisterin ist. 50. Und er, nicht unbeherrscht in großem Schmerz:

> Haltet an, halt, halt! Mich bezwingt das Geschwür,
> reißt auf, ach, ich Armer, weh! ich vergeh'!

Er beginnt zu stürzen, darauf hört er sogleich auf:

> Deckt zu, geht fort, hinweg sogleich,
> laßt los; denn ihr schüttert, berührt, und so
> erhöht ihr die grausamen Schmerzen.

Siehst du, wie verstummt ist nicht der beruhigte körperliche Schmerz, wohl aber der zurechtgewiesene seelische? Deshalb schilt er am Ende der Niptra auch andere und das sterbend:

> Über widrig Schicksal ziemt Beschwerde, nicht des Jammers Schrein,
> das ist Pflicht des Mannes: Weinen ward gepflanzt in Weibersinn.

51. Jener weichere Seelenteil von ihm gehorchte so der Vernunft wie ein ehrliebender Soldat einem strengen Feldherrn. In wem gar vollkommene Weisheit ist – wir haben zwar bisher noch keinen gesehen, aber in der Philosophen Sätzen wird dar-

philosophorum sententiis, qualis hic futurus sit, si modo aliquando fuerit, exponitur –, is igitur sive ea ratio, quae erit in eo perfecta atque absoluta, sic illi parti imperabit inferiori ut iustus parens probis filiis; nutu, quod volet, conficiet, nullo labore, nulla molestia; eriget ipse se, suscitabit, instruet, armabit, ut tamquam hosti sic obsistat dolori. quae sunt ista arma? contentio confirmatio sermoque intumus, cum ipse secum: 52. 'cave turpe quicquam, languidum, non virile.' obversentur species honestae animo: Zeno proponatur Eleates, qui perpessus est omnia potius quam conscios delendae tyrannidis indicaret; de Anaxarcho Democritio cogitetur, qui cum Cypri in manus Timocreontis regis incidisset, nullum genus supplicii deprecatus est neque recusavit. Callanus Indus, indoctus ac barbarus, in radicibus Caucasi natus, sua voluntate vivus combustus est; nos, si pes condoluit, si dens, sed fac totum dolere corpus –, ferre non possumus. opinio est enim quaedam effeminata ac levis – nec in dolore magis quam eadem in voluptate –, qua cum liquescimus fluimusque mollitia, apis aculeum sine clamore ferre non possumus. 53. at vero C. Marius, rusticanus vir, sed plane vir, cum secaretur, ut supra dixi, principio vetuit se alligari, nec quisquam ante Marium solutus dicitur esse sectus. cur ergo postea alii? valuit auctoritas. videsne igitur opinionis esse, non naturae malum? et tamen fuisse acrem morsum doloris idem Marius ostendit;

gelegt, wie beschaffen er sein wird, wenn es ihn überhaupt einmal gibt –, der also oder die Vernunft, die in ihm vollkommen und vollendet sein wird, werden so jenem niederen Teil Befehle geben wie ein gerechter Vater rechtschaffenen Söhnen; mit einem Wink wird er durchsetzen, was er will, ohne Mühe, ohne Beschwernis; er wird sich selbst aufrichten, sich aufrufen, rüsten, wappnen, auf daß er ganz wie einem Feinde dem Schmerze entgegentrete. Welches sind diese Waffen? Anspannung, Bestärkung, inneres Gespräch, wenn er bei sich selbst sagt: 52. «Hüte dich vor etwas Schimpflichem, Schlaffem, Unmännlichem.» Vor dem Geist sollen stehen rühmliche Vorbilder aus der Wirklichkeit: Zenon aus Elea stelle man sich vor, der lieber alles ertrug als die Mitwisser des Planes, die Tyrannis zu vernichten, anzuzeigen; über den Demokritschüler Anaxarchos denke man nach, der in Kypern in die Hände des Königs Timokreon fiel und keiner Art der Martern durch Bitten zu entgehen suchte oder ihr auswich. Der Inder Callanus, ein ungebildeter Barbar, am Fuße des Kaukasus geboren, ließ sich freiwillig verbrennen. Wir können es nicht ertragen, wenn der Fuß schmerzt oder der Zahn, aber nimm an, auch der ganze Körper. Es gibt nämlich eine verweichlichte und haltlose Vorstellung, und zwar ebenso beim Schmerz wie beim Genuß. Wenn wir durch diese dahinschmelzen und vor Weichlichkeit zergehen, können wir einen Bienenstachel nicht ohne Geschrei aushalten. 53. Doch Gaius Marius, ein Mann vom Lande, aber wirklich ein Mann, verbot zunächst, als er, wie oben erwähnt, geschnitten wurde, ihn anzubinden. Vor Marius soll aber keiner frei geschnitten worden sein. Warum also später andere? Das Vorbild wirkte. Siehst du nun, daß es ein Übel der Einbildung, nicht der Natur, ist? Und doch zeigte derselbe Marius, daß der Biß des Schmerzes heftig gewesen war; den anderen Schenkel hielt er nämlich nicht hin. So ertrug er den Schmerz wie ein Mann, und als schwacher Mensch

crus enim alterum non praebuit. ita et tulit dolorem ut vir et ut homo maiorem ferre sine causa necessaria noluit.

Totum igitur in eo est, ut tibi imperes. ostendi autem, quod esset imperandi genus; atque haec cogitatio, quid patientia, quid fortitudine, quid magnitudine animi dignissimum sit, non solum animum comprimit, sed ipsum etiam dolorem nescio quo pacto mitiorem facit. (23) 54. ut enim fit in proelio, ut ignavus miles ac timidus, simul ac viderit hostem, abiecto scuto fugiat quantum possit, ob eamque causam pereat non numquam etiam integro corpore, cum ei qui steterit nihil tale evenerit, sic qui doloris speciem ferre non possunt, abiciunt se atque ita adflicti et exanimati iacent; qui autem restiterunt, discedunt saepissime superiores. sunt enim quaedam animi similitudines cum corpore. ut onera contentis corporibus facilius feruntur, remissis opprimunt, simillime animus intentione sua depellit pressum omnem ponderum, remissione autem sic urgetur, ut se nequeat extollere. 55. et si verum quaerimus, in omnibus officiis persequendis animi est adhibenda contentio; ea est sola officii tamquam custodia. sed hoc idem in dolore maxume est providendum, ne quid abiecte, ne quid timide, ne quid ignave, ne quid serviliter muliebriterve faciamus, in primisque refutetur ac reiciatur Philocteteus ille clamor. Ingemescere non numquam viro concessum est, idque raro, eiulatus ne mulieri quidem; et hic nimirum est 'fletus', quem duodecim tabulae in funeribus adhiberi vetuerunt. 56. nec vero umquam ne ingemescit quidem vir fortis ac sapiens, nisi forte ut se intendat ad firmitatem, ut in

wollte er einen größeren ohne zwingenden Grund nicht tragen.

Alles liegt demnach daran, daß du dir selbst befiehlst. Ich habe aber dargelegt, wie die Art des Befehlens ist, und dieses Nachdenken darüber, was dem Ausharren, was der Tapferkeit, was der Seelengröße am meisten ansteht, bezwingt nicht nur die Aufwallung, sondern macht irgendwie auch den Schmerz milder. 54. Wie es nämlich im Gefecht geschieht, daß ein feiger und ängstlicher Soldat, sobald er den Feind sieht, den Schild wegwirft und flieht, so schnell er kann, und deshalb zugrunde geht, bisweilen sogar, ohne daß sein Körper verletzt war, während dem, der stand, nichts Derartiges geschah, so werfen auch die, welche die Vorstellung des Schmerzes nicht ertragen können, sich weg und liegen so gedrückt und mutlos zu Boden; wer aber Widerstand leistet, geht sehr häufig als Sieger vom Platze. Es gibt nämlich gewisse Ähnlichkeiten zwischen Seele und Körper. Wie sich Lasten, wenn der Körper angespannt ist, leichter tragen lassen, wenn er entspannt ist, niederdrücken, ganz ähnlich schlägt die Seele durch ihre Anspannung den Druck der Lasten ganz weg, bei Entspannung aber wird sie niedergedrückt, daß sie sich nicht aufrichten kann. 55. Und, wofern wir die Wahrheit suchen: auf die Erfüllung aller Pflichten muß man eine seelische Anspannung wenden; sie allein ist sozusagen die Wache der Pflicht. Dieses selbe aber ist beim Schmerz ganz besonders zu beachten, daß wir nichts verzagt, nichts ängstlich, nichts feige, nichts knechtisch oder weibisch tun, und insbesondere soll zurückgewiesen und verschmäht werden jenes Schreien des Philoktet. Aufzustöhnen ist dem Manne bisweilen verstattet, und zwar selten, aufzuheulen nicht einmal der Frau. Und das ist zweifellos das Jammern, dessen Anwendung bei Leichenbegängnissen die zwölf Tafeln verboten. 56. Niemals vollends stöhnt der weise und tapfere Mann auch nur auf, es müßte denn sein, um sich

stadio cursores exclamant quam maxime possunt. faciunt idem, cum exercentur, athletae; pugiles vero, etiam cum feriunt adversarium, in iactandis caestibus ingemescunt, non quod doleant animove succumbant, sed quia profundenda voce omne corpus intenditur venitque plaga vehementior. (24) quid? qui volunt exclamare maius, num satis habent latera fauces linguam intendere, e quibus elici vocem et fundi videmus? toto corpore atque omnibus ungulis, ut dicitur, contentioni vocis adserviunt. 57. genu mehercule M. Antonium vidi, cum contente pro se ipse lege Varia diceret, terram tangere. ut enim ballistae lapidum et reliqua tormenta telorum eo graviores emissiones habent, quo sunt contenta atque adducta vehementius, sic vox, sic cursus, sic plaga hoc gravior, quo est missa contentius. cuius contentionis cum tanta vis sit, si gemitus in dolore ad confirmandum animum valebit, utemur; sin erit ille gemitus elamentabilis, si inbecillus, si abiectus, si flebilis, ei qui se dederit, vix eum virum dixerim. qui quidem gemitus si levationis aliquid adferret, tamen videremus, quid esset fortis et animosi viri; cum vero nihil imminuat doloris, cur frustra turpes esse volumus? quid est enim fletu muliebri viro turpius? 58. atque hoc praeceptum, quod de dolore datur, patet latius: omnibus enim rebus, non solum dolori, simili contentione animi resistendum est. ira exardescit, libido concitatur: in eandem arcem confugiendum

zur Festigkeit anzuspannen, wie in der Rennbahn die Läufer schreien, so sehr sie können. Dasselbe tun, wenn sie sich üben, die Wettkämpfer, die Faustkämpfer indes geben sogar, wenn sie den Gegner treffen, beim Schwingen der Handriemen ein Stöhnen von sich, nicht weil sie Schmerz hätten oder den Mut verlören, sondern weil durch das Ausstoßen des Tones der ganze Körper sich spannt und der Schlag heftiger kommt. Wie? Die, welche lauter schreien wollen, begnügen sie sich etwa damit, die Lunge, die Kehle und die Zunge anzustrengen, aus denen der Laut herausgeholt wird und ausströmt? Mit dem ganzen Körper und mit allen Hufen, wie man sagt, unterstützen sie die Anspannung der Stimme. 57. Mit dem Knie, beim Herkules, habe ich Marcus Antonius, als er mit Leidenschaft für sich selbst sprach – er war nach dem Varischen Gesetz angeklagt –, die Erde berühren sehen. Wie nämlich die Schleudermaschinen bei Steinen und die übrigen Geschütze bei Geschossen um so größere Wurfkraft haben, je heftiger sie gespannt und angezogen sind, so ist auch die Stimme, so der Lauf, so der Schlag um so nachdrücklicher, je größere Anspannung ihn hervorgebracht hat. Da die Kraft dieser Anspannung so groß ist, werden wir, wenn das Stöhnen beim Schmerz die Seele zu stärken fähig ist, es nutzen; wenn es aber jenes klägliche, wenn es das verzagte, wenn es das jämmerliche ist, werde ich den, der sich ihm ergibt, kaum einen Mann nennen. Wenn dieses Stöhnen irgendwelche Erleichterung brächte, würden wir dennoch sehen, was sich für einen tapferen und mutigen Mann gehört; da es aber nichts vom Schmerz mindert, warum wollen wir umsonst schimpflich sein? Was ist denn für einen Mann schimpflicher als weibisches Klagen? 58. Und diese Lehre, die in bezug auf den Schmerz gegeben wird, erstreckt ihre Geltung weiter. Allem nämlich, nicht nur dem Schmerz, muß man mit einer ähnlichen seelischen Anspannung Widerstand leisten. Zorn glüht auf, Begierde wird aufgepeitscht: man muß

est, eadem sunt arma sumenda. sed quoniam de dolore loquimur, illa omittamus.

Ad ferendum igitur dolorem placide atque sedate plurimum proficit toto pectore, ut dicitur, cogitare, quam id honestum sit. sumus enim natura, ut ante dixi – dicendum est enim saepius –, studiosissimi adpetentissimique honestatis, cuius si quasi lumen aliquod aspeximus, nihil est quod, ut eo potiamur, non parati simus et ferre et perpeti. ex hoc cursu atque impetu animorum ad veram laudem atque honestatem illa pericula adeuntur in proeliis, non sentiunt viri fortes in acie volnera, vel sentiunt, sed mori malunt quam tantum modo de dignitatis gradu demoveri. 59. fulgentis gladios hostium videbant Decii, cum in aciem eorum inruebant. his levabat omnem volnerum metum nobilitas mortis et gloria. num tum ingemuisse Epaminondam putas, cum una cum sanguine vitam effluere sentiret? imperantem enim patriam Lacedaemoniis relinquebat, quam acceperat servientem. haec sunt solacia, haec fomenta summorum dolorum. (25) 60. Dices: quid in pace, quid domi, quid in lectulo? ad philosophos me revocas, qui in aciem non saepe prodeunt. e quibus homo sane levis, Heracleotes Dionysius, cum a Zenone fortis esse didicisset, a dolore dedoctus est. nam cum ex renibus laboraret, ipso in eiulatu clamitabat falsa esse illa, quae antea de dolore ipse sensisset. quem cum Cleanthes condiscipulus rogaret, quaenam ratio eum de sententia deduxisset, respondit: ‘quia, ⟨si⟩, cum tantum operae philosophiae dedissem, dolo-

in dieselbe Burg flüchten, dieselben Waffen ergreifen. Aber da wir ja über den Schmerz sprechen, wollen wir das beiseite lassen.

Den Schmerz also ruhig und gefaßt zu ertragen, dazu hilft am meisten, mit ganzem Herzen, wie man sagt, daran zu denken, wie rühmlich das ist. Wir sind nämlich, wie vorher schon gesagt – man muß es nämlich öfter sagen –, aufs äußerste beflissen und ausgerichtet auf das Rühmliche. Wenn wir einen Strahl von ihm gesehen haben, gibt es nichts, was wir nicht bereit wären zu ertragen und zu erdulden, um uns seiner zu bemächtigen. Dank dieses Laufs und Schwungs der Seele nach dem wahren Ruhm, der wahren Ehre, nimmt man die Gefahren in der Schlacht auf sich. Tapfere Männer fühlen im Kampfe nicht die Wunden, oder sie fühlen sie, aber sie wollen lieber sterben als nur im geringsten von der Stufe ihrer Würde herabsteigen. 59. Die blinkenden Schwerter der Feinde sahen die Decier, als sie sich in ihre Reihe stürzten. Ihnen linderte alle Furcht vor Wunden der Adel und Ruhm ihres Todes. Glaubst du etwa, damals hätte Epameinondas geseufzt, als er mit seinem Blute sein Leben entströmen fühlte? Herrschend nämlich über die Spartaner hinterließ er sein Vaterland, das er versklavt übernommen hatte. Das ist Trost, das ist Balsam für die größten Schmerzen! 60. Du wirst sagen, wie steht es im Frieden, wie zu Hause, wie auf dem Lager? Zu den Philosophen rufst du mich zurück, die nicht oft in die Schlacht ziehen. Unter ihnen wurde ein freilich haltloser Mensch, Dionys aus Herakleia, nachdem er von Zenon tapfer zu sein gelernt hatte, vom Schmerz umbelehrt. Denn als er nierenkrank war, rief er mitten im Wimmern, falsch wäre das, was er früher selbst über den Schmerz gemeint hätte. Als sein Mitschüler Kleanthes ihn fragte, welche Überlegung ihn denn von seiner Ansicht abgebracht hätte, antwortete er: Wenn ich, hätte ich auch nur ein bißchen Mühe auf die Philosophie verwendet, den Schmerz nicht ertragen könnte, wäre das genügend Beweis, daß der Schmerz

rem tamen ferre non possem, satis esset argumenti malum esse dolorem. plurimos autem annos in philosophia consumpsi nec ferre possum. malum est igitur dolor.' tum Cleanthem, cum pede terram percussisset, versum ex Epigonis ferunt dixisse:

audísne haec, Amphiaráe sub terram ábdite?

Zenonem significabat, a quo illum degenerare dolebat. 61. at non noster Posidonius; quem et ipse saepe vidi et id dicam, quod solebat narrare Pompeius, se, cum Rhodum venisset decedens ex Syria, audire voluisse Posidonium; sed cum audisset eum graviter esse aegrum, quod vehementer eius artus laborarent, voluisse tamen nobilissimum philosophum visere: quem ut vidisset et salutavisset honorificisque verbis prosecutus esset molesteque se dixisset ferre, quod eum non posset audire, at ille: 'tu vero' inquit 'potes, nec committam, ut dolor corporis efficiat, ut frustra tantus vir ad me venerit.' itaque narrabat eum graviter et copiose de hoc ipso, nihil esse bonum nisi quod esset honestum, cubantem disputavisse, cumque quasi faces ei doloris admoverentur, saepe dixisse: 'nihil agis, dolor! quamvis sis molestus, numquam te esse confitebor malum.'

(26) 62. Omninoque omnes clari et nobilitati labores contemnendo fiunt etiam tolerabiles. videmusne [ut], apud quos eorum ludorum, qui gymnici nominantur, magnus honos sit, nullum ab is, qui in id certamen descendant, devitari dolorem? apud quos autem venandi et equitandi laus viget, qui hanc petessunt, nullum fugiunt dolorem. quid de nostris ambitionibus, quid de cupiditate honorum loquar? quae flamma est,

ein Übel ist; nun habe ich aber sehr viele Jahre auf die Philosophie verwendet und kann ihn nicht ertragen; also ist der Schmerz ein Übel. Da, heißt es, habe Kleanthes mit dem Fuß auf die Erde gestampft und einen Vers aus den Epigonen zitiert:

Vernimmst du's, Amphiaraos, erdverschlungen du?

Er meinte Zenon; denn es schmerzte ihn, daß dieser ihm abtrünnig geworden war. 61. Jedoch nicht unser Poseidonios, den ich selbst oft gesehen habe und von dem ich sagen will, was Pompeius zu erzählen pflegte: er habe, als er bei seiner Rückkehr aus Syrien nach Rhodos kam, Poseidonios hören wollen; als er gehört hätte, es sei schwer krank, da seine Glieder heftig litten, habe er den angesehensten Philosophen doch wenigstens besuchen wollen. Wie er ihn gesehen und begrüßt, ihn mit ehrenden Worten dann angesprochen und gesagt hätte, er bedaure es, daß er ihn nicht hören könne, sagte jener: Doch, du kannst es, und ich werde es nicht dahin kommen lassen, daß ein Schmerz des Körpers Ursache ist, daß ein so großer Mann vergebens zu mir gekommen ist. Und so, erzählte er, habe er bedeutungsvoll und gedankenreich eben darüber, daß nichts ein Gut wäre außer dem, was sittlichschön sei, im Liegen gesprochen, und wenn sich brennende Schmerzen nahten, habe er oft gesagt: «Du erreichst nichts, Schmerz! Magst du noch so lästig sein, ich werde nie zugeben, daß du ein Übel bist.»

62. Und überhaupt werden alle Mühen, die anerkannt und geehrt werden, dadurch, daß man sie über der Ehre geringschätzt, auch erträglich. Sehen wir nicht, daß bei denen, bei welchen die sogenannten gymnischen Spiele in großer Ehre stehen, keinem Schmerz von denen ausgewichen wird, die sich in diesen Wettkampf einlassen? Wo aber der Ruhm des Jagens und Reitens lebendig ist, fliehen die, welche ihn zu erlangen suchen, keinen Schmerz. Was soll ich von unserem Ehrgeiz, was von der Gier nach den Ehren sprechen? Welches Feuer

per quam non cucurrerint i qui haec olim punctis singulis colligebant? itaque semper Africanus Socraticum Xenophontem in manibus habebat, cuius in primis laudabat illud, quod diceret eosdem labores non esse aeque gravis imperatori et militi, quod ipse honos laborem leviorem faceret imperatorium. 63. sed tamen hoc evenit, ut in vulgus insipientium opinio valeat honestatis, cum ipsam videre non possint. itaque fama et multitudinis iudicio moventur, cum id honestum putent, quod a plerisque laudetur. te autem, si in oculis sis multitudinis, tamen eius iudicio stare nolim nec, quod illa putet, idem putare pulcherrimum. tuo tibi iudicio est utendum; tibi si recta probanti placebis, tum non modo tete viceris, quod paulo ante praecipiebam, sed omnis et omnia. 64. hoc igitur tibi propone: amplitudinem animi et quasi quandam exaggerationem quam altissimam animi, quae maxime eminet contemnendis et despiciendis doloribus, unam esse omnium rem pulcherrimam, eoque pulchriorem, si vacet populo neque plausum captans se tamen ipsa delectet. quin etiam mihi quidem laudabiliora videntur omnia, quae sine venditatione et sine populo teste fiunt, non quo fugiendus sit – omnia enim bene facta in luce se conlocari volunt –, sed tamen nullum theatrum virtuti conscientia maius est.

(27) 65. Atque in primis meditemur illud, ut haec patientia dolorum, quam saepe iam animi intentione dixi esse firmandam, in omni genere se aequabilem praebeat. saepe enim multi, qui aut propter victoriae cupiditatem aut propter gloriae aut etiam, ut ius suum et libertatem tenerent, volnera

gibt es, durch das hindurch nicht die gelaufen sind, die dergleichen einst mit einzelnen Stimmpunkten einzuheimsen suchten? Deshalb hatte Africanus immer den Xenophon, den Schüler des Sokrates, unter den Händen, an dem er besonders das Wort lobte, daß er gesagt hat, dieselben Strapazen seien für den Feldherrn und den Soldaten nicht gleich schwer, weil die Ehre selbst die Mühe des Feldherrn leichter mache. 63. Freilich kommt dies vor, daß auf die Masse der Ungebildeten eine bloße Vorstellung von sittlicher Schönheit Eindruck macht, da sie unfähig sind, sie selbst zu sehen. Und so lassen sie sich durch Gerede und das Urteil der Menge bestimmen, da sie das für ehrenvoll halten, was von den meisten gelobt wird. Dich aber, magst du auch unter den Augen der Menge leben, möchte ich doch nicht zu ihrem Urteil stehen sehen und nicht, was jene glaubt, auch für das Schönste halten. Dein eigenes Urteil mußt du brauchen; wenn du dir in der Billigung des Rechten gefällst, wirst du nicht nur dich besiegt haben, was ich eben als Lehre gab, sondern alle und alles. 64. Dies also halte dir vor, daß die Größe der Seele und eine Art möglichst hoher Steigerung der Seele, die besonders durch Geringschätzung und Verachtung von Schmerzen hervorragt, das Allerschönste ist und um so schöner, wenn sie unabhängig ist vom Volke und, ohne nach Beifall zu haschen, sich doch selbst über sich freut. Ja mir scheint sogar alles lobenswerter, was ohne Anpreisen und, ohne daß das Volk Zeuge ist, geschieht; nicht weil man es fliehen müßte – jede rechte Tat will sich ins Licht gestellt sehen–, aber doch ist kein Theater für die Tugend bedeutungsvoller als das Gewissen.

65. Und besonders wollen wir das bedenken, daß dieses Aushalten der Schmerzen, das, wie ich schon oft gezeigt habe, durch Anspannung der Seele zu stärken ist, sich in jeder Art gleichmäßig bewähre. Viele nämlich, die in der Sucht nach dem Sieg oder dem Ruhm, oder um ihr Recht und ihre Frei-

exceperunt fortiter et tulerunt, idem omissa contentione dolorem morbi ferre non possunt; neque enim illum, quem facile tulerant, ratione aut sapientia tulerant, sed studio potius et gloria. itaque barbari quidam et inmanes ferro decertare acerrume possunt, aegrotare viriliter non queunt. Graeci autem homines, non satis animosi, prudentes, ut est captus hominum, satis, hostem aspicere non possunt: eidem morbos toleranter atque humane ferunt. at Cimbri et Celtiberi in proeliis exultant, lamentantur in morbo. nihil enim potest esse aequabile, quod non a certa ratione proficiscatur. 66. sed cum videas eos, qui aut studio aut opinione ducantur, in eo persequendo atque adipiscendo dolore non frangi, debes existimare aut non esse malum dolorem aut, etiamsi, quicquid asperum alienumque natura sit, id appellari placeat malum, tantulum tamen esse, ut a virtute ita obruatur, ut nusquam appareat. quae meditare quaeso dies et noctes. latius enim manabit haec ratio et aliquanto maiorem locum quam de uno dolore occupabit. nam si omnia fugiendae turpitudinis adipiscendaeque honestatis causa faciemus, non modo stimulos doloris, sed etiam fulmina fortunae contemnamus licebit, praesertim cum paratum sit illud ex hesterna disputatione perfugium. 67. ut enim si cui naviganti, praedones ⟨si⟩ insequantur, deus qui dixerit: 'eice te navi; praesto est qui excipiat: vel delphinus, ut Arionem Methymnaeum, vel equi

heit zu behaupten, tapfer Wunden empfangen und sie getragen haben, vermögen oft nicht, wenn die Anspannung dahin ist, den Schmerz der Krankheit zu ertragen. Denn jenen, den sie leicht ertragen hatten, hatten sie nicht aus Vernunft und Weisheit ertragen, sondern mehr in ihrem Eifer und ihrer Ruhmsucht. Deshalb können manche Barbaren und Unholde aufs heftigste mit dem Schwert die Entscheidung suchen, mannhaft krank zu sein verstehen sie nicht. Griechische Menschen wiederum, nicht sehr mutig, aber recht weise, soweit die Fassungskraft der Menschen reicht, vermögen dem Feinde nicht ins Auge zu schauen; dieselben Leute ertragen Krankheiten mit fester Geduld und auf menschlich würdige Art. Die Kimbern und Keltiberer dagegen sind übermütig im Gefecht, jammern in der Krankheit. Nichts nämlich kann gleichmäßig sein, was nicht von festen Grundsätzen ausgeht. 66. Da du indes siehst, daß die, welche durch ihre Leidenschaft und ihre Vorstellung geleitet werden, wenn sie dies verfolgen und erreichen, nicht vom Schmerz gebrochen werden, mußt du glauben, daß der Schmerz entweder kein Übel ist, oder, auch wenn, was immer rauh ist und der Natur widerstrebt, ein Übel genannt werden soll, doch so bedeutungslos ist, daß er von der Tugend so unterdrückt wird, daß er sich nirgends hervorwagt. Das, bitte ich, erwäge Tag und Nacht. Denn weiter wird sich diese Überlegung ausbreiten und einen viel größeren Raum einnehmen als nur allein über den Schmerz. Denn wenn wir alles tun, um der Schande zu entgehen und Ehre zu erlangen, werden wir nicht nur die Stachel des Schmerzes, sondern auch die Blitze des Schicksals verachten dürfen, zumal da jene Zuflucht auf Grund des gestrigen Gespräches bereitet ist. 67. Wie nämlich, wenn einem zu Schiff Fahrenden, wenn die Seeräuber ihn verfolgen, ein Gott sagte: «Spring aus dem Schiff; es ist einer da, der dich auffängt, ein Delphin wie den Arion aus Methymna, oder die bekannten von Poseidon stammenden

Pelopis illi Neptunii, qui per undas currus suspensos rapuisse dicuntur, excipient te et quo velis perferent', omnem omittat timorem, sic urguentibus asperis et odiosis doloribus, si tanti sint, ut ferendi non sint, quo sit confugiendum, tu vides.

Haec fere hoc tempore putavi esse dicenda. sed tu fortasse in sententia permanes.

Minime vero, meque biduo duarum rerum, quas maxime timebam, spero liberatum metu.

Cras ergo ad clepsydram; sic enim diximus, et tibi hoc video non posse deberi.

Ita prorsus; et illud quidem ante meridiem, hoc eodem tempore.

Sic faciemus tuisque optumis studiis obsequemur.

Rosse des Pelops, die den Wagen schwebend durch die Wogen gerissen haben sollen, werden dich aufnehmen und tragen, wohin du willst», er alle Furcht ließe, so siehst du, wenn die harten und lästigen Schmerzen dich bedrängen, wenn sie so groß sind, daß man sie nicht mehr ertragen kann, wohin man fliehen könnte. Dies etwa habe ich geglaubt jetzt sagen zu sollen. Aber du verharrst vielleicht bei deiner Meinung.

A.: Aber keineswegs, und ich hoffe, daß ich in den zwei Tagen von der Furcht vor den zwei Dingen, die ich am meisten fürchtete, befreit worden bin.

M.: Morgen also nach der Wasseruhr; so haben wir uns nämlich verabredet, und ich sehe, daß man dir dies nicht vorenthalten darf.

A.: Ganz recht, und zwar jenes am Vormittag, diese Dinge zur selben Zeit wie heute.

M.: So werden wir es machen und deinem edlen Streben willfahren.

LIBER TERTIUS

Quidnam esse, Brute, causae putem, cur, cum constemus ex animo et corpore, corporis curandi tuendique causa quaesita sit ars atque eius utilitas deorum inmortalium inventioni consecrata, animi autem medicina nec tam desiderata sit, ante quam inventa, nec tam culta, posteaquam cognita est, nec tam multis grata et probata, pluribus etiam suspecta et invisa? an quod corporis gravitatem et dolorem animo iudicamus, animi morbum corpore non sentimus? ita fit ut animus de se ipse tum iudicet, cum id ipsum, quo iudicatur, aegrotet. 2. Quodsi talis nos natura genuisset, ut eam ipsam intueri et perspicere eademque optima duce cursum vitae conficere possemus, haut erat sane quod quisquam rationem ac doctrinam requireret. nunc parvulos nobis dedit igniculos, quos celeriter malis moribus opinionibusque depravati sic restinguimus, ut nusquam naturae lumen appareat. sunt enim ingeniis nostris semina innata virtutum, quae si adolescere liceret, ipsa nos ad beatam vitam natura perduceret. nunc autem, simul atque editi in lucem et suscepti sumus, in omni continuo pravitate et in summa opinionum perversitate versamur, ut paene cum lacte nutricis errorem suxisse videamur. cum vero parentibus redditi, dein magistris traditi sumus, tum ita variis imbuimur erroribus, ut vanitati veritas et opi-

DRITTES BUCH

Was, lieber Brutus, soll ich wohl für den Grund ansehen, daß, ob wir gleich doch aus Seele und Leib bestehen, den Körper zu pflegen und zu schützen eine Kunst gesucht und ihr Nutzen der Erfindung der unsterblichen Götter zugeschrieben wurde, daß aber ein Heilmittel für die Seele nicht so ersehnt wurde, bevor man es entdeckte, und nicht so gepflegt, nachdem man es erkannt, und daß es nicht so vielen willkommen und gutgeheißen, der Mehrzahl sogar verdächtig und verhaßt ist? Doch wohl dies, daß wir des Körpers Unwohlsein und Schmerz mit der Seele beurteilen, der Seele Krankheit körperlich nicht empfinden. So kommt es, daß die Seele dann über sich selbst urteilt, wenn eben das, womit geurteilt wird, krankt. 2. Wenn uns aber die Natur so geschaffen hätte, daß wir sie selber unmittelbar anschauen und erkennen und mit ihr als bester Führerin den Lauf des Lebens vollenden könnten, dann gäbe es freilich wohl keinen Grund, daß jemand systematische Lehre suchte. So aber gab sie uns nur kleine Fünkchen, die wir, schnell durch schlechte Sitten und Vorstellungen verdorben, so gründlich ersticken, daß nirgends das Licht der Natur zutage tritt. Es sind nämlich unserer Anlage Samen zur Tugend eingeboren. Wenn diese reifen dürften, würde die Natur uns selbst zum glücklichen Leben führen. Jetzt aber leben wir, gleich sobald wir ans Licht getreten und anerkannt worden sind, in jeder Verirrung und in der schlimmsten Verkehrung der Vorstellungen, derart, daß wir fast zugleich mit der Milch der Amme den Irrtum eingesogen haben, wie es scheint. Wenn wir aber den Eltern zurückgegeben, darauf den Lehrern anvertraut sind, werden wir so von mannigfaltigen Irrtümern

nioni confirmatae natura ipsa cedat. (2) 3. accedunt etiam poëtae, qui cum magnam speciem doctrinae sapientiaeque prae se tulerunt, audiuntur leguntur ediscuntur et inhaerescunt penitus in mentibus. cum vero eodem quasi maxumus quidam magister populus accessit atque omnis undique ad vitia consentiens multitudo, tum plane inficimur opinionum pravitate a naturaque desciscimus, ut nobis optime naturae vim vidisse videantur, qui nihil melius homini, nihil magis expetendum, nihil praestantius honoribus, imperiis, populari gloria iudicaverunt. ad quam fertur optumus quisque veramque illam honestatem expetens, quam unam natura maxime anquirit, in summa inanitate versatur consectaturque nullam eminentem effigiem virtutis, sed adumbratam imaginem gloriae. est enim gloria solida quaedam res et expressa, non adumbrata; ea est consentiens laus bonorum, incorrupta vox bene iudicantium de excellente virtute, ea virtuti resonat tamquam imago [gloriae]; quae quia recte factorum plerumque comes est, non est bonis viris repudianda. 4. illa autem, quae se eius imitatricem esse volt, temeraria atque inconsiderata et plerumque peccatorum vitiorumque laudatrix, fama popularis, simulatione honestatis formam eius pulchritudinemque corrumpit. qua caecitate homines, cum quaedam etiam praeclara cuperent eaque nescirent nec ubi nec qualia essent, funditus alii everterunt suas civitates, alii ipsi occiderunt. atque hi quidem optuma petentes non tam voluntate quam cursus errore

erfüllt, daß die Wahrheit der Nichtigkeit und dem verhärteten Vorurteil die Natur selbst weicht. 3. Hinzu kommen noch die Dichter, die, wenn sie einen großen Schein von Gelehrsamkeit und Weisheit vor sich her tragen, gehört, gelesen und gelernt werden und tief in den Geistern Wurzel fassen; wenn vollends dazu noch als eine Art größter Lehrmeister das Volk kommt und die ganze überall in Hinsicht auf Verkehrtheiten einige Masse, werden wir völlig von falschen Meinungen vergiftet und fallen völlig von der Natur ab, derart, daß uns die am besten den Willen der Natur erkannt zu haben scheinen, nach deren Urteil nichts besser für den Menschen, nichts erstrebenswerter, nichts hervorragender ist als Ämter, Kommandos, Ruhm beim Volke. Zu ihm werden gerade die Besten gezogen, und im Streben nach jener wahren Ehre, nach der allein die Natur in höchstem Maße sucht, bleiben sie in tiefster Nichtigkeit befangen und sind nicht auf der Jagd nach einem greifbaren Ebenbild der Vollkommenheit, sondern nach einem schattenhaften Abbild des Ruhmes. Es ist nämlich der Ruhm wirklich eine feste und greifbare, keine schattenhafte Angelegenheit. Er ist das übereinstimmende Lob der Guten, die unbestechliche Stimme der recht über hervorragende Tugend Urteilenden, er antwortet der Tugend wie ein Echo. Da er meist der Gefährte von rechten Handlungen ist, darf er von tüchtigen Männern nicht verschmäht werden. 4. Jener aber, der als sein Nachahmer gelten will, der unberechenbare, unüberlegte, der meist Vergehen und Fehler lobt, der Ruhm beim Volke, verfälscht durch den Schein von Ehrenhaftigkeit seine Gestalt und seine Schönheit. In solcher Blindheit haben Menschen, indem sie bestimmte sogar rühmliche Dinge begehrten, aber nicht wußten, weder wo noch wie beschaffen sie seien, teils ihre Staaten von Grund auf vernichtet, teils sind sie selbst zugrunde gegangen. Und dabei täuschen sich die, welche das Beste wollen, nicht so sehr willentlich als aus einem Irrtum

falluntur. quid? qui pecuniae cupiditate, qui voluptatum libidine feruntur, quorumque ita perturbantur animi, ut non multum absint ab insania, quod insipientibus contingit omnibus, is nullane est adhibenda curatio? utrum quod minus noceant animi aegrotationes quam corporis, an quod corpora curari possint, animorum medicina nulla sit? (3) 5. at et morbi perniciosiores pluresque sunt animi quam corporis; hi enim ipsi odiosi sunt, quod ad animum pertinent eumque sollicitant, 'animusque aeger', ut ait Ennius, 'semper errat neque pati neque perpeti potest, cupere numquam desinit'. quibus duobus morbis, ut omittam alios, aegritudine et cupiditate, qui tandem possunt in corpore esse graviores? qui vero probari potest ut sibi mederi animus non possit, cum ipsam medicinam corporis animus invenerit, cumque ad corporum sanationem multum ipsa corpora et natura valeat nec omnes, qui curari se passi sint, continuo etiam convalescant, animi autem, qui se sanari voluerint praeceptisque sapientium paruerint, sine ulla dubitatione sanentur? 6. est profecto animi medicina, philosophia; cuius auxilium non ut in corporis morbis petendum est foris, omnibusque opibus viribus, ut nosmet ipsi nobis mederi possimus, elaborandum est.

Quamquam de universa philosophia, quanto opere et expetenda esset et colenda, satis, ut arbitror, dictum est in Hortensio. de maxumis autem rebus nihil fere intermisimus postea nec disputare nec scribere. his autem libris exposita sunt ea quae a nobis cum familiaribus nostris in Tusculano erant disputata. sed quoniam duobus superioribus de morte et de dolore dictum est, tertius dies disputationis hoc tertium

über den Weg. Wie? Die, welche von Geldgier, welche von Genußsucht getrieben werden und die, deren Seelen so in Verwirrung geraten, daß sie nicht weit vom Wahnsinn entfernt sind, was überhaupt auf alle Toren zutrifft – bei denen sollte man keine Heilung versuchen? 5. Etwa weil Erkrankungen der Seele weniger schaden als die des Körpers oder sich Körper heilen lassen, für die Seelen es aber kein Heilmittel gibt? Aber die Krankheiten der Seele sind gefährlicher und zahlreicher als die des Körpers! Gerade nämlich als solche sind sie unangenehm, da sie die Seele angehen und sie aufregen; und eine kranke Seele, wie Ennius sagt, hat nie Halt, vermag weder zu dulden noch auszuharren, hört nie auf zu begehren. Welche Krankheiten können am Körper schwerer sein als diese beiden, um andere beiseite zu lassen, als Kummer und Begierde? Wie aber läßt sich beweisen, daß die Seele sich selbst nicht heilen kann, wo der Geist doch eben auch die Heilmittel für den Körper gefunden hat und wo doch auf die Heilung der Körper die Körper selbst und die Natur viel Einfluß haben und nicht alle, die sich haben behandeln lassen, sogleich auch genesen, die Seelen aber, die geheilt werden wollten und den Lehren der Weisen gehorchten, ohne jeden Zweifel geheilt werden? 6. Es gibt in der Tat ein Heilmittel für die Seele, die Philosophie. Ihre Hilfe ist nicht wie bei den körperlichen Krankheiten von außen zu holen, sondern mit aller Macht, mit allen Kräften müssen wir uns anstrengen, uns selbst zu heilen.

Indes über die Philosophie im allgemeinen, wie sehr man sie erstreben und pflegen müsse, ist, denke ich, im Hortensius genug gesagt. Über die wichtigsten Fragen aber haben wir in der Folgezeit ununterbrochen Gespräche geführt und geschrieben. In diesen Büchern nun wird das auseinandergesetzt, was von uns mit unseren Freunden auf dem Tusculanum erörtert wurde. Indes, da in den beiden vorhergehenden über den Tod und den Schmerz gesprochen wurde, wird der dritte Tag des

volumen efficiet. 7. ut enim in Academiam nostram descendimus inclinato iam in postmeridianum tempus die, poposci eorum aliquem, qui aderant, causam disserendi. tum res acta sic est:

(4) Videtur mihi cadere in sapientem aegritudo.

Num reliquae quoque perturbationes animi, formidines libidines iracundiae? haec enim fere sunt eiusmodi, quae Graeci πάθη appellant; ego poteram 'morbos', et id verbum esset e verbo, sed in consuetudinem nostram non caderet. nam misereri, invidere, gestire, laetari, haec omnia morbos Graeci appellant, motus animi rationi non obtemperantis, nos autem hos eosdem motus concitati animi recte, ut opinor, perturbationes dixerimus, morbos autem non satis usitate, nisi quid aliud tibi videtur.

8. Mihi vero isto modo.

Haecine igitur cadere in sapientem putas?

Prorsus existimo.

Ne ista gloriosa sapientia non magno aestimanda est, siquidem non multum differt ab insania.

Quid? tibi omnisne animi commotio videtur insania?

Non mihi quidem soli, sed, id quod admirari saepe soleo, maioribus quoque nostris hoc ita visum intellego multis saeculis ante Socratem, a quo haec omnis, quae est de vita et de moribus, philosophia manavit.

Quonam tandem modo?

Quia nomen insaniae significat mentis aegrotationem et morbum, id est insanitatem et aegrotum animum, quam ap-

Gesprächs das dritte Buch ausmachen. 7. Wie wir nämlich in unsere Akademie hinunterstiegen, als der Tag sich schon dem Nachmittag zuneigte, bat ich einen der Anwesenden um ein Thema für die Erörterung. Darauf hat sich die Sache so abgespielt.

A.: Mir scheint, Kummer berühre den Weisen.

M.: Etwa auch die übrigen Wirren der Seele, Ängste, Begierden, Leidenschaften? Das ist nämlich ungefähr derlei, was die Griechen πάθη heißen. Ich hätte Krankheiten sagen können und das wäre Wort für Wort übersetzt, aber es würde nicht unserem Sprachgebrauch entsprechen. Denn sich erbarmen, neidisch sein, ausgelassen sein, sich freuen, alles dies nennen die Griechen Krankheiten, Bewegungen der Seele, die der Vernunft nicht gehorchen; wir aber würden diese selben Bewegungen einer aufgepeitschten Seele richtig, wie ich meine, Wirren nennen, Krankheiten nicht eigentlich aber nach dem Sprachgebrauch, wenn du nicht anders denkst.

8. A.: Nein, ebenso.

M.: Dies also, meinst du, berühre den Weisen?

A.: Ich bin fest überzeugt.

M.: Fürwahr, diese deine rühmliche Weisheit ist nicht hoch zu schätzen, da sie sich nicht sehr vom Wahnsinn unterscheidet.

A.: Wie? Scheint dir jede seelische Aufgeregtheit Wahnsinn?

M.: Nicht mir allein, sondern, worüber ich mich oft zu verwundern pflege, auch unseren Vorfahren schien es so, wie ich sehe, viele Jahrhunderte vor Sokrates, von dem doch diese ganze Philosophie, die vom Leben und den Sitten handelt, ihren Ausgang nahm.

A.: Wie denn dies?

M.: Weil das Wort insania Siechtum und Krankheit der Seele bezeichnet, das heißt Nichtgesundheit, und einen kran-

pellarunt insaniam. – 9. omnis autem perturbationes animi morbos philosophi appellant negantque stultum quemquam his morbis vacare. qui autem in morbo sunt, sani non sunt; et omnium insipientium animi in morbo sunt: omnes insipientes igitur insaniunt. – sanitatem enim animorum positam in tranquillitate quadam constantiaque censebant; his rebus mentem vacuam appellarunt insaniam, propterea quod in perturbato animo sicut in corpore sanitas esse non posset. (5) 10. nec minus illud acute, quod animi adfectionem lumine mentis carentem nominaverunt amentiam eandemque dementiam. ex quo intellegendum est eos qui haec rebus nomina posuerunt sensisse hoc idem, quod a Socrate acceptum diligenter Stoici retinuerunt, omnis insipientes esse non sanos. qui est enim animus in aliquo morbo – morbos autem hos perturbatos motus, ut modo dixi, philosophi appellant –, non magis est sanus quam id corpus quod in morbo est. ita fit ut sapientia sanitas sit animi, insipientia autem quasi insanitas quaedam, quae est insania eademque dementia; multoque melius haec notata sunt verbis Latinis quam Graecis. 11. quod aliis quoque multis locis reperietur; sed id alias, nunc, quod instat. totum igitur id quod quaerimus quid et quale sit, verbi vis ipsa declarat. eos enim sanos quoniam intellegi necesse est, quorum mens motu quasi morbo perturbata nullo sit, qui contra adfecti sint, hos insanos appellari necesse est. itaque nihil melius, quam quod est in consuetudine sermonis Latini, cum exisse ex potestate dicimus eos, qui ecfrenati feruntur aut

ken Geist, was sie in-sania genannt haben. – 9. Alle Anfregungen der Seele aber nennen die Philosophen Krankheiten und sagen, daß kein Nichtweiser frei ist von diesen Krankheiten: die aber in Krankheit sind, sind nicht gesund; und die Seelen aller Nichtweisen sind in Krankheit; alle Nichtweisen also sind wahnsinnig. – Gesundheit nämlich der Seele liege, meinten sie, in einer gewissen Ruhe und Gefaßtheit. Einen Sinn ohne diese Dinge nannten sie Wahnsinn deshalb, weil in einem verwirrten Geist, wie im Körper, Gesundheit nicht sein könne. 10. Ebenso scharfsinnig ist es, daß sie einen seelischen Zustand, der die Helligkeit des Geistes nicht hat, amentia und ebenso dementia nannten. Daraus ist zu erkennen, daß die, welche den Dingen diese Namen gaben, dasselbe empfanden, was die Stoiker von Sokrates übernommen und umsichtig beibehalten haben, daß nämlich alle Unvernünftigen nicht gesund sind. Die Seele nämlich, die sich in einem Krankheitszustand befindet – Krankheiten aber nennen diese aufgeregten Bewegungen, wie ich eben sagte, die Philosophen – ist ebensowenig gesund wie der Körper, der eine Krankheit durchmacht. So ergibt sich, daß Weisheit eine Gesundheit der Seele ist, Torheit aber sozusagen ein Ungesundsein, was eben Wahnsinn und zugleich Verrücktheit ist. Und dies ist viel besser in den lateinischen Worten als den griechischen ausgedrückt, wie es sich auch an vielen anderen Stellen finden wird. 11. Aber darüber ein andermal; jetzt, was vordringlich ist. Das Ganze also, was wir nach Wesen und Beschaffenheit zu erkennen suchen, wird von der Bedeutung des Wortes selbst erhellt. Da man die nämlich als gesund erkennen muß, deren Geist durch keine Bewegung gleich wie durch eine Krankheit aufgewühlt ist, muß man notwendig die, welche in entgegengesetzter Verfassung sind, krankhaft heißen. Daher gibt es nichts Treffenderes als den lateinischen Sprachgebrauch, wenn wir sagen, die hätten die Gewalt verloren, die zügellos von ihrer Triebhaftigkeit oder ihrer Wut

libidine aut iracundia – quamquam ipsa iracundia libidinis est pars; sic enim definitur iracundia: ulciscendi libido –; qui igitur exisse ex potestate dicuntur, idcirco dicuntur, quia non sint in potestate mentis, cui regnum totius animi a natura tributum est. Graeci autem μανίαν unde appellent, non facile dixerim; eam tamen ipsam distinguimus nos melius quam illi. hanc enim insaniam, quae iuncta stultitia patet latius, a furore disiungimus. Graeci volunt illi quidem, sed parum valent verbo: quem nos furorem, μελαγχολίαν illi vocant; quasi vero atra bili solum mens ac non saepe vel iracundia graviore vel timore vel dolore moveatur; quo genere Athamantem Alcmaeonem Aiacem Orestem furere dicimus. qui ita sit adfectus, eum dominum esse rerum suarum vetant duodecim tabulae; itaque non est scriptum 'si insanus', sed 'si furiosus escit'. stultitiam enim censuerunt constantia, id est sanitate, vacantem posse tamen tueri mediocritatem officiorum et vitae communem cultum atque usitatum; furorem autem esse rati sunt mentis ad omnia caecitatem. quod cum maius esse videatur quam insania, tamen eius modi est, ut furor in sapientem cadere possit, non possit insania. sed haec alia quaestio est; nos ad propositum revertamur.

(6) 12. Cadere, opinor, in sapientem aegritudinem tibi dixisti videri.

Et vero ita existimo.

Humanum id quidem, quod ita existumas. non enim silice nati sumus, sed est naturale in animis tenerum quiddam atque

hingerissen werden; freilich ist die Wut selbst ein Teil der Triebhaftigkeit. So wird nämlich die Wut bestimmt: der Trieb, sich zu rächen. Die also, die, wie man sagt, die Gewalt verloren haben, von denen wird das deshalb gesagt, weil die nicht in der Gewalt des Geistes sind, dem die Herrschaft über die ganze Seele von der Natur zugewiesen ist. Wonach die Griechen aber ihre μανίαν nennen, könnte ich nicht leicht sagen; die Sache selbst aber unterscheiden wir besser als sie; die Krankhaftigkeit nämlich, die in Verbindung mit der Dummheit weitere Verbreitung hat, trennen wir vom eigentlichen Wahnsinn. Die Griechen wollen es zwar, aber sie kommen nicht recht mit dem Wort zustande. Was wir Wahnsinn, nennen sie μελαγχολίαν; als ob der Geist allein durch die schwarze Galle und nicht oft durch einen schweren Zorn oder durch Furcht oder Schmerz bewegt würde, so wie Athamas, Alkmaion, Aias, Orest wahnsinnig sind, wie wir sagen. Wer solcher Verfassung ist, der darf nach den zwölf Tafeln nicht Herr seiner Sache sein; deshalb ist nicht geschrieben: wenn einer krankhaft, sondern: wenn einer tobsüchtig ist. Torheit, so war ihre Ansicht, die der Ausgeglichenheit, das heißt der Gesundheit, ermangelt, kann doch die mittleren Pflichten und die allgemeine und gebräuchliche Lebensführung innehalten; Wahnsinn aber glaubten sie, sei Blindheit des Geistes allem gegenüber. Obwohl das schlimmer zu sein scheint als Krankhaftigkeit, ist es doch derart, daß Wüten dem Weisen zustoßen kann, nicht dagegen die Krankhaftigkeit. Aber das ist eine andere Frage; jetzt wollen wir zum Thema zurückkehren.

12. Du hast, glaube ich, behauptet, Kummer scheine dir den Weisen zu befallen.

A.: Ja, das meine ich.

M.: Es ist menschlich, daß du so denkst. Sind wir doch nicht von einem Stein geboren, sondern ist doch etwas von Natur Zartes und Weiches in unseren Seelen, das durch den

molle, quod aegritudine quasi tempestate quatiatur, nec absurde Crantor ille, qui in nostra Academia vel in primis fuit nobilis, 'minime' inquit 'adsentior is qui istam nescio quam indolentiam magno opere laudant, quae nec potest ulla esse nec debet. ne aegrotus sim; si' inquit 'fuerim, sensus adsit, sive secetur quid sive avellatur a corpore. nam istuc nihil dolere non sine magna mercede contingit inmanitatis in animo, stuporis in corpore.' 13. sed videamus ne haec oratio sit hominum adsentantium nostrae inbecillitati et indulgentium mollitudini; nos autem audeamus non solum ramos amputare miseriarum, sed omnis radicum fibras evellere. tamen aliquid relinquetur fortasse; ita sunt altae stirpes stultitiae; sed relinquetur id solum quod erit necessarium. Illud quidem sic habeto, nisi sanatus animus sit, quod sine philosophia fieri non potest, finem miseriarum nullum fore. quam ob rem, quoniam coepimus, tradamus nos ei curandos: sanabimur, si volemus. et progrediar quidem longius: non enim de aegritudine solum, quamquam id quidem primum, sed de omni animi, ut ego posui, perturbatione, morbo, ut Graeci volunt, explicabo. et primo, si placet, Stoicorum more agamus, qui breviter astringere solent argumenta; deinde nostro instituto vagabimur.

(7) 14. Qui fortis est, idem est fidens (quoniam confidens mala consuetudine loquendi in vitio ponitur, ductum verbum a confidendo, quod laudis est). qui autem est fidens, is profecto non extimescit; discrepat enim a timendo confidere. atqui, in

Schmerz der Seele wie durch einen Sturm geschüttelt wird. Nicht übel sagte Krantor, der in unserer Akademie sogar besonders angesehen war: «Nicht stimme ich denen bei, die diese sogenannte Gefühllosigkeit loben. Sie kann und darf es nicht geben. Möchte ich nie krank sein! Wenn ich es bin», sagte er, «soll eine Empfindung da sein, sei es daß etwas geschnitten, sei es abgerissen wird vom Körper. Denn die Unempfindlichkeit wird einem nicht ohne hohen Preis zuteil: den Preis der Roheit in der Seele, der Stumpfheit im Körper.» – 13. Aber sehen wir uns vor, daß dies nicht die Rede von Menschen sei, die unserer Schwachheit schmeicheln und unserer Weichheit nachgeben. Wir aber wollen wagen, nicht nur die Schöße des Jammers zu verschneiden, sondern alle Wurzelfasern herauszureißen. Dennoch wird vielleicht etwas zurückbleiben: so tief sitzen die Wurzeln der Torheit. Aber nur das wird zurückbleiben, was unvermeidlich ist. Das halte fest: wenn die Seele nicht geheilt ist, was ohne Philosophie nicht geschehen kann, wird kein Ende des Elends sein. Deshalb – da wir ja einmal begonnen haben – übergeben wir uns ihr zur Heilung: wir werden geheilt werden, wenn wir wollen. Und zwar werde ich etwas weitergehen; ich werde nämlich nicht nur über den Kummer, wenn auch darüber vorzüglich, sondern über jede Verwirrung der Seele, wie ich mich ausdrücke – über jede Krankheit, wie die Griechen wollen –, meine Ausführungen machen. Und zuerst, wenn es dir recht ist, wollen wir nach Art der Stoiker vorgehen, die ihre Beweise kurz zu fassen pflegen; dann werden wir nach unserer Weise breiter werden.

14. Wer tapfer ist, besitzt auch Selbstvertrauen (ich sage Selbstvertrauen, da ja Selbstbewußtheit durch eine schlechte Sprachgewohnheit als Fehler gezählt wird, ein Wort, das sich von dem Verb seines Wertes sich bewußt sein herleitet, was rühmlich ist). Wer aber Selbstvertrauen besitzt, der fürchtet sich in der Tat nicht; denn seines Wertes sich bewußt sein

quem cadit aegritudo, in eundem timor; quarum enim rerum praesentia sumus in aegritudine, easdem inpendentes et venientes timemus. ita fit ut fortitudini aegritudo repugnet. veri simile est igitur, in quem cadat aegritudo, cadere in eundem timorem et infractionem quidem animi et demissionem. quae in quem cadunt, in eundem cadit, ut serviat, ut victum, si quando, se esse fateatur. quae qui recipit, recipiat idem necesse est timiditatem et ignaviam. non cadunt autem haec in virum fortem: igitur ne aegritudo quidem. at nemo sapiens nisi fortis: non cadet ergo in sapientem aegritudo. 15. Praeterea necesse est, qui fortis sit, eundem esse magni animi; qui magni animi sit, invictum; qui invictus sit, eum res humanas despicere atque infra se positas arbitrari. despicere autem nemo potest eas res, propter quas aegritudine adfici potest; ex quo efficitur fortem virum aegritudine numquam adfici. omnes autem sapientes fortes: non cadit igitur in sapientem aegritudo. Et quem ad modum oculus conturbatus non est probe adfectus ad suum munus fungendum, et reliquae partes totumve corpus statu cum est motum, deest officio suo et muneri, sic conturbatus animus non est aptus ad exequendum munus suum. munus autem animi est ratione bene uti; et sapientis animus ita semper adfectus est, ut ratione optime utatur; numquam igitur est perturbatus. at aegritudo perturbatio est animi: semper igitur ea sapiens vacabit.

(8) 16. Veri etiam simile illud est, qui sit temperans – quem Graeci σώφρονα appellant eamque virtutem σωφροσύνην vocant, quam soleo equidem tum temperantiam, tum modera-

paßt nicht zu Furcht. Wen jedoch Kummer berührt, den berührt auch Furcht; die Dinge nämlich, durch deren Gegenwart wir in Kummer sind, vor denen sind wir in Furcht, wenn sie noch drohen und herankommen. So ergibt sich, daß Kummer der Tapferkeit widerstreitet. Wahrscheinlich ist es also, daß den, welchen Kummer berührt, auch Furcht trifft und damit zugleich Gebrochen- und Niedergedrücktsein der Seele. Wen das trifft, auf den trifft auch zu, daß er Sklave ist, daß er, wenn einmal der Fall eintritt, sich für besiegt erklärt. Wer das auf sich nimmt, der nimmt damit auch notwendig Ängstlichkeit und Feigheit in sich auf. Das trifft aber nicht den Tapferen; also auch nicht der Kummer. Niemand aber ist weise, der nicht tapfer wäre; also wird Kummer nicht den Weisen treffen. 15. Außerdem muß, wer tapfer ist, notwendig auch Seelengröße besitzen. Wer Seelengröße besitzt, unbesieglich sein; wer unbesieglich ist, die menschlichen Dinge verachten und als unter sich liegend betrachten; verachten aber kann niemand die Dinge, deretwegen er von Kummer erfüllt sein kann; daraus folgt, daß ein Tapferer nie vom Kummer betroffen wird. Alle Weisen aber sind tapfer; also trifft den Weisen kein Kummer. Und wie ein verwirrtes Auge nicht recht in der Verfassung ist, sein Amt zu üben, und die übrigen Körperteile und der ganze Körper, wenn er aus dem Gleichgewicht gebracht ist, seine Pflicht und sein Amt versäumt, so ist auch eine verwirrte Seele nicht fähig, ihr Werk auszuführen. Das Werk der Seele aber ist es, die Vernunft wohl zu brauchen, und die Seele des Weisen ist immer so gestimmt, daß sie die Vernunft am besten zu Rate zieht; niemals ist sie also verwirrt. Der Kummer aber ist eine Verwirrung des Geistes; immer also wird der Weise frei von ihm sein.

16. Wahrscheinlich ist auch, daß der, welcher maßvoll ist – die Griechen heißen ihn σώφρονα und nennen diese Tugend σωφροσύνη, ich pflege sie bald Ausgeglichenheit, bald Mäßi-

tionem appellare, non numquam etiam modestiam; sed haud scio an recte ea virtus frugalitas appellari possit, quod angustius apud Graecos valet, qui frugi homines χρησίμους appellant, id est tantum modo utilis; at illud est latius; omnis enim abstinentia, omnis innocentia (quae apud Graecos usitatum nomen nullum habet, sed habere potest ἀβλάβειαν; nam est innocentia adfectio talis animi quae noceat nemini) – reliquas etiam virtutes frugalitas continet. quae nisi tanta esset, et si is angustiis, quibus plerique putant, teneretur, numquam esset L. Pisonis cognomen tanto opere laudatum. 17. sed quia, nec qui propter metum praesidium reliquit, quod est ignaviae, nec qui propter avaritiam clam depositum non reddidit, quod est iniustitiae, nec qui propter temeritatem male rem gessit, quod est stultitiae, frugi appellari solet, eo tris virtutes, fortitudinem iustitiam prudentiam, frugalitas complexa est (etsi hoc quidem commune est virtutum; omnes enim inter se nexae et iugatae sunt): reliqua igitur et quarta virtus sit ipsa frugalitas. eius enim videtur esse proprium motus animi adpetentis regere et sedare semperque adversantem libidini moderatam in omni re servare constantiam. cui contrarium vitium nequitia dicitur. 18. frugalitas, ut opinor, a fruge, qua nihil melius e terra, nequitia ab eo (etsi erit hoc fortasse durius, sed temptemus: lusisse putemur, si nihil sit) ab eo, quod nequicquam est in tali homine, ex quo idem 'nihili' dicitur. – qui sit frugi igitur vel, si mavis, moderatus et temperans, eum necesse est esse constantem; qui autem constans, quietum; qui quietus, perturba-

gung zu nennen, bisweilen auch Bescheidenheit. Aber vielleicht könnte man sie auch treffend Bravheit nennen. Das hat engere Bedeutung bei den Griechen, die brave Männer χρήσιμοι heißen, d. h. nur nützlich. Aber jenes Wort hat weitere Bedeutung; denn jede Enthaltsamkeit, jede Unschuld – sie hat bei den Griechen keinen gebräuchlichen Namen, kann aber ἀβλάβεια heißen; denn die Unschuld ist eine Haltung der Seele, die niemandem schadet – und auch die übrigen Tugenden enthält die Bravheit in sich. Wenn sie nicht so bedeutend wäre und sich in der Enge, wie die meisten glauben, hielte, wäre der Beiname des Lucius Piso nie mit solchem Rühmen genannt worden. 17. Weil aber weder wer aus Furcht seinen Posten verlassen hat, was Feigheit ist, noch wer aus Habsucht heimlich Anvertrautes nicht zurückerstattete, was Ungerechtigkeit ist, noch wer aus Unbesonnenheit seine Sache schlecht geführt hat, was Torheit ist, brav genannt zu werden pflegt, deshalb umfaßt die Bravheit die drei Tugenden, die Tapferkeit, die Gerechtigkeit, die Klugheit (freilich ist das den Tugenden gemeinsam; alle nämlich sind unter sich verknüpft und verschränkt); die restliche also und die vierte sei die Bravheit im eigentlichen Sinne. Ihr eigen nämlich scheint es zu sein, die begehrenden Seelenregungen zu lenken und zu beschwichtigen und jeder Begierde entgegentretend maßvolle Beherrschtheit in jeder Lage zu wahren. Als Laster auf der Gegenseite entspricht ihr die Nichtsnutzigkeit. 18. Frugalitas kommt, wie ich meine, von fruges, dem Besten aus der Erde, Nichtsnutzigkeit = nequitia aber – mag das vielleicht auch etwas gewaltsam sein, aber versuchen wir es; man denke, wir hätten gescherzt, wenn es nichts damit ist – daher, weil nichts = nequicquam in einem solchen Menschen steckt, weswegen er auch Nichtsnutz = nihili heißt. Wer nun brav oder wenn du lieber willst, maßvoll und ausgeglichen ist, muß notwendig beherrscht sein; wer aber beherrscht, ruhig; wer ruhig, frei von jeder Ver-

tione omni vacuum, ergo etiam aegritudine. et sunt illa sapientis: aberit igitur a sapiente aegritudo.

(9) Itaque non inscite Heracleotes Dionysius ad ea disputat, quae apud Homerum Achilles queritur hoc, ut opinor, modo:

Corque meum penitus turgescit tristibus iris,
Cum decore atque omni me orbatum laude recordor.

19. num manus adfecta recte est, cum in tumore est, aut num aliud quodpiam membrum tumidum ac turgidum non vitiose se habet? sic igitur inflatus et tumens animus in vitio est. sapientis autem animus semper vacat vitio, numquam turgescit, numquam tumet; at irati animus eius modi est: numquam igitur sapiens irascitur. nam si irascitur, etiam concupiscit; proprium est enim irati cupere, a quo laesus videatur, ei quam maxumum dolorem inurere. qui autem id concupierit, eum necesse est, si id consecutus sit, magno opere laetari. ex quo fit, ut alieno malo gaudeat; quod quoniam non cadit in sapientem, ne ut irascatur quidem cadit. sin autem caderet in sapientem aegritudo, caderet etiam iracundia; qua quoniam vacat, aegritudine etiam vacabit. 20. Etenim si sapiens in aegritudinem incidere posset, posset etiam in misericordiam, posset in invidentiam (non dixi 'invidiam', quae tum est, cum invidetur; ab invidendo autem invidentia recte dici potest, ut effugiamus ambiguum nomen invidiae. quod verbum est a nimis intuendo fortunam alterius, ut est in Melanippo:

quisnam florem liberum invidit meum?

male Latine videtur, sed praeclare Accius; ut enim 'videre', sic 'invidere florem' rectius quam 'flori'. nos consuetudine pro-

wirrung, also auch von Kummer. Und das sind Eigenschaften des Weisen; fern wird also vom Weisen der Kummer sein.

Deshalb spricht Dionys aus Herakleia hübsch gegen die Klagen, die bei Homer Achill, wie ich glaube, etwa so ausdrückt:

Tief ist geschwellt mein Herz von finster brütendem Grimme,
denk ich daran, wie der Ehre und alles Ruhms ich beraubt bin.

19. Ist etwa die Hand in rechter Verfassung, wenn sie geschwollen ist oder ist ein anderes geschwollenes und gedunsenes Glied etwa nicht gebresthaft? So ist also eine geschwellte und aufgetriebene Seele ein Gebrechen. Des Weisen Seele aber ist immer frei von Gebrechen, sie schwillt niemals, sie geht nie hoch; aber eine zornige Seele ist dieser Art; niemals also zürnt der Weise. Denn wenn er zürnt, begehrt er auch. Ist es doch dem Zornentflammten eigentümlich, dem, von dem er verletzt zu sein glaubt, einen möglichst großen Schmerz einbrennen zu wollen. Wer das begehrt, muß sich notwendig, wenn er es erreicht hat, sehr freuen, woraus folgt, daß er sich über fremdes Unglück freut. Da das nicht auf den Weisen zutrifft, trifft es auch nicht zu, daß er zürnt. Wenn aber einen Weisen Kummer träfe, würde ihn auch jäher Zorn befallen; da er davon frei ist, wird er auch von Kummer frei sein. 20. Denn außerdem: wenn in Kummer, könnte der Weise auch in Mitleid, in Neiden verfallen. (Ich habe nicht gesagt «Neid», was man dann sagt, wenn jemand Neid erregt. Von beneiden aber kann richtig das Neiden gebildet werden, um dem zweideutigen Wort Neid = invidia zu entgehen, einem Wort, das sich davon herleitet, daß jemand das Glück des Nächsten allzu sehr mit scheelem Blick ansieht, wie es in dem Melanippus heißt:

Wer denn schaute meiner Kinder Blüte scheel?

Das scheint schlechtes Latein, ist aber von Accius sehr trefflich gesagt; wie man nämlich «schauen», so sagt man auch «scheel

hibemur; (10) 21. poëta ius suum tenuit et dixit audacius) – cadit igitur in eundem et misereri et invidere. nam qui dolet rebus alicuius adversis, idem alicuius etiam secundis dolet, ut Theophrastus interitum deplorans Callisthenis sodalis sui, rebus Alexandri prosperis angitur, itaque dicit Callisthenem incidisse in hominem summa potentia summaque fortuna, sed ignarum quem ad modum rebus secundis uti conveniret. atqui, quem ad modum misericordia aegritudo est ex alterius rebus adversis, sic invidentia aegritudo est ex alterius rebus secundis. in quem igitur cadit misereri, in eundem etiam invidere; non cadit autem invidere in sapientem: ergo ne misereri quidem. quodsi aegre ferre sapiens soleret, misereri etiam soleret. abest ergo a sapiente aegritudo.

22. Haec sic dicuntur a Stoicis concluduntur que contortius. sed latius aliquando dicenda sunt et diffusius; sententiis tamen utendum eorum potissimum, qui maxime forti et, ut ita dicam, virili utuntur ratione atque sententia. nam Peripatetici, familiares nostri, quibus nihil est uberius, nihil eruditius, nihil gravius, mediocritates vel perturbationum vel morborum animi mihi non sane probant. omne enim malum, etiam mediocre, malum est; nos autem id agimus, ut id in sapiente nullum sit omnino. nam ut corpus, etiamsi mediocriter aegrum est, sanum non est, sic in animo ista mediocritas caret sanitate. itaque praeclare nostri, ut alia multa, molestiam sollicitudinem angorem propter similitudinem corporum aegrorum aegritudinem

schauen» richtiger «die Blüte» als «auf die Blüte». Und verbietet das der Sprachgebrauch; 21. der Dichter behauptet sein Recht und spricht kühner.) Es trifft also auf ihn auch sowohl das Sicherbarmen als das Beneiden zu. Denn wer Schmerz empfindet über des Nächsten widrige Lage, der empfindet auch Schmerz über jemandes Glück, wie Theophrast, indem er das Ende seines Freundes Kallisthenes beklagt, über Alexanders günstige Umstände beklommen ist. Und so sagt er, Kallisthenes sei an einen Menschen von höchster Macht und größtem Glück geraten, der aber nicht wisse, wie man sich im Glück verhalten müsse. Und wie das Mitleid ein Kummer infolge des Unglücks des Nächsten ist, so das Neiden ein Kummer auf Grund der glücklichen Umstände des anderen. Wen also das Mitleiden berührt, den berührt auch das Neiden; Neiden aber berührt nicht den Weisen; also auch nicht Mitleiden. Wenn aber der Weise sich zu härmen pflegte, würde er auch Mitleid zu haben pflegen. Fern also ist vom Weisen der Kummer.

22. So wird das von den Stoikern vorgetragen und etwas gewunden geschlossen. Aber man muß es einmal breiter und weiter entwickeln; die Gedanken aber muß man doch in erster Linie von denen nehmen, die die entschiedenste und sozusagen männliche Vernunft und Meinung vertreten: denn die Peripatetiker, unsere Freunde, über die hinaus es nichts von größerer Fülle, nichts Gebildeteres, nichts von größerem Gewichte gibt, können mich freilich nicht mit den gemäßigten Leidenschaften oder wenn man will Krankheiten der Seele befreunden. Denn jedes Übel, auch ein gemäßigtes, ist ein Übel. Wir aber wollen beweisen, daß im Weisen überhaupt keines wohnt. Denn wie der Körper, auch wenn er nur mäßig krank ist, nicht gesund ist, so entbehrt auch bei der Seele diese Mittelmäßigkeit der Gesundheit. Deshalb haben unsere Landsleute trefflich neben vielem anderen Beschwerden, Aufgeregtheit, Angst wegen der Ähnlichkeit mit kranken und verküm-

nominaverunt. 23. hoc propemodum verbo Graeci omnem animi perturbationem appellant; vocant enim πάθος, id est morbum, quicumque est motus in animo turbidus. nos melius: aegris enim corporibus simillima animi est aegritudo, at non similis aegrotationis est libido, non inmoderata laetitia, quae est voluptas animi elata et gestiens. ipse etiam metus non est morbi admodum similis, quamquam aegritudini est finitimus, sed proprie, ut aegrotatio in corpore, sic aegritudo in animo nomen habet non seiunctum a dolore. doloris huius igitur origo nobis explicanda est, id est causa efficiens aegritudinem in animo tamquam aegrotationem in corpore. nam ut medici causa morbi inventa curationem esse inventam putant, sic nos causa aegritudinis reperta medendi facultatem reperiemus.

(11) 24. Est igitur causa omnis in opinione, nec vero aegritudinis solum, sed etiam reliquarum omnium perturbationum, quae sunt genere quattuor, partibus plures. nam cum omnis perturbatio sit animi motus vel rationis expers vel rationem aspernans vel rationi non oboediens, isque motus aut boni aut mali opinione citetur bifariam, quattuor perturbationes aequaliter distributae sunt. nam duae sunt ex opinione boni; quarum altera, voluptas gestiens, id est praeter modum elata laetitia, opinione praesentis magni alicuius boni, altera, [cupiditas, quae recte vel libido dici potest,] quae est inmoderata adpetitio opinati magni boni rationi non obtemperans, vel cupiditas recte vel libido dici potest. – 25. ergo haec

mernden Körpern Kummer genannt. 23. Mit diesem Wort bezeichnen die Griechen fast jede Aufregung der Seele; sie heißen nämlich πάθος, das heißt Leiden, jede aufgeregte Bewegung der Seele. Wir besser: denn den kranken Körpern am ähnlichsten ist der Kummer der Seele; nicht ähnlich indes dem Kranksein ist die Begierde, nicht die unmäßige Freude, eine übersteigerte und ausgelassene Lust der Seele. Selbst auch die Furcht ist der Krankheit nicht recht ähnlich, wenn sie auch dem Kummer verwandt ist; aber in der eigentlichen Bedeutung hat, wie das Kranksein beim Körper, so der Kummer bei der Seele einen Namen, der sich vom Schmerz nicht trennen läßt. Der Ursprung dieses Schmerzes also muß von uns dargelegt werden, das heißt die Ursache, die den Kummer in der Seele bewirkt gleich wie das Kranksein im Körper. Denn wie die Ärzte glauben, daß, wenn die Ursache der Krankheit gefunden ist, auch die Heilung gefunden sei, so werden wir, haben wir die Ursache des Kummers gefunden, auch die Möglichkeit ihn zu heilen finden.

24. Es liegt nun die ganze Ursache in der Einbildung, und zwar nicht allein die des Kummers, sondern auch die der übrigen Leidenschaften, die der Art nach vier, nach Unterteilen noch zahlreicher sind. Denn da jede Leidenschaft eine Bewegung der Seele ist, die der Vernunft entbehrt oder die Vernunft abweist oder der Vernunft nicht gehorcht, und diese Bewegung durch die Vorstellung eines Gutes oder eines Übels in zweifacher Weise hervorgerufen wird, gliedern sich vier Leidenschaften gleichmäßig ab. Denn zwei beruhen auf der Vorstellung eines Gutes. Die eine von ihnen, die überschäumende Lust, das heißt eine über das Maß hinausgehobene Freude, auf der Vorstellung eines gegenwärtigen großen Gutes. Die andere, die das unmäßige Streben nach einem vorgestellten Gut ist, das sich der Vernunft nicht fügt, kann man mit Recht Begierde oder Gelüsten nennen. 25. Diese zwei Arten also, über-

duo genera, voluptas gestiens et libido, bonorum opinione turbantur, ut duo reliqua, metus et aegritudo, malorum. nam et metus opinio magni mali inpendentis et aegritudo est opinio magni mali praesentis, et quidem recens opinio talis mali, ut in eo rectum videatur esse angi, id autem est, ut is qui doleat oportere opinetur se dolere. his autem perturbationibus, quas in vitam hominum stultitia quasi quasdam Furias inmittit atque incitat, omnibus viribus atque opibus repugnandum est, si volumus hoc, quod datum est vitae, tranquille placideque traducere.

Sed cetera alias; nunc aegritudinem, si possumus, depellamus. id enim sit propositum, quandoquidem eam tu videri tibi in sapientem cadere dixisti, quod ego nullo modo existimo; taetra enim res est, misera, detestabilis, omni contentione, velis, ut ita dicam, remisque fugienda. (12) 26. qualis enim tibi ille videtur

Tántalo prognátus, Pelope nátus, qui quondam á socru
Oénomao rege Híppodameam ráptis nanctus núptiis –?

Iovis iste quidem pronepos. tamne ergo abiectus tamque fractus?

Nolíte, inquit, hospités ad me adíre, ilico ístic,
Ne cóntagió mea bonís umbrave óbsit.
Tanta vis scéleris in córpore haéret.

tu te, Thyesta, damnabis orbabisque luce propter vim sceleris alieni? quid? illum filium Solis nonne patris ipsius luce indignum putas?

schäumende Lust und Begierde, werden durch die Vorstellung von Gütern erregt, wie die zwei übrigen, Furcht und Kummer, durch die von Übeln. Furcht nämlich ist die Vorstellung von einem großen drohenden Übel, und Kummer ist die Vorstellung eines großen gegenwärtigen Übels, und zwar die frische Vorstellung eines solchen Übels, so daß es richtig scheint, dabei bedrückt zu sein; das heißt aber, daß der, welcher Schmerz empfindet, in der Vorstellung lebt, er müsse Schmerz empfinden. Diesen Leidenschaften aber, die die Torheit auf das Leben der Menschen wie Furien losläßt und hetzt, muß man mit allen Kräften und Mitteln Widerstand leisten, wollen wir das, was uns an Leben gegeben ist, ruhig und in Frieden dahinbringen.

Indes das übrige ein ander Mal; jetzt wollen wir den Kummer, wenn wir können, verjagen. Das nämlich sei unser Ziel, da du ja sagtest, er scheine dir den Weisen zu treffen, was ich keineswegs glauben kann. Eine scheußliche Sache nämlich ist er, jammervoll, abscheulich, mit aller Anspannung, mit Segeln und Rudern sozusagen zu meiden. 26. Von welcher Art scheint dir denn jener

Enkel des Tantalos, des Pelops Sohn, der einst in erraubter Eh'
Oinomaos, dem König und Schwiegervater, Hippodameia stahl,

dieser Urenkel des Zeus? So verzagt also und gebrochen ist er?

Nicht naht mir, ihr Fremden! Hinweg hier, bleibt dort stehn!
Daß Anrührn und Schatten den Guten nicht schade!
So schwer sitzt des Frevels Gewalt mir im Leibe!

Du, Thyestes, willst dich selbst verdammen und des Lichtes berauben wegen der Wucht eines fremden Frevels? Wie? Jenen Sohn des Sol hältst du doch wohl des Lichtes eben seines Vaters für unwert, nicht wahr?

Refúgere oculi, córpus macie extábuit,
Lacrimaé peredere úmore exanguís genas,
Situm ínter oris bárba paedore hórrida atque
Intónsa infuscat péctus inluvié scabrum.

haec mala, o stultissime Aeeta, ipse tibi addidisti; non inerant in is quae tibi casus invexerat, et quidem inveterato malo, cum tumor animi resedisset – est autem aegritudo, ut docebo, in opinione mali recentis –; sed maeres videlicet regni desiderio, non filiae. illam enim oderas, et iure fortasse; regno non aequo animo carebas. est autem inpudens luctus maerore se conficientis, quod imperare non liceat liberis. 27. Dionysius quidem tyrannus Syracusis expulsus Corinthi pueros docebat: usque eo imperio carere non poterat. Tarquinio vero quid impudentius, qui bellum gereret cum is qui eius non tulerant superbiam? is cum restitui in regnum nec Veientium nec Latinorum armis potuisset, Cumas contulisse se dicitur inque ea urbe senio et aegritudine esse confectus. (13) Hoc tu igitur censes sapienti accidere posse, ut aegritudine opprimatur, id est miseria? nam cum omnis perturbatio miseria est, tum carnificina est aegritudo. habet ardorem libido, levitatem laetitia gestiens, humilitatem metus, sed aegritudo maiora quaedam, tabem cruciatum adflictationem foeditatem, lacerat exest animum planeque conficit. hanc nisi exuimus sic ut abiciamus, miseria carere non possumus.

Das Auge sinkt zurück, die Schwäche zehrt am Leib,
der Tränen Strom zerfrißt die Wangen, leer von Blut,
der Bart im Schmutz des Antlitzes vor Unrat starr
und ungeschorn beschattet seine räud'ge Brust.

Diese Übel, du großer Tor Aietes, hast du dir selber zugefügt: sie waren nicht in dem enthalten, was dir der Schicksalsschlag beigebracht, und noch dazu bei einem verjährten Unglück, als die Aufwallung der Seele sich schon gesetzt hatte – es beruht aber der Kummer, wie ich zeigen werde, auf der Vorstellung eines frischen Übels –, aber du härmst dich offenbar in Sehnsucht nach deinem Königtum, nicht nach der Tochter. Sie haßtest du nämlich und vielleicht mit Recht; den Verlust deines Reiches ertrugst du nicht mit Gleichmut. Unverschämt aber ist die Trauer eines Menschen, der sich in Gram verzehrt, weil er über freie Menschen nicht gebieten darf. 27. Der Tyrann Dionys, aus Syrakus vertrieben, lehrte in Korinth die Knaben. So wenig mochte er die Herrschaft missen. Was gar gibt es Unverschämteres als Tarquinius, der Krieg mit denen führte, die seine Überhebung nicht ertragen hatten? Als er in sein Reich weder durch der Veienter noch der Latiner Waffen hatte wieder eingesetzt werden können, soll er sich nach Cumae begeben und sich in dieser Stadt in greisenhafter Schwäche und in Kummer verzehrt haben. Dies also, meinst du, könne dem Weisen zustoßen, daß er sich dem Kummer beuge, das heißt dem Elend? Denn jede Leidenschaft ist Elend, Kummer aber ist Folter. Es hat die Lust verzehrendes Feuer, die überschäumende Freude Leichtsinn, die Furcht Gedrücktheit, aber der Kummer Schlimmeres; Siechtum, Marter, Pein, Entstellung; er zerreißt und zerfrißt die Seele und verzehrt sie völlig. Wenn wir ihn nicht so ablegen, daß wir ihn zu Boden strecken, vermögen wir nicht von Elend frei zu sein.

28. Atque hoc quidem perspicuum est, tum aegritudinem existere, cum quid ita visum sit, ut magnum quoddam malum adesse et urgere videatur. Epicuro autem placet opinionem mali aegritudinem esse natura, ut, quicumque intueatur in aliquod maius malum, si id sibi accidisse opinetur, sit continuo in aegritudine. Cyrenaici non omni malo aegritudinem effici censent, sed insperato et necopinato malo. est id quidem non mediocre ad aegritudinem augendam: videntur enim omnia repentina graviora. ex hoc et illa iure laudantur:

Égo cum genui, túm morituros scívi et ei rei sústuli.
Praéterea ad Troiám cum misi ob défendendam Graéciam,
Scíbam me in mortíferum bellum, nón in epulas míttere.

(14) 29. haec igitur praemeditatio futurorum malorum lenit eorum adventum, quae venientia longe ante videris. itaque apud Euripiden a Theseo dicta laudantur; licet enim, ut saepe facimus, in Latinum illa convertere:

Nam qui haéc audita a dócto meminissém viro,
Futúras mecum cómmentabar míserias:
Aut mórtem acerbam aut éxili maestám fugam
Aut sémper aliquam mólem meditabár mali,
Ut, sí qua invecta díritas casú foret,
Ne me ínparatum cúra lacerarét repens.

30. quod autem Theseus a docto se audisse dicit, id de se ipso loquitur Euripides. fuerat enim auditor Anaxagorae, quem ferunt nuntiata morte filii dixisse: 'sciebam me genuisse mor-

28. Und das ist dabei offenkundig, daß der Kummer dann entsteht, wenn etwas sich so gezeigt hat, daß es als ein großes Übel dem Anschein nach da ist und bedrängt. Epikur aber ist der Meinung, daß die Vorstellung eines Übels naturnotwendig Kummer ist, derart, daß jeder, der auf ein größeres Übel schaut, sogleich, wenn er der Vorstellung ist, ihn habe es betroffen, in Kummer ist. Die Kyrenaiker urteilen, nicht durch jedes Übel werde Kummer bewirkt, sondern nur durch ein unverhofftes und unvermutetes Übel. Und das ist sicher nicht ohne Bedeutung für die Steigerung des Kummers; denn alles Plötzliche scheint schlimmer. Infolgedessen werden auch die bekannten Verse mit Recht gelobt:

Da ich zeugte, wußt' ich sterblich sie und zog sie dafür auf;
als nach Troia ich sie schickte zur Verteid'gung Griechenlands,
wußt' ich außerdem, ich schick zum mordend' Krieg sie, nicht zum Fest.

29. Dieses Vorherbedenken kommenden Unglücks also mildert das Eintreffen dessen, was du lange vorher schon hast kommen sehen. Deshalb werden die Worte des Theseus bei Euripides häufig lobend zitiert; ich darf sie, wie ich oft tue, ins Lateinische übersetzen:

Da mir, was ich von einem Weisen hört', bewußt,
bedacht ich mir das Elend, das da kommen könnt';
sann bittern Tod, sann trauriger Verbannung Flucht,
ich sann auf irgendeines Unglücks Last stets fort,
daß, wenn durch Zufall eine Schrecklichkeit mich träf',
mich plötzlich nicht die Sorge unbereit zerfräß'.

30. Wenn es aber Theseus von einem Weisen gehört haben will, so sagt das Euripides von sich selbst. Er war nämlich der Hörer des Anaxagoras gewesen, der gesagt haben soll, als ihm der Tod seines Sohnes gemeldet wurde: «Ich wußte, daß ich einen

talem.' quae vox declarat is esse haec acerba, quibus non fuerint cogitata. ergo id quidem non dubium, quin omnia, quae mala putentur, sint inprovisa graviora. itaque quamquam non haec una res efficit maximam aegritudinem, tamen, quoniam multum potest provisio animi et praeparatio ad minuendum dolorem, sint semper omnia homini humana meditata. et nimirum haec est illa praestans et divina sapientia, et perceptas penitus et pertractatas res humanas habere, nihil admirari, cum acciderit, nihil, ante quam evenerit, non evenire posse arbitrari.

Quam ob rem ómnis, cum secúndae res sunt máxume, tum máxume
Meditári secum opórtet, quo pacto ádversam aerumnám ferant.
Perícla, damna péregre rediens sémper secum cógitet,
Aut fíli peccatum aút uxoris mórtem aut morbum fíliae,
Commúnia esse haec, né quid horum umquam áccidat animó novum;
Quicquíd praeter spem evéniat, omne id députare esse ín lucro.

(15) 31. ergo hoc Terentius a philosophia sumptum cum tam commode dixerit, nos, e quorum fontibus id haustum est, non et dicemus hoc melius et constantius sentiemus? hic est enim ille voltus semper idem, quem dicitur Xanthippe praedicare solita in viro suo fuisse Socrate: eodem semper se vidisse exeuntem illum domo et revertentem. Nec vero ea frons erat, quae M. Crassi illius veteris, quem semel ait in omni vita risisse Lucilius, sed tranquilla et serena; sic enim accepimus. iure

Sterblichen gezeugt habe». Dieses Wort zeigt, daß diese Tatsache nur denen bitter ist, die es nicht oft bedacht hatten. Also ist das nicht zweifelhaft, daß alles, was man für Übel hält, unvorhergesehen schlimmer ist. Deshalb sei, wenn auch dies nicht allein den größten Kummer hervorruft, doch, da die Vorausschau der Seele und die Vorbereitung viel zur Minderung des Schmerzes vermag, dem Menschen alles Menschliche immer vorbedacht. Und zweifellos ist dies die gerühmte, überragende und göttliche Weisheit, die menschlichen Dinge tief erkannt und durchdacht zu haben, von nichts sich überraschen zu lassen, wenn es geschieht, nichts, bevor es eintritt, für unmöglich zu halten.

Drum müssen alle grad, wenn sie im höchsten Glück, besonders dann,
bei sich bedenken, wie sie tragen wollen widriges Geschick.
Gefahren, Schäden, stets bedenk' es jeder, der von Reisen kommt,
des Sohnes Fehl, der Gattin Tod, der Tochter Krankheit, alles dies
ist gemeines Los; daß nichts hiervon je unverhofft die Seele trifft;
was wider Hoffnung einem wird, das muß man buchen als Gewinn.

31. Da dies also Terentius von der Philosophie nimmt und so treffend sagt, werden wir, aus deren Quellen es geschöpft ist, es nicht besser sagen und unerschütterlicher empfinden? Das ist nämlich jener immer gleiche Ausdruck, den Xanthippe an ihrem Manne Sokrates oft gerühmt haben soll: sie habe ihn immer mit demselben Ausdruck das Haus verlassen wie heimkehren sehen. Es war aber nicht die Stirn wie die des alten Marcus Crassus, von dem Lucilius sagt, er habe nur einmal im Leben gelacht, sondern eine ruhige und heitere; so haben wir

autem erat semper idem voltus, cum mentis, a qua is fingitur, nulla fieret mutatio. quare accipio equidem a Cyrenaicis haec arma contra casus et eventus, quibus eorum advenientes impetus diuturna praemeditatione frangantur, simulque iudico malum illud opinionis esse, non naturae; si enim in re esset, cur fierent provisa leviora?

32. Sed est, isdem de rebus quod dici possit subtilius, si prius Epicuri sententiam viderimus. qui censet necesse esse omnis in aegritudine esse, qui se in malis esse arbitrentur, sive illa ante provisa et expectata sint sive inveteraverint. nam neque vetustate minui mala nec fieri praemeditata leviora, stultamque etiam esse meditationem futuri mali aut fortasse ne futuri quidem: satis esse odiosum malum omne, cum venisset; qui autem semper cogitavisset accidere posse aliquid adversi, ei fieri illud sempiternum malum; si vero ne futurum quidem sit, frustra suscipi miseriam voluntariam; ita semper angi aut accipiendo aut cogitando malo. 33. Levationem autem aegritudinis in duabus rebus ponit, avocatione a cogitanda molestia et revocatione ad contemplandas voluptates. parere enim censet animum rationi posse et, quo illa ducat, sequi. vetat igitur ratio intueri molestias, abstrahit ab acerbis cogitationibus, hebetem aciem ad miserias contemplandas facit; a quibus cum cecinit receptui, inpellit rursum et incitat ad conspiciendas totaque mente contrectandas varias voluptates, quibus ille et praeteritarum memoria et spe consequentium sapientis vitam

nämlich gehört. Mit Grund aber war der Ausdruck immer derselbe, da der Geist, von dem er geprägt wird, keine Veränderung erfuhr. Deshalb übernehme ich von den Kyrenaikern diese Waffen gegen Zufälle und Schicksalsschläge, mit denen sie deren drängenden Ansturm durch stetes Vorausbedenken brechen, und zugleich urteile ich, jenes Übel liegt in der Vorstellung, nicht in der natürlichen Gegebenheit. Denn läge es in der Sache, warum würde es dann leichter, wenn man es voraussieht?

32. Aber man kann über diese Dinge noch Genaueres sagen, wenn wir vorher des Epikur Meinung angesehen haben, der die Ansicht vertritt, daß notwendig alle Kummer haben, die glauben im Unglück zu sein, gleich, ob das vorher vorausgesehen und erwartet wurde oder veraltet ist. Denn durch das Alter minderten sich die Übel nicht, noch würden sie vorausbedacht leichter, und töricht sei sogar das Bedenken eines kommenden oder vielleicht nicht einmal kommenden Übels; lästig genug sei jedes Übel, wenn es da wäre; wer aber immer denke, es könne ihm etwas Widriges zustoßen, dem werde das ein ewiges Unglück; wenn es gar nicht einmal einträte, nähme man umsonst ein freiwilliges Elend auf sich; so ängstige man sich immer entweder durch Empfangen eines Übels oder das Denken daran. 33. Linderung des Kummers aber sieht er in zwei Dingen, in der Ablenkung von den Gedanken an die Beschwerden und der Hinlenkung zur Betrachtung der Genüsse. Er meint nämlich, die Seele könne der Vernunft gehorchen und folgen, wohin jene sie führe. Es verbietet also die Vernunft auf die Beschwerden hinzuschauen, sie zieht ab von den quälenden Gedanken, stumpf macht sie den Blick für die Betrachtung des Elends, und wenn sie zum Rückzug daraus geblasen hat, treibt und regt sie wieder dazu an, die mannigfachen Genüsse zu sehen und mit ganzer Seele zu erfassen, von denen er durch die Erinnerung an die vergangenen und die Hoffnung auf fol-

refertam putat. Haec nostro more nos diximus, Epicurii dicunt suo; sed quae dicant, videamus, quo modo, neglegamus.

(16) 34. Principio male reprehendunt praemeditationem rerum futurarum. nihil est enim quod tam optundat elevetque aegritudinem quam perpetua in omni vita cogitatio nihil esse quod non accidere possit, quam meditatio condicionis humanae, quam vitae lex commentatioque parendi, quae non hoc adfert, ut semper maereamus, sed ut numquam. neque enim, qui rerum naturam, qui vitae varietatem, qui inbecillitatem generis humani cogitat, maeret, cum haec cogitat, sed tum vel maxime sapientiae fungitur munere: utrumque enim consequitur, ut et considerandis rebus humanis proprio philosophiae fruatur officio et adversis casibus triplici consolatione sanetur, primum quod posse accidere diu cogitavit, quae cogitatio una maxime molestias omnis extenuat et diluit, deinde quod humana humane ferenda intellegit, postremo quod videt malum nullum esse nisi culpam, culpam autem nullam esse, cum id, quod ab homine non potuerit praestari, evenerit.

35. Nam revocatio illa, quam adfert, cum a contuendis nos malis avocat, nulla est. non est enim in nostra potestate fodicantibus is rebus, quas malas esse opinemur, dissimulatio vel oblivio: lacerant, vexant, stimulos admovent, ignis adhibent, respirare non sinunt, et tu oblivisci iubes, quod contra naturam est, qui, ⟨quod⟩ a natura datum est, auxilium extorqueas inveterati doloris? est enim tarda illa quidem medicina, sed

gende das Leben der Weisen erfüllt glaubt. Dies haben wir auf unsere Art gesagt, die Epikureer sagen es auf ihre; aber was sie sagen, wollen wir sehen, das Wie beiseite lassen.

34. Zunächst tadeln sie zu Unrecht das Vorausbedenken kommender Dinge. Nichts gibt es nämlich, was so dem Kummer die Schärfe nimmt und ihn erleichtert als der ständige Gedanke in jeder Lebenslage, daß es nichts gibt, was nicht geschehen könnte, als das Bedenken des menschlichen Loses, als das Gesetz des Lebens und die Vorbereitung ihm zu gehorchen, die nicht das herbeiführt, daß wir immer trauern, sondern niemals. Denn wer die Natur, wer die Wandelbarkeit des Lebens, wer die Schwachheit des Menschengeschlechtes bedenkt, trauert nicht, wenn er daran denkt, sondern erfüllt gerade dann besonders die Aufgabe der Philosophie. Beides nämlich erreicht er, daß er mit der Erwägung der menschlichen Dinge das eigentliche Amt der Philosophie mit Befriedigung erfüllt und bei widrigen Schicksalsschlägen sich durch dreifachen Trost heilt, erstens weil er lange an die Möglichkeit des Geschehens gedacht hat, ein Gedanke, der allein in höchstem Maße alle Leiden mindert und auflöst, dann weil er erkennt, daß alles Menschliche menschlich müsse ertragen werden, schließlich weil er sieht, daß es kein Übel gibt außer der Schuld, Schuld aber nicht ist, wenn das geschieht, was von Menschen nicht garantiert werden kann.

35. Denn jene Ablenkung, die er bringt, wenn er uns vom Betrachten unseres Unglücks wegruft, ist unmöglich. Nicht in unserer Macht nämlich liegt, wenn die Dinge, die wir für Übel halten, uns stoßen, Gleichgültigtun und Vergessen; sie zerreißen, quälen, setzen ihren Stachel an, brennen wie Kohlen, nehmen den Atem. Und du heißest vergessen, was doch gegen die Natur ist, du, der das von der Natur gegebene Hilfsmittel, das Verjähren des Schmerzes, aus der Hand windest? Ein zwar langsames, aber doch wirksames Heilmittel nämlich ist das,

tamen magna, quam adfert longinquitas et dies. Iubes me bona cogitare, oblivisci malorum. diceres aliquid, et magno quidem philosopho dignum, si ea bona esse sentires, quae essent homine dignissima. (17) 36. Pythagoras mihi si diceret aut Socrates aut Plato: 'quid iaces aut quid maeres aut cur succumbis cedisque fortunae? quae pervellere te forsitan potuerit et pungere, non potuit certe vires frangere. magna vis est in virtutibus; eas excita, si forte dormiunt. iam tibi aderit princeps fortitudo, quae te animo tanto esse coget, ut omnia, quae possint homini evenire, contemnas et pro nihilo putes. aderit temperantia, quae est eadem moderatio, a me quidem paulo ante appellata frugalitas, quae te turpiter et nequiter facere nihil patietur. quid est autem nequius aut turpius ecfeminato viro? ne iustitia quidem sinet te ista facere, cui minimum esse videtur in hac causa loci; quae tamen ita dicet dupliciter esse te iniustum, cum et alienum adpetas, qui mortalis natus condicionem postules inmortalium, et graviter feras te, quod utendum acceperis, reddidisse. 37. prudentiae vero quid respondebis docenti virtutem sese esse contentam, quo modo ad bene vivendum, sic etiam ad beate? quae si extrinsecus religata pendeat et non et oriatur a se et rursus ad se revertatur et omnia sua complexa nihil quaerat aliunde, non intellego, cur aut verbis tam vehementer ornanda aut re tantopere expetenda videatur' – ad haec bona me si revocas, Epicure, pareo, sequor, utor te ipso duce, obliviscor etiam malorum, ut iubes, eoque facilius, quod

was Dauer und Zeit bringen. Du heißest mich an Gutes denken, das Schlimme vergessen. Du würdest damit etwas sagen, und zwar, was würdig eines großen Philosophen wäre, wenn du das als Gut empfändest, was des Menschen eigentlich würdig ist. 36. Wenn mir Pythagoras oder Sokrates oder Platon sagte: «Was liegst du gedrückt, was härmst du dich, warum unterliegst und weichst du dem Schicksal? Mochte es dich vielleicht zausen und stechen können, es konnte doch wenigstens deine Kräfte nicht brechen. Eine gewaltige Kraft ruht in den Tugenden; sie wecke, wollten sie schlafen. Gleich zuerst wird dir die Tapferkeit helfen, die dich zwingt, solche Seelengröße zu beweisen, daß du alles, was dem Menschen begegnen kann, verachtest und für nichts hältst; helfend zur Seite stehen wird die Ausgeglichenheit, die zugleich Mäßigung ist, von mir eben Bravheit genannt, die nicht duldet, daß du irgendetwas schimpflich oder schlecht ausführst. Was ist aber schimpflicher und schlechter als ein weibischer Mann? Auch die Gerechtigkeit wird dich nicht so handeln lassen: ihr scheint der wenigste Raum bei dieser Sache zuzukommen, sie wird aber doch sagen, daß du doppelt ungerecht bist, da du Fremdes zu erlangen suchst, wenn du als Sterblicher geboren die Stellung der Unsterblichen beanspruchst, und da du es schwer nimmst, daß du das zurückgegeben hast, was du nur zum Gebrauch empfingst. 37. Was willst du gar der Weisheit antworten, die lehrt, daß die Tugend an sich genug hat wie zum richtig, so zum glücklich Leben? Wenn sie an etwas außerhalb anknüpfte und davon abhinge und nicht aus sich entstünde und wieder zu sich zurückkehrte, und nicht alles Ihre umfassend nichts von anderswoher holte, sehe ich nicht ein, warum man sie in Worten so heftig loben und durch die Tat so sehr erstreben sollte.» – Wenn du mich zu diesen Gütern zurückführst, Epikur, dann gehorche ich, folge ich, nehme ich dich selbst zum Führer, vergesse ich auch der Übel, wie du befiehlst, und zwar um so

ea ne in malis quidem ponenda censeo. sed traducis cogitationes meas ad voluptates. quas? corporis, credo, aut quae propter corpus vel recordatione vel spe cogitentur. num quid est aliud? rectene interpretor sententiam tuam? solent enim isti negare nos intellegere, quid dicat Epicurus. 38. hoc dicit, et hoc ille acriculus me audiente Athenis senex Zeno, istorum acutissimus, contendere et magna voce dicere solebat: eum esse beatum, qui praesentibus voluptatibus frueretur confideretque se fruiturum aut in omni aut in magna parte vitae dolore non interveniente, aut si interveniret, si summus foret, futurum brevem, sin productior, plus habiturum iucundi quam mali; haec cogitantem fore beatum, praesertim si et ante perceptis bonis contentus esset ⟨et⟩ nec mortem nec deos extimesceret. habes formam Epicuri vitae beatae verbis Zenonis expressam, nihil ut possit negari.

(18) 39. Quid ergo? huiusne vitae propositio et cogitatio aut Thyestem levare poterit aut Aeetam, de quo paulo ante dixi, aut Telamonem pulsum patria exulantem atque egentem? in quo haec admiratio fiebat:

Hícine est ille Télamon, modo quem glória ad caelum éxtulit,
Quem áspectabant, cuíus ob os Grai óra obvertebánt sua?

40. quodsi cui, ut ait idem, ‘simul animus cum re concidit’, a gravibus illis antiquis philosophis petenda medicina est, non

leichter, als sie nicht einmal unter die Übel zu rechnen sind, wie ich meine. Aber du leitest meine Gedanken zu den Genüssen ab. Zu welchen? Zu denen des Körpers, glaube ich, oder zu denen, die man sich in bezug auf den Körper in Erinnerung und Erwartung vorstellt. Ist es etwa etwas anderes? Lege ich deine Ansicht richtig aus? Gewöhnlich nämlich sagen diese Leute, wir verstünden nicht, was Epikur meine. 38. Das sagt er und darauf pflegte jener Hitzkopf in Athen, als ich dort hörte, der greise Zenon, von diesen Leuten der scharfsinnigste, zu bestehen und es mit lauter Stimme zu verkünden: der sei glücklich, der die gegenwärtigen Freuden genieße und darauf vertraue, daß er sie genießen werde entweder im ganzen Leben oder einem Teil davon, ohne daß Schmerz dazwischenkomme, oder wenn er komme, er kurz sein werde, falls er der höchste ist, wenn er aber ausgedehnter wäre, mehr Angenehmes als Schlimmes habe. Einer, der so dächte, werde glücklich sein, zumal wenn er zufrieden sei mit dem vorher empfangenen Guten und weder den Tod noch die Götter fürchte. Da hast du das Bild von Epikurs glücklichem Leben in den Worten Zenons ausgedrückt, so daß sich nichts abstreiten läßt.

39. Wie also? Dieses Lebens Vorstellung und Erwägung soll den Thyest oder Aietes, von dem ich eben sprach, trösten können oder den aus der Heimat vertriebenen Telamon, wenn er in der Verbannung und in Armut lebt? Er, dem dieser verwunderte Ausruf galt:

Das ist Telamon, den eben noch der Ruhm zum Himmel hob,
den man ansah, zu dessen Blick die Griechen wandten ihr Gesicht?

40. Wenn aber einem, wie derselbe sagt, die Seele zugleich mit seinem Haus zusammenbrach, muß man das Heilmittel bei jenen alten tiefen Philosophen holen, nicht bei diesen auf Ge-

ab his voluptariis. quam enim isti bonorum copiam dicunt? fac sane esse summum bonum non dolere – quamquam id non vocatur voluptas, sed non necesse est nunc omnia –: idne est, quo traducti luctum levemus? sit sane summum malum dolere: in eo igitur qui non est, si malo careat, continuone fruitur summo bono? 41. Quid tergiversamur, Epicure, nec fatemur eam nos dicere voluptatem, quam tu idem, cum os perfricuisti, soles dicere? sunt haec tua verba necne? in eo quidem libro, qui continet omnem disciplinam tuam, – fungar enim iam interpretis munere, ne quis me putet fingere – dicis haec: 'nec equidem habeo, quod intellegam bonum illud, detrahens eas voluptates quae sapore percipiuntur, [detrahens eas quae rebus percipiuntur venereis] detrahens eas quae auditu e cantibus, detrahens eas etiam quae ex formis percipiuntur oculis suavis motiones, sive quae aliae voluptates in toto homine gignuntur quolibet sensu. nec vero ita dici potest, mentis laetitiam solam esse in bonis. laetantem enim mentem ita novi: spe eorum omnium, quae supra dixi, fore ut natura is potiens dolore careat.' 42. atque haec quidem his verbis, quivis ut intellegat, quam voluptatem norit Epicurus. deinde paulo infra: 'saepe quaesivi' inquit 'ex is qui appellabantur sapientes, quid haberent quod in bonis relinquerent, si illa detraxissent, nisi si vellent voces inanis fundere: nihil ab is potui cognoscere. qui si virtutes ebullire volent et sapientias, nihil aliud dicent nisi eam viam, qua efficiantur eae voluptates quas supra dixi.' quae secuntur, in eadem sententia sunt, to-

nuß ausgehenden. Was nennen denn diese Leute Fülle der Güter? Nimm ruhig an, es sei das höchste Gut, keinen Schmerz zu empfinden, – wenn das auch nicht Genuß heißt; aber es ist nicht nötig, jetzt alles zu sagen –: ist es das, wohin wir nur abgelenkt zu werden brauchen, um unsere Trauer zu lindern? Sei meinetwegen der Schmerz das größte Übel; wer also nicht unter ihm leidet, genießt der auch sogleich, wenn er frei ist von Übel, das höchste Gut? 41. Was machen wir Winkelzüge, Epikur, und gestehen nicht, daß wir das Genuß nennen, was du, derselbe Mann, gewöhnlich sagst, wenn du das Erröten verjagt hast? Sind das deine Worte oder nicht? In dem Buch, das deine ganze Lehre enthält – ich will nämlich jetzt das Amt des Dolmetschers übernehmen, damit keiner glaube, ich erfinde – sagst du so: «Ich weiß nicht, als was ich jenes Gut erkennen soll, wenn ich die Genüsse abziehe, die vom Geschmack aufgenommen werden, wenn ich die abziehe, die durchs Gehör aus den Gesängen und auch die angenehmen Eindrücke noch abziehe, die aus schönen Gestalten von den Augen aufgenommen werden, oder was an anderen Genüssen im ganzen Menschen entsteht durch einen beliebigen Sinn; man kann aber nicht so sagen, daß allein des Geistes Freude zu den Gütern zähle. Einen sich freuenden Geist kenne ich nur so: in der Hoffnung auf die Dinge, die ich oben anführte, daß die Natur sich ihrer bemächtige und so frei von Schmerz sei.» 42. Und das sagte er mit diesen Worten, so daß ein jeder sieht, was Epikur als Lust erkennt. Dann sagt er ein wenig weiter unten: «Ich habe häufig die, welche man Weise heißt, gefragt, was sie noch unter den Gütern lassen könnten, wenn sie jene Dinge abzögen, sie müßten denn leere Worte von sich geben wollen: nichts habe ich von ihnen erfahren können. Wenn sie den Mund mit ihren Tugenden und Weisheiten vollnehmen wollen, werden sie damit nichts anderes bezeichnen als den Weg, auf dem die oben angeführten Genüsse erlangt werden.» Was folgt, liegt

tusque liber, qui est de summo bono, refertus est et verbis et sententiis talibus. 43. ad hancine igitur vitam Telamonem illum revocabis, ut leves aegritudinem, et si quem tuorum adflictum maerore videris, huic acipenserem potius quam aliquem Socraticum libellum dabis? hydrauli hortabere ut audiat voces potius quam Platonis? expones, quae spectet, florida et varia? fasciculum ad naris admovebis? incendes odores et sertis redimiri iubebis et rosa? si vero aliquid etiam –, tum plane luctum omnem absterseris. (19) 44. haec Epicuro confitenda sunt aut ea, quae modo expressa ad verbum dixi, tollenda de libro vel totus liber potius abiciundus; est enim confertus voluptatibus. Quaerendum igitur, quem ad modum aegritudine privemus eum qui ita dicat:

Pol míhi fortuna mágis nunc defit quám genus.
Námque regnum súppetebat mi, út scias, quanto é loco,
Quántis opibus, quíbus de rebus lápsa fortuna áccidat.

quid? huic calix mulsi impingendus est, ut plorare desinat, aut aliquid eius modi? ecce tibi ex altera parte ab eodem poëta: 'ex opibus summis opis egens, Hector, tuae' – huic subvenire debemus; quaerit enim auxilium:

Quíd petam praésidi aut éxequar quóve nunc
Aúxilio éxili aút fugae fréta sim?
Árce et urbe órba sum. quo áccidam? quo ápplicem?
Cuí nec arae pátriae domi stant, fráctae et disiectaé iacent,

in derselben Linie, und das ganze Buch über das höchste Gut strotzt von solchen Worten und Gedanken. 43. Zu einem solchen Leben also willst du jenen Telamon, um ihm den Kummer zu erleichtern, zurückrufen? Und wenn du einen der Deinen von Trauer gebeugt siehst, willst du diesem lieber einen Stör als ein sokratisches Buch geben, wirst ihm nahelegen die Stimmen der Orgel anzuhören lieber als die Platons, wirst eine bunte Blumenfülle aufstellen, die er anschauen kann, wirst ihm einen Strauß an die Nase halten, Räucherwerk anzünden und ihn heißen, sich mit Rosengewinden zu bekränzen? Wenn du vollends noch etwas ..., dann wirst du völlig alle Tränen getrocknet haben. 44. Das muß Epikur gestehen oder, was ich eben Wort für Wort übersetzt habe, in seinem Buche streichen oder lieber das ganze Buch verwerfen; es ist nämlich gestopft voll von Genüssen. Wir müssen also forschen, wie wir den von Kummer befreien, der also spricht:

Jetzt fehlt mir mehr das Glück als edler Stamm.
Königsmacht stand zu Gebot mir; daß du weist, aus welchem Rang,
welcher Macht und welchem Reichtum glitt mein Glück und niedersank.

Wie? Sollen wir diesem Mann einen Becher Honigwein hinschieben, daß er aufhört zu jammern, oder etwas Ähnliches? Sieh, da wird dir auf der anderen Seite von demselben Dichter eine Frauengestalt vorgeführt:

die mächtig einst jetzt, Hektor, deine Hilfe braucht.

Ihr müssen wir beistehen; fleht sie doch um Hilfe:

Welchen Schutz such ich auf, geh ihm nach? Jetzt worauf
soll ich baun, welcher Zuflucht vertraun fremden Lands?
Burg und Stadt sind dahin. Knien vor wem? Nahn wohin?
Ich, der daheim kein väterlicher Altar ist, der nicht in Trümmern liegt,

Fána flamma déflagrata, tósti alti stant párietes
Déformati atque ábiete crispa –

scitis quae sequantur, et illa in primis:

O páter, o patria, o Príami domus,
Saeptum áltisono cardíne templum!
Vidi égo te adstante ope bárbarica
Tectís caelatis láqueatis,
Auro ébore instructam régifice.

45. o poëtam egregium! quamquam ab his cantoribus Euphorionis contemnitur. sentit omnia repentina et necopinata esse graviora; exaggeratis igitur regiis opibus, quae videbantur sempiternae fore, quid adiungit?

Haec ómnia vidi inflámmari,
Priamó vi vitam evítari,
Iovis áram sanguine túrpari.

46. praeclarum carmen! est enim et rebus et verbis et modis lugubre. Eripiamus huic aegritudinem. quo modo? conlocemus in culcita plumea, psaltriam adducamus, demus hedycrum, incendamus scutellam, dulciculae potionis aliquid videamus et cibi! haec tandem bona sunt, quibus aegritudines gravissumae detrahantur! tu enim paulo ante ne intellegere quidem te alia ulla dicebas. revocari igitur oportere a maerore ad cogitationem bonorum conveniret mihi cum Epicuro, si, quid esset bonum, conveniret.

(20) Dicet aliquis: quid ergo? tu Epicurum existimas ista voluisse, aut libidinosas eius fuisse sententias? ego vero mi-

der die Tempel flammverbrannt, die hohen Wände rauchgeschwärzt
stehn, entstellt und rauh vom Brand aus Fichtenholz ...?

Ihr kennt, was folgt und jenes insbesondere:

O Vater, o Heimat, o Priamos' Haus,
du Tempel gezäunt durch klingendes Tor,
ich hab dich gesehn, da Troia noch stand
getäfelt das Dach und mit Bildern geschmückt,
Goldelfenbein, eines Königes Pracht!

45. Ein außerordentlicher Dichter! Und doch wird er von den jetzigen Nachbetern des Euphorion verachtet! Er empfindet, daß alles Plötzliche und Ungeahnte um so schwerer ist. Nachdem er also die königliche Pracht, die ewig zu sein schien, in hohen Tönen gepriesen hat, was fügt er an?

Dies alles sah ich in Flammen stehn,
dem Priamos frevelnd ans Leben gehn,
und Iuppiters Altar blutig entstelln.

46. Ein ausgezeichnetes Gedicht! Ist es doch im Gegenstand, im Wort und der Weise zugleich trauererfüllt. Entreißen wir sie ihrem Kummer! Auf welche Weise? Setzen wir sie auf ein Daunenpolster, lassen wir eine Zitherspielerin kommen, geben wir Parfüm, zünden wir eine Schale Räucherwerk an, sorgen wir für irgendein süßes Getränklein oder Gerichtchen! Das sind schließlich die Güter, durch die der heftigste Kummer abgelenkt wird! Sagtest du doch kurz vorher, du sähest nicht einmal irgendwelche anderen. Daß man also von der Trauer zum Denken an die Güter gebracht werden müsse, darin würde ich mit Epikur übereinstimmen, wenn wir nur darin übereinstimmten, was gut ist.

Es wird hier vielleicht einer sagen: Wie? Du meinst also, das hätte Epikur gewollt oder seine Gedanken seien lüstern ge-

nime; video enim ab eo dici multa severe, multa praeclare. itaque, ut saepe dixi, de acumine agitur eius, non de moribus; quamvis spernat voluptates eas quas modo laudavit, ego tamen meminero quod videatur ei summum bonum. non enim verbo solum posuit voluptatem, sed explanavit quid diceret: 'saporem' inquit 'et corporum complexum et ludos atque cantus et formas eas quibus oculi iucunde moveantur.' num fingo, num mentior? cupio refelli. quid enim laboro nisi ut veritas in omni quaestione explicetur? 47. 'at idem ait non crescere voluptatem dolore detracto, summamque esse voluptatem nihil dolere.' paucis verbis tria magna peccata: unum, quod secum ipse pugnat. modo enim ne suspicari quidem se quicquam bonum, nisi sensus quasi titillarentur voluptate; nunc autem summam voluptatem esse dolore carere: potestne magis secum ipse pugnare? alterum peccatum, quod, cum in natura tria sint, unum gaudere, alterum dolere, tertium nec gaudere nec dolere, hic primum et tertium putat idem esse nec distinguit a non dolendo voluptatem. tertium peccatum commune cum quibusdam, quod, cum virtus maxime expetatur eiusque adipiscendae causa philosophia quaesita sit, ille a virtute summum bonum separavit. 48. 'at laudat saepe virtutem.' et quidem C. Gracchus, cum largitiones maximas fecisset et effudisset aerarium, verbis tamen defendebat aerarium.

wesen? Keineswegs. Sehe ich doch, daß von ihm vieles streng, vieles ausgezeichnet gesagt wird. Deshalb handelt es sich hier, wie ich oft wiederholt habe, um seinen Scharfsinn, nicht um seinen Charakter; mag er noch so sehr diese Genüsse, die er eben gelobt hat, verschmähen, werde ich doch daran denken, was nach seiner Ansicht das höchste Gut ist. Er hat nämlich nicht nur mit einem Wort den Genuß bezeichnet, sondern er hat erklärt, was er meine. «Den Geschmack», sagte er, «das körperliche Umfangen, Spiele und Gesänge und die schönen Gestalten, durch die unsere Augen angenehm bewegt werden.» Erfinde ich etwa, lüge ich etwa? Ich wünsche geradezu, widerlegt zu werden; worum mühe ich mich denn, wenn nicht darum, daß die Wahrheit bei jeder Frage entfaltet werde? 47. ‚Aber er sagt auch, der Genuß wachse nicht, nachdem der Schmerz genommen sei und der höchste Genuß sei, keinen Schmerz zu empfinden.' In wenigen Worten drei große Fehler! Der eine, daß er sich selbst widerspricht. Eben sagte er nämlich, er könne irgendein Gut nicht einmal ahnen, außer wenn die Sinne sozusagen gekitzelt würden vom Genuß; jetzt aber, der höchste Genuß sei, frei zu sein von Schmerz. Kann er sich selber stärker widersprechen? Der zweite Fehler ist, daß er, obwohl es in der Natur drei Dinge gibt, das eine sich zu freuen, das andere, Schmerz zu empfinden, das dritte, weder sich zu freuen noch Schmerz zu empfinden, doch meint, das erste und das dritte seien dasselbe und von der Schmerzlosigkeit nicht den Genuß unterscheidet. Den dritten Fehler teilt er mit manchen, daß er nämlich, obwohl in erster Linie die Vollkommenheit erstrebt wird und sie zu erlangen die Philosophie geschaffen wurde, das höchste Gut von der Vollkommenheit getrennt hat. 48. ‚Aber er lobt häufig die Tugend und Vollkommenheit.' Auch Gaius Gracchus hat doch, obwohl er die größten Geschenke an das Volk gemacht und die Staatskasse verschwendet hatte, im Wort die Staatskasse verteidigt. Was höre

quid verba audiam, cum facta videam? Piso ille Frugi semper contra legem frumentariam dixerat. is lege lata consularis ad frumentum accipiundum venerat. animum advertit Gracchus in contione Pisonem stantem; quaerit audiente p. R., qui sibi constet, cum ea lege frumentum petat, quam dissuaserit. 'nolim' inquit 'mea bona, Gracche, tibi viritim dividere libeat, sed, si facias, partem petam.' parumne declaravit vir gravis et sapiens lege Sempronia patrimonium publicum dissupari? lege orationes Gracchi, patronum aerarii esse dices. 49. negat Epicurus iucunde posse vivi, nisi cum virtute vivatur, negat ullam in sapientem vim esse fortunae, tenuem victum antefert copioso, negat ullum esse tempus, quo sapiens non beatus sit. omnia philosopho digna, sed cum voluptate pugnantia. 'non istam dicit voluptatem.' dicat quamlibet; nempe eam dicit, in qua virtutis nulla pars insit. age, si voluptatem non intellegimus, ne dolorem quidem? nego igitur eius esse, qui dolore summum malum metiatur, mentionem facere virtutis.

(21) 50. Et queruntur quidam Epicurei, viri optimi – nam nullum genus est minus malitiosum –, me studiose dicere contra Epicurum. ita credo, de honore aut de dignitate contendimus! mihi summum in animo bonum videtur, illi autem in corpore, mihi in virtute, illi in voluptate. et illi pugnant, et quidem vicinorum fidem implorant – multi autem sunt, qui statim convolent –; ego sum is qui dicam me non laborare,

ich auf Worte, wo ich Taten sehe? Der schon erwähnte Piso Frugi hatte immer gegen das Getreidegesetz geredet. Als das Gesetz angenommen worden war, kam *er*, der Konsul gewesen, um sein Getreide entgegenzunehmen. Gracchus bemerkte Piso, wie er in der Versammlung stand; er fragte ihn vor den Ohren des römischen Volkes, wie er es vereinbare, daß er um Getreide bitte nach dem Gesetz, dessen Ablehnung er empfohlen habe. «Ich möchte nicht», sagte er, «daß es dir beliebte, meine Güter Mann für Mann zu verteilen, aber wenn du es tust, möchte ich meinen Teil haben.» Hat der gesetzte und weise Mann nicht deutlich genug erklärt, durch das sempronische Gesetz werde das öffentliche Vermögen verschleudert? Lies die Reden des Gracchus: ein Schützer der Staatskasse ist er, wirst du sagen. 49. Epikur bestreitet, daß man angenehm leben könne, wenn man nicht mit Tugend lebe, er bestreitet, daß das äußere Schicksal über den Weisen irgendetwas vermag, er zieht eine bescheidene Lebensführung einer üppigen vor, er sagt, es gäbe keinen Augenblick, wo der Weise nicht glücklich sei. Alles ist eines Philosophen würdig, aber es widerspricht dem Prinzip der Lust. ‚Er meint nicht diese Lust.' Er mag meinen, welche er will: er spricht doch wohl von der, welcher kein Teil der Tugend innewohnt. Und gut, wenn wir die Lust nicht verstehen, verstehen wir etwa auch den Schmerz nicht? Ich bestreite also, daß der, welcher das höchste Übel nach dem Schmerze mißt, der Tugend Erwähnung tun kann.

50. Und da beklagen sich noch manche Epikureer, treffliche Männer – denn keine Art Mensch ist weniger boshaft –, daß ich eifernd gegen Epikur rede. Das will ich meinen: ringen wir doch um Ehre und Würde. Mir scheint das höchste Gut in der Seele zu liegen, ihm im Körper, mir in der Vollkommenheit, ihm in der Lust. Sie streiten und rufen die Hilfe der Nachbarn herbei; es gibt aber viele, die sofort zusammenlaufen. Ich bin so, daß ich sage, ich kümmere mich nicht darum, werde als

actum habiturum, quod egerint. 51. quid enim? de bello Punico agitur? de quo ipso cum aliud M. Catoni, aliud L. Lentulo videretur, nulla inter eos concertatio umquam fuit. hi nimis iracunde agunt, praesertim cum ab is non sane animosa defendatur sententia, pro qua non in senatu, non in contione, non apud exercitum neque ad censores dicere audeant. sed cum istis alias, et eo quidem animo, nullum ut certamen instituam, verum dicentibus facile cedam; tantum admonebo, si maxime verum sit ad corpus omnia referre sapientem sive, ut honestius dicam, nihil facere nisi quod expediat, sive omnia referre ad utilitatem suam, quoniam haec plausibilia non sunt, ut in sinu gaudeant, gloriose loqui desinant.

(22) 52. Cyrenaicorum restat sententia; qui tum aegritudinem censent existere, si necopinato quid evenerit. est id quidem magnum, ut supra dixi; etiam Chrysippo ita videri scio, quod provisum ante non sit, id ferire vehementius; sed non sunt in hoc omnia. quamquam hostium repens adventus magis aliquanto conturbat quam expectatus, et maris subita tempestas quam ante provisa terret navigantes vehementius, et eius modi sunt pleraque. sed cum diligenter necopinatorum naturam consideres, nihil aliud reperias nisi omnia videri subita maiora, et quidem ob duas causas, primum quod, quanta sint quae accidunt, considerandi spatium non datur, deinde, cum videtur praecaveri potuisse, si provisum esset, quasi culpa contractum malum aegritudinem acriorem facit. 53. Quod ita esse dies declarat, quae procedens ita mitigat, ut

getan ansehen, was sie getan haben. 51. Wie denn? Über den Punischen Krieg wird verhandelt? Obwohl eben darüber Marcus Cato eine andere Meinung hatte als Lucius Lentulus, gab es doch nie einen leidenschaftlichen Streit zwischen ihnen. Sie kämpfen zu leidenschaftlich, zumal wenn man bedenkr, daß von ihnen eine recht wenig mutvolle Ansicht verteidigt wird, für die sie nicht im Senat, nicht in der Volksversammlung, nicht vorm Heer und nicht vor den Zensoren zu reden wagen würden. Indes ein ander Mal mit diesen Leuten, und zwar mit dem Vorsatz, keinen Streit zu beginnen, reden sie aber Haltbares, mich bereitwillig zurückzuziehen. Nur an das eine werde ich sie erinnern: wenn es wirklich wahr ist, daß der Weise alles auf den Körper bezieht oder um es schöner auszudrücken, nichts tut, außer was nützt, oder alles auf seinen Nutzen bezieht, dann sollen sie, da dies nicht Beifall verdient, sich im stillen freuen und aufhören, große Worte zu machen.

52. Bleibt die Meinung der Kyrenaiker, nach deren Ansicht dann Kummer entsteht, wenn einem wider Erwarten etwas zustößt. Es ist das gewiß von großer Bedeutung, wie ich oben sagte; auch Chrysipp, weiß ich, ist der Meinung, daß das, was man nicht vorausgesehen hat, wuchtiger trifft; aber es liegt nicht alles daran. Gewiß, ein plötzlicher feindlicher Angriff bringt viel mehr Verwirrung als ein erwarteter, und ein jäher Meeressturm schreckt die Schiffer heftiger als einer, auf den man sich vorher vorbereitet hat, und derart ist das meiste. Wenn du aber sorgfältig das Wesen des Unerwarteten betrachtest, wirst du wohl nichts anderes finden, als daß alles Plötzliche größer erscheint, und zwar aus zwei Gründen: erstens, weil keine Zeit gegeben wird, zu überlegen, wie groß ist, was geschieht, dann aber macht, wenn es so scheint, daß man sich hätte davor schützen können, hätte man es nur vorausgesehen, das gleichsam durch eigene Schuld veranlaßte Unglück den Kummer noch nagender. 53. Daß dies so ist, beweist die Zeit,

isdem malis manentibus non modo leniatur aegritudo, sed in plerisque tollatur. Karthaginienses multi Romae servierunt, Macedones rege Perse capto; vidi etiam in Peloponneso, cum essem adulescens, quosdam Corinthios. hi poterant omnes eadem illa de Andromacha deplorare: 'haec omnia vidi ...', sed iam decantaverant fortasse. eo enim erant voltu, oratione, omni reliquo motu et statu, ut eos Argivos aut Sicyonios diceres, magisque me moverant Corinthi subito aspectae parietinae quam ipsos Corinthios, quorum animis diuturna cogitatio callum vetustatis obduxerat. 54. legimus librum Clitomachi, quem ille eversa Karthagine misit consolandi causa ad captivos, cives suos; in eo est disputatio scripta Carneadis, quam se ait in commentarium rettulisse. cum ita positum esset, videri fore in aegritudine sapientem patria capta, quae Carneades contra dixerit, scripta sunt. tanta igitur calamitatis praesentis adhibetur a philosopho medicina, quanta inveteratae ne desideratur quidem, nec, si aliquot annis post idem ille liber captivis missus esset, volneribus mederetur, sed cicatricibus. sensim enim et pedetemptim progrediens extenuatur dolor, non quo ipsa res immutari soleat aut possit, sed id, quod ratio debuerat, usus docet, minora esse ea quae sint visa maiora.

(23) 55. Quid ergo opus est, dicet aliquis, aut ratione aut omnino consolatione ulla, qua solemus uti, cum levare dolorem

die in ihrem Vorwärtsschreiten so lindert, daß sich der Kummer, bleiben auch die Übel dieselben, nicht nur mildert, sondern bei den meisten vergeht. Karthager waren in Rom in großer Zahl Sklaven, Makedonier nach der Gefangennahme des Königs Perseus; ich sah auch auf der Peloponnes in meiner Jugend Korinther. Die hätten alle jenes Klagelied aus der ‹Andromache› singen können: ‹Dies alles sah ich ...›, aber sie hatten vielleicht schon ausgeklagt. Ihr Gesichtsausdruck, ihre Sprache, die ganze übrige Bewegung und Haltung waren nämlich so, daß man sie als Argiver oder Sikyonier hätte ansprechen können, und auf mich hatten in Korinth plötzlich erblickte Ruinen mehr Eindruck gemacht als auf die Korinther selbst, über deren Sinn das dauernde Denken daran die Schwielen des Alters gezogen hatte. 54. Wir haben ein Buch des Kleitomachos gelesen, das er nach der Vernichtung Karthagos seinen gefangenen Mitbürgern schickte, um sie zu trösten; darin findet sich eine Erörterung des Karneades eingelegt, die er nach seiner Angabe in seinem Notizbuch nachgeschrieben hatte. Während die Behauptung so formuliert wurde: der Weise werde, wie man glaube, in Kummer sein, wenn die Heimat in Feindes Hand ist, findet sich dort geschrieben, was Karneades dagegen gesagt hat. Ein so gewichtiges Heilmittel also wird vom Philosophen gegen eine gegenwärtige Not angewendet, wie es gegen eine verjährte nicht einmal gewünscht wird. Und wenn dasselbe Buch ein paar Jahre später den Gefangenen geschickt worden wäre, würde es nicht Wunden heilen, sondern Narben. Allmählich nämlich und nach und nach schwächt sich der Schmerz im Verlaufe ab, nicht weil die Sache selbst sich zu ändern pflegte oder es könnte, sondern weil das, was die Vernunft hätte tun sollen, die Erfahrung lehrt, daß nämlich geringer ist, was erst größer schien.

55. Was bedarf's also, wird mancher sagen, der Vernunftgründe und überhaupt des Trostes, den wir gewöhnlich ge-

maerentium volumus? hoc enim fere tum habemus in promptu, nihil oportere inopinatum videri. aut qui tolerabilius feret incommodum, qui cognoverit necesse esse homini tale aliquid accidere? haec enim oratio de ipsa summa mali nihil detrahit, tantum modo adfert, nihil evenisse quod non opinandum fuisset. neque tamen genus id orationis in consolando non valet, sed id haud sciam an plurimum. ergo ista necopinata non habent tantam vim, ut aegritudo ex is omnis oriatur; feriunt enim fortasse gravius, non id efficiunt, ut ea, quae accidant maiora videantur: quia recentia sunt, maiora videntur, non quia repentina.

56. Duplex est igitur ratio veri reperiendi non in is solum, quae mala, sed in is etiam, quae bona videntur. nam aut ipsius rei natura qualis et quanta sit, quaerimus, ut de paupertate non numquam, cuius onus disputando levamus docentes, quam parva et quam pauca sint quae natura desideret, aut a disputandi subtilitate orationem ad exempla traducimus. hic Socrates commemoratur, hic Diogenes, hic Caecilianum illud:

saepe est etiam sub palliolo sordido sapientia.

cum enim paupertatis una eademque sit vis, quidnam dici potest, quam ob rem C. Fabricio tolerabilis ea fuerit, alii negent se ferre posse? 57. huic igitur alteri generi similis est ea ratio consolandi, quae docet humana esse quae acciderint. non enim id solum continet ea disputatio, ut cognitionem adferat generis humani, sed significat tolerabilia esse, quae et tulerint et ferant ceteri. (24) de paupertate agitur: multi pa-

brauchen, wenn wir den Schmerz der Trauernden erleichtern wollen? Das etwa haben wir nämlich dann bereit: nichts dürfe unverhofft scheinen. Oder wie wird der gefaßter das Unglück ertragen, der erkannt hat, daß einem Menschen mit Notwendigkeit etwas Derartiges geschehen muß? Eine Rede dieser Art nämlich zieht von dem Ganzen des Schmerzes selbst nichts ab, sie fügt nur hinzu: nichts ist geschehen, was man nicht hätte erwarten müssen. Und doch ist eine derartige Rede im Trost nicht ohne Kraft, sondern besitzt vielleicht die größte. Also: dies Unerwartete hat nicht so große Macht, daß der Kummer ganz aus ihm entstünde. Es trifft vielleicht härter, bewirkt aber nicht dies, daß größer scheint, was geschieht: weil es frisch ist, scheint es größer, nicht weil es plötzlich kam.

56. Doppelt ist darum die Weise, die Wahrheit zu finden, nicht nur bei dem, was schlecht, sondern auch bei dem, was gut scheint; denn entweder fragen wir, wie das Wesen der Sache selbst ist und von welcher Bedeutung – wie bisweilen hinsichtlich der Armut, deren Last wir durch Erörterung erleichtern, indem wir aufweisen, wie gering und wie wenig das ist, was die Natur braucht – oder wir lenken die Rede von scharfsinniger Erörterung hinüber zu Vorbildern. Da wird Sokrates erwähnt, da Diogenes, da das Wort des Caecilius:

Oft verbirgt sich Weisheit auch in einem schmutzigen Gewand.

Denn da die Kraft der Armut ein und dieselbe ist, was läßt sich denn dann sagen, weshalb sie für Gaius Fabricius erträglich gewesen sein sollte, andere dagegen bestreiten dürften, daß sie sie ertragen können? 57. Dieser anderen Art nun ähnlich ist das Verfahren des Trostes, das lehrt, menschlich sei, was einem begegnet ist. Denn dies Verfahren schließt nicht nur dies ein, daß es Erkenntnis des Menschengeschlechtes beibringt, sondern es deutet an, daß erträglich ist, was die anderen getragen haben und noch tragen. Es handelt sich um die Ar-

tientes pauperes commemorantur; de contemnendo honore: multi inhonorati proferuntur, et quidem propter id ipsum beatiores, eorumque, qui privatum otium negotiis publicis antetulerunt, nominatim vita laudatur, nec siletur illud potentissimi regis anapaestum, qui laudat senem et fortunatum esse dicit, quod inglorius sit atque ignobilis ad supremum diem perventurus; 58. similiter commemorandis exemplis orbitates quoque liberum praedicantur, eorumque, qui gravius ferunt, luctus aliorum exemplis leniuntur. sic perpessio ceterorum facit, ut ea quae acciderint multo minora quam quanta sint existimata, videantur. ita fit, sensim cogitantibus ut, quantum sit ementita opinio, appareat. atque hoc idem et Telamo ille declarat:

ego cum genui ...

et Theseus:

futuras mecum commentabar miserias

et Anaxagoras:

sciebam me genuisse mortalem.

hi enim omnes diu cogitantes de rebus humanis intellegebant eas nequaquam pro opinione volgi esse extimescendas. et mihi quidem videtur idem fere accidere is qui ante meditantur, quod is quibus medetur dies, nisi quod ratio quaedam sanat illos, hos ipsa natura intellecto eo quod rem continet, illud malum, quod opinatum sit esse maxumum, nequaquam esse tantum, ut vitam beatam possit evertere. 59. hoc igitur efficitur, ut ex illo necopinato plaga maior sit, non, ut illi putant,

mut: viele geduldige Arme werden erwähnt; um die Verachtung äußerer Ehre: man führt viele Ungeehrte an, und zwar solche, die gerade deswegen glücklicher waren; und das Leben derjenigen, die Muße daheim den öffentlichen Geschäften vorgezogen haben, wird mit Nennung des Namens gelobt und nicht verschwiegen der berühmte Anapäst des großmächtigen Königs, der den Greis lobt und ihn glücklich heißt, weil er ohne Ruhm sei und unbekannt zum letzten Tage kommen werde. 58. Auf ähnliche Weise durch Erwähnung von Beispielen wird auch Kinderlosigkeit gepriesen, und die Trauer derjenigen, die es zu schwer nehmen, durch die Beispiele anderer gelindert; so macht das Erleiden der übrigen, daß das, was geschah, viel geringer vorkommt, als es erst eingeschätzt wurde. So ist das Ergebnis, daß für Nachdenkende allmählich klar wird, wie sehr die eigene Vorstellung gelogen hat, und eben dieses will jener Telamon sagen:

> da ich zeugte ...

und Theseus:

> bedacht' ich mir das Elend, das da kommen könnt'

und Anaxagoras: «Ich wußte, daß ich einen Sterblichen gezeugt hatte.» Sie alle nämlich haben lange über die menschlichen Dinge nachgedacht und erkannten, daß sie keineswegs der Vorstellung des großen Haufens entsprechend gefürchtet werden müßten. Und mir scheint denen, die vorher nachdenken, fast dasselbe zu begegnen wie denen, welche die Zeit heilt, außer daß erstere eine bestimmte Überlegung gesund macht, die letzteren die Natur selbst, dadurch nämlich, daß man das einsieht, worauf alles ankommt: jenes Übel, was man sich als das größte vorstellte, ist keineswegs so groß, daß es ein glückliches Leben zerstören könnte. 59. Dadurch wird also bewiesen, daß der Schlag aus dem Unerwarteten zwar heftiger

ut, cum duobus pares casus evenerint, is modo aegritudine adficiatur, cui ille necopinato casus evenerit.

Itaque dicuntur non nulli in maerore, cum de hac communi hominum condicione audivissent, ea lege esse nos natos, ut nemo in perpetuum esse posset expers mali, gravius etiam tulisse. (25) quocirca Carneades, ut video nostrum scribere Antiochum, reprendere Chrysippum solebat laudantem Euripideum carmen illud:

Mortális nemo est quém non attingát dolor
Morbúsque; multis súnt humandi líberi,
Rursúm creandi, mórsque est finita ómnibus.
Quae géneri humano angórem nequicquam ádferunt:
Reddénda terrae est térra, tum vita ómnibus
Meténda ut fruges. síc iubet Necéssitas.

60. negabat genus hoc orationis quicquam omnino ad levandam aegritudinem pertinere. id enim ipsum dolendum esse dicebat, quod in tam crudelem necessitatem incidissemus; nam illam quidem orationem ex commemoratione alienorum malorum ad malivolos consolandos esse accommodatam. Mihi vero longe videtur secus. nam et necessitas ferendae condicionis humanae quasi cum deo pugnare prohibet admonetque esse hominem, quae cogitatio magno opere luctum levat, et enumeratio exemplorum, non ut animum malivolorum oblectet, adfertur, sed ut ille qui maeret ferundum sibi id censeat, quod videat multos moderate et tranquille tulisse.

61. Omnibus enim modis fulciendi sunt, qui ruunt nec cohaerere possunt propter magnitudinem aegritudinis. ex quo ipsam aegritudinem λύπην Chrysippus quasi solutionem

ist, nicht aber, wie jene glauben, daß, stößt zwei Leuten dasselbe Unglück zu, nur der von Kummer erfaßt wird, dem das Unglück unvermutet kam.

Deshalb heißt es, hätten einige in ihrem Kummer, als sie von dieser allen gemeinsamen Lage der Menschen gehört hatten, daß wir nämlich unter dem Gesetz geboren seien, daß niemand für alle Zeit frei von Unglück sein könne, an ihm noch schwerer getragen. Daher pflegte Karneades, wie ich unseren Antiochos schreiben sehe, Chrysipp zu tadeln, daß er die bekannten Verse des Euripides lobte:

Keinen Sterblichen gibt es, den nicht Schmerzen angerührt
und Krankheit, viele setzen ihre Kinder bei
und zeugen neu, und allen ist der Tod bestimmt;
das bringt ganz sinnlos Angst dem menschlichen Geschlecht;
denn Erde gehört zur Erd', und aller Leben muß
geschnitten werden wie das Korn. So ist's Gesetz.

60. Er bestritt, daß eine solche Rede überhaupt etwas zur Erleichterung des Kummers diene. Denn gerade darüber müsse man Schmerz empfinden, sagte er, daß wir einer so grausamen Notwendigkeit verfallen wären; denn das Ausgehen von der Erwähnung fremden Unglücks sei passend, um Schadenfrohe zu trösten. Ich aber bin ganz anderer Ansicht; die Notwendigkeit nämlich, die menschliche Lage zu ertragen, hindert gleichsam mit Gott zu kämpfen und erinnert an das Menschsein, ein Gedanke, der die Trauer gar sehr lindert. Und die Aufzählung von Beispielen bringt man nicht an, um das Herz der Schadenfrohen zu ergötzen, sondern auf daß der, welcher trauert, sich überzeugt, daß er das ertragen müsse, was viele, wie er sieht, beherrscht und ruhig ertragen haben.

61. Sind doch die auf jede Weise zu stützen, welche stürzen und sich wegen der Größe des Kummers nicht mehr halten können. Daher sei, meint Chrysipp, eben der Kummer λύπη,

totius hominis appellatam putat. Quae tota poterit evelli explicata, ut principio dixi, causa aegritudinis; est enim nulla alia nisi opinio et iudicium magni praesentis atque urgentis mali. itaque et dolor corporis, cuius est morsus acerrumus, perfertur spe proposita boni, et acta aetas honeste ac splendide tantam adfert consolationem, ut eos qui ita vixerint aut non attingat aegritudo aut perleviter pungat animi dolor.

(26) Sed ad hanc opinionem magni mali cum illa etiam opinio accessit oportere, rectum esse, ad officium pertinere ferre illud aegre quod acciderit, tum denique efficitur illa gravis aegritudinis perturbatio. 62. ex hac opinione sunt illa varia et detestabilia genera lugendi: paedores, muliebres lacerationes genarum, pectoris feminum capitis percussiones; hinc ille Agamemno Homericus et idem Accianus

scindens dolore identidem intonsam comam;

in quo facetum illud Bionis, perinde stultissimum regem in luctu capillum sibi evellere, quasi calvitio maeror levaretur. 63. Sed haec omnia faciunt opinantes ita fieri oportere. itaque et Aeschines in Demosthenem invehitur, quod is septimo die post filiae mortem hostias immolavisset. at quam rhetorice, quam copiose! quas sententias colligit, quae verba contorquet! ut licere quidvis rhetori intellegas. quae nemo probaret, nisi insitum illud in animis haberemus, omnis bonos interitu

das heißt sozusagen Auflösung des ganzen Menschen genannt worden. Und doch kann er ganz mit der Wurzel ausgerottet werden, wenn die Ursache des Kummers, wie ich am Anfang gesagt habe, dargelegt wird; es ist nämlich keine andere als die Vorstellung und das Urteil, man leide an einem großen gegenwärtigen und bedrängenden Unheil. Deshalb erträgt man den Schmerz des Körpers, dessen Beißen am heftigsten ist, wenn man sich die Hoffnung auf Gutes vor Augen stellt, und ein ehrenvoll und in Glanz verbrachtes Leben bringt soviel Trost, daß diejenigen, die so gelebt haben, entweder überhaupt nicht von Kummer berührt werden oder ein Seelenschmerz sie nur leicht trifft.

Aber wenn zu dieser Vorstellung von einem großen Unheil noch die Vorstellung hinzutritt, daß es nötig, daß es richtig sei, daß es zur Pflicht gehöre, bekümmert zu sein über das, was geschehen ist, dann endlich ist die Wirkung jene schwere Verwirrung des Kummers. 62. Aus dieser Vorstellung heraus entstehen dann jene mannigfaltigen verabscheuungswürdigen Arten zu trauern, Schmutz, weibisches Zerkratzen der Wangen, Schlagen der Brust, der Schenkel, des Hauptes. Daher stammt jener Agamemnon des Homer und zugleich des Accius

vor Schmerz das ungeschorne Haar zerwühlend fort,

über den Bion den Witz machte, der törichte König raufe sich in seiner Trauer das Haar aus, als ob der Schmerz durch eine Glatze leichter würde. 63. Aber das alles tun sie in der Meinung, so müsse es geschehen. Daher fährt auch Aischines gegen Demosthenes los, weil er am siebenten Tage nach dem Tode seiner Tochter ein Dankopfer dargebracht hätte. Wie kunstvoll aber, mit welcher Fülle, was sammelt er für Gedanken, was schleudert er für Worte! Daß man sieht, dem Redekünstler ist alles erlaubt. Niemand aber würde das gutheißen, wenn wir nicht eingewurzelt in der Seele die Vorstellung hätten, alle rechten Men-

suorum quam gravissime maerere oportere. ex hoc evenit, ut in animi doloribus alii solitudines captent, ut ait Homerus de Bellerophonte:

Qui miser in campis maerens errabat Aleis
Ipse suum cor edens, hominum vestigia vitans;

et Nioba fingitur lapidea propter aeternum, credo, in luctu silentium, Hecubam autem putant propter animi acerbitatem quandam et rabiem fingi in canem esse conversam. sunt autem alii, quos in luctu cum ipsa solitudine loqui saepe delectat, ut illa apud Ennium nutrix:

Cupído cepit míseram nunc me próloqui
Caelo átque terrae Médeai míserias.

(27) 64. haec omnia recta vera debita putantes faciunt in dolore, maximeque declaratur hoc quasi officii iudicio fieri, quod, si qui forte, cum se in luctu esse vellent, aliquid fecerunt humanius aut si hilarius locuti sunt, revocant se rursus ad maestitiam peccatique se insimulant, quod dolere intermiserint. pueros vero matres et magistri castigare etiam solent, nec verbis solum, sed etiam verberibus, si quid in domestico luctu hilarius ab is factum est aut dictum, plorare cogunt. Quid? ipsa remissio luctus cum est consecuta intellectumque est nihil profici maerendo, nonne res declarat fuisse totum illud voluntarium? 65. Quid ille Terentianus 'ipse se poeniens', id est ἑαυτὸν τιμωρούμενος?

schen müßten beim Hingang der Ihren so tief wie möglich trauern. Daher kommt es, daß in den Schmerzen ihrer Seele die einen die Einsamkeit suchen, wie Homer von Bellerophon sagt:

Der aber irrte voll Trauer krank im aleischen Felde,
selber zerfressend sein Herz und die Spuren der Menschen vermeidend.

Und die Niobe stellt man sich versteint vor, wegen des ewigen Schweigens in ihrer Trauer, wie ich meine. Hekuba aber sei wegen einer gewissen Bitterkeit ihrer Seele und ihrer Raserei, so denkt man sich aus, wie man glaubt, in einen Hund verwandelt worden. Es gibt aber andere, die es oft ergötzt, in ihrer Trauer mit ihrer Einsamkeit selber zu reden, wie die Amme bei Ennius:

Verlangen faßt mich Arme auszusprechen jetzt
vor Himmel und vor Erde der Medea Leid.

64. Dies tun sie alles in ihrem Schmerze im Glauben, es sei richtig, wahr, Verpflichtung; und am meisten zeigt sich daran, daß dies aus einer Pflichtauffassung geschieht, daß wenn Leute, obwohl sie in Trauer sein wollten, sich etwas menschlicher gegeben haben oder wenn sie heiterer gesprochen haben, sie sich wieder zur Traurigkeit zurückrufen und sich eines Vergehens bezichtigen, weil sie ihren Schmerz unterbrochen hätten. Mütter und Lehrer aber pflegen Knaben gar zu züchtigen und nicht allein mit Worten, sondern auch mit Schlägen, wenn bei Trauer im Hause von ihnen etwas zu heiter behandelt oder gesagt worden ist, und zwingen sie zum Weinen. Wie? Zeigt nicht, wenn ein Nachlassen der Betrübnis folgt und man einsieht, mit Trauern werde doch nichts gewonnen, der Tatbestand, daß alles eine Sache des eignen Willens war? 65. Was sagt der bekannte «Selbstquäler» des Terenz, das heißt ἑαυτὸν τιμωρούμενος?

Decrévi tantispér me minus iniúriae,
Chremés, meo gnato fácere, dum fiám miser.

hic decernit, ut miser sit. num quis igitur quicquam decernit invitus?

malo quidem me quovis dignum deputem –

malo se dignum deputat, nisi miser sit. vides ergo opinionis esse, non naturae malum. Quid, quos res ipsa lugere prohibet? ut apud Homerum cotidianae neces interitusque multorum sedationem maerendi adferunt, apud quem ita dicitur:

Namque nimis multos atque omni luce cadentis
Cernimus, ut nemo possit maerore vacare.
Quo magis est aequum tumulis mandare peremptos
Firmo animo et luctum lacrimis finire diurnis.

66. Ergo in potestate est abicere dolorem, cum velis, tempori servientem. an est ullum tempus, quoniam quidem res in nostra potestate est, cui non ponendae curae ⟨et⟩ aegritudinis causa serviamus? constabat eos, qui concidentem volneribus Cn. Pompeium vidissent, cum in illo ipso acerbissimo miserrimoque spectaculo sibi timerent, quod se classe hostium circumfusos viderent, nihil aliud tum egisse, nisi ut remiges hortarentur et ut salutem adipiscerentur fuga; posteaquam Tyrum venissent, tum adflictari lamentarique coepisse. timor igitur ab his aegritudinem potuit repellere, ratio ab sapienti viro non poterit? (28) Quid est autem quod plus valeat ad ponendum dolorem, quam cum est intellectum nil profici et

So lang, war mein Entscheid, fügt' meinem Sohne ich
geringres Unrecht zu, solange ich elend wär.

Dieser Mann beschließt elend zu sein. Beschließt denn also etwa jemand etwas gegen seinen Willen?

eines jeden Übels hielt ich mich für wert ...

Eines Übels hält er sich für wert, wenn er nicht elend wäre. Du siehst also, daß es ein Übel der Vorstellung, nicht der Natur ist. Wie steht es gar mit denen, welche die Umstände selbst am Trauern hindern? So bringen bei Homer das tägliche Morden und das Sterben vieler eine Beruhigung der Trauer mit sich. Bei ihm heißt es:

Denn wir sehen zu viele und bei jedem Lichte der Sonne
fallen, daß keiner den Harm im Herzen zu meiden vermöchte.
Drum ist's nur mehr noch recht, im Grabe die Toten zu bergen,
selber gefaßt, und den Tag den Tränen als Grenze zu setzen.

66. Also: in deiner Macht ist es, den Schmerz zu verjagen, sofern du nur willst, der Lage dich fügend. Oder gibt es etwa eine Lage, da die Sache ja wenigstens in unserer Macht liegt, der wir uns nicht zu fügen vermöchten, um der Sorge und des Kummers ledig zu werden? Es war bekannt, daß die Männer, die Gnaeus Pompeius unter seinen Wunden fallen sahen, da sie bei eben dem bitteren und beklagenswerten Schauspiel Angst um sich hatten, weil sie sich von der Flotte der Feinde umringt sahen, damals nichts anderes getan haben als die Ruderer anzufeuern und ihre Rettung in der Flucht zu suchen. Später, als sie nach Tyrus kamen, da erst begannen sie sich zu härmen und zu jammern. Die Furcht konnte ihnen also den Kummer vertreiben, die Vernunft soll es dem Weisen nicht können? Was gibt es aber, was größere Macht hätte, vom Schmerz zu befreien, als wenn man einsieht, daß damit nichts erreicht wird

frustra esse susceptum? si igitur deponi potest, etiam non suscipi potest; voluntate igitur et iudicio suscipi aegritudinem confitendum est.

67. Idque indicatur eorum patientia, qui cum multa sint saepe perpessi, facilius ferunt quicquid accidit, obduruisseque iam sese contra fortunam arbitrantur, ut ille apud Euripidem:

Si míhi nunc tristis prímum inluxissét dies
Nec tam aérumnoso návigavissém salo,
Essét dolendi caúsa, ut iniecto éculei
Frenó repente táctu exagitantúr novo;
Sed iám subactus míseriis optórpui.

defetigatio igitur miseriarum aegritudines cum faciat leniores, intellegi necesse est non rem ipsam causam atque fontem esse maeroris.

68. Philosophi summi nequedum tamen sapientiam consecuti nonne intellegunt in summo se malo esse? sunt enim insipientes, neque insipientia ullum maius malum est. neque tamen lugent. quid ita? quia huic generi malorum non adfingitur illa opinio, rectum esse et aequum et ad officium pertinere aegre ferre, quod sapiens non sis, quod idem adfingimus huic aegritudini, in qua luctus inest, quae omnium maxuma est. 69. itaque Aristoteles veteres philosophos accusans, qui existumavissent philosophiam suis ingeniis esse perfectam, ait eos aut stultissimos aut gloriosissimos fuisse; sed se videre, quod paucis annis magna accessio facta esset, brevi tempore philosophiam plane absolutam fore. Theophrastus autem moriens

und daß man ihn sinnlos auf sich nahm? Wenn er sich nun ablegen läßt, ist es möglich, ihn nicht erst aufzunehmen; mit Willen und Urteil also, muß man bekennen, nimmt man den Kummer in sich auf.

67. Und darauf führt auch die Leidensfähigkeit derjenigen, die deshalb leichter ertragen, was immer geschieht, weil sie oft schon vieles ausgehalten haben, und sich schon gegen das Geschick abgehärtet glauben. So jener Mann bei Euripides:

Wenn dies der erste trübe Tag, der mir erschien,
ich nicht gefahren wär' durch solcher Leiden Meer,
wär' Grund zum Schmerze, wie das Füllen, wirft man ihm
den Zügel plötzlich um, beim neuen Drucke scheut;
doch nun vom Elend arg gezaust bin ich schon hart.

Da ein Übermaß von Elend also den Kummer leichter macht, muß man erkennen, daß nicht die Sache selbst Grund und Quelle der Trauer ist.

68. Die bedeutendsten Philosophen, die freilich doch noch nicht die Weisheit erreicht haben, sehen sie nicht ein, daß sie im höchsten Elend sind? Sind sie doch noch unweise, und ist doch kein Übel größer als die Torheit. Und doch härmen sie sich nicht. Woher kommt das? Daher, daß man mit dieser Sorte Leiden nicht die Vorstellung verbindet, daß es recht sei und billig und zum Anstand gehöre, darüber betrübt zu sein, daß man nicht weise ist, und diese Vorstellung eben verbinden wir mit dem Kummer, in dem die Trauer enthalten ist, dem größten von allen. 69. Deshalb sagte Aristoteles, die alten Philosophen anklagend, die gemeint hätten, durch ihre Leistung sei die Philosophie vollendet worden, sie wären entweder sehr dumm oder sehr ruhmredig gewesen: er sähe indes, daß die Philosophie, weil in wenigen Jahren ein gewaltiger Zuwachs hinzugekommen sei, in wenigen Jahren völlig abgeschlossen sein werde. Theophrast soll seinerseits auf dem Sterbelager

accusasse naturam dicitur, quod cervis et cornicibus vitam diuturnam, quorum id nihil interesset, hominibus, quorum maxime interfuisset, tam exiguam vitam dedisset; quorum si aetas potuisset esse longinquior, futurum fuisse ut omnibus perfectis artibus omni doctrina hominum vita erudiretur. querebatur igitur se tum, cum illa videre coepisset, extingui. quid? ex ceteris philosophis nonne optumus et gravissumus quisque confitetur multa se ignorare et multa sibi etiam atque etiam esse discenda? 70. neque tamen, cum se in media stultitia, qua nihil est peius, haerere intellegant, aegritudine premuntur; nulla enim admiscetur opinio officiosi doloris.

Quid, qui non putant lugendum viris? qualis fuit Q. Maxumus efferens filium consularem, qualis L. Paulus duobus paucis diebus amissis filiis, qualis M. Cato praetore designato mortuo filio, quales reliqui, quos in Consolatione conlegimus. 71. quid hos aliud placavit nisi quod luctum et maerorem esse non putabant viri? ergo id, quod alii rectum opinantes aegritudini se solent dedere, id hi turpe putantes aegritudinem reppulerunt. ex quo intellegitur non in natura, sed in opinione esse aegritudinem.

(29) Contra dicuntur haec: quis tam demens, ut sua voluntate maereat? natura adfert dolorem, cui quidem Crantor, inquiunt, vester cedendum putat; premit enim atque instat, nec resisti potest. itaque Oileus ille apud Sophoclem, qui Telamonem antea de Aiacis morte consolatus esset, is cum audi-

die Natur angeklagt haben, daß sie Hirschen und Krähen ein langes Leben gegeben habe, obwohl es für sie ohne Wichtigkeit sei, den Menschen, denen am meisten daran gelegen hätte, ein so kurzes. Denn wenn ihr Leben hätte länger sein können, wäre das Leben der Menschen nach Vollendung aller Künste in jeglicher Wissenschaft gebildet worden. Er beklagte sich also, daß er gerade jetzt, wo er jenes Ziel zu sehen begonnen hätte, erlösche. Wie? Gestehen nicht von den übrigen Philosophen gerade die besten und ernstesten, daß sie vieles nicht wissen und vieles fort und fort zu lernen haben? 70. Und dennoch werden sie, mögen sie auch erkennen, daß sie mitten im Nichtwissen, dem Schlimmsten, was es gibt, hangen, nicht von Kummer gebeugt; denn es mischt sich nicht die Vorstellung eines Schmerzes, zu dem man verpflichtet wäre, bei.

Was soll ich die anführen, die der Ansicht waren, Männer dürften nicht trauern? So ein Mann war Quintus Maximus, als er seinem Sohne, der schon Konsul gewesen war, das letzte Geleit gab, so ein Mann Lucius Paulus, der innerhalb weniger Tage seine Söhne verlor, so ein Mann Marcus Cato, als sein Sohn, eben zum Prätor gewählt, starb, so die übrigen, die wir im «Trost» zusammengestellt haben. 71. Was hat sie anderes beruhigt, als daß sie glaubten, Trauern und Jammern gehöre sich nicht für einen Mann? Also das, was die anderen für richtig halten und sich deswegen dem Kummer zu überlassen pflegen, das hielten diese für schmählich und verjagten damit den Kummer. Woraus man sieht, daß der Kummer nicht in der Natur begründet ist, sondern in der Vorstellung.

Dagegen wendet man ein: wer ist so von Sinnen, daß er freiwillig trauert? Die Natur bringt den Schmerz, dem man wenigstens nach Ansicht eures Krantor weichen müsse, so sagen sie; er überfällt nämlich und bedrängt und man kann ihm nicht Widerstand leisten. Daher ist jener Oileus bei Sophokles, der noch vorher Telamon über den Tod des Aias getröstet

visset de suo, fractus est. de cuius commutata mente sic dicitur:

Nec véro tanta praéditus sapiéntia
Quisquám est, qui aliorum aerúmnam dictis ádlevans
Non ídem, cum fortúna mutata ímpetum
Convértat, clade súbita frangatúr sua,
Ut ílla ad alios dícta et praecepta éxcidant.

haec cum disputant, hoc student efficere, naturae obsisti nullo modo posse; et tamen fatentur graviores aegritudines suscipi, quam natura cogat. quae est igitur amentia –? ut nos quoque idem ab illis requiramus. 72. Sed plures sunt causae suscipiendi doloris: primum illa opinio mali, quo viso atque persuaso aegritudo insequitur necessario. deinde etiam gratum mortuis se facere, si graviter eos lugeant, arbitrantur. accedit superstitio muliebris quaedam; existumant enim diis inmortalibus se facilius satis facturos, si eorum plaga perculsi adflictos se et stratos esse fateantur. sed haec inter se quam repugnent, plerique non vident. laudant enim eos, qui aequo animo moriantur; qui alterius mortem aequo animo ferant, eos putant vituperandos. quasi fieri ullo modo possit, quod in amatorio sermone dici solet, ut quisquam plus alterum diligat quam se. 73. praeclarum illud est et, si quaeris, rectum quoque et verum, ut eos, qui nobis carissimi esse debeant, aeque ac nosmet ipsos amemus; ut vero plus, fieri nullo pacto potest. ne optandum quidem est in amicitia, ut me ille plus quam se, ego illum plus quam me; perturbatio vitae, si ita sit, atque officiorum om-

hatte, zerbrochen, als er vom Tode seines Aias hörte. So heißt es von ihm über seine Sinneswandlung:

> doch keiner zeichnet sich durch solche Weisheit aus,
> daß er, der eben anderer Leid getröstet noch,
> nicht auch, wenn des Geschickes Wandel seinen Stoß
> umkehrt, zerbräch' bei seines Schlages Plötzlichkeit,
> so daß das mahnend Wort für andre jäh entfiel.

Mit diesen Erörterungen suchen sie das zu beweisen, daß man der Natur auf keine Weise widerstehen könne, und dabei geben sie doch zu, daß man schwereren Kummer auf sich nimmt als die Natur es erzwingt. Was ist das also für eine Sinnlosigkeit? So daß auch wir sie das Gleiche fragen. 72. Aber es sind mehrere Gründe, weswegen man einen Schmerz in sich aufnimmt. Zunächst jene Vorstellung von einem Übel: wenn man es gesehen hat und davon überzeugt worden ist, folge der Kummer mit Notwendigkeit; dann glauben sie auch, den Toten etwas Liebes zu tun, wenn sie tief über sie trauern. Hinzukommt ein gewisser weibischer Aberglaube. Sie meinen nämlich, sie würden den unsterblichen Göttern leichter Genugtuung gewähren, wenn sie von ihrem Schlag getroffen sich als niedergeschlagen und zu Boden gestreckt bekennen. Aber wie sehr das in sich widersprüchlich ist, sehen die meisten nicht. Sie loben nämlich die, welche gefaßt sterben; diejenigen, welche eines anderen Tod gefaßt ertragen, halten sie für tadelnswürdig. Als ob es irgendwie möglich wäre, daß einer, wie man in der Liebessprache zu sagen pflegt, den anderen mehr liebt als sich selbst. 73. Schön und, wenn man überlegt, richtig und wahr ist es, daß wir die, welche uns die teuersten sein müssen, gleich wie uns selbst lieben; daß wir sie aber mehr lieben, ist unmöglich. Nicht einmal wünschenswert ist es in der Freundschaft, daß jener mich mehr als sich, ich ihn als mich liebe; ein Umsturz des Lebens und aller Pflichten würde, wenn es so

nium consequatur. (30) sed de hoc alias; nunc illud satis est, non attribuere ad amissionem amicorum miseriam nostram, ne illos plus quam ipsi velint, si sentiant, plus certe quam nosmet ipsos diligamus. Nam quod aiunt plerosque consolationibus nihil levari adiunguntque consolatores ipsos confiteri se miseros, cum ad eos impetum suum ⟨fortuna⟩ converterit, utrumque dissolvitur. sunt enim ista non naturae vitia, sed culpae. stultitiam autem accusare quamvis copiose licet. nam et qui non levantur, ipsi ⟨se⟩ ad miseriam invitant, et qui suos casus aliter ferunt atque ut auctores aliis ipsi fuerunt, non sunt vitiosiores quam fere plerique, qui avari avaros, gloriae cupidos gloriosi reprehendunt. est enim proprium stultitiae aliorum vitia cernere, oblivisci suorum. 74. Sed nimirum hoc maxume est exprimendum, cum constet aegritudinem vetustate tolli, hanc vim non esse in die positam, sed in cogitatione diuturna. nam si et eadem res est et idem est homo, qui potest quicquam de dolore mutari, si neque de eo, propter quod dolet, quicquam est mutatum neque de eo, qui dolet? cogitatio igitur diuturna nihil esse in re mali dolori medetur, non ipsa diuturnitas.

(31) Hic mihi adferunt mediocritates. quae si naturales sunt, quid opus est consolatione? natura enim ipsa terminabit modum; sin opinabiles, opinio tota tollatur.

Satis dictum esse arbitror aegritudinem esse opinionem mali praesentis, in qua opinione illud insit, ut aegritudinem susci-

wäre, die Folge sein. Aber darüber ein andermal. Jetzt ist jenes genug: nicht zum Verlust der Freunde unseren Jammer noch hinzuzufügen, um jene nicht mehr zu lieben als sie selbst wollten, wenn sie es spürten, sicherlich aber mehr als uns selbst. Denn wenn man sagt, daß die meisten durch Tröstungen nicht erhoben würden und man hinzufügt, die Tröster bekennten selbst, sie seien unglücklich, wenn das Schicksal seinen Ansturm gegen sie gewendet hat, so löst sich beides auf; sind das doch nicht Fehler der Natur, sondern der eigenen Schuld. Die Torheit aber anklagen darf man so wortreich wie möglich. Denn die, welche sich nicht erleichtern lassen, laden ⟨sich⟩ selbst zum Unglücklichsein ein, und diejenigen, die ihre Schicksalsschläge anders ertragen als sie selbst anderen geraten haben, sind nicht schlimmer als fast die meisten, die als Geizhälse die Geizhälse, als Ruhmgierige die Ruhmsüchtigen tadeln; es ist nämlich eine Eigentümlichkeit der Torheit, die Fehler anderer zu sehen, die eigenen zu vergessen. 74. Aber ohne Zweifel muß man auf folgendes besonderes Gewicht legen: da es feststeht, daß der Kummer durch Altwerden schwindet, ruht diese Kraft nicht in der Zeit, sondern im dauernden Bedenken; denn wenn sowohl die Sache als auch der Mensch dieselben bleiben, wie kann sich da irgend etwas am Schmerz ändern; wenn sich weder an dem, weswegen er betrübt ist, etwas geändert hat, noch an dem, der trauert? Dauernde Überlegung also, daß kein Übel in der Sache liegt, heilt den Schmerz, nicht die Dauer selbst.

Hier halten sie mir die gemäßigten Schmerzen vor. Wenn diese naturgegeben sind, was braucht's da des Trostes? Wird doch die Natur selbst ein Maß setzen. Wenn sie aber nur in der Vorstellung leben, dann soll die ganze Vorstellung beseitigt werden.

Genug ist meiner Meinung nach jetzt die Rede davon gewesen, daß der Kummer die Vorstellung von einem gegenwärtigen Übel ist, eine Vorstellung, in der jenes beschlossen

pere oporteat. 75. additur ad hanc definitionem a Zenone recte, ut illa opinio praesentis mali sit recens. hoc autem verbum sic interpretantur, ut non tantum illud recens esse velint, quod paulo ante acciderit, sed quam diu in illo opinato malo vis quaedam insit, ut vigeat et habeat quandam viriditatem, tam diu appelletur recens. ut Artemisia illa, Mausoli Cariae regis uxor, quae nobile illud Halicarnasi fecit sepulcrum, quam diu vixit, vixit in luctu eodemque etiam confecta contabuit. huic erat illa opinio cotidie recens; quae tum denique non appellatur recens, cum vetustate exaruit.

Haec igitur officia sunt consolantium, tollere aegritudinem funditus aut sedare aut detrahere quam plurumum aut supprimere nec pati manare longius aut ad alia traducere. 76. sunt qui unum officium consolantis putent malum illud omnino non esse, ut Cleanthi placet; sunt qui non magnum malum, ut Peripatetici; sunt qui abducant a malis ad bona, ut Epicurus; sunt qui satis putent ostendere nihil inopinati accidisse, nihil mali. Chrysippus autem caput esse censet in consolando detrahere illam opinionem maerentis, qua se officio fungi putet iusto atque debito. sunt etiam qui haec omnia genera consolandi colligant – alius enim alio modo movetur –, ut fere nos in Consolatione omnia in consolationem unam coniecimus; erat enim in tumore animus, et omnis in eo temptabatur curatio. sed sumendum tempus est non minus in animorum morbis quam in corporum; ut Prometheus ille Aeschyli, cui cum dictum esset:

liegt, daß man Kummer darüber empfinden muß. 75. Zu dieser Umschreibung wird von Zenon mit Recht hinzugefügt, daß jene Vorstellung von einem gegenwärtigen Übel frisch sein muß. Dieses Wort aber deuten sie so, daß sie nicht nur das frisch sein lassen, was eben erst geschehen ist, sondern daß es solange frisch heißen soll, solange jenem vorgestellten Übel noch eine gewisse Kraft innewohnt, daß es sich regt und sozusagen noch Saft hat. So lebte Artemisia, die Gattin des Mausolos, des Königs von Karien, die jenes berühmte Grabmal in Halikarnaß bauen ließ, solange sie lebte in Trauer, und verzehrt von ihr, schwand sie dahin. Für sie war jene Vorstellung täglich frisch. Sie heißt erst dann nicht frisch, wenn sie durch das Alter vertrocknet ist.

Das sind also die Aufgaben des Tröstenden: den Kummer von Grund aus zu beseitigen, zu stillen, ihn so sehr wie möglich zu benehmen oder zu unterdrücken, ihn nicht weiter um sich greifen zu lassen oder auf anderes abzulenken. 76. Manche meinen, es gebe nur eine Aufgabe des Tröstenden, zu lehren, daß jenes überhaupt kein Übel sei, wie Kleanthes; manche, es sei kein großes, wie die Peripatetiker; manche lenken von den Übeln zu den Gütern ab, wie Epikur; manche halten es für ausreichend zu zeigen, daß nichts Unvermutetes eingetroffen ist, nichts Schlimmes. Chrysipp aber meint, die Hauptsache beim Trösten sei, dem Betrübten jene Vorstellung zu benehmen, in der er glaubt, er übe eine geschuldete und gerechte Pflicht. Manche gibt es auch, die alle diese Arten des Trostes zusammennehmen – läßt sich doch der eine auf diese Weise, der andere auf jene bewegen –, wie etwa wir im «Trost» alles in dies eine Trösten verschmolzen; war doch das Herz erregt, und jede Heilmethode wurde an ihm erprobt. Den rechten Zeitpunkt aber muß man bei den Krankheiten der Seelen nicht weniger als denen des Körpers ergreifen. So antwortete der Prometheus des Aischylos, als man ihm gesagt hatte:

Atquí, Prometheu, te hóc tenere exístimo,
Medéri posse rátionem iracúndiae,

respondit:

Siquidém qui tempestívam medicinam ádmovens
Non ádgravescens vólnus inlidát manu.

(32) 77. Erit igitur in consolationibus prima medicina docere aut nullum malum esse aut admodum parvum, altera et de communi condicione vitae et proprie, si quid sit de ipsius qui maereat disputandum, tertia summam esse stultitiam frustra confici maerore, cum intellegas nihil posse profici. nam Cleanthes quidem sapientem consolatur, qui consolatione non eget. nihil enim esse malum, quod turpe non sit, si lugenti persuaseris, non tu illi luctum, sed stultitiam detraxeris; alienum autem tempus docendi. et tamen non satis mihi videtur vidisse hoc Cleanthes, suscipi aliquando aegritudinem posse ex eo ipso, quod esse summum malum Cleanthes ipse fateatur. quid enim dicemus, cum Socrates Alcibiadi persuasisset, ut accepimus, eum nihil hominis esse nec quicquam inter Alcibiadem summo loco natum et quemvis baiolum interesse, cum se Alcibiades adflictaret lacrimansque Socrati supplex esset, ut sibi virtutem traderet turpitudinemque depelleret, – quid dicemus, Cleanthe? num in illa re, quae aegritudine Alcibiadem adficiebat, mali nihil fuisse? 78. quid? illa Lyconis qualia sunt? qui aegritudinem extenuans parvis ait eam rebus moveri, fortunae et corporis incommodis, non animi malis. quid ergo? illud,

jedoch Prometheus, mein' ich, weißt du das doch wohl,
daß die Vernunft die Leidenschaften heilen kann
. . . .
wenn jemand, der zur rechten Zeit das Mittel bringt,
nicht mit der Hand die Wunde stößt und schlimmer macht.

77. Es wird also bei Tröstungen das erste Heilmittel sein, zu belehren, daß es sich um kein Übel handelt oder ein recht kleines, das zweite, zu belehren sowohl über das Los des menschlichen Lebens im allgemeinen und im besonderen, wenn etwas über die Lage des Betrübten gesagt werden muß, das dritte, daß es die schlimmste Torheit ist, umsonst, selbst wenn man erkennt, daß man nichts erreichen kann, vor Gram zu vergehen. Denn Kleanthes tröstet einen Weisen, der des Trostes nicht bedarf. Wenn du nämlich einen Betrübten überzeugst, daß es kein Übel gibt, es sei denn schimpflich, dürftest du ihm nicht die Trauer, sondern die Torheit nehmen; nicht passend ist aber die Gelegenheit für Belehrung. Jedoch scheint mir Kleanthes folgendes nicht recht gesehen zu haben, daß nämlich einmal ein Kummer gerade aus dem erwachsen kann, was nach seinem eigenen Bekenntnis das höchste Übel ist. Was sollen wir nämlich zu folgendem sagen? Als Sokrates Alkibiades, wie wir hören, überzeugt hatte, daß er durchaus nicht ein eigentlicher Mensch sei und kein Unterschied bestehe zwischen Alkibiades aus vornehmster Familie und irgendeinem Lastträger, und sich da Alkibiades härmte und weinend Sokrates fußfällig bat, ihn die Tugend zu lehren und die Schändlichkeit auszutreiben, was sollen wir dazu sagen, Kleanthes? Etwa, in jener Sache, die Alkibiades mit Kummer erfüllte, habe kein Übel gelegen? 78. Wie? Wie steht es mit der Lehre des Lykon? Der verkleinert den Kummer und sagt, er werde durch geringe Dinge erregt, durch Mißstände des äußeren Glückes und des Körpers, nicht durch Übel der Seele. Wie also? Jenes, woran

quod Alcibiades dolebat, non ex animi malis vitiisque constabat? (33) 79. ad Epicuri consolationem satis est ante dictum. ne illa quidem firmissima consolatio est, quamquam et usitata est et saepe prodest: 'non tibi hoc soli.' prodest haec quidem, ut dixi, sed nec semper nec omnibus; sunt enim qui respuant; sed refert, quo modo adhibeatur. ut enim tulerit quisque eorum qui sapienter tulerunt, non quo quisque incommodo adfectus sit, praedicandum est. Chrysippi ad veritatem firmissima est, ad tempus aegritudinis difficilis. magnum opus est probare maerenti illum suo iudicio et, quod se ita putet oportere facere, maerere. Nimirum igitur, ut in causis non semper utimur eodem statu – sic enim appellamus controversiarum genera –, sed ad tempus, ad controversiae naturam, ad personam accommodamus, sic in aegritudine lenienda. nam quam quisque curationem recipere possit, videndum est.

80. Sed nescio quo pacto ab eo, quod erat a te propositum, aberravit oratio. tu enim de sapiente quaesieras, cui aut malum videri nullum potest, quod vacet turpitudine, aut ita parvum malum, ut id obruatur sapientia vixque appareat, qui nihil opinione adfingat adsumatque ad aegritudinem nec id putet esse rectum, se quam maxume excruciari luctuque confici, quo pravius nihil esse possit. edocuit tamen ratio, ut mihi quidem videtur, cum hoc ipsum proprie non quaereretur hoc tempore, num quod esset malum nisi quod idem dici turpe posset, tamen ut videremus, quicquid esset in aegritudine mali, id non

Alkibiades litt, bestand es nicht in Übeln und Fehlern der Seele? 79. Gegen Epikurs Trost ist schon vorher genug gesagt. Auch jener Trost ist nicht der festeste, obwohl er gebräuchlich ist und häufig nützt: «nicht dir allein». Er nützt zwar, wie ich sagte, aber nicht immer und nicht allen. Manche gibt es nämlich, die ihn abweisen. Aber es macht etwas aus, wie man ihn anwendet. Wie nämlich jeweils einer von denen, die mit Weisheit gelitten haben, gelitten hat, nicht mit welchem Mißstand jeder behaftet ist, muß man rühmen. Chrysipps Trost ist in Hinsicht auf die Wahrheit am festesten, in Hinsicht auf den Zeitpunkt des Kummers schwierig. Ein schweres Werk ist es, dem Betrübten zu beweisen, daß er auf eigenen Entschluß hin und weil er glaube, er müsse so handeln, trauere. Sicherlich also, wie wir bei den Prozessen nicht immer dasselbe Verfahren anwenden – so nennen wir ja die verschiedenen Arten der Streitfälle –, sondern es dem Zeitpunkt, dem Wesen des Streitfalles, der Person anpassen, so auch beim Lindern des Kummers; man muß nämlich darauf sehen, welches Heilverfahren ein jeder anzunehmen vermag.

80. Aber, ich weiß nicht wie, die Rede ist von dem, was von dir als Thema gestellt worden war, abgeglitten. Hattest du doch nach dem Weisen gefragt, dem nichts als ein Übel erscheinen kann, was frei ist von Schändlichkeit, oder wenigstens nur als ein so unbedeutendes Übel, daß es von der Weisheit überschüttet wird und kaum zutage tritt, der nichts in seiner Vorstellung hinzudichtet und hinzunimmt zum Kummer und es nicht für richtig hält, sich so sehr wie möglich zu härmen und sich vor Trauer zu verzehren; das Verkehrteste, was es geben kann. Belehrt aber hat die Untersuchung, wie mir scheint, obwohl nicht eben jetzt eigens danach gefragt wurde, ob es irgendein Übel gäbe außer dem, was gleichzeitig auch schändlich genannt werden könnte, doch insoweit, daß wir sehen: was für ein Übel auch immer im Kummer liegt, es ist

naturale esse, sed voluntario iudicio et opinionis errore contractum.

81. Tractatum est autem a nobis id genus aegritudinis, quod unum est omnium maxumum, ut eo sublato reliquorum remedia ne magnopere quaerenda arbitraremur. (34) sunt enim certa, quae de paupertate certa, quae de vita inhonorata et ingloria dici soleant; separatim certae scholae sunt de exilio, de interitu patriae, de servitute, de debilitate, de caecitate, de omni casu, in quo nomen poni solet calamitatis. haec Graeci in singulas scholas et in singulos libros dispertiunt; opus enim quaerunt. quamquam plenae disputationes delectationis sunt; 82. et tamen, ut medici toto corpore curando minimae etiam parti, si condoluit, medentur, sic philosophia cum universam aegritudinem sustulit, ⟨sustulit⟩ etiam, si quis error alicunde extitit, si paupertas momordit, si ignominia pupugit, si quid tenebrarum obfudit exilium, aut eorum quae modo dixi si quid extitit. etsi singularum rerum sunt propriae consolationes, de quibus audies tu quidem, cum voles. sed ad eundem fontem revertendum est, aegritudinem omnem procul abesse a sapiente, quod inanis sit, quod frustra suscipiatur, quod non natura exoriatur, sed iudicio, sed opinione, sed quadam invitatione ad dolendum, cum id decreverimus ita fieri oportere. 83. Hoc detracto, quod totum est voluntarium, aegritudo erit sublata illa maerens, morsus tamen et contractiuncula quaedam animi relinquetur. hanc dicant sane naturalem, dum aegritudinis nomen absit grave taetrum funestum, quod cum sa-

nicht naturgegeben, sondern durch freies Urteil und das Irren der Vorstellung zugezogen.

81. Behandelt aber ist von uns schon die Art des Kummers, die am allerschlimmsten ist, so daß, da diese wegfällt, die Heilmittel für die übrigen keiner bedeutenderen Untersuchung bedürfen, wie wir meinen. Gibt es doch bestimmte Dinge, die über die Armut, bestimmte, die über ein ungeehrtes und ruhmloses Leben angeführt zu werden pflegen; für sich gibt es bestimmte philosophische Gespräche über die Verbannung, über den Untergang der Heimat, über die Knechtschaft, über die Körperschwäche, über die Blindheit, über jeden Fall, auf den man das Wort Unglück anzuwenden pflegt. Das verteilen die Griechen auf einzelne Vorträge und einzelne Bücher. Sie haben nämlich nichts zu tun. Freilich sind diese Erörterungen voll der Erbauung. 82. Jedoch hat die Philosophie, wie die Ärzte, wenn sie den ganzen Körper behandeln, auch den kleinsten Teil heilen, falls er schmerzt, wenn sie den Kummer insgesamt beseitigt hat, auch beseitigt, wofern irgendein Irrtum anderswoher entstand, wofern die Armut schmerzte, wofern die Schande stach, wofern die Verbannung irgendwelche Trübsal verbreitete oder wofern irgend etwas von dem eben Erwähnten eintrat. Indes gibt es für die einzelnen Dinge eigene Trostgründe. Über sie kannst du hören, sobald du Lust hast. Aber zur selben Quelle muß man zurückkehren, daß aller Kummer dem Weisen ganz fern ist, weil er leer ist, weil er zwecklos erlitten wird, weil er nicht von Natur entsteht, sondern durch Urteil, durch die Vorstellung, durch eine Art Einladung zum Schmerz, wenn wir entschieden haben, daß es so sein muß. 83. Ist dies genommen, was ganz auf dem freien Willen beruht, wird auch jener sich härmende Kummer genommen sein. Stiche freilich und eine leichte Beklommenheit der Seele werden bleiben. Die möge man ruhig naturgegeben nennen, wenn nur der Name Kummer aus dem Spiele bleibt, der ernste, scheußliche,

pientia esse atque, ut ita dicam, habitare nullo modo possit. At quae stirpes sunt aegritudinis, quam multae, quam amarae! quae ipso trunco everso omnes eligendae sunt et, si necesse erit, singulis disputationibus. superest enim nobis hoc, cuicuimodi est, otium. sed ratio una omnium est aegritudinum, plura nomina. nam et invidere aegritudinis est et aemulari et obtrectare et misereri et angi, lugere, maerere, aerumna adfici, lamentari, sollicitari, dolere, in molestia esse, adflictari, desperare. 84. Haec omnia definiunt Stoici, eaque verba quae dixi singularum rerum sunt, non, ut videntur, easdem res significant, sed aliquid differunt; quod alio loco fortasse tractabimus. haec sunt illae fibrae stirpium, quas initio dixi, persequendae et omnes eligendae, ne umquam ulla possit existere. magnum opus et difficile, quis negat? quid autem praeclarum non idem arduum? sed tamen id se effecturam philosophia profitetur, nos modo curationem eius recipiamus.

Verum haec quidem hactenus, cetera, quotienscumque voletis, et hoc loco et aliis parata vobis erunt.

grabesstille, der bei der Weisheit keinesfalls sein und sozusagen wohnen darf. Aber was für Wurzeln des Übels gibt es, wie viele, wie bittere! Sie muß man alle, nachdem der Stock gerodet ist, vornehmen und wenn es nötig sein sollte, ein einzelnen Erörterungen. In Hülle und Fülle haben wir ja, wie sie auch sonst beschaffen sein mag, die Muße. Aber eines ist das Wesen allen Kummers, vielfältig die Namen. Denn neidisch sein gehört zum Kummer, rivalisieren, jemanden herabziehen, bemitleiden und sich ängstigen, trauern, betrübt sein, von Trübsal betroffen werden, jammern, sich aufregen, Schmerz empfinden, in Verdruß sein, sich härmen und verzweifeln. 84. Dies alles grenzen die Stoiker ab, und diese Worte, die ich eben nannte, gehören zu einzelnen Wirklichkeiten, bezeichnen nicht, wie es den Anschein hat, dieselben Dinge, sondern unterscheiden sich etwas. Das werden wir vielleicht an anderer Stelle behandeln. Das sind jene Wurzelfasern, von denen ich zu Anfang sprach, die man verfolgen und alle vornehmen muß, damit keine irgendwo hervortreten kann. Eine große, schwierige Aufgabe! Wer leugnet es? Was aber ist schön, was nicht zugleich schwierig wäre? Daß sie jedoch das bewirke, verspricht die Philosophie. Wir wollen nur ihre Heilung auch aufnehmen!

Aber soweit dieses. Das übrige wird euch, so oft ihr immer wollt, hier und anderswo bereitstehen.

LIBER QUARTUS

Cum multis locis nostrorum hominum ingenia virtutesque, Brute, soleo mirari, tum maxime in is studiis, quae sero admodum expetita in hanc civitatem e Graecia transtulerunt. nam cum a primo urbis ortu regiis institutis, partim etiam legibus auspicia, caerimoniae, comitia, provocationes, patrum consilium, equitum peditumque discriptio, tota res militaris divinitus esset constituta, tum progressio admirabilis incredibilisque cursus ad omnem excellentiam factus est dominatu regio re p. liberata. nec vero hic locus est, ut de moribus institutisque maiorum et disciplina ac temperatione civitatis loquamur; aliis haec locis satis accurate a nobis dicta sunt maximeque in is sex libris, quos de re publica scripsimus. 2. hoc autem loco consideranti mihi studia doctrinae multa sane occurrunt, cur ea quoque arcessita aliunde neque solum expetita, sed etiam conservata et culta videantur. erat enim illis paene in conspectu praestanti sapientia et nobilitate Pythagoras, qui fuit in Italia temporibus isdem quibus L. Brutus patriam liberavit, praeclarus auctor nobilitatis tuae. Pythagorae autem doctrina cum longe lateque flueret, permanavisse mihi videtur in hanc civitatem, idque cum coniectura probabile est, tum quibusdam

VIERTES BUCH

In vielen Bereichen, mein Brutus, pflege ich die Begabungen und Vorzüge der Unseren zu bewundern, besonders aber bei den Beschäftigungen, die sie recht spät erstrebt und in diesen Staat hier aus Griechenland verpflanzt haben. Denn wenn schon vom ersten Beginn der Stadt an durch königliche Einrichtungen, teils auch durch Gesetze, die Vorschau, der Kultus, die Volksversammlungen, die Berufungen, der Rat der Väter, die Ordnung der Reiter und des Fußvolkes, das ganze Militärwesen wie durch göttliche Eingebung errichtet worden waren, so fand ein bewunderungswürdiger Fortschritt und ein unglaubliches Streben nach jeglicher Vortrefflichkeit statt, als der Staat von der Tyrannei der Könige befreit war. Es ist hier aber nicht der Ort, um über die Sitte und die Einrichtungen der Vorfahren und die Zucht und Regierung des Staates zu sprechen. Am anderen Ort ist das mit genügender Sorgfalt von uns dargestellt worden und besonders in den sechs Büchern, die wir über den Staat geschrieben haben.
2. Hier aber, wo ich die Beschäftigungen mit der Gelehrsamkeit bedenke, tritt mir freilich vieles vor Augen, warum auch sie von anderswo hergeholt und nicht nur erstrebt, sondern auch bewahrt und gepflegt worden zu sein scheinen. Sie hatten nämlich fast in ihrer Reichweite von überragender Weisheit und Berühmtheit Pythagoras, der in Italien zu derselben Zeit lebte, in der Lucius Brutus das Vaterland befreite, der hehre Stammvater deines erlauchten Geschlechtes. Die Lehre des Pythagoras scheint mir, da sie sich weit und breit hin ergoß, auch in diesen Staat geströmt zu sein; und das ist durch Vermutung wahrscheinlich, dann zeigt es sich besonders auch an

etiam vestigiis indicatur. quis enim est qui putet, cum floreret in Italia Graecia potentissumis et maximis urbibus, ea quae magna dicta est, in isque primum ipsius Pythagorae, deinde postea Pythagoreorum tantum nomen esset, nostrorum hominum ad eorum doctissimas voces aures clausas fuisse? 3. quin e iam arbitror propter Pythagoreorum admirationem Numam quoque regem Pythagoreum a posterioribus existimatum. nam cum Pythagorae disciplinam et instituta cognoscerent regisque eius aequitatem et sapientiam a maioribus suis accepissent, aetates autem et tempora ignorarent propter vetustatem, eum, qui sapientia excelleret, Pythagorae auditorem crediderunt fuisse. (2) et de coniectura quidem hactenus. vestigia autem Pythagoreorum quamquam multa colligi possunt, paucis tamen utemur, quoniam non id agitur hoc tempore. nam cum carminibus soliti illi esse dicantur et praecepta quaedam occultius tradere et mentes suas a cogitationum intentione cantu fidibusque ad tranquillitatem traducere, gravissumus auctor in Originibus dixit Cato morem apud maiores hunc epularum fuisse, ut deinceps, qui accubarent, canerent ad tibiam clarorum virorum laudes atque virtutes; ex quo perspicuum est et cantus tum fuisse descriptos vocum sonis et carmina. 4. quamquam id quidem etiam duodecim tabulae declarant, condi iam tum solitum esse carmen; quod ne liceret fieri ad alterius iniuriam, lege sanxerunt. nec vero illud non eruditorum temporum argumentum est, quod et deorum pulvinaribus et epulis magistratuum fides praecinunt, quod proprium eius

bestimmten Spuren. Gibt es denn jemanden, der glauben könnte, als in Italien Griechenland mit den mächtigsten und größten Städten blühte, das sogenannte Großgriechenland, und in ihnen zunächst der Name des Pythagoras selbst, dann später der der Pythagoreer so gewaltig war, die Ohren unserer Menschen seien ihren so gelehrten Sprüchen verschlossen gewesen? 3. Ich glaube sogar, daß wegen der Bewunderung für die Pythagoreer auch der König Numa von den Späteren für einen Pythagoreer gehalten worden ist. Denn da sie die Lehre und die Einrichtungen des Pythagoras kennenlernten und von der Weisheit und Gerechtigkeit dieses Königs von ihren Vorfahren vernommen hatten, sie aber des Alters wegen die Lebensalter und die Zeiten nicht kannten, glaubten sie, er, der durch Weisheit sich auszeichnete, sei der Hörer des Pythagoras gewesen. Und was die Vermutung anlangt, soviel darüber. Was die Spuren der Pythagoreer angeht, werden wir doch, obwohl sich viele sammeln lassen, nur wenige anführen, da es jetzt hier nicht darauf abgesehen ist. Denn während jene die Gewohnheit gehabt haben sollen, in Sprüchen bestimmte Lehren etwas verhüllt zu überliefern und ihren Geist von der Gedanken Anspannung mit Gesang und Saitenspiel zur Ruhe zu stimmen, sagt der so gewichtige Gewährsmann Cato in den Origines, bei den Vorfahren sei es Sitte bei Tisch gewesen, daß die Gäste der Reihe nach zur Flöte die Ruhmes- und Heldentaten der berühmten Männer besangen. Daraus ist ersichtlich, daß es damals Gesänge, die den Klängen der Wörter entsprechend aufgeschrieben waren, und rhythmische Sprüche gegeben hat. 4. Das freilich zeigen auch die zwölf Tafeln, daß man schon damals gewohnt war, einen Spruch zu fügen; denn daß es nicht geschehen dürfe zu eines anderen Schaden, haben sie durchs Gesetz bestimmt. Und erst recht ist dies ein Zeichen gebildeter Zeiten, daß bei den Göttermählern und dem Antrittsmahl der Beamten die Harfe vorher spielte, was eine Ei-

fuit, de qua loquor, disciplinae. mihi quidem etiam Appii Caeci carmen, quod valde Panaetius laudat epistola quadam, quae est ad Q. Tuberonem, Pythagoreum videtur. multa etiam sunt in nostris institutis ducta ab illis; quae praetereo, ne ea, quae peperisse ipsi putamur, aliunde didicisse videamur. 5. Sed ut ad propositum redeat oratio, quam brevi tempore quot et quanti poëtae, qui autem oratores extiterunt! facile ut appareat nostros omnia consequi potuisse, simul ut velle coepissent.

(3) Sed de ceteris studiis alio loco et dicemus, si usus fuerit, et saepe diximus. sapientiae studium vetus id quidem in nostris, sed tamen ante Laelii aetatem et Scipionis non reperio quos appellare possim nominatim. quibus adulescentibus Stoicum Diogenem et Academicum Carneadem video ad senatum ab Atheniensibus missos esse legatos, qui cum rei publicae nullam umquam partem attigissent essetque eorum alter Cyrenaeus alter Babylonius, numquam profecto scholis essent excitati neque ad illud munus electi, nisi in quibusdam principibus temporibus illis fuissent studia doctrinae. qui cum cetera litteris mandarent, alii ius civile, alii orationes suas, alii monumenta maiorum, hanc amplissimam omnium artium, bene vivendi disciplinam, vita magis quam litteris persecuti sunt. 6. itaque illius verae elegantisque philosophiae, quae ducta a Socrate in Peripateticis adhuc permansit et idem alio modo dicentibus Stoicis, cum Academici eorum controversias disceptarent, nulla fere sunt aut pauca admodum Latina monumenta sive

gentümlichkeit dieser Sekte war, von der ich spreche. Was mich angeht, so halte ich auch des Appius Claudius Spruchgedichte, die Panaitios in einem Briefe an Quintus Tubero sehr lobt, für pythagoreisch. Vieles leitet sich auch bei unseren Einrichtungen von jenen ab. Ich übergehe das, damit es nicht den Anschein hat, als ob wir das, was wir selbst geschaffen haben sollen, von anderer Seite gelernt haben. 5. Aber auf daß die Rede zum Thema zurückkehre: in wie kurzer Zeit sind doch wie viele, wie bedeutende Dichter und was gar für Redner aufgetreten! So daß leicht zutage tritt, daß die Unsrigen alles erreichen konnten, sobald sie zu wollen begannen.

Über die übrigen Beschäftigungen werden wir an anderem Orte sprechen, wenn es nötig wird, und haben schon oft darüber gesprochen. Das Streben nach Weisheit ist zwar alt bei den Unsrigen, aber ich finde doch vor der Zeit des Laelius und Scipio niemanden, den ich namentlich nennen könnte. In ihrer Jugend sind der Stoiker Diogenes und der Akademiker Karneades, wie ich sehe, von den Athenern als Gesandte an den Senat geschickt worden. Und sie wären, da sie keinen Teil der Staatsgeschäfte je angerührt hatten und der eine von ihnen ein Kyrenäer, der andere ein Babylonier war, niemals in der Tat aus ihren Schulen aufgescheucht und zu diesem Amte gewählt worden, wenn in bestimmten Staatsmännern dieser Zeit nicht philosophische Interessen lebendig gewesen wären. Sie haben freilich, während sie das übrige aufzeichneten – die einen das bürgerliche Recht, die anderen ihre Reden, andere die Taten der Vorfahren – diese weiteste aller Künste, die Lehre richtig zu leben, mehr im Leben als in Büchern geübt. 6. Deshalb gibt es von jener wahren und erlesenen Philosophie, die, von Sokrates sich herleitend, sowohl in den Peripatetikern bis jetzt gedauert hat, als auch den Stoikern, die dasselbe nur auf andere Weise sagen, während die Akademiker ihre Streitfragen erörterten, fast keine oder nur recht wenige lateinische Denk-

propter magnitudinem rerum occupationemque hominum, sive etiam quod imperitis ea probari posse non arbitrabantur, cum interim illis silentibus C. Amafinius extitit dicens, cuius libris editis commota multitudo contulit se ad eam potissimum disciplinam, sive quod erat cognitu perfacilis, sive quod invitabantur inlecebris blandis voluptatis, sive etiam, quia nihil erat prolatum melius, illud quod erat tenebant. 7. post Amafinium autem multi eiusdem aemuli rationis multa cum scripsissent, Italiam totam occupaverunt, quodque maxumum argumentum est non dici illa subtiliter, quod et tam facile ediscantur et ab indoctis probentur, id illi firmamentum esse disciplinae putant.

(4) Sed defendat, quod quisque sentit; sunt enim iudicia libera: nos institutum tenebimus nullisque unius disciplinae legibus adstricti, quibus in philosophia necessario pareamus, quid sit in quaque re maxime probabile, semper requiremus. quod cum saepe alias, tum nuper in Tusculano studiose egimus. itaque expositis tridui disputationibus quartus dies hoc libro concluditur. ut enim in inferiorem ambulationem descendimus, quod feceramus idem superioribus diebus, acta res est sic:

8. Dicat, si quis volt, qua de re disputari velit.

Non mihi videtur omni animi perturbatione posse sapiens vacare.

mäler, sei es nun wegen der Schwierigkeit der Dinge und der Inanspruchnahme der Menschen, sei es auch, weil man sich nicht vorstellen konnte, daß diese Dinge Ungeübten einleuchtend gemacht werden können. Da trat, während die übrigen schwiegen, Gaius Amafinius auf mit seinem Reden. Und durch die Bücher, die er herausgab, beeinflußt, ergab sich die große Masse besonders dieser seiner Lehre, mochte es nun sein, daß sie sehr leicht aufzufassen war, oder auch, daß sie eingeladen wurden durch die verführerischen Lockungen der Lust, oder sie hielten sich auch, weil nichts Besseres dargeboten war, an das, was da war. 7. Als aber nach Amafinius noch viele Jünger derselben Schule viele Schriften veröffentlicht hatten, haben sie ganz Italien gewonnen; und was der schlagendste Beweis ist, daß ihre Schriften nicht begrifflich genau sind, daß man sie nämlich so leicht lernt und sie von Ungebildeten bejaht werden, das halten sie für eine Bestätigung ihrer Lehre.

Aber verteidige ein jeder, was er für gut befinde. Ist doch die Überzeugung die eigene Sache. Wir werden jedenfalls an unserem Vorsatz festhalten und, an keine Gesetze einer einzigen Lehre gebunden, denen wir gezwungen in der Philosophie gehorchen müßten, werden wir immer suchen, was in jeder Sache am einleuchtendsten ist. Das haben wir sonst oft, besonders aber neulich auf dem Tusculanum eifrig getan. So wird denn also, nachdem die Gespräche der drei Tage dargelegt worden sind, der vierte Tag in diesem Buche eingefaßt. Wie wir nämlich in den unteren Wandelgang hinabgestiegen waren, was wir auch an den vorhergehenden Tagen getan hatten, ging die Sache so vor sich.

8. M.: Wenn einer Lust hat, sage er, worüber er wünscht, daß gesprochen werde.

A.: Mir scheint der Weise nicht von jeder Verwirrung der Seele frei sein zu können.

Aegritudine quidem hesterna disputatione videbatur, nisi forte temporis causa nobis adsentiebare.

Minime vero; nam mihi egregie probata est oratio tua.

Non igitur existumas cadere in sapientem aegritudinem?

Prorsus non arbitror.

Atqui, si ista perturbare animum sapientis non potest, nulla poterit. quid enim? metusne conturbet? at earum rerum est absentium metus, quarum praesentium est aegritudo; sublata igitur aegritudine sublatus est metus. restant duae perturbationes, laetitia gestiens et libido; quae si non cadent in sapientem, semper mens erit tranquilla sapientis.

9. Sic prorsus intellego.

Utrum igitur mavis? statimne nos vela facere an quasi e portu egredientis paululum remigare?

(5) Quidnam est istuc? non enim intellego.

Quia Chrysippus et Stoici cum de animi perturbationibus disputant, magnam partem in his partiendis et definiendis occupati sunt, illa eorum perexigua oratio est, qua medeantur animis nec eos turbulentos esse patiantur, Peripatetici autem ad placandos animos multa adferunt, spinas partiendi et definiendi praetermittunt. quaerebam igitur, utrum panderem vela orationis statim an eam ante paululum dialecticorum remis propellerem.

Isto modo vero; erit enim hoc totum, quod quaero, ex utroque perfectius.

M.: Vom Kummer wenigstens schien es nach dem gestrigen Gespräch, es müßte denn sein, du hättest mir nur in der Bedrängnis beigestimmt.

A.: Keineswegs. Denn mir leuchtete deine Rede über die Maßen ein.

M.: Du glaubst also nicht, daß Kummer den Weisen befallen könne?

A.: Das glaube ich auf keinen Fall.

M.: Aber wenn der die Seele des Weisen nicht verwirren kann, wird es keine Leidenschaft vermögen. Denn wie? Die Furcht soll ihn verwirren? Aber dieselben Dinge bewirken in ihrer Abwesenheit Furcht, deren Gegenwart Kummer. Benimmt man also den Kummer, hat man die Furcht benommen. Bleiben zwei verwirrende Leidenschaften, übermütige Freude und Gelüsten. Wenn sie auf den Weisen keinen Einfluß haben, wird der Sinn des Weisen immer ruhig sein.

9. A.: Genau so sehe ich es an.

M.: Was willst du also lieber? Sollen wir sogleich Segel setzen oder gleichsam bei der Ausfahrt aus dem Hafen erst ein wenig rudern?

A.: Was heißt das? Ich verstehe es nicht.

M.: Weil Chrysipp und die Stoiker, wenn sie über die Verwirrungen der Seele sprechen, zum großen Teile damit beschäftigt sind, sie einzuteilen und abzugrenzen, ist jene ihre Rede sehr wenig umfangreich, mit der sie die Seelen heilen und sie nicht in Verwirrung lassen wollen; die Peripatetiker bringen vieles zur Befriedung der Seele bei, lassen aber die stachligen Einteilungen und Abgrenzungen weg. So fragte ich nun, ob ich die Segel der Rede sogleich ausbreiten oder sie vorher ein wenig mit den Rudern der Dialektik vorwärtstreiben sollte.

A.: Auf diese Weise; so wird nämlich das Ganze, wonach mein Fragen geht, aus beidem vollkommener.

10. Est id quidem rectius; sed post requires, si quid fuerit obscurius.

Faciam equidem; tu tamen, ut soles, dices ista ipsa obscura planius quam dicuntur a Graecis.

Enitar equidem, sed intento opus est animo, ne omnia dilabantur, si unum aliquid effugerit. Quoniam, quae Graeci πάθη vocant, nobis perturbationes appellari magis placet quam morbos, in his explicandis veterem illam equidem Pythagorae primum, dein Platonis discriptionem sequar, qui animum in duas partes dividunt: alteram rationis participem faciunt, alteram expertem; in participe rationis ponunt tranquillitatem, id est placidam quietamque constantiam, in illa altera motus turbidos cum irae tum cupiditatis, contrarios inimicosque rationi. 11. sit igitur hic fons; utamur tamen in his perturbationibus describendis Stoicorum definitionibus et partitionibus, qui mihi videntur in hac quaestione versari acutissime.

(6) Est igitur Zenonis haec definitio, ut perturbatio sit, quod πάθος ille dicit, aversa a recta ratione contra naturam animi commotio. quidam brevius perturbationem esse adpetitum vehementiorem, sed vehementiorem eum volunt esse, qui longius discesserit a naturae constantia. partes autem perturbationum volunt ex duobus opinatis bonis nasci et ex duobus opinatis malis; ita esse quattuor, ex bonis libidinem et laetitiam, ut sit laetitia praesentium bonorum, libido futurorum, ex malis metum et aegritudinem nasci censent, metum futuris, aegritudinem praesentibus; quae enim venientia metuuntur,

10. M.: Das ist in der Tat richtiger; aber du wirst später fragen, wenn dir etwas zu schwierig sein sollte.

A.: Ich werde es tun; du aber wirst doch, wie gewohnt, eben diese dunklen Schwierigkeiten verständlicher darstellen, als sie von den Griechen dargestellt werden.

M.: Ich werde danach streben; aber eines gespannten Geistes bedarf's, daß nicht *alles* entgleite, wenn auch nur *eines* entglitten ist. – Da uns ja das, was die Griechen πάθη nennen, lieber Verwirrungen als Krankheiten zu nennen beliebt, will ich bei ihrer Darlegung jener alten Einteilung zuerst des Pythagoras, dann des Platon folgen, welche die Seele in zwei Teile teilen; den einen lassen sie an der Vernunft teilnehmen, den anderen sie entbehren. In den der Vernunft teilhaftigen setzen sie die Ruhe, das heißt ungetrübte und unbewegte Beständigkeit, in jenen anderen die wirren Bewegungen sowohl des Zornes als auch besonders der Begierde, die der Vernunft entgegengesetzt und feindlich sind. 11. Das also sei die Quelle. Wir wollen aber dennoch bei der Einteilung dieser Verwirrungen die Umschreibungen und Gliederungen der Stoiker benutzen, die mir in dieser Untersuchung am scharfsinnigsten tätig gewesen zu sein scheinen.

Das ist also die Definition Zenons: Verwirrung – er nennt es πάθος – ist eine Bewegung der Seele, die von der richtigen Vernunft abgewendet und gegen die Natur ist. Manche kürzer: Verwirrung sei ein zu heftiges Begehren; unter einem zu heftigen verstehen sie aber das, was zu weit abweicht von einer naturgemäßen Beständigkeit. Die Teile der Verwirrungen wollen sie entstehen lassen aus zwei eingebildeten Gütern und aus zwei eingebildeten Übeln; so gäbe es vier, aus den Gütern Begierde und ausgelassene Freude, derart, daß die Freude zu gegenwärtigen Gütern, Begierde zu zukünftigen gehört, aus den Übeln aber, meinen sie, entstehe Furcht und Kummer, Furcht aus zukünftigen, Kummer aus gegenwärtigen; was

eadem adficiunt aegritudine instantia. 12. laetitia autem et libido in bonorum opinione versantur, cum libido ad id, quod videtur bonum, inlecta et inflammata rapiatur, laetitia ut adepta iam aliquid concupitum ecferatur et gestiat. natura enim omnes ea, quae bona videntur, secuntur fugiuntque contraria; quam ob rem simul obiecta species est cuiuspiam, quod bonum videatur, ad id adipiscendum impellit ipsa natura. id cum constanter prudenterque fit, eius modi adpetitionem Stoici βούλησιν appellant, nos appellamus voluntatem, eam illi putant in solo esse sapiente; quam sic definiunt: voluntas est, quae quid cum ratione desiderat. quae autem ratione adversa incitata est vehementius, ea libido est vel cupiditas effrenata, quae in omnibus stultis invenitur. 13. itemque cum ita movemur, ut in bono simus aliquo, dupliciter id contingit. nam cum ratione animus movetur placide atque constanter, tum illud gaudium dicitur; cum autem inaniter et effuse animus exultat, tum illa laetitia gestiens vel nimia dici potest, quam ita definiunt: sine ratione animi elationem. atque ut bona natura adpetimus, sic a malis natura declinamus. quae declinatio si cum ratione fiet, cautio apelletur, eaque intellegatur in solo esse sapiente; quae autem sine ratione et cum exanimatione humili atque fracta, nominetur metus; est igitur metus ⟨a⟩ ratione aversa cautio. 14. praesentis autem mali sapientis adfectio nulla est, stultorum aegritudo est, eaque adficiuntur in malis opinatis animosque demittunt et contrahunt rationi non ob-

nämlich als kommend gefürchtet wird, das erfüllt zugleich, wenn es hereinbricht, mit Kummer. 12. Freude aber und Begierde sind zu finden in der Vorstellung von Gütern, da die Begierde zu dem, was gut scheint, gelockt und entflammt gerissen wird, die Freude im Gefühl, schon irgendein Begehrtes erlangt zu haben, sich emporschwingt und wild gebärdet. Von Natur aus folgen nämlich alle dem, was gut scheint und fliehen das Gegenteil. Deshalb treibt die Natur, sobald das Bild von irgendetwas, das gut scheint, entgegentritt, selbst dazu an, es zu erreichen. Wenn das beherrscht und klug geschieht, nennen die Stoiker ein Begehren dieser Art βούλησιν, wir heißen es Wille. Ihn, glauben sie, gibt es nur beim Weisen. Sie umschreiben ihn so: Wille ist ein Begehren, das etwas mit Vernunft ersehnt. Was aber gegen die Vernunft allzu heftig erregt ist, ist Begierde oder zügellose Begehrlichkeit, die man bei allen Toren findet. 13. Und ebenso geschieht, wenn wir derart in seelische Bewegung geraten, daß wir in etwas Gutem uns befinden, dies auf zwiefache Weise. Denn wenn die Seele mit Vernunft sanft und beherrscht in Bewegung gerät, so nennt man das Freude; wenn aber die Seele grundlos und ohne Hemmung emporjauchzt, dann kann man dies ausgelassene oder allzu große Lust nennen. Sie definieren sie aber so: ein Erhobensein der Seele ohne Vernunft. Und da wir ja, wie wir das Gute von Natur erstreben, so von Natur vor Übeln ausweichen, soll das Ausweichen, wenn es aus Vernunft geschieht, Vorsicht heißen, und es soll darunter verstanden werden, daß sie sich nur beim Weisen findet; wenn aber ohne Vernunft und mit niedriger und unmännlicher Kopflosigkeit, soll es Furcht heißen. Furcht ist also eine von der Vernunft sich abwendende Vorsicht. 14. Ein Betroffensein aber von einem gegenwärtigen Übel gibt es für den Weisen gar nicht; für die Toren ist es Kummer, und sie werden davon bei eingebildeten Übeln betroffen und lassen in Beklommenheit den Mut sinken, der Ver-

temperantes. itaque haec prima definitio est, ut aegritudo sit animi adversante ratione contractio. sic quattuor perturbationes sunt, tres constantiae, quoniam aegritudini nulla constantia opponitur.

(7) Sed omnes perturbationes iudicio censent fieri et opinione. itaque eas definiunt pressius, ut intellegatur, non modo quam vitiosae, sed etiam quam in nostra sint potestate. est ergo aegritudo opinio recens mali praesentis, in quo demitti contrahique animo rectum esse videatur, laetitia opinio recens boni praesentis, in quo ecferri rectum esse videatur, metus opinio impendentis mali, quod intolerabile esse videatur, libido opinio venturi boni, quod sit ex usu iam praesens esse atque adesse. 15. sed quae iudicia quasque opiniones perturbationum esse dixi, non in eis perturbationes solum positas esse dicunt, verum illa etiam quae efficiuntur perturbationibus, ut aegritudo quasi morsum aliquem doloris efficiat, metus recessum quendam animi et fugam, laetitia profusam hilaritatem, libido effrenatam adpetentiam. opinationem autem, quam in omnis definitiones superiores inclusimus, volunt esse inbecillam adsensionem.

16. Sed singulis perturbationibus partes eiusdem generis plures subiciuntur, ut aegritudini invidentia – utendum est enim docendi causa verbo minus usitato, quoniam invidia non in eo qui invidet solum dicitur, sed etiam in eo cui invidetur –, aemulatio, obtrectatio, misericordia, angor, luctus, maeror, aerumna, dolor, lamentatio, sollicitudo, molestia, adflictatio,

nunft nicht gehorchend. Deshalb ist dies die erste Umschreibung, daß Kummer eine Beklommenheit der Seele gegen alle Vernunft ist. So gibt es vier Verwirrungen, drei Haltungen der Beständigkeit, da ja dem Kummer keine beständige Haltung entgegengesetzt wird.

Alle Verwirrungen aber, ist ihre Ansicht, geschehen durch Urteil und Vorstellung. Daher umschreiben sie sie genauer, damit erkannt werde nicht nur, wie fehlerhaft sie sind, sondern auch, wie sehr in unserer Macht. So ist also Kummer die frische Vorstellung eines gegenwärtigen Übels, in dem herabgestimmt und beklommen zu sein der Seele richtig scheint, Lust die frische Vorstellung von einem gegenwärtigen Guten, in dem sich zu erheben richtig scheint, Furcht die Vorstellung von einem drohenden Übel, das unerträglich zu sein scheint, Gelüsten die Vorstellung von einem kommenden Guten, das förderlich sei, wenn es unmittelbar gegenwärtig wäre. 15. Aber was ich eben die Urteile und Vorstellungen der Verwirrungen genannt habe, von denen sagen sie, daß auf ihnen nicht allein die Verwirrungen beruhen, sondern auch jenes, was durch die Verwirrungen bewirkt wird, derart, daß der Kummer gleichsam ein Beißen des Schmerzes bewirke, die Furcht ein Zurückweichen und eine Flucht der Seele, die Lust eine ausgelassene Heiterkeit, das Gelüsten ein zügelloses Begehren. Die Vorstellung aber, die wir in alle oben gegebenen Bestimmungen einfügten, ist nach ihrem Willen eine kraftlose Beistimmung.

16. Den einzelnen Verwirrungen aber werden mehrere Teile derselben Art untergeordnet, wie dem Kummer das Neiden – ich muß nämlich des klaren Aufweises wegen ein weniger gebräuchliches Wort anwenden, da Neid, invidia, nicht nur von dem gesagt wird, der beneidet, sondern auch von dem, der beneidet wird –, Rivalisierungssucht, Verkleinerungssucht, Mitleid, Beklemmung, Trauer, Trübsinn, Elend, Schmerz, Jammern, Aufgeregtheit, Leiden, Sichhärmen, Verzweiflung und

desperatio, et si quae sunt de genere eodem. sub metum autem subiecta sunt pigritia, pudor, terror, timor, pavor, exanimatio, conturbatio, formido, voluptati malivolentia laetans malo alieno, delectatio, iactatio et similia, lubidini ira, excandescentia, odium, inimicitia, discordia, indigentia, desiderium et cetera eius modi. haec autem definiunt hoc modo: invidentiam esse dicunt aegritudinem susceptam propter alterius res secundas, quae nihil noceant invidenti. (8) 17. (nam si qui doleat eius rebus secundis a quo ipse laedatur, non recte dicatur invidere, ut si Hectori Agamemno; qui autem, cui alterius commoda nihil noceant, tamen eum doleat is frui, is invideat profecto.) aemulatio autem dupliciter illa quidem dicitur, ut et in laude et in vitio nomen hoc sit; nam et imitatio virtutis aemulatio dicitur – sed ea nihil hoc loco utimur; est enim laudis –, et est aemulatio aegritudo, si eo quod concupierit alius potiatur, ipse careat. obtrectatio autem est, ea quam intellegi ζηλοτυπίαν volo, aegritudo ex eo, quod alter quoque potiatur eo quod ipse concupiverit. 18. misericordia est aegritudo ex miseria alterius iniuria laborantis (nemo enim parricidae aut proditoris supplicio misericordia commovetur); angor aegritudo premens, luctus aegritudo ex eius qui carus fuerit interitu acerbo, maeror aegritudo flebilis, aerumna aegritudo laboriosa, dolor aegritudo crucians, lamentatio aegritudo cum eiulatu, sollicitudo aegritudo cum cogitatione, molestia aegritudo per-

anderes derart. Der Furcht sind untergeordnet Unlust, Scham, Schrecken, Angst, Bestürzung, Entsetzen, Verwirrung, Verzagtheit; der Lust Schadenfreude, die sich über ein fremdes Unglück freut, Ergötzen, Prahlen und ähnliches, der Begierde Zorn, Aufbrausen, Haß, Feindschaft, Groll, Ungenügsamkeit, Sehnsucht und das übrige derart. Dies aber umschreiben sie auf folgende Weise. Neiden, sagen sie, ist ein Kummer, den man auf sich nimmt wegen des Glückes des Nächsten, das dem Neider nichts schadet. 17. (Denn wenn einer Schmerz empfindet über das Glück dessen, von dem er selbst verletzt werden könnte, würde man nicht mit Recht von Neiden sprechen, wie wenn Agamemnon Hektor beneiden wollte; wen aber, obwohl ihm des anderen Glück nichts schadet, es doch schmerzt, daß dieser es genießt, der dürfte wirklich neidisch sein.) Rivalisieren aber wird in einem doppelten Sinne gebraucht, so daß dieses Wort sowohl ein Lob als auch einen Fehler bezeichnet; denn auch die Nachahmung der Tugend heißt Rivalisieren – aber so verwenden wir das Wort hier nicht; ist es doch ein Lob –, und zwar ist Rivalisieren ein Kummer, daß ein anderer das, was er begehrt, in Besitz nimmt, er selbst es aber entbehren muß. Verkleinerungssucht aber, und zwar die, die ich als ζηλοτυπία verstanden wissen will, ist ein Kummer daraus, daß auch ein anderer sich dessen bemächtigt, was man selbst begehrt hat. 18. Mitleid ist ein Kummer aus dem Unglück eines Mannes, der unter dem Unrecht, das ein anderer ihm zufügt, leidet; denn niemand wird durch die Buße eines Mörders oder Verräters vom Mitleid bewegt. Beklemmung ist ein lastender Kummer, Trauer ein Kummer infolge des bitteren Endes eines Wesens, das einem lieb war, Betrübnis ein klagender Kummer, Elend ein sich abmühender Kummer, Schmerz ein marternder Kummer, Jammern ein Kummer mit Geschrei, aufgeregte Unruhe ein Kummer begleitet von Überlegungen, Leiden ein dauernder Kummer,

manens, adflictatio aegritudo cum vexatione corporis, desperatio aegritudo sine ulla rerum expectatione meliorum. 19. Quae autem subiecta sunt sub metum, ea sic definiunt: pigritiam metum consequentis laboris, ... terrorem metum concutientem, ex quo fit ut pudorem rubor, terrorem pallor et tremor et dentium crepitus consequatur, timorem metum mali adpropinquantis, pavorem metum mentem loco moventem, ex quo illud Ennius:

tum pavor sapientiam omnem mi exanimato expectorat;

exanimationem metum subsequentem et quasi comitem pavoris, conturbationem metum excutientem cogitata, formidinem metum permanentem. (9) 20. Voluptatis autem partes hoc modo describunt, ut malevolentia sit voluptas ex malo alterius sine emolumento suo, delectatio voluptas suavitate auditus animum deleniens; et qualis est haec aurium, tales sunt oculorum et tactionum et odorationum et saporum, quae sunt omnes unius generis ad perfundendum animum tamquam inliquefactae voluptates. iactatio est voluptas gestiens et se efferens insolentius. 21. Quae autem libidini subiecta sunt, ea sic definiuntur, ut ira sit libido poeniendi eius qui videatur laesisse iniuria, excandescentia autem sit ira nascens et modo existens, quae θύμωσις Graece dicitur, odium ira inveterata, inimicitia ira ulciscendi tempus observans, discordia ira acerbior intimo animo et corde concepta, indigentia libido inexplebilis, desiderium libido eius, qui nondum adsit, videndi. distinguunt illud etiam, ut libido sit earum rerum, quae dicuntur de quodam aut quibusdam, quae κατηγορήματα dialectici appellant, ut

Sichhärmen ein Kummer unter Qualen des Körpers, Verzweiflung ein Kummer ohne jede Hoffnung auf Besserung. 19. Was aber der Furcht untergeordnet ist, das umschreiben sie so: Unlust Furcht vor einer folgenden Anstrengung, ... Schrecken erschütternde Furcht, woher kommt, daß der Scham Schamröte, dem Schrecken Blässe, Zittern und Zähneklappern folgen, Angst die Furcht vor einem nahenden Unglück, Bestürzung eine Furcht, die aus der Fassung bringt. Weswegen Ennius jenen Vers schrieb:

Alle Weisheit nimmt mir da Bestürzung aus der Brust entseelt;

Entsetzen eine Furcht, die der Bestürzung folgt und gleichsam ihr Gefährte ist, Verwirrung eine Furcht, die die Gedanken verschlägt, Verzagtheit eine dauernde Furcht. 20. Die Teile der Lust beschreiben sie auf folgende Weise: daß Schadenfreude eine Lust sei auf Grund des Unglücks des anderen ohne eigenen Vorteil, Ergötzen eine Lust, die durch die Süße des Hörens die Seele bezaubert, und wie dies eine der Ohren ist, so gibt es auch welche der Augen, der Berührungen, des Riechens und der Geschmäcker, alles Lüste einer Art, um sich in die Seele wie flüssig zu ergießen. Prahlen ist eine ausgelassene und sich allzu ausfallend überhebende Lust. 21. Was aber der Begierde untergeordnet ist, wird so umschrieben, daß Zorn die Begierde ist, den zu bestrafen, der offensichtlich zu Unrecht ein Leid zugefügt hat, Aufbrausen aber ein entstehender und eben hervortretender Zorn – auf griechisch heißt er ϑύμωσις –, Haß ein festgewurzelter Zorn, Feindschaft ein Zorn, der die Zeit der Rache abpaßt, Groll ein heftiger Zorn, der in der Tiefe der Seele und des Herzens sitzt, Ungenügsamkeit eine unersättliche Begierde, Sehnsucht die Begierde, den zu sehen, der noch nicht da ist. Man macht auch die Unterscheidung, daß Begierde auf die Sachverhalte bezogen ist, die über ein oder mehrere bestimmte Dinge ausgesagt werden, was die

habere divitias, capere honores, indigentia rerum ipsarum sit, ut honorum, ut pecuniae.

22. Omnium autem perturbationum fontem esse dicunt intemperantiam, quae est a tota mente [a recta ratione] defectio sic aversa a praescriptione rationis, ut nullo modo adpetitiones animi nec regi nec contineri queant. quem ad modum igitur temperantia sedat adpetitiones et efficit, ut eae rectae rationi pareant, conservatque considerata iudicia mentis, sic huic inimica intemperantia omnem animi statum inflammat conturbat incitat, itaque et aegritudines et metus et reliquae perturbationes omnes gignuntur ex ea.

(10) 23. Quem ad modum, cum sanguis corruptus est aut pituita redundat aut bilis, in corpore morbi aegrotationesque nascuntur, sic pravarum opinionum conturbatio et ipsarum inter se repugnantia sanitate spoliat animum morbisque perturbat; ex perturbationibus autem primum morbi conficiuntur, quae vocant illi νοσήματα, eaque quae sunt eis morbis contraria, quae habent ad res certas vitiosam offensionem atque fastidium, deinde aegrotationes, quae appellantur a Stoicis ἀρρωστήματα, isque item oppositae contrariae offensiones. hoc loco nimium operae consumitur a Stoicis, maxime a Chrysippo, dum morbis corporum comparatur morborum animi similitudo; qua oratione praetermissa minime necessaria ea, quae rem continent, pertractemus. 24. intellegatur igitur perturbationem iactantibus se opinionibus inconstanter et turbide in motu esse semper; cum autem hic fervor concita-

Philosophen Prädikate nennen, wie Reichtum haben, Ehren erlangen, Mangel auf die Dinge selbst geht, wie auf Ehren, wie auf Geld.

22. Die Quelle aller Verwirrungen aber ist, wie sie sagen, die Unbeherrschtheit, die ein Abfallen von allem Geiste ist, das sich so von der Vorschrift der Vernunft abwendet, daß die Triebe der Seele auf keine Weise mehr weder gelenkt noch beherrscht werden können. Wie also die Beherrschung die Triebe beruhigt und bewirkt, daß sie der richtigen Vernunft gehorchen, und die wohlüberlegten Entscheidungen des Geistes einhält, so entflammt, verwirrt und erregt die ihr feindliche Unbeherrschtheit den gesamten Zustand der Seele, und so entstehen die Formen des Kummers, die Ängste und die übrigen Verwirrungen alle aus ihr.

23. Wie im Körper, wenn das Blut verdorben ist oder der Schleim oder die Galle überfließt, Krankheiten und Siechtum entstehen, so beraubt die Leidenschaft aus verkehrten Vorstellungen und ihr Widerspruch unter sich die Seele der Gesundheit und bringt sie durch Krankheiten in Unordnung. Aus den Leidenschaften aber entwickeln sich zunächst verfallende Krankheiten – jene nennen sie νοσήματα – und die Aversionen, die diesen entgegengesetzt sind, die gegen bestimmte Dinge fehlerhafte Abneigung und Ekel zeigen, dann Siechtum, von den Stoikern ἀρρωστήματα genannt, und die diesem entgegengesetzten gegenteiligen Abneigungen. Hier wird von den Stoikern allzuviel Mühe verschwendet, besonders von Chrysipp, wenn die Ähnlichkeit der seelischen Krankheiten den Krankheiten der Körper verglichen wird. Diese höchst überflüssige Auseinandersetzung hierüber wollen wir beiseitelassen und das behandeln, was den Kern der Sache enthält. 24. Es soll also verstanden werden, daß eine Leidenschaft unter dem Hin und Her der Vorstellungen unbeherrscht und wirr immer in Bewegung ist; wenn aber dieses Glühen und diese Aufregung

tioque animi inveteraverit et tamquam in venis medullisque insederit, tum existet et morbus et aegrotatio et offensiones eae, quae sunt eis morbis aegrotationibusque contrariae. (11) Haec, quae dico, cogitatione inter se differunt, re quidem copulata sunt, eaque oriuntur ex libidine et ex laetitia. nam cum est concupita pecunia nec adhibita continuo ratio quasi quaedam Socratica medicina, quae sanaret eam cupiditatem, permanat in venas et inhaeret in visceribus illud malum, existitque morbus et aegrotatio, quae evelli inveterata non possunt, eique morbo nomen est avaritia; 25. similiterque ceteri morbi, ut gloriae cupiditas, ut mulierositas, ut ita appellem eam quae Graece φιλογυνία dicitur, ceterique similiter morbi aegrotationesque nascuntur. quae autem sunt his contraria, ea nasci putantur a metu, ut odium mulierum, quale in μισογύνῳ Atili est, ut in hominum universum genus, quod accepimus de Timone qui μισάνθρωπος appellatur, ut inhospitalitas est: quae omnes aegrotationes animi ex quodam metu nascuntur earum rerum quas fugiunt et oderunt. 26. definiunt autem animi aegrotationem opinationem vehementem de re non expetenda, tamquam valde expetenda sit, inhaerentem et penitus insitam. quod autem nascitur ex offensione, ita definiunt: opinionem vehementem de re non fugienda inhaerentem et penitus insitam tamquam fugienda; haec autem opinatio est iudicatio se scire, quod nesciat. aegrotationi autem talia quaedam subiecta sunt: avaritia, ambitio, mulierositas, pervicacia, ligurritio, vinulentia, cuppedia, et si qua similia. est autem avaritia

der Seele chronisch geworden sind und sich gleichsam in Adern und Mark festgesetzt haben, dann entsteht Krankheit und Siechtum und die Abneigungen, die diesen Krankheiten und diesem Siechtum entgegengesetzt sind. Das, was ich sage, unterscheidet sich in der Theorie; in der Praxis ist es verbunden, und zwar entsteht es aus Begierde und aus Lust. Denn wenn Geld begehrt und nicht sogleich die Vernunft hinzugezogen wurde wie eine Art sokratische Medizin, daß sie diese Begierde heile, dringt dieses Übel in die Adern und setzt sich im Innern fest, und es entstehen Krankheit und Siechtum, die, chronisch geworden, nicht mehr ausgerottet werden können. Und diese Krankheit heißt dann Habsucht. 25. Ähnlich die übrigen Krankheiten wie Ruhmsucht, wie Schürzenjägerei, um so zu bezeichnen, was auf griechisch φιλογυνία heißt, und auf ähnliche Weise entstehen die übrigen Krankheiten und das übrige Siechtum. Was aber dem entgegengesetzt ist, entsteht nach ihrer Ansicht aus der Furcht, wie Weiberhaß, wie er im μισόγυνος des Atilius dargestellt ist, wie Haß gegen das ganze Menschengeschlecht, wie wir es von Timon gehört haben, der μισάνθρωπος zubenannt wird, wie die Ungastlichkeit. Alle diese Erkrankungen der Seele entstehen aus einer bestimmten Furcht vor den Dingen, die man flieht und haßt. 26. Sie bestimmen aber Siechtum der Seele als eine heftige Vorstellung von einer nicht zu erstrebenden Sache, als ob sie mächtig erstrebenswert sei, und zwar eine festsitzende und tief eingewurzelte. Was aber aus der Abneigung entspringt, umschreiben sie so: eine heftige, festsitzende und tief eingewurzelte Vorstellung von einer Sache, die man nicht fliehen sollte, als ob sie zu fliehen sei. Dieses Vorstellen aber ist ein Urteil, daß man etwas wisse, was man nicht weiß. Dem Siechtum aber sind etwa solche Dinge untergeordnet: Habsucht, Ehrgeiz, Weibertollheit, Halsstarrigkeit, Feinschmeckerei, Trunksucht, Naschhaftigkeit und wenn es etwas Ähnliches gibt. Es ist aber die Hab-

opinatio vehemens de pecunia, quasi valde expetenda sit, inhaerens et penitus insita, similisque est eiusdem generis definitio reliquarum. 27. offensionum autem definitiones sunt eius modi, ut inhospitalitas sit opinio vehemens valde fugiendum esse hospitem, eaque inhaerens et penitus insita; similiterque definitur et mulierum odium, ut Hippolyti, et, ut Timonis, generis humani.

(12) Atque ut ad valetudinis similitudinem veniamus eaque conlatione utamur aliquando, sed parcius quam solent Stoici: ut sunt alii ad alios morbos procliviores – itaque dicimus gravidinosos quosdam, ⟨quosdam⟩ torminosos, non quia iam sint, sed quia saepe sint –, ⟨sic⟩ alii ad metum, alii ad aliam perturbationem; ex quo in aliis anxietas, unde anxii, in aliis iracundia dicitur. quae ab ira differt, estque aliud iracundum esse, aliud iratum, ut differt anxietas ab angore (neque enim omnes anxii, qui anguntur aliquando, nec, qui anxii, semper anguntur), ut inter ebrietatem ⟨et ebriositatem⟩ interest, aliudque est amatorem esse, aliud amantem. atque haec aliorum ad alios morbos proclivitas late patet; nam pertinet ad omnes perturbationes; in multis etiam vitiis apparet, sed nomen res non habet. 28. ergo et invidi et malivoli et libidinosi et timidi et misericordes, quia proclives ad eas perturbationes ⟨sunt⟩, non quia semper feruntur. haec igitur proclivitas ad suum quodque genus a similitudine corporis aegrotatio dica-

sucht eine heftige Vorstellung vom Gelde, als ob es sehr erstrebenswert wäre, festsitzend und tief eingewurzelt, und ähnlich ist die Umschreibung der übrigen Dinge dieser Art. 27. Die Umschreibungen der Abneigungen aber sind derart, daß die Ungastlichkeit eine heftige Vorstellung sei, daß man einen Gast sehr fliehen müsse, und zwar eine festsitzende und tief eingewurzelte, und ähnlich wird auch der Weiberhaß wie der des Hippolyt und der Menschenhaß wie der des Timon umschrieben.

Und um zu der Ähnlichkeit mit der körperlichen Gesundheit zu kommen und diesen Vergleich einmal, aber sparsamer als die Stoiker, zu gebrauchen: wie die einen zu den, die anderen zu jenen Krankheiten neigen – wir bezeichnen deshalb manche als anfällig für Schnupfen, ⟨manche⟩ als anfällig für Kolik, nicht weil sie schon in diesem Zustand wären, sondern weil sie es häufig sind –, ⟨so⟩ die einen zur Furcht, andere zu einer anderen Verwirrung. Weswegen man bei den einen von Ängstlichkeit – daher die Ängstlichen –, bei anderen von Jähzorn spricht. Der unterscheidet sich vom Zorn. Und es ist etwas anderes, jähzornig zu sein, etwas anderes zornig, ebenso wie sich die Ängstlichkeit von der Angst unterscheidet. Denn nicht alle sind ängstlich, die sich einmal ängstigen, und die, welche ängstlich sind, ängstigen sich nicht immer, wie ein Unterschied besteht zwischen Trunkenheit und Trunksucht und es etwas anderes ist, ein Liebhaber zu sein, etwas anderes ein Liebender. Und diese Neigung der verschiedenen Menschen zu verschiedenen Krankheiten erstreckt sich weit; denn sie betrifft alle Verwirrungen; sie tritt auch in vielen Lastern zutage, aber die Sache hat keinen Namen. 28. Also gibt es Neidische, Übelwollende, Lüsterne, Ängstliche und Barmherzige, weil sie eine Neigung haben zu diesen Verwirrungen, nicht weil sie es immer sind. Diese Anfälligkeit also, die sie zu jeder ihrer Art haben, soll nach der Ähnlichkeit mit dem Körper

tur, dum ea intellegatur ad aegrotandum proclivitas. sed haec in bonis rebus, quod alii ad alia bona sunt aptiores, facilitas nominetur, in malis proclivitas, ut significet lapsionem, in neutris habeat superius nomen. (13) Quo modo autem in corpore est morbus, est aegrotatio, est vitium, sic in animo. morbum appellant totius corporis corruptionem, aegrotationem morbum cum imbecillitate, vitium, cum partes corporis inter se dissident, ex quo pravitas membrorum, distortio, deformitas. 29. itaque illa duo, morbus et aegrotatio, ex totius valetudinis corporis conquassatione et perturbatione gignuntur, vitium autem integra valetudine ipsum ex se cernitur. sed in animo tantum modo cogitatione possumus morbum ab aegrotatione seiungere, vitiositas autem est habitus aut adfectio in tota vita inconstans et a se ipsa dissentiens. ita fit, ut in altera corruptione opinionum morbus efficiatur et aegrotatio, in altera inconstantia et repugnantia. non enim omne vitium partis habet dissensientis, ut eorum, qui non longe a sapientia absunt, adfectio est illa quidem discrepans sibi ipsa, dum est insipiens, sed non distorta nec prava. morbi autem et aegrotationes partes sunt vitiositatis, sed perturbationes sintne eiusdem partes, quaestio est. 30. vitia enim adfectiones sunt manentes, perturbationes autem moventes, ut non possint adfectionum manentium partes esse. Atque ut in malis attingit animi naturam corporis similitudo, sic in bonis. sunt enim in corpore praecipua, pulchritudo, vires, valetudo, firmitas, velocitas, sunt item in animo. ⟨ut⟩ enim corporis tem-

Siechtum heißen, wenn nur darunter diese Geneigtheit zum Kranksein verstanden wird. Sie soll aber bei guten Dingen, weil die einen zu den, die anderen zu jenen guten Eigenschaften geschickter sind, Anlage, bei schlechten Neigung heißen, auf daß sie das Gleiten zum Ausdruck bringen, bei neutralen soll sie den ersten Namen behalten. Wie es aber beim Körper Krankheit, wie es Siechtum, wie es Gebrechen gibt, so auch bei der Seele. Krankheit nennen sie die Verderbtheit des ganzen Körpers, Siechtum eine Krankheit mit Schwächezustand, Gebrechen, wenn die Körperteile nicht harmonieren, auf Grund davon Entstellung der Glieder, Verkrüppelung, Mißgestalt. 29. Daher entstehen jene zwei, Krankheit und Siechtum, aus der Erschütterung und Verwirrung des ganzen körperlichen Zustandes, ein Gebrechen aber wird bei heiler Gesundheit rein an sich erkannt. Bei der Seele indes können wir nur im Gedanken Krankheit von Siechtum trennen. Bresthaftigkeit aber ist ein Zustand und eine Haltung, die im ganzen Leben inkonsequent und in sich selbst widersprüchlich ist. So kommt es, daß bei der einen Verderbtheit der Vorstellungen Krankheit und Siechtum bewirkt werden, bei der anderen Inkonsequenz und Widersprüchlichkeit. Nicht jedes seelische Gebrechen weist nämlich widerstreitende Einzelteile auf. So stimmt zum Beispiel deren Haltung, die nicht weit vom Weisen entfernt sind, nicht mit sich selbst überein, solange sie unweise ist, aber sie ist nicht verkrüppelt oder verkehrt. Krankheiten aber und Siechtum sind Teile der Bresthaftigkeit; aber ob die Leidenschaften auch Teile davon sind, ist die Frage. 30. Laster nämlich sind bleibende Haltungen, Leidenschaften aber wechselnde, so daß sie nicht Teile bleibender Haltungen sein können. Und wie bei den Übeln die Ähnlichkeit mit dem Körper die Natur der Seele trifft, so auch bei den Vorzügen. Es sind nämlich beim Körper die wichtigsten Schönheit, Kraft, Gesundheit, Festigkeit, Schnelligkeit und ebenso sind sie es bei der Seele.

peratio, cum ea congruunt inter se e quibus constamus, sanitas, sic animi dicitur, cum eius iudicia opinionesque concordant, eaque animi est virtus, quam alii ipsam temperantiam dicunt esse, alii obtemperantem temperantiae praeceptis et eam subsequentem nec habentem ullam speciem suam, sed sive hoc sive illud sit, in solo esse sapiente. est autem quaedam animi sanitas, quae in insipientem etiam cadat, cum curatione [et purgatione] medicorum conturbatio mentis aufertur. 31. et ut corporis est quaedam apta figura membrorum cum coloris quadam suavitate eaque dicitur pulchritudo, sic in animo opinionum iudiciorumque aequabilitas et constantia cum firmitate quadam et stabilitate virtutem subsequens aut virtutis vim ipsam continens pulchritudo vocatur. itemque viribus corporis et nervis et efficacitati similes similibus quoque verbis animi vires nominantur. velocitas autem corporis celeritas appellatur, quae eadem ingenii etiam laus habetur propter animi multarum rerum brevi tempore percursionem. (14) Illud animorum corporumque dissimile, quod animi valentes morbo temptari non possunt, corpora possunt; sed corporum offensiones sine culpa accidere possunt, animorum non item, quorum omnes morbi et perturbationes ex aspernatione rationis eveniunt. itaque in hominibus solum existunt; nam bestiae simile quiddam faciunt, sed in perturbationes non incidunt. 32. inter acutos autem et inter hebetes interest, quod ingeniosi, ut aes Corinthium in aeruginem, sic illi in morbum et incidunt tardius et recreantur ocius, hebetes non item. nec

Wie nämlich die Ausgeglichenheit des Körpers, wenn das, woraus wir bestehen, unter sich zusammenstimmt, Gesundheit heißt, so spricht man von der Gesundheit der Seele, wenn ihre Urteile und Vorstellungen zusammenstimmen; und das ist die Tugend der Seele, die nach Aussage der einen eben Ausgeglichenheit ist, nach Aussage der anderen den Geboten der Ausgeglichenheit gehorcht, ihr folgt und keine besondere Erscheinungsform hat, aber, sei sie dies, sei sie jenes, allein im Weisen wohnt. Es gibt aber eine bestimmte Gesundheit der Seele, die auch auf den Unweisen zutrifft, wenn durch ärztliche Behandlung eine Geistesverwirrung behoben wird. 31. Und wie es beim Körper eine bestimmte passende Gestalt der Glieder zusammen mit einer angenehmen Hautfarbe gibt und sie Schönheit heißt, so heißt bei der Seele eine Gleichmäßigkeit und Einheitlichkeit der Vorstellungen und Urteile zusammen mit einer gewissen Festigkeit und Beständigkeit, die der Tugend folgt oder das Wesen der Tugend selbst in sich birgt, Schönheit. Und ebenso heißen die den Kräften, Sehnen und der Wirksamkeit des Körpers ähnlichen auch mit ähnlichen Worten Kräfte der Seele. Die Schnelligkeit des Körpers aber heißt bei der Seele Raschheit, und auch sie gilt als ein Lob der geistigen Anlage wegen des Geistesfluges durch viele Dinge in kurzer Zeit. Das ist aber der Unterschied zwischen Körper und Seele, daß gesunde Seelen von der Krankheit nicht berührt werden können, Körper wohl; aber Konflikte des Körpers können ohne Schuld zustoßen, die der Seele nicht ebenso, da alle ihre Krankheiten und Verwirrungen aus dem Zurückstoßen der Vernunft hervorgehen. Daher treten sie nur beim Menschen auf; denn die Tiere handeln zwar irgendwie ähnlich, aber sie geraten nicht in Verwirrungen. 32. Zwischen den Scharfsinnigen und Stumpfen aber besteht der Unterschied, daß die Begabten, wie korinthisches Erz vom Rost, so jene schwerer von Krankheit befallen werden und sich schneller erholen, die

vero in omnem morbum ac perturbationem animus ingeniosi cadit; sunt enim multa ecferata et immania; quaedam autem humanitatis quoque habent primam speciem, ut misericordia aegritudo metus. Aegrotationes autem morbique animorum difficilius evelli posse putantur quam summa illa vitia, quae virtutibus sunt contraria. morbis enim manentibus vitia sublata esse [non] possunt, quia non tam celeriter sanantur quam illa tolluntur.

33. Habes ea quae de perturbationibus enucleate disputant Stoici, quae λογικά appellant, quia disseruntur subtilius. ex quibus quoniam tamquam ex scrupulosis cotibus enavigavit oratio, reliquae disputationis cursum teneamus, modo satis illa dilucide dixerimus pro rerum obscuritate.

Prorsus satis; sed si quae diligentius erunt cognoscenda, quaeremus alias, nunc vela, quae modo dicebas, expectamus et cursum.

(15) 34. Quando, ut aliis locis de virtute et diximus et saepe dicendum erit – pleraeque enim quaestiones, quae ad vitam moresque pertinent, a virtutis fonte ducuntur –, quando igitur virtus est adfectio animi constans conveniensque, laudabiles efficiens eos, in quibus est, et ipsa per se sua sponte separata etiam utilitate laudabilis, ex ea proficiscuntur honestae voluntates sententiae actiones omnisque recta ratio (quamquam ipsa virtus brevissume recta ratio dici potest). huius igitur virtutis contraria est vitiositas – sic enim malo quam malitiam appellare eam quam Graeci κακίαν appellant; nam malitia certi

Stumpfen nicht so. Aber nicht in jede Krankheit und Verwirrung gerät die Seele der Begabten; es gibt nämlich vieles Wilde und Ungeheuerliche, manches aber hat auch beim ersten Anblick den Schein der Menschlichkeit wie Mitleid, Kummer, Furcht. Siechtum und Krankheiten der Seele aber, glaubt man, können nicht so leicht ausgetilgt werden wie jene schlimmsten Laster, die den Tugenden entgegengesetzt sind. Denn wenn auch die Krankheiten noch bleiben, können doch die Laster beseitigt sein, weil sie sich nicht so schnell heilen, wie jene sich beseitigen lassen.

33. Du hast jetzt das, was die Stoiker spitzfindig über die Verwirrungen an Erörterungen pflegen; sie nennen es λογικά, weil es mit größerer Feinheit erörtert wird. Da die Rede aus diesen Dingen wie aus schroffen Klippen den Weg ins Offene gewonnen hat, wollen wir die Fahrt der übrigen Erörterung antreten, wenn wir nur jenes verständlich genug im Verhältnis zur schwierigen Dunkelheit der Dinge entwickelt haben.

A.: Vollkommen verständlich; wenn aber etwas sorgfältiger erkannt werden muß, werden wir es ein andermal untersuchen; jetzt warten wir auf die Segel, von denen du sprachst, und die Fahrt.

34. M.: Da, wie wir an anderen Stellen über die Tugend gesagt haben und oft noch zu sagen sein wird – denn die meisten Fragen, die sich auf Leben und Sittlichkeit beziehen, leiten sich aus der Quelle der Tugend ab –, da also die Tugend eine in sich ausgeglichene und harmonische Haltung der Seele ist, lobeswürdig die machend, in denen sie wohnt, und selbst an sich, aus eigener Kraft, auch ohne Nutzen lobeswürdig, gehen aus ihr hervor die ehrenhaften Willensbetätigungen, Meinungen, Handlungen und jede richtige Vernunft, obwohl die Tugend selbst auch ganz kurz richtige Vernunft heißen kann. Dieser Tugend nun entgegengesetzt ist die Untauglichkeit – so will ich nämlich das, was die Griechen κακίαν nennen, lie-

cuiusdam vitii nomen est, vitiositas omnium –; ex qua concitantur perturbationes, quae sunt, ut paulo ante diximus, turbidi animorum concitatique motus, aversi a ratione et inimicissimi mentis vitaeque tranquillae. inportant enim aegritudines anxias atque acerbas animosque adfligunt et debilitant metu; idem inflammant adpetitione nimia, quam tum cupiditatem tum libidinem dicimus, inpotentiam quandam animi a temperantia et moderatione plurimum dissidentem. 35. quae si quando adepta erit id quod ei fuerit concupitum, tum ecferetur alacritate, ut 'nihil ei constet', quod agat, ut ille, qui 'voluptatem animi nimiam summum esse errorem' arbitratur. eorum igitur malorum in una virtute posita sanatio est. (16) Quid autem est non miserius solum, sed foedius etiam et deformius quam aegritudine quis adflictus debilitatus iacens? cui miseriae proxumus est is qui adpropinquans aliquod malum metuit exanimatusque pendet animi. quam vim mali significantes poëtae impendere apud inferos saxum Tantalo faciunt

ob scelera animique inpotentiam et superbiloquentiam.

ea communis poena stultitiae est. omnibus enim, quorum mens abhorret a ratione, semper aliqui talis terror impendet. 36. atque ut haec tabificae mentis perturbationes sunt, aegritudinem dico et metum, sic hilariores illae, cupiditas avide semper aliquid expetens et inanis alacritas, id est laetitia gestiens, non multum differunt ab amentia. ex quo intellegitur,

ber heißen als Bosheit; denn Bosheit ist der Name für ein bestimmtes Laster, Untauglichkeit für alle –, aus ihr werden die Verwirrungen aufgewühlt, die, wie wir kurz vorher sagten, wirre und aufgeregte Bewegungen der Seele sind, der Vernunft abgewandt und die größten Feinde des Geistes und des ruhigen Lebens. Sie bringen nämlich beklemmenden und bitteren Kummer mit sich, schlagen die Seele nieder und schwächen sie durch Furcht; und ebenso erhitzen sie durch allzu großes Verlangen, das wir sowohl Begierde als auch insbesondere Wollust nennen, eine Unbeherrschtheit der Seele, die zu Ausgeglichenheit und Maß ganz besonders in Widerspruch steht. 35. Wenn die einmal erlangt hat, was von ihr begehrt wurde, dann wird sie sich so in Ausgelassenheit hinreißen lassen, daß nichts, was sie auch tut, «ihr besteht», wie jener sagt, der urteilt, daß «allzu mächtige Lust der Seele die schlimmste Verwirrung» ist. Für diese Übel also liegt die Heilung allein in der Tugend. Was aber ist nicht nur erbarmenswürdiger, sondern auch scheußlicher und häßlicher als einer, der von Kummer niedergeschlagen, geschwächt und deprimiert ist? Diesem Elend kommt der am nächsten, der irgendein nahendes Unglück fürchtet und fassungslos hangt und bangt. Diese Gewalt des Übels wollen die Dichter bezeichnen, wenn sie über Tantalos in der Unterwelt einen Felsblock drohen lassen.

Frevler Taten wegen, seiner Leidenschaft und Prahlerei.

Das ist die allgemeine Strafe der Torheit; denn über allen, deren Sinn vor der Vernunft scheut, schwebt immer drohend irgendein so gearteter Schrecken. 36. Und wie es diese zersetzenden Verwirrungen der Seele, ich meine Kummer und Furcht gibt, so unterscheiden sich jene heitereren, die Begierde, die immer habsüchtig irgend etwas erstrebt, und die hohle nichtige Ausgelassenheit, das ist die tolle Lust, nicht sehr von Sinnlosigkeit. Daraus läßt sich ersehen, wie beschaffen jener

qualis ille sit, quem tum moderatum, alias modestum temperantem, alias constantem continentemque dicimus; non numquam haec eadem vocabula ad frugalitatis nomen tamquam ad caput referre volumus. quodnisi eo nomine virtutes continerentur, numquam ita pervolgatum illud esset, ut iam proverbii locum optineret, hominem frugi omnia recte facere. quod idem cum Stoici de sapiente dicunt, nimis admirabiliter nimisque magnifice dicere videntur. (17) 37. Ergo hic, quisquis est, qui moderatione et constantia quietus animo est sibique ipse placatus, ut nec tabescat molestiis nec frangatur timore nec sitienter quid expetens ardeat desiderio nec alacritate futtili gestiens deliquescat, is est sapiens quem quaerimus, is est beatus, cui nihil humanarum rerum aut intolerabile ad demittendum animum aut nimis laetabile ad ecferendum videri potest. quid enim videatur ei magnum in rebus humanis, cui aeternitas omnis totiusque mundi nota sit magnitudo? nam quid aut in studiis humanis aut in tam exigua brevitate vitae magnum sapienti videri potest, qui semper animo sic excubat, ut ei nihil inprovisum accidere possit, nihil inopinatum, nihil omnino novum? 38. atque idem ita acrem in omnis partis aciem intendit, ut semper videat sedem sibi ac locum sine molestia atque angore vivendi, ut, quemcumque casum fortuna invexerit, hunc apte et quiete ferat. quod qui faciet, non aegritudine solum vacabit, sed etiam perturbationibus reliquis omnibus. his autem vacuus animus perfecte atque absolute beatos efficit, idemque concitatus et abstractus

ist, den wir bald maßvoll, auch bescheiden, bald ausgeglichen, auch konsequent und beherrscht nennen. Bisweilen wollen wir auch diese selben Worte auf den Begriff Bravheit wie auf ihre Quelle zurückführen. Wenn in diesem Namen nicht die Tugenden beschlossen wären, hätte er niemals diese Ausbreitung gewonnen, so daß es schon den Rang eines Sprichwortes einnimmt, daß ein braver Mann alles recht mache. Wenn die Stoiker aber dasselbe vom Weisen sagen, scheinen sie allzu befremdend und allzu großspurig daherzureden. 37. Also der – wer es auch immer sei –, der dank seiner Mäßigung und seines Haltes ruhig in seiner Seele ist und mit sich selbst befriedet, derart, daß er nicht unter der Unerquicklichkeit vergeht, nicht von Furcht zerbrochen wird, nicht dürstend etwas erstrebt und vor Sehnsucht erglüht und nicht in läppischer Ausgelassenheit tollend vor Lust zerschmilzt, das ist der Weise, den wir suchen, das ist der Glückliche, dem nichts von den menschlichen Dingen unerträglich scheinen kann, so daß man die Seele hängen lassen, oder zu erfreulich, daß man überschäumen müßte. Was könnte auch dem an den menschlichen Dingen groß erscheinen, dem die ganze Ewigkeit und die Größe der ganzen Welt bekannt ist? Denn was kann in menschlichen Bestrebungen oder bei der so winzigen Kürze des Lebens dem Weisen groß erscheinen, der immer so in seiner Seele wacht, daß ihm nichts Unvorhergesehenes zustoßen kann, nichts Unvermutetes, nichts gänzlich Neues? 38. Und ebenso richtet er so scharf den Blick nach allen Seiten, daß er immer für sich einen ruhigen Fleck und einen Platz sieht, wo er ohne Verdruß und Angst leben könnte, derart, daß er jeden Schlag, den das Schicksal zufügt, sich schickend und ruhig trägt; wer das tut, wird nicht nur von Kummer frei sein, sondern auch von allen übrigen Verwirrungen. Eine hiervon freie Seele aber schafft vollkommen und unbedingt Glückliche, und ebenso verliert der, welcher gehetzt und der heilen und bestimmten

ab integra certaque ratione non constantiam solum amittit, verum etiam sanitatem.

Quocirca mollis et enervata putanda est Peripateticorum ratio et oratio, qui perturbari animos necesse dicunt esse, sed adhibent modum quendam, quem ultra progredi non oporteat. 39. modum tu adhibes vitio? an vitium nullum est non parere rationi? an ratio parum praecipit nec bonum illud esse, quod aut cupias ardenter aut adeptus ecferas te insolenter, nec porro malum, quo aut oppressus iaceas aut, ne opprimare, mente vix constes? eaque omnia aut nimis tristia aut nimis laeta errore fieri, qui si error stultis extenuetur die, ut, cum res eadem maneat, aliter ferant inveterata aliter recentia, sapientis ne attingat quidem omnino? 40. Etenim quis erit tandem modus iste? quaeramus enim modum aegritudinis, in qua operae plurimum ponitur. aegre tulisse P. Rupilium fratris repulsam consulatus scriptum apud Fannium est. sed tamen transisse videtur modum, quippe qui ob eam causam a vita recesserit; moderatius igitur ferre debuit. quid, si, cum id ferret modice, mors liberorum accessisset? nata esset aegritudo nova, sed ea modica. magna tamen facta esset accessio. quid, si deinde dolores graves corporis, si bonorum amissio, si caecitas, si exilium? si pro singulis malis aegritudines accederent, summa ea fieret, quae non sustineretur. (18) 41. Qui modum igitur vitio quaerit, similiter facit, ut si posse putet

Vernunft entzogen ist, nicht nur den Halt, sondern auch die Gesundheit.

Deshalb ist als weichlich und kraftlos Lehre und Rede der Peripatetiker anzusehen, die sagen, daß die Seele in Verwirrung gerate, sei unumgänglich, aber ein bestimmtes Maß ansetzen, über das hinaus man nicht gehen dürfe. 39. Du setzst für das Laster ein Maß an? Ist es kein Laster, der Vernunft nicht zu gehorchen? Oder lehrt etwa die Vernunft nicht deutlich genug, daß weder ein Gut ist, was du glühend begehrst oder nach dessen Erlangung du dich zügellos gehen läßt, und weiter jenes kein Übel, wodurch du entweder niedergeschlagen am Boden liegst oder aus Furcht, niedergeschlagen zu werden, kaum in dir Halt findest? Und daß dies alles allzu trübe oder allzu heiter durch einen Irrtum wird, ein Irrtum, der, wenn er sich für die Toren durch die Zeit abschwächt, derart, daß sie, obwohl die Sache dieselbe bleibt, anders Veraltetes, anders Frisches tragen, die Weisen aber überhaupt nicht anrühren dürfte? Denn was für ein solches Maß wird es endlich geben? Suchen wir doch ein Maß für den Kummer, auf den die meiste Mühe verwendet wird! Publius Rupilius hat sich über die Niederlage seines Bruders bei der Konsulwahl gehärmt, ist bei Fannius zu lesen. Aber er scheint das Maß überschritten zu haben, da er aus diesem Grunde aus dem Leben gegangen ist; er hätte es gefaßter ertragen müssen. Wie, wenn der Tod der Kinder hinzugekommen wäre, während er das mit Haltung ertrug? Ein neuer Kummer wäre entstanden, aber immer noch ein begrenzter; aber es wäre doch immerhin eine gewaltige Vermehrung eingetreten. Wie, wenn darauf schwere Körperschmerzen, wenn Verlust des Vermögens, wenn Blindheit, wenn Verbannung hinzugekommen wären? Wenn entsprechend den einzelnen Übeln auch Kummer hinzuträte, würde es eine Summe ergeben, die nicht ertragen werden könnte. 41. Wer also ein Maß für das Laster sucht, handelt ähnlich, wie wenn er glaubte,

eum qui se e Leucata praecipitaverit sustinere se, cum velit. ut enim id non potest, sic animus perturbatus et incitatus nec cohibere se potest nec, quo loco vult, insistere. omninoque, quae crescentia perniciosa sunt, eadem sunt vitiosa nascentia; 42. aegritudo autem ceteraeque perturbationes amplificatae certe pestiferae sunt: igitur etiam susceptae continuo in magna pestis parte versantur. etenim ipsae se impellunt, ubi semel a ratione discessum est, ipsaque sibi imbecillitas indulget in altumque provehitur imprudens nec reperit locum consistendi. quam ob rem nihil interest, utrum moderatas perturbationes adprobent an moderatam iniustitiam, moderatam ignaviam, moderatam intemperantiam; qui enim vitiis modum apponit, is partem suscipit vitiorum; quod cum ipsum per se odiosum est, tum eo molestius, quia sunt in lubrico incitataque semel proclivi labuntur sustinerique nullo modo possunt.

(19) 43. Quid, quod idem Peripatetici perturbationes istas, quas nos extirpandas putamus, non modo naturalis esse dicunt, sed etiam utiliter a natura datas? quorum est talis oratio: primum multis verbis iracundiam laudant, cotem fortitudinis esse dicunt, multoque et in hostem et in inprobum civem vehementioris iratorum impetus esse, levis autem ratiunculas eorum, qui ita cogitarent: 'proelium rectum est hoc fieri, convenit dimicare pro legibus, pro libertate, pro patria;' haec nullam habent vim, nisi ira excanduit fortitudo. nec vero de

der, welcher sich vom Leukatas-Vorgebirge herunterstürzt, könne sich aufhalten, wenn er wolle. Wie er das nämlich nicht kann, so kann auch eine verwirrte und gehetzte Seele sich nicht zusammennehmen und Halt machen, wo sie will. Und überhaupt: was im Wachsen zum Verderben führt, ist auch im Entstehen fehlerhaft. 42. Kummer aber und die übrigen Verwirrungen sind, wenigstens vergrößert, verderbenbringend; also sind sie auch gleich beim Eintritt mit einem gut Teil Verderben verbunden. Denn sie treiben sich selbst voran, wenn einmal von der Vernunft abgegangen wurde, die Schwachheit gibt sich selbst nach, wagt sich unbedacht aufs hohe Meer und findet nicht mehr Platz, wo sie Halt finden könnte. Deshalb ist kein Unterschied, ob sie gemäßigte Verwirrungen gutheißen oder eine gemäßigte Ungerechtigkeit, eine gemäßigte Feigheit oder eine gemäßigte Unbeherrschtheit. Wer nämlich den Lastern ein Maß beigibt, der nimmt einen Teil der Laster auf. Was schon an sich häßlich ist, dann aber besonders auch um so unangenehmer, weil sie sich auf schlüpfriger Bahn befinden und einmal angepeitscht rasch abwärts gleiten und auf keine Weise mehr aufgehalten werden können.

43. Was soll man dazu sagen, daß dieselben Peripatetiker behaupten, diese Verwirrungen, die wir glauben mit der Wurzel ausrotten zu müssen, seien nicht nur naturgegeben, sondern von der Natur auch zu unserem Nutzen gegeben; ihre Rede ist so: zunächst loben sie mit vielen Worten das Aufwallen, sagen, es sei ein Wetzstein der Tugend, und viel heftiger sei das Losbrechen der Zornigen gegen den Feind oder gegen einen ruchlosen Mitbürger, leicht in die Waage fallend aber die kleinlichen Erwägungen derer, die so ihre Betrachtungen anstellen: «Es ist richtig, daß hier ein Kampf stattfinde, man kommt zum Schluß, zu kämpfen für die Gesetze, für die Freiheit, für das Vaterland.» Das hat keine Kraft, wenn die Tapferkeit nicht vor Zorn erglühte. Nicht allein aber über die Strei-

bellatoribus solum disputant: imperia severiora nulla esse putant sine aliqua acerbitate iracundiae; oratorem denique non modo accusantem, sed ne defendentem quidem probant sine aculeis iracundiae, quae etiamsi non adsit, tamen verbis atque motu simulandam arbitrantur, ut auditoris iram oratoris incendat actio. virum denique videri negant qui irasci nesciet, eamque, quam lenitatem nos dicimus, vitioso lentitudinis nomine appellant. 44. Nec vero solum hanc libidinem laudant – est enim ira, ut modo definivi, ulciscendi libido –, sed ipsum illud genus vel libidinis vel cupiditatis ad summam utilitatem esse dicunt a natura datum; nihil enim quemquam nisi quod lubeat praeclare facere posse. noctu ambulabat in publico Themistocles, quod somnum capere non posset, quaerentibusque respondebat Miltiadis tropaeis se e somno suscitari. cui non sunt auditae Demosthenis vigiliae? qui dolere se aiebat, si quando opificum antelucana victus esset industria. philosophiae denique ipsius principes numquam in suis studiis tantos progressus sine flagranti cupiditate facere potuissent. ultimas terras lustrasse Pythagoran Democritum Platonem accepimus. ubi enim quicquid esset quod disci posset, eo veniendum iudicaverunt. num putamus haec fieri sine summo cupiditatis ardore potuisse? (20) 45. Ipsam aegritudinem, quam nos ut taetram et inmanem beluam fugiendam diximus, non sine magna utilitate a natura dicunt consti-

ter sprechen sie: auch nur ein wenig strengere Befehle können nach ihrer Meinung nicht ganz ohne scharfes Aufwallen sein; den Redner schließlich, und zwar nicht nur den anklagenden, sondern auch den verteidigenden, heißen sie nicht gut ohne den Sporn der Leidenschaft, und auch wenn er nicht da wäre, müsse man ihn doch, wie sie glauben, in den Worten und der Bewegung vortäuschen, daß der Vortrag des Redners die Leidenschaft der Hörer anstecke. Schließlich sagen sie, wer nicht leidenschaftlich zu zürnen wisse, scheine ihnen überhaupt kein Mann, und das, was wir Gelassenheit nennen, nennen sie mit dem schimpflichen Namen Phlegma. 44. Aber nicht nur diese Begierde loben sie – Zornesaufwallung ist nämlich, wie ich eben umschrieb, die Begierde, sich zu rächen –, sondern eben jene ganze Art, sei es Lust oder Begierde, sagen sie, sei von der Natur zu unserem größten Nutzen uns gegeben worden. Nichts könne nämlich jemand vortrefflich ausführen, er hätte denn Lust dazu. Nachts ging Themistokles im Freien spazieren, da er keinen Schlaf finden konnte, und als man ihn fragte, antwortete er, er werde von den Lorbeeren des Miltiades aus dem Schlafe gescheucht. Wer hat nicht von des Demosthenes schlaflosen Nächten gehört? Es schmerzte ihn, sagte er, wenn er einmal durch den vor Tagesanbruch beginnenden Fleiß der Handwerker besiegt würde. Schließlich hätten die Fürsten der Philosophie selbst nie in ihren Arbeiten solche Fortschritte erzielen können ohne brennende Begierde. Die Länder am äußersten Rande der Welt haben Pythagoras, Demokrit, Platon durchwandert, wie wir hören. Wo es nämlich etwas gebe, was man lernen könne, dorthin müsse man kommen, war ihre Ansicht. Meinen wir etwa, das hätte ohne die brennendste Glut der Begierde geschehen können? 45. Der Kummer selbst, von dem wir gesagt haben, man müsse ihm wie einem scheußlichen, ungeheuerlichen Untier aus dem Wege gehen, sagen sie, wäre eine Einrichtung der Natur von größtem Nutzen, daß

tutam, ut homines castigationibus reprehensionibus ignominiis adfici se in delicto dolerent. impunitas enim peccatorum data videtur eis qui ignominiam et infamiam ferunt sine dolore; morderi est melius conscientia. ex quo est illud e vita ductum ab Afranio: nam cum dissolutus filius: 'heu me miserum!' tum severus pater:

dum modo doleat aliquid, doleat quidlubet.

46. Reliquas quoque partis aegritudinis utilis esse dicunt, misericordiam ad opem ferendam et calamitates hominum indignorum sublevandas; ipsum illud aemulari obtrectare non esse inutile, cum aut se non idem videat consecutum, quod alium, aut alium idem, quod se; metum vero si qui sustulisset, omnem vitae diligentiam sublatam fore, quae summa esset in eis qui leges, qui magistratus, qui paupertatem, qui ignominiam, qui mortem, qui dolorem timerent. Haec tamen ita disputant, ut resecanda esse fateantur, evelli penitus dicant nec posse nec opus esse et in omnibus fere rebus mediocritatem esse optumam existiment. quae cum exponunt, nihilne tibi videntur an aliquid dicere?

(21) 47. Mihi vero dicere aliquid, itaque expecto, quid ad ista.

Reperiam fortasse, sed illud ante: videsne, quanta fuerit apud Academicos verecundia? plane enim dicunt, quod ad rem pertineat: Peripateticis respondetur a Stoicis; digladientur illi per me licet, cui nihil est necesse nisi, ubi sit illud, quod

die Menschen Schmerz empfänden, wenn sie bei einem Vergehen von Strafen, von Tadel und Schande getroffen würden. Straflosigkeit ihrer Vergehen nämlich wird offenbar denen gewährt, die Schande und Ehrverlust ohne Schmerz ertragen. Besser ist es, vom Gewissen gebissen zu werden. Daher rührt jenes Wort von Afranius, aus dem Leben entnommen; wie nämlich der ausschweifende Sohn sagt: «Weh mir Unglücklichen!» sagt der Vater:

Wenn nur eines schmerzt, dann schmerze, was es sei.

46. Auch die übrigen Arten des Kummers, sagen sie, sind nützlich. Mitleid dazu, Hilfe zu bringen und das Unglück von Menschen, die solches nicht verdienen, zu lindern; selbst jenes Rivalisieren, jene Verkleinerungssucht sei nicht unnütz, da er sehe, daß er nicht dasselbe erreicht hat wie ein anderer oder ein anderer dasselbe wie er; wenn aber gar jemand die Furcht nähme, wäre damit alle Umsicht im Leben beseitigt; denn die sei am größten bei denen, welche die Gesetze, die Beamten, die Armut, die Schande, den Tod, den Schmerz fürchteten. Diese Dinge jedoch, so ist ihr Gedankengang, müßten, wie sie bekennten, beschnitten werden; ganz ausgerottet, sagen sie, könnten sie nicht werden, und es sei auch nicht nützlich, und bei fast allen Dingen sei, wie sie glauben, die Mitte das Beste. Wenn sie dies darlegen, scheinen sie dir dann nichts oder doch etwas zu sagen?

47. A.: Mir scheinen sie schon etwas zu sagen, und so bin ich gespannt, was du darauf sagen wirst.

M.: Ich werde vielleicht etwas finden, aber jenes zuvor: siehst du, wie groß die ehrfürchtige Zurückhaltung bei den Akademikern gewesen ist? Sie sagen nämlich schlicht, was zur Sache gehört. Den Peripatetikern wird von den Stoikern geantwortet. Mögen sie sich meinetwegen in den Haaren liegen. Ich habe nur nötig zu forschen, wo jenes liegt, was der Wahr-

veri simillimum videatur, anquirere. quid est igitur quod occurrat in hac quaestione, e‹t› quo possit attingi aliquid veri simile, qua longius mens humana progredi non potest? definitio perturbationis, qua recte Zenonem usum puto. ita enim definit, ut perturbatio sit aversa a ratione contra naturam animi commotio, vel brevius, ut perturbatio sit adpetitus vehementior, vehementior autem intellegatur is qui procul absit a naturae constantia. 48. quid ad has definitiones possim dicere? atque haec pleraque sunt prudenter acuteque disserentium, illa quidem ex rhetorum pompa: ardores animorum cotesque virtutum. an vero vir fortis, nisi stomachari coepit, non potest fortis esse? gladiatorium id quidem. quamquam in eis ipsis videmus saepe constantiam:

conlocuntur, congrediuntur, quaerunt aliquid, postulant,

ut magis placati quam irati esse videantur, sed in illo genere sit sane Pacideianus aliquis hoc animo, ut narrat Lucilius:

Occidam illum equidem et vincam, si id quaeritis, inquit,
Verum illud credo fore: in os prius accipiam ipse
Quam gladium in stomacho furi ac pulmonibus sisto.
Odi hominem, iratus pugno, nec longius quicquam
Nobis, quam dextrae gladium dum accommodet alter;
Usque adeo studio atque odio illius ecferor ira;

heit am nächsten zu kommen scheint. Was tritt also bei dieser Untersuchung entgegen, wovon man ausgehen könnte, um an irgend etwas Wahrscheinliches zu rühren? Denn weiter als so kann der menschliche Sinn nicht kommen. Die Umschreibung der Verwirrung, die Zenon, wie ich glaube, mit Recht gebraucht hat. So umschreibt er nämlich, daß die Verwirrung eine Bewegung der Seele sei, die gegen die Natur und der Vernunft abgewandt ist, oder kürzer, daß die Verwirrung ein zu heftiges Streben sei, unter zu heftig aber das verstanden werden solle, was weit entfernt ist von der Beständigkeit der Natur. 48. Was könnte ich zu diesen Umschreibungen sagen? Sind das doch zum größten Teile Worte von Leuten, die klug und scharfsinnig beweisen, jene stammen aus dem Prunk der Rhetoren: die Glut der Seelen und der Wetzstein der Tugenden. Oder kann etwa ein tapferer Mann, wenn er nicht zu wüten beginnt, nicht tapfer sein? Das ist Sache der Gladiatoren; und selbst bei ihnen sehen wir doch häufig gefaßte Haltung:

Sprechen zusammen, kommen zusammen, fragen etwas, fordern dann,

so daß sie mehr gefaßt als zornig scheinen. Aber unter dieser Gattung mag freilich ein Pacideianus in solcher Stimmung sein, wie Lucilius erzählt:

Töten werde ich ihn und siegen, wollt ihr es wissen.
So aber kommt's, glaub' ich: ins Maul werd' ich selbst eins bekommen,
eh' ich dem Gauner das Schwert in Magen und Lunge hineinbohr'.
Hasse den Menschen und kämpfe voll Zorn und ich kann's nicht erwarten
mehr, bis der andere das Schwert in seine Rechte genommen;
so in Eifer und Haß bin voll Zorn auf ihn ich geladen.

(22) 49. at sine hac gladiatoria iracundia videmus progredientem apud Homerum Aiacem multa cum hilaritate, cum depugnaturus esset cum Hectore; cuius, ut arma sumpsit, ingressio laetitiam attulit sociis, terrorem autem hostibus, ut ipsum Hectorem, quem ad modum est apud Homerum, toto pectore trementem provocasse ad pugnam paeniteret. atque hi conlocuti inter se, prius quam manum consererent, leniter et quiete nihil ne in ipsa quidem pugna iracunde rabioseve fecerunt. ego ne Torquatum quidem illum, qui hoc cognomen invenit, iratum existimo Gallo torquem detraxisse, nec Marcellum apud Clastidium ideo fortem fuisse, quia fuerit iratus. 50. de Africano quidem, quia notior est nobis propter recentem memoriam, vel iurare possum non illum iracundia tum inflammatum fuisse, cum in acie M. Alliennium Paelignum scuto protexerit gladiumque hosti in pectus infixerit. de L. Bruto fortasse dubitarim, an propter infinitum odium tyranni ecfrenatius in Arruntem invaserit; video enim utrumque comminus ictu cecidisse contrario. quid igitur huc adhibetis iram? an fortitudo, nisi insanire coepit, impetus suos non habet? quid? Herculem, quem in caelum ista ipsa, quam vos iracundiam esse vultis, sustulit fortitudo, iratumne censes conflixisse cum Erymanthio apro aut leone Nemeaeo? an etiam Theseus Marathonii tauri cornua conprehendit iratus? vide ne fortitudo minime sit rabiosa sitque iracundia tota levitatis.

(23) 51. Neque enim est ulla fortitudo, quae rationis est expers. 'contemnendae res humanae sunt, neglegenda mors est, patibiles et dolores et labores putandi' – haec cum con-

49. Aber ohne diesen Gladiatorenzorn sehen wir bei Homer Aias mit großer Heiterkeit vortreten, als er mit Hektor kämpfen wollte. Dessen Einherschreiten, wie er die Waffen genommen hatte, brachte Freude den Gefährten, Schrecken aber den Feinden, daß selbst Hektor, wie bei Homer steht, am ganzen Leibe zitternd es bereute, ihn zum Kampfe gefordert zu haben. Und nachdem sie sich, bevor sie handgemein wurden, sanft und ruhig unterredet hatten, haben sie selbst im Kampf nichts in Zorn oder Wut getan. Ich meine, auch der berühmte Torquatus, der diesen Beinamen zuerst bekam, hat dem Gallier die Halskette nicht im Zorn abgerissen, und auch Marcellus ist nicht deshalb bei Clastidium tapfer gewesen, weil er zornig gewesen wäre. 50. Was Africanus betrifft, so kann ich, weil er uns bekannter ist und in frischer Erinnerung, sogar schwören, daß er nicht zornentflammt war, als er in der Schlacht Marcus Alliennius, den Päligner, mit dem Schilde deckte und dem Feinde das Schwert in die Brust bohrte. Was Lucius Brutus angeht, so würde ich vielleicht zweifeln, ob er wegen seines grenzenlosen Tyrannenhasses wilder gegen Arruns losgestürmt ist; denn ich sehe, daß beide im Nahkampf durch den Hieb des Gegners gefallen sind. Was zieht ihr also hier den Zorn bei? Oder hat etwa die Tapferkeit, wenn sie nicht zu wüten beginnt, nicht ihren Angriffsschwung? Wie? Glaubst du, Herakles, den eben diese seine Tapferkeit, die nach euch Aufwallung sein soll, in den Himmel erhoben hat, habe im Zorn mit dem Erymanthischen Eber oder dem Nemeischen Löwen gekämpft? Oder hat etwa auch Theseus die Hörner des Stieres von Marathon zornig gepackt? Daß nur nicht die Tapferkeit am wenigsten wütig ist und die ganze Zorneswut eine Charakterschwäche!

51. Denn es gibt gar keine Tapferkeit, die ohne Vernunft wäre. «Geringzuschätzen sind die menschlichen Dinge, der Tod ist zu verachten, Schmerzen und Strapazen sind als ertragbar

stituta sunt iudicio atque sententia, tum est robusta illa et stabilis fortitudo, nisi forte, quae vehementer acriter animose fiunt, iracunde fieri suspicamur. mihi ne Scipio quidem ille pontufex maxumus, qui hoc Stoicorum verum esse declaravit, numquam privatum esse sapientem, iratus videtur fuisse Ti. Graccho tum, cum consulem languentem reliquit atque ipse privatus, ut si consul esset, qui rem publicam salvam esse vellent, se sequi iussit. 52. nescio, ecquid ipsi nos fortiter in re p. fecerimus: si quid fecimus, certe irati non fecimus. an est quicquam similius insaniae quam ira? quam bene Ennius 'initium' dixit 'insaniae'. color, vox, oculi, spiritus, inpotentia dictorum ac factorum quam partem habent sanitatis? quid Achille Homerico foedius, quid Agamemnone in iurgio? nam Aiacem quidem ira ad furorem mortemque perduxit. non igitur desiderat fortitudo advocatam iracundiam; satis est instructa parata armata per sese. nam isto quidem modo licet dicere utilem vinulentiam ad fortitudinem, utilem etiam dementiam, quod et insani et ebrii multa faciunt saepe vehementius. semper Aiax fortis, fortissimus tamen in furore; nam

Fácinus fecit máximum, cum Dánais inclinántibus
Summám rem perfecít manu.

(24) 53. proelium restituit insaniens: dicamus igitur utilem insaniam? Tracta definitiones fortitudinis: intelleges eam stomacho non egere. fortitudo est igitur 'adfectio animi legi sum-

anzusehen!» – nur wenn das im Urteil und der Überzeugung gegründet ist, ist jene Tapferkeit kräftig und fest, wir müßten denn vermuten, alles, was mit Schwung, Energie und Begeisterung geschieht, geschähe in Zorneswallung. Auch Scipio, der Oberpriester, der erklärte, das Wort der Stoiker sei wahr, daß der Weise nie Privatmann sei, scheint mir damals nicht auf Tiberius Gracchus zornig gewesen zu sein, als er den schlaffen Konsul verließ und, selbst Privatmann, wie wenn er Konsul wäre, alle ihm zu folgen hieß, die den Staat heil sehen wollten. 52. Ich weiß nicht, ob wir selbst im Staat etwas mit Tapferkeit getan haben; wenn wir es getan haben, haben wir es bestimmt nicht im Zorn getan. Oder gibt es vielleicht etwas dem Wahnsinn Ähnlicheres als den Zorn? Ihn hat Ennius trefflich den Anfang des Wahnsinns genannt. Farbe, Stimme, Augen, Atem, die Unbeherrschtheit der Worte und Taten: welchen Teil haben sie noch an der Gesundheit? Was gibt es Abstoßenderes als den homerischen Achill, was als Agamemnon in seinem Streiten? Denn den Aias gar hat der Zorn zum Wahnsinn und zum Tode getrieben. Nicht also verlangt die Tapferkeit nach der Zorneswut als Beistand; sie ist an sich genug versehen, gerüstet und bewaffnet. Denn sonst dürfte man auch sagen, die Trunkenheit ist zum Nutzen für die Tapferkeit, zum Nutzen auch der Wahnsinn, weil sowohl die Wahnsinnigen als die Trunkenen vieles oft mit größerer Wucht tun. Immer ist Aias tapfer, am tapfersten jedoch in seiner Wut, denn:

> Größte Tat vollbracht' er, als er beim Weichen der Danaer
> Höchstes durchgesetzt mit seiner Hand.

53. In seinem Wahnsinn stellte er den Kampf wieder her. Wollen wir also die Raserei als nützlich ansprechen? Untersuche die Umschreibungen der Tapferkeit und du wirst erkennen, daß sie des Aufbrausens nicht bedürfen. Tapferkeit ist «eine Haltung der Seele, die im Ertragen der Dinge dem

mae in perpetiendis rebus obtemperans' vel 'conservatio stabilis iudicii in eis rebus quae formidolosae videntur subeundis et repellendis' vel 'scientia rerum formidolosarum contrariarumque aut omnino neglegendarum conservans earum rerum stabile iudicium' vel brevius, ut Chrysippus (nam superiores definitiones erant Sphaeri, hominis in primis bene definientis ut putant Stoici; sunt enim omnino omnes fere similes, sed declarant communis notiones alia magis alia) – quo modo igitur Chrysippus? 'fortitudo est' inquit 'scientia rerum perferendarum vel adfectio animi in patiendo ac perferendo summae legi parens sine timore'. quamvis licet insectemur istos, ut Carneades solebat, metuo ne soli philosophi sint. quae enim istarum definitionum non aperit notionem nostram, quam habemus omnes de fortitudine tectam atque involutam? qua aperta quis est qui aut bellatori aut imperatori aut oratori quaerat aliquid neque eos existumet sine rabie quicquam fortiter facere posse? 54. Quid? Stoici, qui omnes insipientes insanos esse dicunt, nonne ista conligunt? remove perturbationes maxumeque iracundiam: iam videbuntur monstra dicere. nunc autem ita disserunt, sic se dicere omnes stultos insanire, ut male olere omne caenum. 'at non semper.' commove: senties. sic iracundus non semper iratus est; lacesse: iam videbis furentem. Quid? ista bellatrix iracundia, cum domum rediit, qualis est cum uxore, cum liberis, cum familia? an tum quoque est utilis? est igitur aliquid quod perturbata mens melius possit facere quam con-

höchsten Gesetz gehorcht» oder «Bewahrung des festen Urteils in der Übernahme oder Abwehr der Dinge, die schreckerregend scheinen» oder «die Kenntnis der schreckerregenden Dinge und ihres Gegenteils oder der überhaupt zu verachtenden, die über diese Dinge ein festes Urteil bewahrt» oder kürzer wie Chrysipp – denn die vorhergehenden Definitionen stammen von Sphairos, einem besonders gut definierenden Manne nach der Meinung der Stoiker; sie sind nämlich allerdings alle fast ähnlich, aber die eine erklärt die allgemeinen Vorstellungen besser als die andere – wie also Chrysipp? «Tapferkeit ist», sagt er, «die Kenntnis der Dinge, die ertragen werden müssen, oder eine Haltung der Seele, die im Leiden und Ertragen dem höchsten Gesetz ohne Furcht gehorcht.» Wenn wir diese Leute auch noch so sehr angreifen, wie es Karneades zu tun pflegte, so dürften sie vielleicht doch, fürchte ich, die einzigen Philosophen sein. Denn welche dieser Definitionen öffnet nicht unseren Begriff, den wir alle von der Tapferkeit verdeckt und verhüllt haben? Wenn dieser sich enthüllt hat, wen gibt es da, der für den Krieger, den Feldherrn oder den Redner noch etwas sucht und nicht glaubte, daß sie ohne Wüten etwas tapfer durchzuführen vermöchten? 54. Wie, sammeln die Stoiker, die behaupten, alle Toren wären Wahnsinnige, nicht diese Dinge? Entferne die Verwirrungen und besonders das Zorneswüten, und schon werden sie ungeheuerlichen Unsinn zu reden scheinen. Jetzt aber legen sie ihre Beweise so an, daß sie sagen, alle Toren wären genau so wahnsinnig, wie jeder Unrat schlecht röche. «Aber nicht immer doch!» Bring ihn in Bewegung, und du wirst es merken. So ist der Jähzornige nicht immer in Zorn; reize ihn, schon wirst du ihn wüten sehen. Wie? Dieser kämpferische Jähzorn, wenn er nach Hause zurückgekehrt ist, wie ist er dann mit seiner Frau, mit den Kindern, mit dem Gesinde? Oder ist er etwa auch da nützlich? Gibt es also etwas, was ein verwirrter Sinn besser machen

stans? an quisquam potest sine perturbatione mentis irasci? bene igitur nostri, cum omnia essent in moribus vitia, quod nullum erat iracundia foedius, iracundos solos morosos nominaverunt. (25) 55. Oratorem vero irasci minime decet, simulare non dedecet. an tibi irasci tum videmur, cum quid in causis acrius et vehementius dicimus? quid? cum iam rebus transactis et praeteritis orationes scribimus, num irati scribimus?

ecquis hoc animadvertit? vincite! –

num aut egisse umquam iratum Aesopum aut scripsisse existimas iratum Accium? aguntur ista praeclare, et ab oratore quidem melius, si modo est orator, quam ab ullo histrione, sed aguntur leniter et mente tranquilla.

Libidinem vero laudare cuius est libidinis? Themistoclem mihi et Demosthenen profertis, additis Pythagoran Democritum Platonem. quid? vos studia libidinem vocatis? quae vel optimarum rerum, ut ea sunt quae profertis, sedata tamen et tranquilla esse debent. Iam aegritudinem laudare, unam rem maxime detestabilem, quorum est tandem philosophorum? at commode dixit Afranius:

dum modo doleat aliquid, doleat quidlibet.

dixit enim de adulescente perdito ac dissoluto, nos autem de constanti viro ac sapienti quaerimus. et quidem ipsam illam iram centurio habeat aut signifer vel ceteri, de quibus dici non necesse est, ne rhetorum aperiamus mysteria. utile est enim

könnte als einer voll Haltung? Oder kann etwa jemand ohne Verwirrung seines Sinnes in Zorn geraten? Treffend also haben unsere Römer, da alle Laster und Fehler in der Sinnesartung lägen, allein die Jähzornigen, weil keins scheußlicher war als der Jähzorn, eigensinnig genannt. 55. Dem Redner aber ziemt es am allerwenigsten in Zorn zu geraten, so zu tun, ist nicht unziemlich. Oder scheinen wir dir etwa dann in Zorn zu sein, wenn wir bei Prozeßreden etwas energischer und wuchtiger vortragen? Wie? Wenn wir die Reden, nachdem die Dinge vollendet und vorüber sind, niederschreiben, schreiben wir sie dann etwa im Zorne nieder?

Ahndet denn dies niemand? Bindet ihn!

hat das etwa je Äsop im Zorn gespielt, oder meinst du, Accius habe es im Zorn geschrieben? Das wird eindrucksvoll vorgetragen, und zwar vom Redner besser als von jedem Schauspieler, wenn es nur ein wahrer Redner ist, aber es wird ohne innere Erregung und mit ruhigem Sinn vorgetragen.

Begierde vollends zu loben, was ist das selber für eine Begierde? Themistokles und Demosthenes bringt ihr mir an, fügt Pythagoras, Demokrit und Platon hinzu? Wie? Ihr nennt geistiges Streben Begierde? Selbst das nach den besten Dingen, wie die sind, die ihr vorbringt, muß doch gesetzt und ruhig sein. Gar den Kummer zu loben, die allerabscheulichste Sache, was ist das für eine Philosophie! Aber treffend hat doch Afranius gesagt:

wenn nur eines schmerzt, dann schmerze, was es sei!

Ja, er sprach nämlich von einem verdorbenen und ausschweifenden Jüngling, wir aber forschen nach einem beherrschten und weisen Mann. Und mag eben diesen Zorn ein Centurio haben oder ein Fahnenträger oder die übrigen, über die nicht gesprochen zu werden braucht, um nicht die Geheimnisse der

uti motu animi, qui uti ratione non potest. nos autem, ut testificor saepe, de sapiente quaerimus. (26) 56. At etiam aemulari utile est, obtrectare, misereri. cur misereare potius quam feras opem, si id facere possis? an sine misericordia liberales esse non possumus? non enim suscipere ipsi aegritudines propter alios debemus, sed alios, si possumus, levare aegritudine. obtrectare vero alteri aut illa vitiosa aemulatione, quae rivalitati similis est, aemulari quid habet utilitatis, cum sit aemulantis angi alieno bono quod ipse non habeat, obtrectantis autem angi alieno bono, quod id etiam alius habeat? qui id adprobari possit, aegritudinem suscipere pro experientia, si quid habere velis? nam solum habere velle summa dementia est.

57. Mediocritates autem malorum quis laudare recte possit? quis enim potest, in quo libido cupiditasve sit, non libidinosus et cupidus esse? in quo ira, non iracundus? in quo angor, non anxius? in quo timor, non timidus? libidinosum igitur et iracundum et anxium et timidum censemus esse sapientem? de cuius excellentia multa quidem dici quamvis fuse lateque possunt, sed brevissime illo modo, sapientiam esse rerum divinarum et humanarum scientiam cognitionemque, quae cuiusque rei causa sit; ex quo efficitur, ut divina imitetur, humana omnia inferiora virtute ducat. in hanc tu igitur tamquam in mare, quod est ventis subiectum, perturbationem cadere tibi dixisti videri? quid est quod tantam gravitatem constantiamque per-

Rhetoren auszubreiten. Ist es doch nützlich, die Aufregung der Seele zu nutzen für den, der die Vernunft nicht nutzen kann. Wir aber, wie ich immer wieder bezeuge, stellen eine Untersuchung über den Weisen an. 56. Aber auch zu rivalisieren ist doch nützlich, zu verkleinern, zu bemitleiden. Warum solltest du lieber bemitleiden als Hilfe bringen, wenn du das tun könntest? Können wir etwa ohne Barmherzigkeit nicht großzügig sein? Denn wir dürfen nicht selbst Kummer wegen der anderen auf uns nehmen, sondern müssen andere, wenn wir es vermögen, ihres Kummers entheben. Den anderen aber zu verkleinern oder mit ihm in jenem fehlerhaften Rivalisieren, das der Eifersucht ähnlich ist, zu wetteifern, was hat das für einen Nutzen, da es das Wesen eines Eifersüchtigen ist, bedrückt zu sein über fremdes Gut, das man selbst nicht hat, eines Scheelsüchtigen aber, bedrückt zu sein über fremdes Gut, weil es auch ein anderer hat. Wie kann es Billigung finden, daß man statt eigenen Probierens einen Kummer auf sich nimmt, wenn man etwas haben will. Denn nur haben wollen ist doch der höchste Wahnsinn.

57. Gemäßigte Übel aber, wer könnte sie mit Recht loben? Wer, in dem Wollust und Begierde ist, vermag es denn, nicht lüstern und gierig zu sein, in wem Zorn, nicht jähzornig, in wem Angst, nicht ängstlich, in wem Furcht, nicht furchtsam? Ein Lüstling, ein Jähzorniger, ein Ängstlicher, ein Furchtsamer also soll nach unserer Ansicht der Weise sein? Über sein erhabenes Wesen läßt sich vieles weitschweifig und breit aussagen, aber am kürzesten doch so: Weisheit ist Wissen von den göttlichen und menschlichen Dingen und die Erkenntnis, was die Ursache eines jeden Dinges ist. Daraus ergibt sich, daß er das Göttliche nachahmt, alles Menschliche aber für geringer als die Vollkommenheit hält. In den Bereich dieser Verwirrung also scheinst du dir, wie du sagst, gleich wie in ein Meer, das den Winden untertan ist, zu fallen? Was gibt es, was einen solchen Ernst und eine solche Gefaßtheit verwirren könnte?

turbet? an inprovisum aliquid aut repentinum? quid potest accidere tale ei, cui nihil, quod homini evenire possit, ⟨non praemeditatum sit⟩? nam quod aiunt nimia resecari oportere, naturalia relinqui, quid tandem potest esse naturale, quod idem nimium esse possit? sunt enim omnia ista ex errorum orta radicibus, quae evellenda et extrahenda penitus, non circumcidenda nec amputanda sunt.

(27) 58. Sed quoniam suspicor te non tam de sapiente quam de te ipso quaerere – illum enim putas omni perturbatione esse liberum, te vis –, videamus, quanta sint quae ⟨a⟩ philosophia remedia morbis animorum adhibeantur. est enim quaedam medicina certe, nec tam fuit hominum generi infensa atque inimica natura, ut corporibus tot res salutaris, animisnullam invenerit; de quibus hoc etiam est merita melius, quod corporum adiumenta adhibentur extrinsecus, animorum salus inclusa in is ipsis est. sed quo maior est in eis praestantia et divinior, eo maiore indigent diligentia. itaque bene adhibita ratio cernit, quid optumum sit, neglecta multis implicatur erroribus. 59. ad te igitur mihi iam convertenda omnis oratio est; simulas enim quaerere te de sapiente, quaeris autem fortasse de te.

Earum igitur perturbationum, quas exposui, variae sunt curationes. nam neque omnis aegritudo una ratione sedatur; alia est enim lugenti, alia miseranti aut invidenti adhibenda medicina; est etiam in omnibus quattuor perturbationibus illa distinctio, utrum ad universam perturbationem, quae est asper-

Etwa etwas Unvorhergesehenes oder Plötzliches? Was kann dem derartiges zustoßen, der alles, was dem Menschen zustoßen kann, ⟨vorausbedacht hat⟩? Denn wenn sie sagen, das Übermaß müsse beschnitten werden, das Natürliche zurückbleiben: was kann denn natürlich sein, was zugleich Übermaß sein kann? Alles ist doch aus den Wurzeln der Irrtümer entstanden. Es muß ausgerissen und in der Tiefe entwurzelt werden, nicht beschnitten und gestutzt.

58. Aber da ich vermute, daß du nicht so sehr nach dem Weisen fragst als nach dir selbst – denn daß jener von aller Verwirrung frei ist, glaubst du, von dir möchtest du es –, wollen wir sehen, wie wirksam die Heilmittel sind, die von der Philosophie gegen die Krankheiten der Seele angewandt werden. Es gibt nämlich wirklich wenigstens eine Art Heilmittel, und die Natur war dem Geschlecht der Menschen nicht so feindlich und übelgesinnt, daß sie für den Körper so viele heilsame Dinge, für die Seele keines gefunden hätte. Um sie hat sie sich sogar dadurch noch mehr verdient gemacht, daß die Hilfe für den Körper äußerlich angewendet wird, das Heil der Seelen in ihnen selbst beschlossen ist. Aber je größer in ihnen der Vorrang und je göttlicher, um so größerer Sorgfalt bedürfen sie. Deshalb sieht eine recht angewandte Vernunft, was das beste ist, eine vernachlässigte verfängt sich in vielen Irrtümern. 59. Zu dir also muß ich jetzt die ganze Rede hinwenden; denn du gibst vor, daß du nach dem Weisen fragst, fragst aber vielleicht nach dir.

Für diese Verwirrungen also, die ich dargestellt habe, gibt es mannigfaltige Heilverfahren. Denn nicht jeder Kummer wird auf *eine* Art und Weise gestillt; ein anderes Heilmittel muß man bei dem Trauernden, ein anderes bei dem Jammernden oder Neidischen anwenden. Es gibt auch bei allen vier Verwirrungen jene Unterscheidung, ob die Rede nicht gegen die Verwirrung im allgemeinen, das heißt das Verschmähen der Vernunft oder

natio rationis aut adpetitus vehementior, an ad singulas, ut ad metum lubidinem reliquas melius adhibeatur oratio, et utrum illudne non videatur aegre ferundum, ex quo suscepta sit aegritudo, an omnium rerum tollenda omnino aegritudo, ut, si quis aegre ferat se pauperem esse, idne disputes, paupertatem malum non esse, an hominem aegre ferre nihil oportere. nimirum hoc melius, ne, si forte de paupertate non persuaseris, sit aegritudini concedendum; aegritudine autem sublata propriis rationibus, quibus heri usi sumus, quodam modo etiam paupertatis malum tollitur. (28) 60. sed omnis eius modi perturbatio animi placatione abluatur illa quidem, cum doceas nec bonum illud esse, ex quo laetitia aut libido oriatur, nec malum, ex quo aut metus aut aegritudo; verum tamen haec est certa et propria sanatio, si doceas ipsas perturbationes per se esse vitiosas nec habere quicquam aut naturale aut necessarium, ut ipsam aegritudinem leniri videmus, cum obicimus maerentibus imbecillitatem animi ecfeminati, cumque eorum gravitatem constantiamque laudamus, qui non turbulente humana patiantur. quod quidem solet eis etiam accidere, qui illa mala esse censent, ferenda tamen aequo animo arbitrantur. putat aliquis esse voluptatem bonum, alius autem pecuniam; tamen et ille ab intemperantia et hic ab avaritia avocari potest. illa autem altera ratio et oratio, quae simul et opinionem falsam tollit et aegritudinem detrahit, est ea quidem utilior, sed raro proficit neque est ad volgus adhibenda. 61. quaedam autem sunt aegritudines, quas levare illa

ein zu heftiges Begehren, oder gegen die einzelnen, wie gegen die Furcht, die Begierde und die übrigen besser angewendet werden soll, und ob man jenes nicht schwer nehmen darf, woher der Kummer rührt, oder ob überhaupt der Kummer über alle Dinge beseitigt werden muß; zum Beispiel, wenn einer darunter leidet, daß er arm ist, ob du beweisen sollst, daß die Armut kein Übel ist oder daß der Mensch über nichts Kummer empfinden dürfe. Zweifellos ist das letzte besser, daß man nicht, wenn man vielleicht in bezug auf die Armut nicht überzeugt hat, dem Kummer Zugeständnisse machen müsse; wenn aber der Kummer durch die besonderen Gründe, die wir gestern vorbrachten, beseitigt ist, wird damit auf gewisse Weise auch das Übel der Armut beseitigt. 60. Aber jede seelische Verwirrung dieser Art mag durch Beruhigung der Seele weggespült werden, und zwar dadurch, daß du zeigst, daß weder gut jenes ist, woraus Lust und Begierde entspringen, noch schlecht, woraus Furcht oder Kummer; jedoch ist sichere und eigentliche Heilung erst das, wenn du aufweist, daß die Verwirrungen an sich selbst fehlerhaft sind und nichts Naturgegebenes oder Zwangsläufiges an sich haben; wie wir sehen, daß der Kummer selbst gelindert wird, wenn wir den Trauernden die Schwachheit ihrer weibischen Seele vorwerfen und wenn wir deren Würde und Haltung loben, die das Menschliche ohne Aufregung ertragen. Dasselbe pflegt mit denen zu geschehen, die jenes für Übel halten, jedoch glauben, es mit Gelassenheit ertragen zu müssen. Es glaubt einer, die Lust sei ein Gut, ein anderer wieder das Geld; dennoch kann der eine von seiner Unbeherrschtheit, der andere von seiner Habgier abgebracht werden. Jene andere Methode aber und Rede, die zugleich die falsche Vorstellung beseitigt und den Kummer wegnimmt, ist zwar nützlicher, aber sie schlägt selten an und ist nicht bei der großen Masse zu verwenden. 61. Gewisse Kümmernisse aber gibt es, die jenes Heilmittel keineswegs lin-

medicina nullo modo possit, ut, si quis aegre ferat nihil in se esse virtutis, nihil animi, nihil officii, nihil honestatis, propter mala is quidem angatur, sed alia quaedam sit ad eum admovenda curatio, et talis quidem, quae possit esse omnium etiam de ceteris rebus discrepantium philosophorum. inter omnis enim convenire oportet commotiones animorum a recta ratione aversas esse vitiosas, ut, etiamsi nec mala sint illa, quae metum aegritudinemve, nec bona, quae cupiditatem laetitiamve moveant, tamen sit vitiosa ipsa commotio. constantem enim quendam volumus, sedatum, gravem, humana omnia prae mente contemnentem illum esse, quem magnanimum et fortem virum dicimus. talis autem nec maerens nec timens nec cupiens nec gestiens esse quisquam potest. eorum enim haec sunt, qui eventus humanos superiores quam suos animos esse ducunt.

(29) 62. Quare omnium philosophorum, ut ante dixi, una ratio est medendi, ut nihil, quale sit illud quod perturbet animum, sed de ipsa sit perturbatione dicendum. itaque primum in ipsa cupiditate, cum id solum agitur ut ea tollatur, non est quaerendum, bonum illud necne sit quod lubidinem moveat, sed lubido ipsa tollenda est, ut, sive, quod honestum est, id sit summum bonum sive voluptas sive horum utrumque coniunctum sive tria illa genera bonorum, tamen, etiamsi virtutis ipsius vehementior adpetitus sit, eadem sit omnibus ad deterrendum adhibenda oratio. continet autem omnem sedationem animi humana in conspectu posita natura; quae quo facilius expressa

dern kann, zum Beispiel, wenn es einen bekümmert, daß er nichts an Vollkommenheit besitze, nichts an seelischem Schwung, nichts an Pflichtgefühl, nichts an Ehrbarkeit, dieser zwar bedrückt ist wegen wirklicher Übel, aber man bei ihm eine andere Kur anwenden muß, und zwar eine solche, daß sie allen, auch den in den übrigen Dingen voneinander abweichenden Philosophen angehören kann. Unter allen muß nämlich Übereinstimmung darüber herrschen, daß Erregungen der Seele, die sich von der richtigen Vernunft abwenden, fehlerhaft sind, so daß, selbst wenn weder Übel sind, was Furcht oder Kummer, noch Güter, was Begierde oder Freude weckt, doch die Erregung als solche fehlerhaft ist. Voll Halt nämlich irgendwie, gesetzt, würdig, alles Menschliche im Vergleich zum Geist geringschätzend wollen wir, daß jener sei, den wir einen hochherzigen und tapferen Mann heißen. So beschaffen aber vermag weder der Trauernde noch der Fürchtende, noch der Begehrende noch der Ausgelassene zu sein. Das sind Dinge *der* Leute, die menschliche Zufälligkeiten höher stellen als ihre Seele.

62. Deshalb ist allen Philosophen, wie ich vorher sagte, eine Methode des Heilens eigen, daß man nichts darüber, wie beschaffen jenes sei, was die Seele aufwühlt, sondern über die Verwirrung selber sprechen soll. Daher ist zunächst bei der Begierde selbst, wenn es allein darum geht, sie zu beseitigen, nicht zu fragen, ob gut sei oder nicht, was die Begierde entfacht, sondern die Begierde selbst ist zu beseitigen, so daß, ob nun das Sittlich-Schöne das höchste Gut ist oder die Lust oder beides verbunden oder jene drei Arten von Gütern, doch, sogar wenn das Streben nach der Tugend selbst zu heftig ist, alle die gleiche Rede anwenden müssen, um davon abzuschrecken. Es enthält aber jegliche Beruhigung der Seele in sich, daß man die menschliche Natur in den Blick rückt, und, auf daß sie leichter scharf ausgeprägt erkannt werde, muß im Wort die

cernatur, explicanda est oratione communis condicio lexque vitae. 63. itaque non sine causa, cum Orestem fabulam doceret Euripides, primos tris versus revocasse dicitur Socrates:

Neque tám terribilis úlla fando orátio est,
Nec fórs nec caélitum invectúm malum,
Quod nón natura humána patiendo écferat.

est autem utilis ad persuadendum ea quae acciderint ferri et posse et oportere enumeratio eorum qui tulerunt. etsi aegritudinis sedatio et hesterna disputatione explicata est et in Consolationis libro, quem in medio – non enim sapientes eramus – maerore et dolore conscripsimus; quodque vetat Chrysippus, ad recentis quasi tumores animi remedium adhibere, id nos fecimus naturaeque vim attulimus, ut magnitudini medicinae doloris magnitudo concederet. (30) 64. Sed aegritudini, de qua satis est disputatum, finitimus est metus, de quo pauca dicenda sunt. est enim metus, ut aegritudo praesentis, sic ille futuri mali. itaque non nulli aegritudinis partem quandam metum esse dicebant, alii autem metum praemolestiam appellabant, quod esset quasi dux consequentis molestiae. quibus igitur rationibus instantia feruntur, eisdem contemnuntur sequentia. nam videndum est in utrisque, ne quid humile summissum molle ecfeminatum fractum abiectumque faciamus. sed quamquam de ipsius metus inconstantia inbecillitate levitate dicendum est, tamen multum prodest ea, quae metuuntur, ipsa contemnere. itaque sive casu accidit sive consilio, per-

allgemeine Bedingung und Gesetzlichkeit des Lebens entfaltet werden. 63. Deshalb hat Sokrates, sagt man, nicht ohne Grund um die Wiederholung der ersten drei Verse gebeten, als Euripides den Orest aufführte:

> nicht auszusprechen ist so schrecklich je ein Wort
> noch Schicksal noch durch Götterzorn geschicktes Leid,
> das nicht der Menschen Wesen leidend übersteht.

Nützlich aber für die Überzeugung, daß das, was geschieht, ertragen werden kann und muß, ist die Aufzählung derer, die es ertragen haben. Indes ist die Linderung des Kummers im gestrigen Gespräch entwickelt worden und besonders im «Trost», dem Buch, das wir – wir waren nämlich wirklich nicht weise – mitten in Trauer und Schmerz geschrieben haben; und was Chrysipp verbietet, an die frische Schwellung der Seele das Heilmittel zu bringen, das haben wir getan und haben der Natur Gewalt angetan, daß die Größe des Schmerzes der Größe des Heilmittels wiche. 64. Dem Kummer aber, über den genug gesprochen worden ist, verwandt ist die Furcht, über die noch wenige Worte gesagt werden müssen. Es ist nämlich die Furcht, wie der Kummer auf ein gegenwärtiges, so sie auf ein künftiges Übel bezogen. Daher sagten manche, die Furcht sei ein besonderer Teil des Kummers; andere aber nannten die Furcht eine Vorbetrübnis, weil sie gleichsam die Vorläuferin einer folgenden Betrübnis wäre. Mit denselben Mitteln nun, mit denen das Bedrängende ertragen wird, wird das Folgende verachtet. Denn bei beidem muß man sehen, daß wir nichts Niedriges, Demütiges, Weichliches, Weibisches, Kraftloses und Kleinmütiges tun. Indes obwohl über die Haltlosigkeit, die Schwachheit und die Würdelosigkeit der Furcht gesprochen werden muß, so nützt es doch auch sehr, das, was man fürchtet, selbst zu verachten. Daher hat es sich, mag es durch Zufall oder absichtlich geschehen sein, sehr passend gemacht,

commode factum est, quod eis de rebus quae maxime metuuntur, de morte et de dolore, primo et proxumo die disputatum est. quae si probata sunt, metu magna ex parte liberati sumus.

(31) 65. Ac de malorum opinione hacentus; videamus nunc de bonorum, id est de laetitia et de cupiditate. mihi quidem in tota ratione ea, quae pertinet ad animi perturbationem, una res videtur causam continere, omnis eas esse in nostra potestate, omnis iudicio susceptas, omnis voluntarias. hic igitur error est eripiendus, haec detrahenda opinio atque ut in malis opinatis tolerabilia, sic in bonis sedatiora sunt efficienda ea quae magna et laetabilia ducuntur. atque hoc quidem commune malorum et bonorum, ut, si iam difficile sit persuadere nihil earum rerum, quae perturbent animum, aut in bonis aut in malis esse habendum, tamen alia ad alium motum curatio sit adhibenda aliaque ratione malevolus, alia amator, alia rursus anxius, alia timidus corrigendus. 66. atque erat facile sequentem eam rationem, quae maxume probatur de bonis et malis, negare umquam laetitia adfici posse insipientem, quod nihil umquam haberet boni; sed loquimur nunc more communi. sint sane ista bona, quae putantur, honores divitiae voluptates cetera, tamen in eis ipsis potiundis exultans gestiensque laetitia turpis est, ut, si ridere concessum sit, vituperetur tamen cachinnatio. eodem enim vitio est ecfusio animi in laetitia quo in dolore contractio, eademque levitate cupiditas est in appetendo qua laetitia in fruendo, et ut nimis adflicti molestia, sic

daß über die Dinge, die am meisten gefürchtet werden, über Tod und Schmerz, am ersten und dem darauffolgenden Tage gesprochen worden ist. Wenn das eingeleuchtet hat, sind wir zum großen Teil von Furcht befreit.

65. Und über die Vorstellung von Übeln soviel; jetzt wollen wir nach der von Gütern sehen, das heißt nach Freude und Begierde. Mir scheint eines in diesem ganzen Zusammenhang, der sich auf die Verwirrung der Seele bezieht, die ganze Sache zu umschließen, daß nämlich alle in unserer Macht stehen, man alle durch geistige Entscheidung auf sich genommen hat, alle freiwillig sind. Dieser Irrtum also ist auszureißen, diese Vorstellung zu nehmen und, wie bei vorgestellten Übeln erträglich, so ist bei den Gütern das gemäßigter zu machen, was für groß und erfreulich gehalten wird. Und das ist Übeln und Gütern gemeinsam: wenn es schon schwierig sein sollte zu überzeugen, daß nichts von den Dingen, die die Seele verwirren, entweder zu den Gütern oder den Übeln zu zählen sei, muß man doch für jede Erregung ein anderes Heilverfahren einschlagen, und auf andere Weise ist der Böswillige, auf andere der Liebhaber, auf andere wieder der Beklommene, auf andere der Ängstliche zu bessern. 66. Und es wäre leicht, der Lehre, die in Hinsicht auf die Güter und Übel den meisten Beifall findet, zu folgen und zu leugnen, daß je der Unweise von Freude erfüllt sein könne, weil er niemals etwas Gutes besäße. Aber wir sprechen jetzt nach gemeinem Brauch. Mögen es ruhig Güter sein, die man dafür hält, Ehren, Reichtum, Genüsse und das übrige, so ist doch bei ihrer Erlangung eine übermütige und tolle Freude häßlich, derart, daß doch, mag es erlaubt sein zu lachen, das laute Gelächter getadelt wird. In gleichem Grade fehlerhaft nämlich ist die Ausgelassenheit der Seele in der Freude wie im Schmerz die Kleinmütigkeit, von der gleichen Würdelosigkeit ist die Begierde beim Erstreben wie die Freude beim Genuß, und wie die, welche durch ein Ungemach allzu

nimis elati laetitia iure iudicantur leves; et, cum invidere aegritudinis sit, malis autem alienis voluptatem capere laetitiae, utrumque immanitate et feritate quadam proponenda castigari solet; atque ut confidere decet, timere non decet, sic gaudere decet, laetari non decet, quoniam docendi causa a gaudio laetitiam distinguimus; 67. illud iam supra diximus, contractionem animi recte fieri numquam posse, elationem posse. aliter enim Naevianus ille gaudet Hector:

Laétus sum laudári me abs te, páter, a laudató viro,

aliter ille apud Trabeam:

Léna deleníta argento nútum observabít meum,
Quíd velim, quid stúdeam. adveniens dígito impellam iánuam,
Fóres patebunt. de ínproviso Chrýsis ubi me aspéxerit,
Álacris ob viám mihi veniet cómplexum exoptáns meum,
Míhi se dedet.

quam haec pulchra putet, ipse iam dicet:

(32) 68. Fórtunam ipsam anteíbo fortunís meis.

haec laetitia quam turpis sit, satis est diligenter attendentem penitus videre.

Et ut turpes sunt, qui ecferunt se laetitia tum cum fruuntur Veneriis voluptatibus, sic flagitiosi, qui eas inflammato animo concupiscunt. totus vero iste, qui volgo appellatur amor – nec hercule invenio, quo nomine alio possit appellari –, tantae levi-

niedergeschlagen sind, so gelten die, welche in der Freude allzu übermütig sind, mit Recht für halt- und würdelos. Und da neidisch zu sein Kummer ist, über fremdes Unglück aber Freude zu empfinden Lust, so pflegt man beides zu geißeln, indem man die Ungeheuerlichkeit und Roheit vorhält. Und wie es sich ziemt, Vorsorge zu treffen, Furcht zu haben sich aber nicht ziemt, so ziemt es sich, sich erheben zu lassen, ausgelassen zu sein geziemt sich nicht, da wir hier der Belehrung wegen einen Unterschied machen zwischen Erhebung und Ausgelassenheit. 67. Das haben wir schon oben gesagt, daß ein Beklommensein der Seele nie richtig sein kann, eine Erhebung wohl. Anders freut sich nämlich der Hektor des Naevius:

> Froh bin, Vater, ich, daß du mich lobst, ein anerkannter Mann,

anders jener bei Trabea:

> Geldumschmeichelt wird die Kupplerin beachten meinen Wink,
> was ich will, was mein Begehr: beim Kommen klopf' ich an die Tür:
> offen ist sie schon; sieht Chrysis mich dann überrascht,
> jauchzend eilt sie mir entgegen, sehnend sich in meinen Arm,
> gibt sich mir …

Für wie schön er dies hält, sagt er sogleich selbst:

> Fortunen selbst besiege ich mit meinem Glück.

68. Wie schändlich diese Freude ist, darauf braucht man nur sorgfältig achtzugeben, um es tief zu durchschauen.

Und wie die schändlich sind, die sich vor Freude nicht lassen können, wenn sie die Lust der Venus genießen, so sind die schandbar, die sie entzündeten Herzens begehren. Dies Ganze aber, das gewöhnlich Liebe heißt – denn ich sehe bei Gott nicht, wie ich es anders mit Namen nennen sollte –, hat so we-

tatis est, ut nihil videam quod putem conferendum. quem Caecilius 'deum qui non summum putet, aut stultum aut rerum esse imperitum' existumat,

Cui ín manu sit, quem ésse dementém velit,
Quem sápere, quem insaníre, quem in morbum ínici,
Quem cóntra amari, quem éxpeti, quem arcéssier.

69. o praeclaram emendatricem vitae poëticam, quae amorem flagitii et levitatis auctorem in concilio deorum conlocandum putet! de comoedia loquor, quae, si haec flagitia non probaremus, nulla esset omnino; quid ait ex tragoedia princeps ille Argonautarum?

Tú me amoris mágis quam honoris sérvavisti grátia.

quid ergo? hic amor Medeae quanta miseriarum excitavit incendia! atque ea tamen apud alium poëtam patri dicere audet se coniugem habuisse illum,

Amor quem dederat, qui plus pollet potiorque est patre.

(33) 70. Sed poëtas ludere sinamus, quorum fabulis in hoc flagitio versari ipsum videmus Iovem: ad magistros virtutis philosophos veniamus, qui amorem negant stupri esse et in eo ligitant cum Epicuro non multum, ut opinio mea fert, mentiente. quis est enim iste amor amicitiae? cur neque deformem adulescentem quisquam amat neque formosum senem? mihi quidem haec in Graecorum gymnasiis nata consuetudo videtur, in quibus isti liberi et concessi sunt amores. bene ergo Ennius:

nig inneres Gewicht, daß ich nichts Vergleichbares sehe. Von ihr meint Caecilius:

wer sie für den höchsten Gott nicht hält,
ist, meine ich, ein Tor, versteht nichts von der Welt.
In ihrer Hand liegt es, wen sie von Sinnen will,
wen vernünftig, wen rasend, wen in Krankheit gar gestürzt,
wen wiedergeliebt, erseht, wen selbst herbeigerufen ihr.

69. O über die vortreffliche Erzieherin des Lebens, die Dichtkunst! Die die Liebe, die Veranlasserin von Schandtat und Leichtsinn in den Götterrat bringen zu müssen glaubt! Von der Komödie spreche ich, die, billigten wir die Schandtaten nicht, überhaupt nicht existierte. Was sagt in der Tragödie der berühmte Führer der Argonauten?

Mehr um Liebe als der Ehre wegen hast du mich bewahrt.

Wie also? Diese Liebe der Medea: was für ein Flammenmeer von Unglück hat sie angefacht! Und doch wagt sie bei einem anderen Dichter dem Vater zu sagen, sie habe zum Gemahl gehabt,

den, den die Liebe gab, die stärker und teurer als der Vater ist.

70. Aber die Dichter, in deren Stücken wir Iuppiter selbst in dieser Schande sich befinden sehen, wollen wir ihr Spiel treiben lassen! Zu den Meistern der Tugend, den Philosophen, wollen wir kommen, die sagen, die Liebe sei nicht zum Geschlechtsverkehr da, und sich da mit Epikur zanken, der hier meiner Meinung nach gar nicht sehr lügt. Was ist denn diese ihre Freundschaftliebe? Warum liebt denn kein Mensch einen häßlichen Jüngling noch einen schönen Greis? Mir scheint das eine in den Gymnasien der Griechen entstandene Gewohnheit zu sein, bei denen diese Liebschaften frei und erlaubt sind. Gut also Ennius:

Flágiti princípium est nudare ínter civis córpora.

qui ut sint, quod fieri posse video, pudici, solliciti tamen et anxii sunt, eoque magis, quod se ipsi continent et coërcent. 71. atque, ut muliebris amores omittam, quibus maiorem licentiam natura concessit, quis aut de Ganymedi raptu dubitat, quid poëtae velint, aut non intellegit, quid apud Euripidem et loquatur et cupiat Laius? quid denique homines doctissimi et summi poëtae de se ipsis et carminibus edunt et cantibus? fortis vir in sua re p. cognitus quae de iuvenum amore scribit Alcaeus! nam Anacreontis quidem tota poësis est amatoria. maxume vero omnium flagrasse amore Reginum Ibycum apparet ex scriptis. (34) Atque horum omnium lubidinosos esse amores videmus: philosophi sumus exorti, et auctore quidem nostro Platone, quem non iniuria Dicaearchus accusat, qui amori auctoritatem tribueremus. 72. Stoici vero et sapientem amaturum esse dicunt et amorem ipsum 'conatum amicitiae faciendae ex pulchritudinis specie' definiunt. qui si quis est in rerum natura sine sollicitudine, sine desiderio, sine cura, sine suspirio, sit sane; vacat enim omni libidine; haec autem de libidine oratio est. sin autem est aliquis amor, ut est certe, qui nihil absit aut non multum ab insania, qualis in Leucadia est:

si quidem sit quisquam deus,
cui ego sim curae –

73. at id erat deis omnibus curandum, quem ad modum hic frueretur voluptate amatoria!

heu me infelicem! –

Nackt vor Bürgern sich zu zeigen ist der Schande Anbeginn.

Gesetzt sie sind, was, wie ich sehe, möglich ist, keusch, so sind sie doch erregt und beklommen und um so mehr, weil sie sich selbst im Zaume halten und beherrschen. 71. Und, um die Liebe zu Frauen zu übergehen, der die Natur eine größere Freiheit gewährt hat – wer weiß nicht, was die Dichter mit dem Raub des Ganymed wollen, oder sieht nicht, was Laios bei Euripides spricht und begehrt? Was verraten schließlich die weisesten Männer und bedeutendsten Dichter über sich in ihren Gedichten und Liedern? Was schreibt nicht Alkaios, ein tapferer, in seinem Vaterland bekannter Mann, über die Liebe zu Jünglingen! Denn des Anakreon ganze Dichtung ist Liebespoesie. Daß am meisten aber von allen Ibykos aus Regium in Liebe erglühte, tritt aus seinen Werken zutage. Und daß die Liebesverhältnisse aller dieser Männer sinnlich sind, sehen wir. *Philosoph* sind wir geworden, und zwar besonders auf die Wirkung unseres Platon hin, den Dikaiarch nicht mit Unrecht anklagt, daß wir der Liebe Ansehen zusprächen. 72. Die Stoiker aber sagen erstens, daß der Weise lieben solle, und zweitens bestimmen sie die Liebe selbst als einen Versuch, Freundschaft zu schließen beim Anblick der Schönheit. Wenn es davon in der Natur eine ohne Erregung, ohne Sehnsucht, ohne Liebeskummer, ohne Seufzen gibt, mag sie gelten; denn sie ist frei von jeder Begierde. Hier ist aber von der Begierde die Rede. Wenn es aber eine Liebe gibt, wie es sie sicherlich gibt, die in nichts oder nicht viel vom Wahnsinn entfernt ist, wie im «Mädchen von Leukas»:

wenn noch ein Gott ist, der
um mich sich kümmert.

73. Natürlich, darum hätten sich alle Göttern kümmern sollen, wie dieser Mann zu seinem Liebesgenuß käme!

Ich Unglücklicher!

nihil verius. probe et ille:

sanusne es, qui temere lamentare?

sic insanus videtur etiam suis. at quas tragoedias efficit!

Te, Apóllo sancte, fér opem, teque, amnípotens Neptune,
ínvoco,
Vosque ádeo, Venti!

mundum totum se ad amorem suum sublevandum conversurum putat, Venerem unam excludit ut iniquam:

nam quid ego te appellem, Venus?

eam prae lubidine negat curare quicquam: quasi vero ipse non propter lubidinem tanta flagitia et faciat et dicat. (35) 74. sic igitur adfecto haec adhibenda curatio est, ut et illud quod cupiat ostendatur quam leve, quam contemnendum, quam nihili sit omnino, quam facile vel aliunde vel alio modo perfici vel omnino neglegi possit; abducendus etiam est non numquam ad alia studia sollicitudines curas negotia, loci denique mutatione tamquam aegroti non convalescentes saepe curandus est; 75. etiam novo quidam amore veterem amorem tamquam clavo clavum eiciendum putant; maxume autem admonendus ⟨est⟩, quantus sit furor amoris. omnibus enim ex animi perturbationibus est profecto nulla vehementior, ut, si iam ipsa illa accusare nolis, stupra dico et corruptelas et adulteria, incesta denique, quorum omnium accusabilis est turpitudo, – sed ut haec omittas, perturbatio ipsa mentis in amore foeda per se est.

Nichts wahrer! Treffend auch der:

Bist du gesund, daß du so sinnlos jammerst?

Er scheint sogar den Seinen geisteskrank zu sein. Aber was führt er für Tragödien auf!

Dich, heilger Apollon, ruf' ich und dich, bring Hilfe, Gott Neptun
und ihr dazu, ihr Winde!

Das ganze Weltall, glaubt er, werde sich zu ihm wenden, seine Liebe zu lindern, allein Venus schließt er als ungnädig aus:

Denn was soll ich rufen dich, Venus?

Sie kümmere sich, sagt er, vor Begierde um nichts; gerade als ob er nicht selbst in seiner Begierde so Schändliches täte und sagte! 74. Bei einem so Gestimmten ist folgendes Verfahren einzuschlagen, daß man zeigt, wie hohl das ist, was er begehrt, wie verächtlich, wie überhaupt nichtig, wie leicht es von anderer Seite herbeigeholt, auf andere Weise durchgesetzt oder überhaupt beiseite gelassen werden kann. Abzulenken ist er auch bisweilen auf andere Beschäftigungen, Aufregungen, Sorgen und Geschäfte. Endlich muß man ihn häufig durch einen Ortswechsel, gleich wie Kranke, die sich nicht erholen, heilen. 75. Auch durch eine neue Liebe, glaubt man, müsse eine alte Liebe wie der Nagel mit dem Nagel ausgetrieben werden. Besonders aber muß man ihm ins Gewissen reden, wie schlimm das Rasen der Liebe ist; denn von allen Verirrungen der Seele ist in der Tat keine heftiger, so daß, wenn man schon jene Dinge selbst nicht in der Anklage anführen wollte, ich meine Unzucht, Verführung, Ehebruch, schließlich sogar Blutschande, deren aller Schändlichkeit vor Gericht gezogen werden kann – aber um davon nicht zu sprechen, so ist die Verwirrung des Sinnes in der Liebe an sich abscheulich. 76. Denn um zu übergehen,

76. nam ut illa praeteream, quae sunt furoris, haec ipsa per sese quam habent levitatem, quae videntur esse mediocria,

Iniúriae
Suspíciones ínimicitiae indútiae
Bellúm pax rursum! incérta haec si tu póstules
Ratióne certa fácere, nihilo plús agas,
Quam sí des operam, ut cúm ratione insánias.

haec inconstantia mutabilitasque mentis quem non ipsa pravitate deterreat? est etiam illud, quod in omni perturbatione dicitur, demonstrandum, nullam esse nisi opinabilem, nisi iudicio susceptam, nisi voluntariam. etenim si naturalis amor esset, et amarent omnes et semper amarent et idem amarent, neque alium pudor, alium cogitatio, alium satietas deterreret.

(36) 77. Ira vero, quae quam diu perturbat animum, dubitationem insaniae non habet, cuius inpulsu existit etiam inter fratres tale iurgium:

Quís homo te exsuperávit usquam géntium impúdentia?
Quis aútem malitiá te? –

nosti, quae secuntur; alternis enim versibus intorquentur inter fratres gravissimae contumeliae, ut facile appareat Atrei filios esse, eius qui mediatur poenam in fratrem novam:

Maiór mihi moles, máius miscendúmst malum,
Qui illíus acerbum cór contundam et cómprimam.

quo igitur haec erumpit moles? audi Thyestem:

Ipsus hortatúr me frater, út meos malís miser
Mándarem natós –

was aus der Raserei entspringt, was für eine Würdelosigkeit haben selbst die Dinge an sich, die gemäßigt scheinen:

Beleidigung,
Verdacht und Feindschaft, wieder Waffenruhe dann,
erst Krieg, dann Frieden; willst du diese Schwankungen
vernünftig regeln, du erreichst genau so viel,
wie wenn du mühtest dich, vernünftig toll zu sein.

Diese Haltlosigkeit und Unbeständigkeit des Geistes: wen schreckte sie nicht allein schon durch ihre Verdrehtheit ab? Auch das muß man zeigen, was sich bei jeder Verwirrung sagen läßt, daß eine jede nur in der Vorstellung besteht, nur durch eigenes Urteil übernommen wurde, jede freiwillig ist. Denn wenn die Liebe naturbedingt wäre, würden alle lieben, würden immer lieben, würden dasselbe lieben, und nicht würde den einen die Scham, den anderen das Denken, den anderen Übersättigung davon abschrecken.

77. Der Zorn gar, der, solange er die Seele verwirrt, an seiner Krankhaftigkeit keinen Zweifel zuläßt, durch dessen Antrieb selbst unter Brüdern ein solcher Streit entsteht:

A.: Wer in aller Welt hat dich an Unverschämtheit je besiegt?
M.: Wer an Bosheit dich?

Du weißt, was folgt; in Wechselversen werden nämlich zwischen den Brüdern die schwersten Schmähungen abgeschossen, so daß leicht zutage tritt: es sind die Söhne des Atreus, des Mannes, der sich gegen den Bruder eine neuartige Strafe ausdenkt:

verstärkte Wucht, ein schlimmres Übel mische man,
daß ich sein ätzend Herz zerbrechen, zwingen kann!

Wo hinaus entlädt sich diese Wucht? Höre Thyestes:

Selbst bewegt der Bruder mich, ich Armer, daß ich übergab
meine Söhne meinem Schlund –

eorum viscera apponit. quid est enim quo non progrediatur eodem ira, quo furor? itaque iratos proprie dicimus exisse de potestate, id est de consilio, de ratione, de mente; horum enim potestas in totum animum esse debet. 78. His aut subtrahendi sunt ei, in quos impetum conantur facere, dum se ipsi conligant, – quid est autem se ipsum colligere nisi dissupatas animi partis rursum in suum locum cogere? – aut rogandi orandique sunt, ut, si quam habent ulciscendi vim, differant in tempus aliud, dum defervescat ira. defervescere autem certe significat ardorem animi invita ratione excitatum. ex quo illud laudatur Archytae, qui cum vilico factus esset iratior, 'quo te modo' inquit 'accepissem, nisi iratus essem!'

(37) 79. Ubi sunt ergo isti, qui iracundiam utilem dicunt – potest utilis esse insania? – aut naturalem? an quicquam est secundum naturam, quod fit repugnante ratione? quo modo autem, si naturalis esset ira, aut alius alio magis iracundus esset, aut finem haberet prius quam esset ulta, ulciscendi lubido, aut quemquam paeniteret, quod fecisset per iram? ut Alexandrum regem videmus, qui cum intermisset Clitum familiarem suum, vix a se manus abstinuit; tanta vis fuit paenitendi. quibus cognitis quis est qui dubitet quin hic quoque motus animi sit totus opinabilis ac voluntarius? Quis enim dubitarit quin aegrotationes animi, qualis est avaritia, gloriae cupiditas, ex eo, quod magni aestumetur ea res ex qua animus aegrotat, oriantur? unde intellegi debet perturbationem quo-

Ihr Fleisch setzt er vor. Denn was gibt es, wohin der Zorn sich nicht genau so vorwagte wie der Wahnsinn? Daher sagen wir in eigentlicher Bedeutung, die Zornigen hätten die Gewalt über sich verloren, das heißt planendes Überlegen, Vernunft, Sinn; deren Macht nämlich muß sich über die ganze Seele erstrecken. 78. Solchen Menschen muß man entweder die, gegen die sie anstürmen wollen, entziehen, bis sie sich selbst sammeln – was heißt aber sich selbst sammeln, wenn nicht die auseinandergesprengten Teile der Seele wieder an ihrem Platz zusammenziehen – oder sie bitten und anflehen, sie möchten, wenn sie irgendwelche Macht haben, sich zu rächen, sie auf eine andere Zeit verschieben, bis der Zorn verraucht. Verrauchen aber läßt doch sicherlich auf eine Glut der Seele schließen, die wider Willen der Vernunft entfacht wurde. Deshalb lobt man das berühmte Wort des Archytas. Als dieser auf seinen Verwalter etwas zornig war, sagte er: «Wie hätte ich dich übel empfangen, wenn ich nicht zornig wäre!»

79. Wo sind also die, die behaupten, die Aufwallung sei nützlich – kann Wahnsinn nützlich sein? – oder naturnotwendig? Oder ist etwa etwas naturgemäß, was unter dem Widerstand der Vernunft geschieht? Wenn der Zorn aber naturnotwendig wäre, wie könnte einer mehr dem Zorn verfallen sein als der andere oder könnte die Begierde, sich zu rächen, ihr Ende eher finden, als sie sich gerächt hätte oder könnte es jemand reuen, was er im Zorn getan hat? Wie wir es an dem König Alexander sehen, der fast Hand an sich gelegt hätte, als er seinen Freund Kleitos getötet hatte; so groß war die Gewalt der Reue. Wer zweifelt, wenn er das weiß, daß auch diese Erregung der Seele ganz in der Vorstellung gründet und aus freiem Willen entspringt? Wer könnte nämlich zweifeln, daß Siechtum der Seele, wie zum Beispiel Habsucht und Ruhmsucht, daraus entspringen, daß die Sache, infolge deren die Seele krankt, hochgeschätzt wird? Woraus man erkennen muß, daß auch jede Ver-

que omnem esse in opinione. 80. Et si fidentia, id est firma animi confisio, scientia quaedam est et opinio gravis non temere adsentientis, metus quoque est diffidentia expectati et impendentis mali, et si spes est expectatio boni, mali expectationem esse necesse est metum. ut igitur metus, sic reliquae perturbationes sunt in malo. ergo ut constantia scientiae, sic perturbatio erroris est. Qui autem natura dicuntur iracundi aut misericordes aut invidi aut tale quid, ei sunt constituti quasi mala valetudine animi, sanabiles tamen, ut Socrates dicitur: cum multa in conventu vitia conlegisset in eum Zopyrus, qui se naturam cuiusque ex forma perspicere profitebatur, derisus est a ceteris, qui illa in Socrate vitia non agnoscerent, ab ipso autem Socrate sublevatus, cum illa sibi signa, sed ratione a se deiecta diceret. 81. ergo ut optuma quisque valetudine adfectus potest videri ut natura ad aliquem morbum proclivior ⟨sit⟩, sic animus alius ad alia vitia propensior. qui autem non natura, sed culpa vitiosi esse dicuntur, eorum vitia constant e falsis opinionibus rerum bonarum et malarum, ut sit alius ad alios motus perturbationesque proclivior. inveteratio autem, ut in corporibus, aegrius depellitur quam perturbatio, citiusque repentinus oculorum tumor sanatur quam diuturna lippitudo depellitur.

(38) 82. Sed cognita iam causa perturbationum, quae omnes oriuntur ex iudiciis opinionum et voluntatibus, sit iam huius disputationis modus. scire autem nos oportet cognitis, quoad

wirrung in der Vorstellung besteht. 80. Und wenn die Zuversicht, daß heißt das feste Vertrauen der Seele, ein bestimmtes Wissen und eine gewichtige Meinung eines nicht unüberlegt Zustimmenden ist, so ist auch die Furcht ein Mißtrauen gegen ein erwartetes und drohendes Übel, und wenn die Hoffnung Erwartung eines Gutes ist, so muß notwendig die Erwartung eines Übels Furcht sein. Wie nun die Furcht, so sind die übrigen Verwirrungen im Übel zuhause. Also: wie innerer Halt zum Wissen, so gehört Verwirrung zum Irrtum. Die aber, welche von Natur als jähzornig gelten oder barmherzig oder neidisch oder irgend so etwas, die sind gleichsam von kranker seelischer Konstitution, aber heilbar; so Sokrates: als Zopyros viele Schwächen bei einem Zusammensein aufgezählt und ihm vorgehalten hatte, Zopyros, der verkündete, er durchschaue das Wesen eines jeden aus der Gestalt, wurde er von den übrigen verlacht, die jene Schwächen bei Sokrates nicht fanden, von Sokrates aber selbst gestützt, da er sagte, er habe ihre Zeichen, aber sie seien durch die Vernunft von ihm unterdrückt worden. 81. Wie also jedermann und wenn er von der besten Gesundheit ist, von Natur gegenüber einer Krankheit anfälliger scheinen kann, so neigt jede Seele mehr zu dem einen als dem anderen Fehler. Die aber, die nicht von Natur, sondern durch Schuld als lasterhaft gelten, deren Laster beruhen auf falschen Meinungen von den guten und schlechten Dingen, so daß der eine mehr zu der, der andere mehr zu jener Bewegung und Verwirrung neigt. Chronische Laster aber werden wie beim Körper mit mehr Mühe vertrieben als Verwirrung, und schneller läßt sich eine plötzliche Augengeschwulst heilen als eine langwährende Bindehautentzündung sich vertreiben läßt.

82. Aber nachdem wir die Ursachen der Verwirrungen kennengelernt haben, die alle aus Urteilen, welche auf Meinungen beruhen, und aus dem Willen jedes einzelnen entspringen, soll

possunt ab homine cognosci, bonorum et malorum finibus nihil a philosophia posse aut maius aut utilius optari quam haec, quae a nobis hoc quadriduo disputata sunt. morte enim contempta et dolore ad patiendum levato adiunximus sedationem aegritudinis, qua nullum homini malum maius est. etsi enim omnis animi perturbatio gravis est nec multum differt ab amentia, tamen ita ceteris cum sunt in aliqua perturbatione aut metus aut laetitiae aut cupiditatis, commotos modo et perturbatos dicere solemus, at eos, qui se aegritudini dediderunt, miseros adflictos aerumnosos calamitosos. 83. itaque non fortuito factum videtur, sed a te ratione propositum, ut separatim de aegritudine et de ceteris perturbationibus disputaremus; in ea est enim fons miseriarum et caput. sed et aegritudinis et reliquorum animi morborum una sanatio est, omnis opinabilis esse et voluntarios ea reque suscipi, quod ita rectum esse videatur. hunc errorem quasi radicem malorum omnium stirpitus philosophia se extracturam pollicetur. 84. demus igitur nos huic excolendos patiamurque nos sanari. his enim malis insidentibus non modo beati, sed ne sani quidem esse possumus. aut igitur negemus quicquam ratione confici, cum contra nihil sine ratione recte fieri possit, aut, cum philosophia ex rationum conlatione constet, ab ea, si et boni et beati volumus esse, omnia adiumenta et auxilia petamus bene beateque vivendi.

nun dieses Gespräch ein Ende finden. Wissen aber müssen wir, daß, wenn man das Ziel im Guten und Bösen erkannt hat, soweit es vom Menschen erkannt werden kann, sich nichts Größeres und Nützlicheres von der Philosophie wünschen läßt als das, was von uns in diesen vier Tagen erörtert wurde. Nach der Verachtung des Todes und der Linderung des Schmerzes, so daß er erträglich wurde, haben wir die Beruhigung des Kummers angeschlossen, des schlimmsten Übels für den Menschen. Denn wenn auch jede Verwirrung der Seele schlimm ist und sich vom Wahnsinn nicht sehr unterscheidet, so pflegen wir doch die übrigen, wenn sie in irgendeiner Verwirrung der Furcht oder Freude oder Begierde sind, nur aufgeregt oder verwirrt zu nennen, die jedoch, die sich dem Kummer ergeben haben, beklagenswert, niedergeschlagen, unglücklich und elend. 83. Deshalb ist es nicht von ungefähr geschehen, wie es scheint, sondern von dir mit Grund vorgeschlagen worden, daß wir getrennt über den Kummer und die übrigen Verwirrungen sprachen; in ihm ruht nämlich die Quelle des Elends und sein Haupt. Für den Kummer aber und die übrigen Krankheiten der Seele gibt es nur eine Heilung: zu zeigen, daß alle in der Vorstellung zuhause sind, auf unserem Willen beruhen und man sich ihnen deshalb unterzieht, weil es so richtig zu sein scheint. Diesen Irrtum als die Wurzel aller Übel verspricht die Philosophie von Grund auf auszuziehen. 84. Ergeben wir uns also ihr zur Bildung und lassen wir uns heilen! Denn wenn diese Übel festsitzen, können wir nicht nur nicht glücklich, sondern nicht einmal gesund sein. Entweder wollen wir also abstreiten, daß etwas mit der Vernunft ausgerichtet wird, obwohl doch im Gegenteil nichts ohne Vernunft richtig geschehen kann, oder, da die Philosophie aus einem System von Vernunftsätzen besteht, von ihr, wenn wir gut und glücklich sein wollen, alle Stützen und Hilfen für ein gutes und glückliches Leben erbitten.

LIBER QUINTUS

Quintus hic dies, Brute, finem faciet Tusculanarum disputationum, quo die est a nobis ea de re, quam tu ex omnibus maxime probas, disputatum. placere enim tibi admodum sensi et ex eo libro, quem ad me accuratissime scripsisti, et ex multis sermonibus tuis virtutem ad beate vivendum se ipsa esse contentam. quod etsi difficile est probatu propter tam varia et tam multa tormenta fortunae, tale tamen est, ut elaborandum sit, quo facilius probetur. nihil est enim omnium quae in philosophia tractantur, quod gravius magnificentiusque dicatur. 2. nam cum ea causa impulerit eos qui primi se ad philosophiae studium contulerunt, ut omnibus rebus posthabitis totos se in optumo vitae statu exquirendo conlocarent, profecto spe beate vivendi tantam in eo studio curam operamque posuerunt. quodsi ab iis inventa et perfecta virtus est, et si praesidii ad beate vivendum in virtute satis est, quis est qui non praeclare et ab illis positam et a nobis susceptam operam philosophandi arbitretur? sin autem virtus subiecta sub varios incertosque casus famula fortunae est nec tantarum virium est, ut se ipsa tueatur, vereor ne non tam virtutis fiducia

FÜNFTES BUCH

Der fünfte Tag jetzt, Brutus, wird das Ende der Gespräche in Tuskulum bringen, der Tag, an dem von uns über die Dinge, die du unter allen am meisten gutheißest, gesprochen wurde. Daß du nämlich ganz der Überzeugung bist, daß die sittliche Persönlichkeit sich selbst genüge, um glücklich zu leben, habe ich an dem Buche gemerkt, das du aufs sorgfältigste verfaßt und mir geschickt hast, und auch aus vielen Gesprächen mit dir; wenn das auch schwer zu beweisen ist wegen so mannigfacher und zahlreicher Qualen des Schicksals, so ist es doch derart, daß man sich anstrengen muß, daß es um so leichter gutgeheißen werde. Denn nichts von allem, was in der Philosophie behandelt wird, wird bedeutender und großartiger gesagt. 2. Denn da es der Grund war, der diejenigen, die sich zuerst dem Bemühen um die Philosophie zugewandt haben, dazu trieb, daß sie alle Dinge hintansetzen und sich ganz auf die Suche nach dem besten Zustand des Lebens begeben wollten, haben sie wirklich in der Hoffnung, glücklich zu leben, so gewaltige Sorge und Mühe auf dieses Streben verwandt. Wenn aber von ihnen die Vollkommenheit der sittlichen Persönlichkeit gefunden und entwickelt wurde und wenn wir glücklich zu leben Rückhalt genug in der Vollkommenheit haben, wen gibt es da, der nicht glaubte, daß es rühmlich war, daß sie die Mühe des Philosophierens begründet, wir aufgenommen haben? Wenn aber die sittliche Persönlichkeit, den wechselnden und ungewissen Zufällen unterworfen, dem Schicksal dient und nicht so viel Kräfte besitzt, daß sie sich selbst schützt, dann fürchte ich, daß wir uns nicht so sehr auf das Zutrauen zur Vollkommenheit hinsichtlich der Hoffnung auf ein glück-

nitendum nobis ad spem beate vivendi quam vota facienda videantur. 3. equidem eos casus, in quibus me fortuna vehementer exercuit, mecum ipse considerans huic incipio sententiae diffidere interdum et humani generis imbecillitatem fragilitatemque extimescere. vereor enim ne natura, cum corpora nobis infirma dedisset isque et morbos insanabilis et dolores intolerabilis adiunxisset, animos quoque dederit et corporum doloribus congruentis et separatim suis angoribus et molestiis implicatos. 4. sed in hoc me ipse castigo, quod ex aliorum et ex nostra fortasse mollitia, non ex ipsa virtute de virtutis robore existumo. illa enim, si modo est ulla virtus, quam dubitationem avunculus tuus, Brute, sustulit, omnia, quae cadere in hominem possunt, subter se habet eaque despiciens casus contemnit humanos culpaque omni carens praeter se ipsam nihil censet ad se pertinere. nos autem omnia adversa cum venientia metu augentes, tum maerore praesentia rerum naturam quam errorem nostrum damnare malumus.

(2) 5. Sed et huius culpae et ceterorum vitiorum peccatorumque nostrorum omnis a philosophia petenda correctio est. cuius in sinum cum a primis temporibus aetatis nostra voluntas studiumque nos compulisset, his gravissimis casibus in eundem portum, ex quo eramus egressi, magna iactati tempestate confugimus. o vitae philosophia dux, o virtutis indagatrix expultrixque vitiorum! quid non modo nos, sed omnino vita hominum sine te esse potuisset? tu urbis peperisti, tu dissipatos homines in societatem vitae convocasti, tu eos

liches Leben stützen als vielmehr Gebete an die Götter richten sollten. 3. Was mich betrifft, so beginne ich, wenn ich die Schicksalsschläge, mit denen mich das Geschick heftig gequält hat, bei mir bedenke, bisweilen an dieser Überzeugung zu zweifeln und die Schwachheit und Gebrechlichkeit des Menschengeschlechts zu fürchten. Ich besorge nämlich, da die Natur uns schwache Körper gab und ihnen unheilbare Krankheiten und unerträgliche Schmerzen verband, sie hat uns auch Seelen gegeben, die sowohl den Schmerzen der Körper entsprechen als auch getrennt für sich in Ängste und Leiden verstrickt sind. 4. Aber dabei mache ich mir selbst Vorwürfe, daß ich nach anderer und vielleicht auch meiner Weichheit, nicht nach der Vollkommenheit selbst, über die Kraft der Vollkommenheit befinde. Sie hat nämlich, wenn es überhaupt eine männliche Vollkommenheit gibt, ein Zweifel, den dein Oheim, Brutus, benommen hat, alles, was den Menschen betreffen kann, unter sich, verächtlich schaut sie auf alle menschlichen Zufälle herab, und, frei von jeder Schuld, meint sie, daß nichts außer ihr selbst sie angehe. Wir aber möchten lieber, wenn wir alle Widrigkeiten, sowohl wenn sie nahen, durch unsere Furcht vermehren, besonders aber, wenn sie da sind, durch unseren Kummer, die Natur als unseren Irrtum verdammen.

5. Indes, für diese Schuld wie für unsere übrigen Fehler und Vergehen müssen wir die Philosophie um Heilung bitten. Da uns von den frühesten Zeiten unserer Jugend an unser Wille und unser Streben in ihre Arme getrieben hatte, sind wir bei diesen schlimmen Schicksalsschlägen in denselben Hafen, aus dem wir ausgefahren waren, von gewaltigen Unwettern umhergeworfen, geflohen. O du Führerin des Lebens, Philosophie, du Sucher nach Vollkommenheit und Vertreiber der Laster! Was hätten nicht nur wir, sondern überhaupt das Leben der Menschen ohne dich sein können? Du hast Städte geschaffen, du hast die verstreuten Menschen zur Gemeinschaft des Le-

inter se primo domiciliis, deinde coniugiis, tum litterarum et vocum communione iunxisti, tu inventrix legum, tu magistra morum et disciplinae fuisti; ad te confugimus, a te opem petimus, tibi nos, ut antea magna ex parte, sic nunc penitus totosque tradimus. est autem unus dies bene et ex praeceptis tuis actus peccanti inmortalitati anteponendus. 6. cuius igitur potius opibus utamur quam tuis, quae et vitae tranquillitatem largita nobis es et terrorem mortis sustulisti?

At philosophia quidem tantum abest ut proinde ac de hominum est vita merita laudetur, ut a plerisque neglecta a multis etiam vituperetur. vituperare quisquam vitae parentem et hoc parricidio se inquinare audet et tam impie ingratus esse, ut eam accuset, quam vereri deberet, etiamsi minus percipere potuisset? sed, ut opinor, hic error et haec indoctorum animis offusa caligo est, quod tam longe retro respicere non possunt nec eos, a quibus vita hominum instructa primis sit, fuisse philosophos arbitrantur. (3) 7. Quam rem antiquissimam cum videamus, nomen tamen esse confitemur recens. nam sapientiam quidem ipsam quis negare potest non modo re esse antiquam, verum etiam nomine? quae divinarum humanarumque rerum, tum initiorum causarumque cuiusque rei cognitione hoc pulcherrimum nomen apud antiquos adsequebatur. itaque et illos septem, qui a Graecis σοφοί, sapientes a nostris et habebantur et nominabantur, et multis ante saeculis Lycurgum, cuius temporibus Homerus etiam fuisse ante hanc urbem conditam traditur, et iam heroicis

bens zusammengerufen, du hast sie erst durch die Heimstätten, dann durch die Ehen, dann durch die Gemeinschaft vor allem der Schriften und der Sprache unter sich verbunden, du bist die Erfinderin der Gesetze, du die Lehrerin der Sitten und der Lebensführung gewesen. Zu dir fliehen wir, dich bitten wir um Hilfe, dir ergeben wir uns, wie früher zum großen Teil, so jetzt tief und ganz. Ein Tag aber gut und nach deinen Lehren vollbracht, ist einer Ewigkeit, die sich vergeht, vorzuziehen. 6. Wessen hilfreiche Macht also wollen wir lieber nutzen als deine, die du uns die Ruhe des Lebens geschenkt und den Schrecken des Todes genommen hast?

Aber so viel fehlt daran, daß die Philosophie, so wie sie sich um das Leben der Menschen verdient gemacht hat, gelobt würde, daß sie vielmehr, von den meisten geringschätzig behandelt, von vielen sogar getadelt wird. Zu tadeln wagt jemand die Mutter des Lebens, sich mit diesem Muttermord zu beflecken und so ruchlos undankbar zu sein, daß er die anklagt, die er verehren müßte, auch wenn er sie nicht recht zu erfassen vermocht hätte? Dieser Irrtum aber und diese Finsternis hat sich, meine ich, um die Seelen der Ungebildeten ergossen, weil sie nicht so weit rückwärts zu blicken vermögen und nicht glauben, daß die, von denen das Leben der Menschen zuerst belehrt worden ist, Philosophen gewesen sind. 7. Wenn wir auch sehen, daß die Sache sehr alt ist, bekennen wir doch, daß ihr Name neu ist. Denn wer kann leugnen, daß die Weisheit selbst nicht nur der Sache, sondern auch dem Namen nach alt ist? Sie erlangte mit der Kenntnis der göttlichen und menschlichen Dinge, dann der Anfänge und Gründe einer jeden Sache bei den Alten diesen ihren überaus herrlichen Namen. Deshalb sind jene sieben, die von den Griechen als σοφοί, von unseren Römern aber als Weise angesehen und so benannt wurden, viele Generationen vorher aber Lykurg, zu dessen Lebzeiten auch Homer vor Gründung dieser Stadt hier gelebt haben soll,

aetatibus Ulixem et Nestorem accepimus fuisse et habitos esse sapientis. 8. nec vero Atlans sustinere caelum nec Prometheus adfixus Caucaso nec stellatus Cepheus cum uxore genero filia traderetur, nisi caelestium divina cognitio nomen eorum ad errorem fabulae traduxisset. a quibus ducti deinceps omnes, qui in rerum contemplatione studia ponebant, sapientes et habebantur et nominabantur, idque eorum nomen usque ad Pythagorae manavit aetatem. quem, ut scribit auditor Platonis Ponticus Heraclides, vir doctus in primis, Phliuntem ferunt venisse, eumque cum Leonte, principe Phliasiorum, docte et copiose disseruisse quaedam. cuius ingenium et eloquentiam cum admiratus esset Leon, quaesivisse ex eo, qua maxime arte confideret; at illum: artem quidem se scire nullam, sed esse philosophum. admiratum Leontem novitatem nominis quaesivisse, quinam essent philosophi, et quid inter eos et reliquos interesset; 9. Pythagoram autem respondisse similem sibi videri vitam hominum et mercatum eum, qui haberetur maxumo ludorum apparatu totius Graeciae celebritate; nam ut illic alii corporibus exercitatis gloriam et nobilitatem coronae peterent, alii emendi aut vendendi quaestu et lucro ducerentur, esset autem quoddam genus eorum, idque vel maxime ingenuum, qui nec plausum nec lucrum quaererent, sed visendi causa venirent studioseque perspicerent, quid ageretur et quo modo, item nos quasi in mercatus quandam celebritatem ex urbe aliqua sic in hanc vitam ex alia vita

und schon in heroischer Zeit Odysseus und Nestor, wie wir vernehmen, weise gewesen und dafür gehalten worden. 8. Aber auch Atlas würde nicht den Himmel tragen, Prometheus nicht an den Kaukasus geschmiedet und Kepheus nicht mit Frau, Schwiegersohn und Tochter als Gestirne an den Himmel versetzt sein, wie überliefert wird, wenn nicht ihre göttliche Kenntnis der Dinge am Himmel ihren Namen in die Irrtümer des Mythos versetzt hätte. Von ihnen leiten sich in der Folge alle ab, die ihren Eifer in die Betrachtung der Dinge setzten, und wurden für weise gehalten und so genannt; und dieser ihr Name pflanzte sich bis zur Zeit des Pythagoras fort. Dieser soll, wie Herakleides Pontikos, der Hörer Platons, ein mehr als andere gelehrter Mann, schreibt, nach Phlius gekommen sein und mit Leon, dem Fürsten der Phliasier, gelehrte und gedankenreiche Gespräche über mancherlei Dinge gepflogen haben. Da Leon seinen Geist und seine Beredsamkeit bewunderte, habe er ihn gefragt, auf welche Kunst er besonders baue. Aber jener habe geantwortet, er verstünde keine Kunst, sondern sei Philosoph. Leon habe sich über den neuen Namen gewundert und gefragt, wer denn die Philosophen seien und was für ein Unterschied zwischen ihnen und den übrigen bestünde; 9. Pythagoras aber habe geantwortet, ihm scheine das Leben der Menschen ähnlich wie das Volksfest, das unter prachtvollster Ausrüstung von Spielen bei zahlreicher Beteiligung von ganz Griechenland gefeiert werde. Denn wie dort die einen mit geübten Körpern nach dem Ruhme und der Auszeichnung des Kranzes langten, andere vom Erwerb und Gewinn des Kaufens und Verkaufens geleitet würden, es aber auch eine bestimmte Gattung derer – und sogar die edelste – gäbe, die weder Beifall noch Gewinn suchten, sondern des Schauens wegen kämen und mit Eifer sich ansähen, was getrieben würde und wie, ebenso seien auch wir wie in das Getümmel eines Volksfestes aus irgendeiner Stadt so zu diesem Leben aufgebrochen

et natura profectos alios gloriae servire, alios pecuniae, raros esse quosdam, qui ceteris omnibus pro nihilo habitis rerum naturam studiose intuerentur; hos se appellare sapientiae studiosos – id est enim philosophos –; et ut illic liberalissimum esset spectare nihil sibi adquirentem, sic in vita longe omnibus studiis contemplationem rerum cognitionemque praestare.

(4) 10. Nec vero Pythagoras nominis solum inventor, sed rerum etiam ipsarum amplificator fuit. qui cum post hunc Phliasium sermonem in Italiam venisset, exornavit eam Graeciam, quae magna dicta est, et privatim et publice praestantissumis et institutis et artibus. cuius de disciplina aliud tempus fuerit fortasse dicendi. sed ab antiqua philosophia usque ad Socratem, qui Archelaum, Anaxagorae discipulum, audierat, numeri motusque tractabantur, et unde omnia orerentur quove reciderent, studioseque ab is siderum magnitudines intervalla cursus anquirebantur et cuncta caelestia. Socrates autem primus philosophiam devocavit e caelo et in urbibus conlocavit et in domus etiam introduxit et coëgit de vita et moribus rebusque bonis et malis quaerere. 11. cuius multiplex ratio disputandi rerumque varietas et ingenii magnitudo Platonis memoria et litteris consecrata plura genera effecit dissentientium philosophorum, e quibus nos id potissimum consecuti sumus, quo Socratem usum arbitrabamur, ut nostram ipsi sententiam tegeremus, errore alios levaremus et in omni disputatione, quid esset simillimum veri, quaereremus. quem morem cum Carneades acutissime copiosissimeque tenuisset,

aus einem anderen Leben und Wesen und dienten teils dem Ruhme, teils dem Gelde; selten sei eine Art von Menschen, die alles übrige für nichts erachteten und das Wesen der Dinge mit Fleiß betrachteten; die nennten sich der Weisheit Beflissene, das ist nämlich Philosophen; und wie es dort am vornehmsten sei zu schauen, ohne etwas für sich zu erwerben, so überträfe im Leben bei weitem alle Beschäftigungen die Betrachtung und Erkenntnis der Dinge.

10. Pythagoras war aber nicht nur der Finder des Namens, sondern auch ein Mehrer der Gegenstände selbst. Als er nach dem Gespräch in Phlius nach Italien kam, hat er das sogenannte Großgriechenland privat und öffentlich mit den vortrefflichsten Einrichtungen und Wissenschaften ausgestattet. Über seine Lehre zu sprechen wird sich vielleicht eine andere Gelegenheit ergeben. Von der alten Philosophie indessen bis zu Sokrates, der Archelaos, den Schüler des Anaxagoras, gehört hatte, wurden die Zahlen und Bewegungen behandelt und, woraus alles entstünde und wohin es zurücksänke, und mit Eifer wurden von ihnen die Größe der Gestirne, ihre Zwischenräume und Bahnen erforscht und überhaupt alle Dinge am Himmel. Sokrates aber hat als erster die Philosophie vom Himmel heruntergeholt, in den Städten angesiedelt, sie sogar in die Häuser eingeführt und sie gezwungen, nach dem Leben, den Sitten und dem Guten und Bösen zu fragen. 11. Seine vielfältige Methode des Erörterns, die Verschiedenheit der Dinge und die Größe seines Geistes, durch Platons Gedenken und Schriftwerke geheiligt, hat mehrere Arten von untereinander abweichenden Philosophen ins Leben gerufen, von denen wir der in der Hauptsache gefolgt sind, die Sokrates nach unserer Meinung selbst angewendet hat, daß wir nämlich selbst unsere Meinung verdeckten, andere von Irrtum befreiten und bei jeder Erörterung fragten, was am wahrscheinlichsten wäre. Da Karneades diese Gepflogenheit am scharfsinnigsten und aufs

fecimus et alias saepe et nuper in Tusculano, ut ad eam consuetudinem disputaremus. et quadridui quidem sermonem superioribus ad te perscriptum libris misimus, quinto autem die cum eodem in loco consedissemus, sic est propositum, de quo disputaremus:

(5) 12. Non mihi videtur ad beate vivendum satis posse virtutem.

At hercule Bruto meo videtur, cuius ego iudicium, pace tua dixerim, longe antepono tuo.

Non dubito, nec id nunc agitur, tu illum quantum ames, sed de hoc, quod mihi dixi videri, quale sit; de quo a te disputari volo.

Nempe negas ad beate vivendum satis posse virtutem?

Prorsus nego.

Quid? ad recte honeste laudabiliter, postremo ad bene vivendum satisne est praesidi in virtute?

Certe satis.

Potes igitur aut, qui male vivat, non eum miserum dicere aut, quem bene fateare, eum negare beate vivere?

Quidni possim? nam etiam in tormentis recte honeste laudabiliter et ob eam rem bene vivi potest, dum modo intellegas, quid nunc dicam 'bene'. dico enim constanter graviter sapienter fortiter. 13. haec etiam in eculeum coiciuntur, quo vita non adspirat beata.

Quid igitur? solane beata vita, quaeso, relinquitur extra ostium limenque carceris, cum constantia gravitas fortitudo

beredteste innegehalten hat, haben wir es sonst oft und neulich auf dem Tusculanum so eingerichtet, daß wir nach dieser Gewohnheit unser Gespräch führten. Und das Gespräch der vier Tage haben wir in den vier vorhergehenden Büchern aufgeschrieben und dir zugeschickt, am fünften Tage aber, als wir uns an demselben Platze niedergelassen hatten, ist das Thema, über das wir sprechen sollten, so gestellt worden:

12. A.: Mir scheint sittliche Vollkommenheit nicht genügend Macht zu haben, um glücklich leben zu können.

M.: Meinem Brutus jedoch, beim Hercules, scheint es so, und sein Urteil stelle ich, mit deiner Erlaubnis sei es gesagt, dem deinen weit voran.

A.: Ich zweifle nicht daran. Aber nicht darum handelt es sich, wie sehr du jenen schätzest, sondern darum, wie es mit dem steht, was ich als meine Ansicht bezeichnet habe. Darüber sollst du sprechen, wünsche ich.

M.: Du bestreitest also, daß die Vollkommenheit genügend vermöchte, um glücklich zu leben?

A.: Ja, ganz und gar.

M.: Wie? Um richtig, ehrenhaft, rühmlich, schließlich gut zu leben, ist da genug Rückhalt in der Vollkommenheit?

A.: Sicherlich genug.

M.: Kannst du also den, der schlecht lebt, nicht unglücklich nennen oder bestreiten, daß der, der nach deinem Zugeständnis gut lebt, glücklich lebt?

A.: Warum sollte ich das nicht können? Denn auch auf der Folter kann man richtig, ehrenvoll, rühmlich und deshalb gut leben, wenn du nur verstehst, was ich jetzt mit gut meine. Ich verstehe nämlich mit Haltung, würdig, weise, tapfer. 13. Diese Eigenschaften lassen sich auch auf die Folterbank werfen, wohin sich das glückliche Leben nicht versteigt.

M.: Wie denn? Bleibt das glückliche Leben, ich bitte dich, allein außerhalb der Tür und Schwelle des Kerkers zurück,

sapientia reliquaeque virtutes rapiantur ad tortorem nullumque recusent nec supplicium nec dolorem?

Tu, si quid es facturus, nova aliqua conquiras oportet; ista me minime movent, non solum quia pervulgata sunt, sed multo magis, quia, tamquam levia quaedam vina nihil valent in aqua, sic Stoicorum ista magis gustata quam potata delectant. velut iste chorus virtutum in eculeum impositus imagines constituit ante oculos cum amplissima dignitate, ut ad eas cursim perrectura nec eas beata vita a se desertas passura videatur; 14. cum autem animum ab ista pictura imaginibusque virtutum ad rem veritatemque traduxeris, hoc nudum relinquitur, possitne quis beatus esse, quam diu torqueatur. quam ob rem hoc nunc quaeramus; virtutes autem noli vereri ne expostulent et querantur se a beata vita esse relictas. si enim nulla virtus prudentia vacat, prudentia ipsa hoc videt, non omnis bonos esse etiam beatos, multaque de M. Atilio Q. Caepione M'. Aquilio recordatur, beatamque vitam, si imaginibus potius uti quam rebus ipsis placet, conantem ire in eculeum retinet ipsa prudentia negatque ei cum dolore et cruciatu quicquam esse commune.

(6) 15. Facile patior te isto modo agere, etsi iniquum est praescribere mihi te, quem ad modum a me disputari velis. sed quaero, utrum aliquid actum superioribus diebus an nihil arbitremur.

Actum vero, et aliquantum quidem.

während die Haltung, die Würde, die Tapferkeit, die Weisheit und die übrigen Tugenden zum Folterknecht geschleift werden und keine Marter und keinen Schmerz verweigern?

A.: Du mußt, wenn du etwas erreichen willst, irgend etwas Neues ausdenken. Diese Dinge rühren mich nicht im mindesten. Nicht nur, weil sie abgebraucht sind, sondern viel mehr noch, weil, wie manche leichte Weine im Wasser keine Kraft haben, so auch diese Worte der Stoiker mehr gekostet als getrunken erfreulich sind. Wie zum Beispiel dieser Schwarm von Tugenden, der da auf die Folter gelegt wird, Bilder vorAugen stellt von größter Würde, derart, daß das glückliche Leben stracks zu ihnen zu eilen und nicht zu dulden scheint, daß sie von ihm im Stich gelassen werden. 14. Wenn du dich aber von diesem Gemälde und diesen Bildern der Tugenden zur Wirklichkeit und Wahrheit wendest, bleibt die nackte Frage zurück, ob einer glücklich sein kann, solange er gemartert wird. Deshalb wollen wir dies jetzt untersuchen. Fürchte aber nicht, daß die Tugenden sich beschweren und beklagen, daß sie vom glücklichen Leben im Stich gelassen sind. Wenn nämlich keine Vollkommenheit ohne Klugheit ist, sieht die Klugheit dieses selbst, daß nicht alle Guten auch glücklich sind, denkt viel zurück an Marcus Atilius, Quintus Caepio, Manius Aquilius und hält das glückliche Leben, wenn es sich lieber an Bilder als an die Dinge selbst halten will, beim Versuch, auf die Folterbank zu steigen, sie, die Klugheit selbst, zurück und sagt, mit Schmerz und Marter hätte es nichts gemein.

15. M.: Gern lasse ich mir gefallen, daß du auf diese Weise vorgehst, wenn es auch unbillig ist, daß du mir vorschreibst, wie du von mir die Erörterung geführt haben willst. Ich frage aber: wollen wir glauben, daß an den vorhergehenden Tagen etwas erreicht wurde oder nichts?

A.: Daß etwas erreicht wurde, und zwar ziemlich viel.

Atqui, si ita est, profligata iam haec et paene ad exitum adducta quaestio est.

Quo tandem modo?

Quia motus turbulenti iactationesque animorum incitatae et impetu inconsiderato elatae rationem omnem repellentes vitae beatae nullam partem relinquunt. quis enim potest mortem aut dolorem metuens, quorum alterum saepe adest, alterum semper impendet, esse non miser? quid, si idem, quod plerumque fit, paupertatem ignominiam infamiam timet, si debilitatem caecitatem, si denique, quod non singulis hominibus, sed potentibus populis saepe contingit, servitutem? 16. potest ea timens esse quisquam beatus? quid, qui non modo ea futura timet, verum etiam fert sustinetque praesentia – adde eodem exilia luctus orbitates: qui rebus his fractus aegritudine eliditur, potest tandem esse non miserrimus? quid vero? illum, quem libidinibus inflammatum et furentem videmus, omnia rabide adpetentem cum inexplebili cupiditate, quoque affluentius voluptates undique hauriat, eo gravius ardentiusque sitientem, nonne recte miserrimum dixeris? quid? elatus ille levitate inanique laetitia exultans et temere gestiens nonne tanto miserior, quanto sibi videtur beatior? ergo ut hi miseri, sic contra illi beati, quos nulli metus terrent, nullae aegritudines exedunt, nullae libidines incitant, nullae futtiles laetitiae exultantes languidis liquefaciunt voluptatibus. ut maris igitur tranquillitas intellegitur nulla ne minima quidem aura fluctus commovente, sic animi quietus et placatus status cernitur, cum perturbatio nulla est, qua moveri queat. 17. quodsi est

M.: Wenn es jedoch so ist, ist die Frage schon fast erledigt und bis zum Ende geführt.

A.: Auf welche Weise denn?

M.: Weil wirre Bewegungen und Schwankungen der Seele, aufgeregt und durch unüberlegten Schwung gesteigert, alle Vernunft zurückstoßen und nichts vom glücklichen Leben übriglassen. Wer vermag es denn, in der Furcht vor dem Tode oder dem Schmerze, von denen der eine oft da ist, der andere immer droht, nicht unglücklich zu sein? Wie, wenn er auch, was häufig geschieht, Armut, Schande, Ehrlosigkeit fürchtet, wenn er Schwäche und Blindheit, wenn er schließlich, was nicht nur einzelnen Menschen, sondern sogar mächtigen Völkern oft zustieß, die Knechtschaft fürchtet? 16. Kann einer, wenn er das fürchtet, glücklich sein? Wie, wenn dies einer nicht nur als zukünftig fürchtet, sondern als gegenwärtig trägt und aushalten muß? Füg hinzu noch Verbannung, Trauer, Verwaisung. Wer durch diese Dinge gebrochen vom Kummer zerrieben wird, muß er schließlich nicht ganz unglücklich sein? Wie gar? Jenen, den wir von Begierden entflammt und rasend sehen, alles ungestüm erstrebend mit einer unersättlichen Gier, und je üppiger er überall die Genüsse schlürft, um so heftiger und glühender dürstend, werden wir ihn nicht mit Recht den Unglücklichsten nennen? Wie? Ist jener, der dank seiner Hohlheit freudig erhoben und in eitlem Vergnügen ausgelassen ist und gedankenlos tollt, nicht um so elender, je glücklicher er sich zu sein scheint? Also sind, wie diese unglücklich, so jene dagegen glücklich, die keine Ängste schrecken, kein Kummer verzehrt, keine Begierden erregen, keine nichtigen Freuden in erschlaffenden Genüssen schwelgend zergehen lassen. Wie nun unter Meeresstille verstanden wird, daß kein, nicht einmal der geringste Hauch die Fluten bewegt, so wird der ruhige und besänftigte Zustand der Seele erkannt, wenn keine Verwirrung da ist, durch die sie bewegt werden könnte. 17. Wenn es aber

qui vim fortunae, qui omnia humana, quae cuique accidere possunt, tolerabilia ducat, ex quo nec timor eum nec angor attingat, idemque si nihil concupiscat, nulla ecferatur animi inani voluptate, quid est cur is non beatus sit? et si haec virtute efficiuntur, quid est cur virtus ipsa per se non efficiat beatos?

(7) Atqui alterum dici non potest, quin ii, qui nihil metuant, nihil angantur, nihil concupiscant, nulla impotenti laetitia ecferantur, beati sint, itaque id tibi concedo; alterum autem iam integrum non est. superioribus enim disputationibus effectum est vacare omni animi perturbatione sapientem.

18. Nimirum igitur confecta res est; videtur enim ad exitum venisse quaestio.

Propemodum id quidem.

Verum tamen mathematicorum iste mos est, non est philosophorum. nam geometrae cum aliquid docere volunt, si quid ad eam rem pertinet eorum quae ante docuerunt, id sumunt pro concesso et probato, illud modo explicant, de quo ante nihil scriptum est; philosophi quamcumque rem habent in manibus, in eam quae conveniunt, congerunt omnia, etsi alio loco disputata sunt. quod ni ita esset, cur Stoicus, si esset quaesitum, satisne ad beate vivendum virtus posset, multa diceret? cui satis esset respondere se ante docuisse nihil bonum esse nisi quod honestum esset, hoc probato consequens esse beatam vitam virtute esse contentam, et quo modo hoc sit consequens illi, sic illud huic, ut, si beata vita virtute contenta sit, nisi

einen gibt, der die Macht des Schicksals, der alles Menschliche, was jenen treffen kann, für ertragbar hält, so daß ihn deshalb weder Furcht noch Beklemmung berührt, und wenn derselbe nichts begehrt, in keiner leeren Lust der Seele übermütig wird, warum sollte der nicht glücklich sein? Und wenn dies durch die Kraft der sittlichen Persönlichkeit bewirkt wird, was gibt es, warum die Persönlichkeit selbst an sich nicht glücklich machen sollte?

A.: Das eine zwar läßt sich nicht sagen, daß die, welche nichts fürchten, sich nicht ängstigen, nichts begehren, durch keine unbeherrschte Freude aus der Fassung kommen, nicht glücklich wären, und daher gebe ich dir das zu; das andere jedoch ist nicht mehr unentschieden. Denn in den vorhergehenden Gesprächen wurde bewiesen, daß der Weise von jeder Verwirrung der Seele frei ist.

18. M.: Zweifellos also ist die Sache entschieden; die Untersuchung scheint an ihr Ende gekommen zu sein.

A.: Fast wenigstens.

M.: Aber so gehen die Mathematiker vor, nicht die Philosophen. Denn wenn die Geometer etwas aufzeigen wollen, dann nehmen sie, wenn sich irgend etwas von dem, was sie vorher bewiesen haben, auf diese Sache bezieht, das als zugegeben und bewiesen. Nur jenes legen sie dar, worüber vorher nichts geschrieben wurde. Die Philosophen bringen, welche Sache sie auch in den Händen haben, alles, was für sie paßt, zusammen, auch wenn es schon an anderer Stelle erörtert wurde. Wenn es nicht so wäre, warum sollte der Stoiker, wenn untersucht würde, ob die Vollkommenheit genüge, um glücklich zu leben, noch viele Worte machen? Er könnte sich begnügen, zu antworten, er habe gezeigt, daß nichts gut sei außer dem, was sittlich-schön wäre; wenn dies bewiesen sei, folge daraus, daß das glückliche Leben an der Vollkommenheit genug hat, und wie dies aus jenem folge, so jenes aus diesem, daß, hat das

honestum quod sit, nihil aliud sit bonum. 19. sed tamen non agunt sic; nam et de honesto et de summo bono separatim libri sunt, et cum ex eo efficiatur satis magnam in virtute ad beate vivendum esse vim, nihilo minus hoc agunt separatim. propriis enim et suis argumentis et admonitionibus tractanda quaeque res est, tanta praesertim. cave enim putes ullam in philosophia vocem emissam clariorem ullumve esse philosophiae promissum uberius aut maius. Nam quid profitetur? o dii boni! perfecturam se, qui legibus suis paruisset, ut esset contra fortunam semper armatus, ut omnia praesidia haberet in se bene beateque vivendi, ut esset semper denique beatus. 20. sed videro, quid efficiat; tantisper hoc ipsum magni aestumo, quod pollicetur. nam Xerxes quidem refertus omnibus praemiis donisque fortunae, non equitatu, non pedestribus copiis, non navium multitudine, non infinito pondere auri contentus praemium proposuit, qui invenisset novam voluptatem – qua ipsa non fuit contentus; neque enim umquam finem inveniet libido –, nos vellem praemio elicere possemus, qui nobis aliquid attulisset, quo hoc firmius crederemus.

(8) 21. Vellem id quidem, sed habeo paulum, quod requiram. ego enim adsentior eorum quae posuisti alterum alteri consequens esse, ut, quem ad modum, si, quod honestum sit, id solum sit bonum, sequatur vitam beatam virtute confici, sic, si vita beata in virtute sit, nihil esse nisi virtutem bonum.

glückliche Leben an der Vollkommenheit genug, nichts anderes außer dem, was sittlich-schön ist, gut ist. 19. Dennoch aber verfahren sie nicht so. Denn über das Sittlich-Schöne und über das höchste Gut gibt es gesondert Bücher, und obwohl daraus folgt, daß der sittlichen Persönlichkeit genug Kraft innewohnt, um glücklich zu leben, behandeln sie dieses trotzdem getrennt. Ist doch eine jede Sache mit den ihr eigentümlichen und zugehörigen Beweisen und Belehrungen zu behandeln, besonders eine so wichtige! Meine nämlich nicht, irgendein verkündetes Wort in der Philosophie sei strahlender oder irgendein Versprechen der Philosophie reicher oder größer! Denn was verkündet sie? Ihr guten Götter! Sie werde bewirken, daß, wer ihren Gesetzen gehorche, immer gewappnet sei gegen das Schicksal, daß er alle Rüstung, gut und glücklich zu leben, in sich habe, daß er schließlich immer glücklich sei. 20. Aber ich will sehen, was sie ausrichtet. Einstweilen schätze ich gerade dies hoch ein, daß sie es verspricht. Xerxes, überschüttet mit allen Auszeichnungen und Gaben des Schicksals, nicht zufrieden mit seiner Reiterei, nicht mit den Fußtruppen, nicht mit der Menge der Schiffe, nicht mit der unendlichen Masse Goldes, setzte eine Belohnung aus für den, der ein neues Vergnügen erfände; auch mit diesem selbst war er nicht zufrieden: denn niemals wird die Gier ein Ende finden. Ich wollte, wir könnten durch einen Preis jemand hervorlocken, der uns etwas brächte, dank dessen wir das fester glauben könnten.

21. A.: Das möchte ich wohl, aber ich habe noch ein wenig, was ich vermisse. Ich stimme nämlich bei, daß das eine von dem, was du behauptetest, aus dem anderen folgt, derart, daß wie folgt, daß, wenn das allein gut ist, was sittlich-schön ist, das glückliche Leben durch die sittliche Persönlichkeit bewirkt wird, so, wenn das glückliche Leben in der sittlichen Persönlichkeit beschlossen liegt, nichts gut ist außer der sittlichen Persönlichkeit. Aber dein geschätzter Brutus ist unter Beru-

sed Brutus tuus auctore Aristo et Antiocho non sentit hoc; putat enim, etiamsi sit bonum aliquod praeter virtutem.

22. Quid igitur? contra Brutumne me dicturum putas?

Tu vero, ut videtur; nam praefinire non est meum.

Quid cuique igitur consentaneum sit, alio loco. nam ista mihi et cum Antiocho saepe et cum Aristo nuper, cum Athenis imperator apud eum deversarer, dissensio fuit. mihi enim non videbatur quisquam esse beatus posse, cum in malis esset; in malis autem sapientem esse posse, si essent ulla corporis aut fortunae mala. dicebantur haec, quae scripsit etiam Antiochus locis pluribus, virtutem ipsam per se beatam vitam efficere posse neque tamen beatissimam; deinde ex maiore parte plerasque res nominari, etiamsi quae pars abesset, ut vires, ut valetudinem, ut divitias, ut honorem, ut gloriam, quae genere, non numero cernerentur; item beatam vitam, etiamsi ex aliqua parte clauderet, tamen ex multo maiore parte optinere nomen suum. 23. haec nunc enucleare non ita necesse est, quamquam non constantissime dici mihi videntur. nam et, qui beatus est, non intellego quid requirat, ut sit beatior – si est enim quod desit, ne beatus quidem est –, et quod ex maiore parte unam quamque rem appellari spectarique dicunt, est ubi id isto modo valeat; cum vero tria genera malorum esse dicant, qui duorum generum malis omnibus urgeatur, ut omnia adversa sint in

fung auf Aristos und Antiochos nicht dieser Meinung; er ist nämlich der Ansicht, auch wenn es irgendein Gut außer der sittlichen Persönlichkeit gibt.

22. M.: Wie? Glaubst du etwa, ich werde gegen Brutus reden?

A.: Du rede, wie es dir richtig scheint; denn vorherzubestimmen ist nicht meine Aufgabe.

M.: Was also einem jeden gemäß ist, an einem anderen Orte. Denn ich hatte sowohl oft mit Antiochos als auch neulich mit Aristos, als ich als Imperator in Athen bei ihm einkehrte, diese Meinungsverschiedenheit. Mir schien nämlich, daß keiner glücklich sein könne, wenn er in Übeln sei; in Übeln aber könne der Weise sein, wenn es irgendwelche Übel des Körpers oder des Schicksals gäbe. Es wurde darauf folgendes gesagt, was auch Antiochos an mehreren Stellen geschrieben hat, daß die sittliche Persönlichkeit an sich ein glückliches Leben bewirken könne, jedoch nicht ein vollkommen glückliches; dann, daß die meisten Dinge nach dem überwiegenden Teil benannt würden, auch wenn ein Teil fehle, wie Kräfte, Gesundheit, Reichtum, wie Ehre, wie Ruhm, was alles nach der Art, nicht nach der Zahl bestimmt würde. Ebenso besäße das glückliche Leben, auch wenn es zu einem Teil lahme, trotzdem nach dem bei weitem größeren Teil seinen Namen. 23. Dies jetzt auseinanderzuklauben ist nicht gar so nötig, obwohl es mir nicht ganz konsequent ausgeführt scheint. Denn erstens sehe ich nicht ein, was der, der glücklich ist, noch vermissen könnte, um glücklicher zu sein – wenn es nämlich etwas gibt, was fehlt, ist er auch nicht glücklich –, zweitens: wenn sie sagen, eine jede Sache müsse nach dem überwiegenden Teile benannt und beurteilt werden, so dürfte das wohl bisweilen so Geltung haben; wenn sie aber gar sagen, es gäbe drei Sorten von Übeln, werden wir dann sagen, daß dem, der von allen Übeln der beiden Arten bedrängt wird, derart, daß ihm alles widrig ist im

fortuna, omnibus oppressum corpus et confectum doloribus, huic paulumne ad beatam vitam deesse dicemus, non modo ad beatissimam?

(9) 24. Hoc illud est, quod Theophrastus sustinere non potuit. nam cum statuisset verbera, tormenta, cruciatus, patriae eversiones, exilia, orbitates magnam vim habere ad male misereque vivendum, non est ausus elate et ample loqui, cum humiliter demisseque sentiret. quam bene, non quaeritur, constanter quidem certe. itaque mihi placere non solet consequentia reprehendere, cum prima concesseris. hic autem elegantissimus omnium philosophorum et eruditissimus non magnopere reprehenditur, cum tria genera dicit bonorum, vexatur autem ab omnibus primum in eo libro quem scripsit de vita beata, in quo multa disputat, quam ob rem is, qui torqueatur qui crucietur, beatus esse non possit. in eo etiam putatur dicere in rotam – id est genus quoddam tormenti apud Graecos – beatam vitam non escendere. non usquam id quidem dicit omnino, sed quae dicit, idem valent. 25. possum igitur, cui concesserim in malis esse dolores corporis, in malis naufragia fortunae, huic suscensere dicenti non omnis bonos esse beatos, cum in omnis bonos ea, quae ille in malis numerat, cadere possint? vexatur idem Theophrastus et libris et scholis omnium philosophorum, quod in Callisthene suo laudarit illam sententiam:

Vitám regit fortúna, non sapiéntia.

negant ab ullo philosopho quicquam dictum esse languidius. recte id quidem, sed nihil intellego dici potuisse constantius.

äußeren Geschick, daß sein Körper von allen Schmerzen niedergeworfen und verzehrt ist, wenig zum glücklichen Leben fehle, nicht nur zum vollkommen glücklichen?

24. Das ist es, was Theophrast nicht aufrechtzuerhalten vermochte. Denn da er entschieden hatte, daß Schläge, Folter, Marter, Vernichtung der Heimat, Verbannung, Verlassensein einen großen Einfluß auf ein glückliches oder unglückliches Leben hätten, hat er nicht gewagt, erhaben und prachtvoll zu reden, während er niedrig und kleinmütig empfand. Wie richtig, steht nicht zur Frage. Konsequent auf jeden Fall. Daher pflegt es mir nicht zu gefallen, die Folgerungen zu tadeln, wenn man die Vordersätze zugestanden hat. Diesen erlesensten und gebildetsten aller Philosophen aber tadelt man nicht sehr, wenn er von drei Arten von Gütern spricht, er wird aber von allen ernstlich gezaust in Hinsicht auf das Buch, das er über das glückliche Leben geschrieben hat. In ihm bringt er vieles vor, weswegen der, welcher gemartert wird, der, welcher gefoltert wird, nicht glücklich sein kann. In ihm heißt es, sage er, auf das, Rad – das ist ein Marterinstrument bei den Griechen – steige das glückliche Leben nicht. Nirgends sagt er das zwar ausdrücklich, aber was er sagt, bedeutet dasselbe. 25. Kann ich nun dem, welchem ich zugestanden habe, daß die Schmerzen des Körpers zu den Übeln zählen, zu den Übeln auch das Scheitern des Glückes, zürnen, wenn er sagt, daß nicht alle Guten glücklich sind, da alle Guten das, was er zu den Übeln rechnet, treffen kann? Hergenommen wird derselbe Theophrast auch in den Büchern und Vorträgen aller Philosophen, weil er in seinem Kallisthenes jenen Sinnspruch gutgeheißen hat:

Das Glück regiert das Leben, nicht der Weisen Sinn.

Sie sagen, nichts Schlafferes sei von einem Philosophen gesagt worden. Das ist zwar richtig, aber ich sehe auch, daß nichts hätte folgerichtiger gesagt werden können. Wenn nämlich so

si enim tot sunt in corpore bona, tot extra corpus in casu atque fortuna, nonne consentaneum est plus fortunam, quae domina rerum sit et externarum et ad corpus pertinentium, quam consilium valere? 26. An malumus Epicurum imitari? qui multa praeclare saepe dicit; quam enim sibi constanter convenienterquae dicat, non laborat. laudat tenuem victum. philosophi id quidem, sed si Socrates aut Antisthenes diceret, non is qui finem bonorum voluptatem esse dixerit. negat quemquam iucunde posse vivere, nisi idem honeste sapienter iusteque vivat. nihil gravius, nihil philosophia dignius, nisi idem hoc ipsum 'honeste sapienter iuste' ad voluptatem referret. Qui melius quam fortunam exiguam intervenire sapienti? sed hoc isne dicit, qui, cum dolorem non modo maxumum malum, sed solum malum etiam dixerit, toto corpore opprimi possit doloribus acerrumis tum, cum maxime contra fortunam glorietur? quod idem melioribus etiam verbis Metrodorus: 27. 'occupavi te' inquit, 'Fortuna, atque cepi omnisque aditus tuos interclusi, ut ad me adspirare non posses'. praeclare, si Aristo Chius aut si Stoicus Zenon diceret, qui, nisi quod turpe esset, nihil malum duceret; tu vero, Metrodore, qui omne bonum in visceribus medullisque condideris et definieris summum bonum firma corporis adfectione explorataque ⟨eius⟩ spe contineri, Fortunae aditus interclusisti? quo modo? isto enim bono iam exspoliari potes.

(10) 28. Atqui his capiuntur imperiti, et propter huius modi sententias istorum hominum est multitudo; acute autem disputandis illud est, non quid quisque dicat, sed quid cuique dicen-

viele Güter im Körper liegen, so viele außerhalb des Körpers in Zufall und Geschick, ist es dann nicht natürlich, daß das Geschick, das Herr ist über die äußeren und über die sich auf den Körper erstreckenden Dinge, mehr vermag als weiser Rat? 26. Oder wollen wir etwa lieber Epikur folgen? Der sagt oft vieles vortrefflich. Wie mit sich selbst übereinstimmend und folgerichtig er spricht, das kümmert ihn nicht. Er lobt eine bescheidene Lebensführung; das wäre zwar Sache eines Philosophen, aber nur dann, wenn es Sokrates oder Antisthenes sagte, nicht der, welcher sagt, das höchste Gut sei die Lust. Er sagt, keiner könne angenehm leben, wenn er nicht zugleich ehrenhaft, weise und gerecht lebe; nichts würdiger, nichts der Philosophie angemessener, wenn nicht derselbe Mann eben dies «ehrenhaft, weise und gerecht» auf die Lust beziehen wollte. Wie hätte er besser sagen können, als daß das Glück auf den Weisen von geringem Einfluß sei? Aber das sagt der, welcher, da er den Schmerz nicht nur das größte Übel, sondern sogar das einzige Übel nennt, am ganzen Körper von den heftigsten Schmerzen gerade dann niedergedrückt werden kann, wenn er sich am meisten gegen das Glück aufspielt? Dasselbe sagt mit besseren Worten noch Metrodor: 27. «Ich bin dir zuvorgekommen, Geschick, und habe dich gefangen, und all deine Eingänge habe ich versperrt, daß du an mich nicht reichen könntest.» Trefflich, wenn es Ariston von Chios oder wenn es der Stoiker Zenon sagte, der nichts für ein Übel hielt, außer was schändlich sei. Du aber, Metrodor, der du ein jegliches Gut in Fleisch und Mark birgst und die Bestimmung gibst, daß das höchste Gut in einer festen Körperverfassung und der begründeten Hoffnung ⟨auf sie⟩ enthalten sei, hast du die Eingänge des Geschickes versperrt? Wie? Dieses Gutes kannst du nämlich im Augenblick beraubt werden!

28. Durch diese Dinge jedoch werden die Unkundigen gewonnen, und wegen Sätzen dieser Art gibt es eine Menge sol-

dum sit, videre. velut in ea ipsa sententia, quam in hac disputatione suscepimus, omnis bonos semper beatos volumus esse. quos dicam bonos, perspicuum est; omnibus enim virtutibus instructos et ornatos tum sapientis, tum viros bonos dicimus. 29. videamus, qui dicendi sint beati. equidem eos existimo, qui sint in bonis nullo adiuncto malo; neque ulla alia huic verbo, cum beatum dicimus, subiecta notio est nisi secretis malis omnibus cumulata bonorum complexio. hanc assequi virtus, si quicquam praeter ipsam boni est, non potest. aderit enim malorum, si mala illa ducimus, turba quaedem: paupertas, ignobilitas, humilitas, solitudo, amissio suorum, graves dolores corporis, perdita valetudo, debilitas, caecitas, interitus patriae, exilium, servitus denique. in his tot et tantis – atque etiam plura possunt accidere – potest esse sapiens; nam haec casus importat, qui in sapientem potest incurrere. at si ea mala sunt, quis potest praestare semper sapientem beatum fore, cum vel in omnibus his uno tempore esse possit? 30. non igitur facile concedo neque Bruto meo neque communibus magistris nec veteribus illis, Aristoteli Speusippo Xenocrati Polemoni, ut, cum ea quae supra enumeravi in malis numerent, idem dicant semper beatum esse sapientem. quos si titulus hic delectat insignis et pulcher, Pythagora Socrate Platone dignissimus, inducant animum illa, quorum splendore capiuntur, vires va-

cher Menschen. Sache eines scharfsinnig Beweisenden aber ist dies: zu sehen, nicht was jeder sagt, sondern was jeder sagen müßte. Wie zum Beispiel eben bei diesem Satze, dessen Verteidigung wir in diesem Gespräch auf uns genommen haben: wir behaupten, daß alle Guten immer glücklich sind. Wen ich gut nenne, ist klar. Die mit allen Tugenden Ausgestatteten und Geschmückten heißen wir bald Weise, bald gute Männer. 29. Sehen wir, welche Leute glücklich zu heißen sind. Ich meine die, welche in Gütern sind, ohne daß ein Übel damit verbunden wäre, und keine andere Vorstellung liegt diesem Wort, wenn wir glücklich sagen, zugrunde als der Inbegriff der Güter unter Fernhaltung aller Übel. Ihn kann die sittliche Persönlichkeit nicht erreichen, wenn es irgend etwas Gutes außer ihr selbst gibt. Es wird nämlich ein ganzer Schwarm von Übeln, wenn wir jenes für Übel halten, sich einstellen, Armut, Unbekanntheit, Niedrigkeit, Verlassenheit, Verlust der Angehörigen, schwere körperliche Schmerzen, zerrüttete Gesundheit, Schwäche, Blindheit, Untergang der Heimat, Verbannung, Knechtschaft endlich. In diese Dinge, so viele und so schwere – und noch mehr kann zustoßen –, kann der Weise geraten; denn das Geschick bringt diese Dinge mit sich, das gegen den Weisen anstürmen kann. Wenn das jedoch Übel sind, wer kann dann dafür einstehen, daß der Weise immer glücklich sein werde, da er sogar zu ein und derselben Zeit in allen diesen Dingen zusammen stecken kann? 30. Nicht leicht also gestehe ich es zu, weder meinem Brutus noch den gemeinsamen Lehrern noch jenen Alten, dem Aristoteles, Speusippos, Xenokrates, Polemon, daß sie, obwohl sie das oben Aufgezählte unter die Übel rechnen, doch zugleich sagen, der Weise sei immer glücklich. Wenn sie aber an diesem ausgezeichneten und schönen Ehrennamen, der eines Pythagoras, eines Sokrates, eines Platon so würdig ist, ihre Freude haben, mögen sie sich entschließen, jene Dinge, durch deren Glanz sie sich blenden lassen, Kraft,

letudinem pulchritudinem divitias honores opes contemnere eaque, quae is contraria sint, pro nihilo ducere: tum poterunt clarissima voce profiteri se neque fortunae impetu nec multitudinis opinione nec dolore nec paupertate terreri, omniaque sibi in sese esse posita, nec esse quicquam extra suam potestatem, quod ducant in bonis. 31. nunc et haec loqui, quae sunt magni cuiusdam et alti viri, et eadem, quae vulgus, in malis et bonis numerare concedi nullo modo potest. qua gloria commotus Epicurus exoritur; cui etiam, si dis placet, videtur semper sapiens beatus. hic dignitate huius sententiae capitur, sed numquam id diceret, si ipse se audiret. quid est enim quod minus conveniat, quam ut is, qui vel summum vel solum malum dolorem esse dicat, idem censeat 'quam hoc suave est!' tum, cum dolore crucietur, dicturum esse sapientem? non igitur ex singulis vocibus philosophi spectandi sunt, sed ex perpetuitate atque constantia.

(11) 32. Adducis me, ut tibi adsentiar. sed tua quoque vide ne desideretur constantia.

Quonam modo?

Quia legi tuum nuper quartum de finibus; in eo mihi videbare contra Catonem disserens hoc velle ostendere – quod mihi quidem probatur – inter Zenonem et Peripateticos nihil praeter verborum novitatem interesse. quod si ita est, quid est causae quin, si Zenonis rationi consentaneum sit satis magnam vim in virtute esse ad beate vivendum, liceat idem

Gesundheit, Schönheit, Reichtum, Ehre und Macht geringzuschätzen und ihr Gegenteil für nichts zu achten; dann können sie mit der hellsten Stimme verkünden, sie ließen sich weder durch den Ansturm des Schicksals noch durch die Meinung der Menge noch durch Schmerz oder Armut schrecken, alles ruhe für sie in ihnen selbst und nichts sei außerhalb ihrer Macht, was sie unter die Güter rechneten. 31. So aber kann auf keine Weise zugestanden werden, daß sie einerseits das sagen, was einen großen und stolzen Mann verrät, andrerseits dasselbe wie die große Masse unter Güter und Übel zählen. Durch solchen Ruhm bewegt, tritt Epikur auf. Auch ihm – man sollte es nicht glauben – scheint der Weise immer glücklich zu sein. Er wird durch die Würde dieses Satzes bestochen, aber er würde es nie sagen, wenn er auf sich selber hörte. Was gibt es denn, was in sich widersprüchlicher wäre, als daß der, welcher sagt, das höchste oder einzige Übel sei der Schmerz, zugleich meint, daß der Weise dann, wenn er vom Schmerz gemartert wird, sagen werde: wie süß ist das! Nicht nach einzelnen Worten sind also die Philosophen zu beurteilen, sondern nach ihrer Stetigkeit und ihrer Konsequenz.

32. A.: Du veranlaßt mich, dir beizustimmen. Aber sieh nur bei deinen Ausführungen zu, daß man die Konsequenz nicht vermisse.

M.: Wieso denn?

A.: Weil ich neulich dein viertes Buch über das «Ziel» gelesen habe. Darin schienst du dich mir gegen Cato zu wenden und zeigen zu wollen – was auch meine Billigung findet –, daß zwischen Zenon und den Peripatetikern kein Unterschied bestehe, außer in der Neuartigkeit der Worte. Wenn das aber so ist, was gibt es da für einen Grund, daß es nicht auch den Peripatetikern, wenn es für die Lehre des Zenon konsequent ist, zu sagen, daß die sittliche Persönlichkeit genügend Kraft in sich habe, um glücklich zu leben, erlaubt sein sollte, dasselbe

Peripatetics dicere? rem enim opinor spectari oportere, non verba.

33. Tu quidem tabellis obsignatis agis mecum et testificaris, quid dixerim aliquando aut scripserim. cum aliis isto modo, qui legibus impositis disputant: nos in diem vivimus; quodcumque nostros animos probabilitate percussit, id dicimus, itaque soli sumus liberi. verum tamen, quoniam de constantia paulo ante diximus, non ego hoc loco id quaerendum puto, verumne sit, quod Zenoni placuerit quodque eius auditori Aristoni, bonum esse solum, quod honestum esset, sed si ita esset, tum ⟨fueritne consentaneum⟩, ut totum hoc beate vivere in una virtute poneret. 34. quare demus hoc sane Bruto, ut sit beatus semper sapiens – quam sibi conveniat, ipse viderit; gloria quidem huius sententiae quis est illo viro dignior? –, nos tamen teneamus, ut sit idem beatissimus.

(12) Et si Zeno Citieus, advena quidam et ignobilis verborum opifex, insinuasse se in antiquam philosophiam videtur, huius sententiae gravitas a Platonis auctoritate repetatur, apud quem saepe haec oratio usurpata est, ut nihil praeter virtutem diceretur bonum. velut in Gorgia Socrates, cum esset ex eo quaesitum, Archelaum Perdiccae filium, 35. qui tum fortunatissimus haberetur, nonne beatum putaret, 'haud scio' inquit; 'numquam enim cum eo conlocutus sum. – ain tu? an aliter id scire non potes? – nullo modo. – tu igitur ne de Persarum quidem rege magno potes dicere, beatusne sit? – an ego possim, cum ignorem, quam sit doctus, quam vir bonus? – quid? tu in eo sitam vitam beatam putas? – ita prorsus existimo, bonos bea-

zu sagen? Die Sache muß meiner Ansicht nach nämlich angeschaut werden, nicht das Wort.

33. M.: Du verhandelst ja mit mir urkundlich und bringst als Zeugen vor, was ich einmal gesagt oder geschrieben habe. Mit anderen, die unter auferlegtem Gesetz philosophieren, auf diese Art! Wir leben in den Tag: alles, was unseren Sinn durch seine Wahrscheinlichkeit erschüttert, das sagen wir, und deshalb sind wir allein frei. Jedoch, da wir eben über die Konsequenz gesprochen haben, so ist an diesem Ort, glaube ich, nicht zu untersuchen, ob es wahr ist, was Zenon und was seinem Hörer Ariston richtig schien, daß allein gut sei, was sittlich-schön wäre, sondern, wenn es so wäre, ob es dann ⟨richtig sei⟩, daß er das ganze Glücklichleben allein in die sittliche Persönlichkeit legt. 34. Deshalb gestehen wir dieses auch Brutus ruhig zu, daß der Weise immer glücklich ist; wie er mit sich selber übereinstimmt, mag er selber sehen. Wer ist des Ruhmes jenes Satzes würdiger als dieser Mann? Wir aber wollen daran festhalten, daß er auch vollkommen glücklich ist.

Und wenn Zenon von Kition, ein Zuwanderer und ein Verfertiger von Worten von geringer Herkunft, sich in die alte Philosophie eingeschlichen zu haben scheint, möge die Würde dieses Satzes von einem Platon hergeleitet werden, bei dem oft diese Rede gebraucht worden ist, daß nichts außer der Tugend gut genannt werden sollte. Zum Beispiel sagt Sokrates im Gorgias, als man ihn gefragt hatte, ob er Archelaos, den Sohn des Perdikkas, 35. der damals als der Glücklichste galt, nicht für glücklich hielte: «Ich weiß nicht; ich habe mich noch nie mit ihm unterhalten. – Wie? Kannst du das etwa anders nicht erkennen? – Nein, auf keine Weise. – Du kannst also auch vom Großkönig der Perser nicht sagen, ob er glücklich ist? – Sollte ich das können, wo ich doch nicht weiß, wie gebildet er ist, inwieweit ein guter Mann? – Wie? Du glaubst, darauf beruhe das glückliche Leben? – Solcher Meinung bin ich

tos, improbos miseros. – miser ergo Archelaus? – certe, si iniustus.' 36. videturne omnem hic beatam vitam in una virtute ponere? Quid vero? in Epitaphio quo modo idem? 'nam cui viro' inquit 'ex se ipso apta sunt omnia, quae ad beate vivendum ferunt, nec suspensa aliorum aut bono casu aut contrario pendere ex alterius eventis et errare coguntur, huic optume vivendi ratio comparata est. hic est ille moderatus, hic fortis, hic sapiens, hic et nascentibus et cadentibus cum reliquis commodis, tum maxime liberis parebit et oboediet praecepto illi veteri: neque enim laetabitur umquam nec maerebit nimis, quod semper in se ipso omnem spem reponet sui.' ex hoc igitur Platonis quasi quodam sancto augustoque fonte nostra omnis manabit oratio.

(13) 37. Unde igitur ordiri rectius possumus quam a communi parente natura? quae, quicquid genuit, non modo animal, sed etiam quod ita ortum esset e terra, ut stirpibus suis niteretur, in suo quidque genere perfectum esse voluit. itaque et arbores et vites et ea, quae sunt humiliora neque se tollere a terra altius possunt, alia semper virent, alia hieme nudata verno tempore tepefacta frondescunt, neque est ullum quod non ita vigeat interiore quodam motu et suis in quoque seminibus inclusis, ut aut flores aut fruges fundat aut bacas, omniaque in omnibus, quantum in ipsis sit, nulla vi impediente perfecta sint.

38. facilius vero etiam in bestiis, quod is sensus a natura est datus, vis ipsius naturae perspici potest. namque alias bestias

ganz und gar, daß die Guten glücklich, die Ruchlosen elend sind. – Elend also Archelaos? – Gewiß, wenn er ungerecht ist.» – 36. Scheint er nicht das glückliche Leben allein in die sittliche Persönlichkeit zu setzen? Wie gar? Wie spricht derselbe Mann im Epitaphios? «Denn dem Manne, dem alles, was zum glücklichen Leben führt, von ihm selbst abhängig ist und nicht, verknüpft mit dem guten oder gegenteiligen Geschick anderer, gezwungen wird, von den Erfolgen des anderen abzuhängen und in der Irre zu sein, dem ist der Weg, wie man am besten leben könne, bereitet. Das ist jener Maßvolle, das der Tapfere, das der Weise; dieser Mann wird beim Entstehen und Hinsinken sowohl der übrigen Glücksgüter als auch besonders der Kinder jener alten Weisung gehorchen und sich fügen; denn er wird niemals sich zu sehr freuen oder betrüben, weil er immer alle Hoffnung auf sich in sich selbst setzen wird.» Aus dieser heiligen und erhabenen Quelle Platons, wenn ich so sagen darf, wird unsere ganze Rede strömen.

37. Womit können wir richtiger beginnen als mit unserer gemeinsamen Mutter Natur? Was immer sie hervorgebracht hat, nicht nur das Lebewesen, sondern auch, was so aus der Erde entstand, daß es sich auf seine Wurzeln stützt, sollte nach ihrem Willen ein jedes in seiner Art vollkommen sein. Und so grünen die Bäume und Rebstöcke und das, was niedriger ist und sich nicht von der Erde höher zu erheben vermag, teils immer, teils bedecken sie sich, im Winter entblößt, im Frühling erwärmt mit Laub, und es gibt nichts, was nicht durch eine Art innere Bewegung und dadurch, daß die eigenen Samen in einem jeden eingeschlossen sind, so kräftig wäre, daß es nicht entweder Blüten oder Früchte oder Beeren spendete und alles in allem, soweit es in ihnen selbst liegt, nicht in sich vollkommen wäre, wenn keine Kraft hindert.

38. Noch leichter aber gar läßt sich bei den Tieren, weil ihnen von der Natur Empfindung gegeben wurde, die Kraft der

nantis aquarum incolas esse voluit, alias volucres caelo frui libero, serpentis quasdam, quasdam esse gradientis, earum ipsarum partim solivagas, partim congregatas, inmanis alias, quasdam autem cicures, non nullas abditas terraque tectas. atque earum quaeque suum tenens munus, cum in disparis animantis vitam transire non possit, manet in lege naturae. et ut bestiis aliud alii praecipui a natura datum est, quod suum quaeque retinet nec discedit ab eo, sic homini multo quiddam praestantius; etsi praestantia debent ea dici, quae habent aliquam comparationem, humanus autem animus decerptus ex mente divina cum alio nullo nisi cum ipso deo, si hoc fas est dictu, comparari potest. 39. hic igitur si est excultus et si eius acies ita curata est, ut ne caecaretur erroribus, fit perfecta mens, id est absoluta ratio, quod est idem virtus. et si omne beatum est, cui nihil deest, et quod in suo genere expletum atque cumulatum est, idque virtutis est proprium, certe omnes virtutis compotes beati sunt.

Et hoc quidem mihi cum Bruto convenit, id est cum Aristotele Xenocrate Speusippo Polemone. sed mihi videntur etiam beatissimi. 40. quid enim deest ad beate vivendum ei, qui confidit suis bonis? aut, qui diffidit, beatus esse qui potest? at diffidat necesse est, qui bona dividit tripertito. (14) qui enim poterit aut corporis firmitate aut fortunae stabilitate confidere? atqui nisi stabili et fixo et permanente bono beatus esse nemo

Natur selbst erkennen. Denn nach ihrem Willen schwimmen die einen Tiere und sind Bewohner des Wassers, andere genießen als Vögel den freien Äther, manche kriechen, manche schreiten. Von diesen selbst sind manche Einzelgänger, manche zusammengeschart, die einen wild, manche aber zahm, einige verborgen und von der Erde bedeckt. Und ein jedes von ihnen bewahrt seine Bestimmung und bleibt, da es in das Leben eines von ihm verschiedenen Lebewesens nicht übergehen kann, im Gesetz der Natur. Und wie den Tieren dem einen dies, dem anderen jenes ausgezeichnete Merkmal von Natur gegeben ist, das ein jedes als eigen festhält und von dem es nicht abweicht, so dem Menschen etwas viel Hervorragenderes; freilich darf hervorragend nur das geheißen werden, was irgendwie einen Vergleich zuläßt; die menschliche Seele aber, ein Stück doch göttlichen Geistes, kann mit nichts anderem außer mit Gott selbst verglichen werden, wenn man das sagen darf. 39. Wenn sie gebildet ist und wenn ihre Sehschärfe so sorgfältig gepflegt ist, daß sie nicht durch Irrtümer geblendet wird, entsteht der vollkommene Geist, das ist die unabhängige Vernunft, was dasselbe ist wie Tugend oder sittliche Persönlichkeit oder Vollkommenheit. Und wenn alles das glücklich ist, dem nichts fehlt und das in seiner Art erfüllt und vollständig ist, und wenn das der Wesenszug der Tugend ist, sind sicher alle, die im Besitze der Tugend sind, glücklich.

Und hierin stimme ich mit Brutus, das heißt mit Aristoteles, Xenokrates, Speusipp und Polemon zusammen. Mir scheinen sie aber auch vollkommen glücklich. 40. Was fehlt denn dem zum glücklichen Leben, der auf seine eigenen Güter baut? Oder wie kann glücklich sein, wer daran zweifelt? Zweifeln aber muß notwendig, wer die Güter dreifach teilt. Wie wird er denn auf die Festigkeit des Körpers oder die Beständigkeit des Geschickes vertrauen können? Niemand jedoch wird glücklich sein können, außer wenn das Gute fest, beständig und

potest. quid ergo eius modi istorum est? ut mihi Laconis illud dictum in hos cadere videatur, qui glorianti cuidam mercatori, quod multas navis in omnem oram maritimam demisisset, 'non sane optabilis quidem ista' inquit 'rudentibus apta fortuna'. an dubium est quin nihil sit habendum in eo genere, quo vita beata compleatur, si id possit amitti? nihil enim interarescere, nihil extingui, nihil cadere debet eorum, in quibus vita beata consistit. nam qui timebit ne quid ex is deperdat, beatus esse non poterit. 41. volumus enim eum, qui beatus sit, tutum esse, inexpugnabilem, saeptum atque munitum, non ut parvo metu praeditus sit, sed ut nullo. ut enim innocens is dicitur, non qui leviter nocet, sed qui nihil nocet, sic sine metu is habendus est, non qui parva metuit, sed qui omnino metu vacat. quae est enim alia fortitudo nisi animi adfectio cum in adeundo periculo et in labore ac dolore patiens, tum procul ab omni metu? atque haec certe non ita se haberent, nisi omne bonum in una honestate consisteret. 42. qui autem illam maxume optatam et expetitam securitatem – securitatem autem nunc appello vacuitatem aegritudinis, in qua vita beata posita est – habere quisquam potest, cui aut adsit aut adesse possit multitudo malorum? qui autem poterit esse celsus et erectus et ea, quae homini accidere possunt, omnia parva ducens, qualem sapientem esse volumus, nisi omnia sibi in se posita censebit? an Lacedaemonii Philippo minitante per litteras se omnia quae conarentur prohibiturum quaesiverunt, num se esset etiam mori prohibiturus: vir is, quem quaerimus, non multo facilius

dauernd ist. Was also von dieser Art besitzen diese Leute? Jenes Wort des Spartaners scheint mir auf sie zuzutreffen. Er antwortete einem Kaufherrn, der sich rühmte, daß er viele Schiffe an alle Meeresküsten geschickt hätte: «Nicht recht wünschenswert ist dieses dein an die Taue geknüpftes Glück.» Oder ist es etwa zweifelhaft, daß man nichts unter die Gattung, durch die das glückliche Leben ausgefüllt wird, rechnen darf, wenn es verloren werden kann? Nichts nämlich darf verdorren, nichts erlöschen, nichts stürzen von den Dingen, in denen das glückliche Leben ruht. Denn wer in Furcht sein wird, daß er etwas von ihnen verliert, wird nicht glücklich sein können. 41. Wir wollen, daß der, der glücklich ist, sicher sei, unüberwindbar, geschützt und umhegt, nicht, daß er mit *geringer* Furcht belastet sei, sondern mit *keiner*. Wie nämlich unschuldig geheißen wird nicht wer nur wenig schadet, sondern wer gar nicht schadet, so hat als ein Mann ohne Furcht zu gelten nicht wer nur in Geringem Furcht hat, sondern wer gänzlich frei von Furcht ist. Was ist denn Tapferkeit anderes als die Seelenhaltung, die erstens im Angehen von Gefahren und in Strapazen und Schmerz aushaltend, dann vor allem aber fern von jeder Furcht ist? Und das würde sich gewiß nicht so verhalten, wenn nicht jedes Gut allein im Sittlich-Schönen bestünde. 42. Wie aber könnte jemand jene so heiß ersehnte und erstrebte Sicherheit – Sicherheit aber nenne ich jetzt die Freiheit von Kummer, in der das glückliche Leben ruht – besitzen, den eine Menge Übel bedrängt oder bedrängen kann? Wie aber wird einer erhaben, stolz und voll Nichtachtung gegen alles, was dem Menschen zustoßen kann, zu sein vermögen, so wie der Weise sein soll, wenn er nicht der Überzeugung ist, daß für ihn alles in ihm selbst ruht? Oder haben die Spartaner, als Philipp brieflich drohte, er werde alles hindern, was sie unternähmen, gefragt, ob er sie auch zu sterben hindern würde; der Mann, den wir suchen, soll dagegen nicht viel leichter von

tali animo reperietur quam civitas universa? quid? ad hanc fortitudinem, de qua loquimur, temperantia adiuncta, quae sit moderatrix omnium commotionum, quid potest ad beate vivendum deesse ei, quem fortitudo ab aegritudine et a metu vindicet, temperantia cum a libidine avocet, tum insolenti alacritate gestire non sinat? haec efficere virtutem ostenderem, nisi superioribus diebus essent explicata. (15) 43. Atque cum perturbationes animi miseram, sedationes autem vitam efficiant beatam, duplexque ratio perturbationis sit, quod aegritudo et metus in malis opinatis, in bonorum autem errore laetitia gestiens libidoque versetur, cum omnia cum consilio et ratione pugnent, his tu tam gravibus concitationibus tamque ipsis inter se dissentientibus atque distractis quem vacuum solutum liberum videris, hunc dubitabis beatum dicere? atqui sapiens semper ita adfectus est; semper igitur sapiens beatus est.

Atque etiam omne bonum laetabile est; quod autem laetabile, id praedicandum et prae se ferendum; quod tale autem, id etiam gloriosum; si vero gloriosum, certe laudabile; quod laudabile autem, profecto etiam honestum; quod bonum igitur, id honestum. 44. at quae isti bona numerant, ne ipsi quidem honesta dicunt; solum igitur bonum, quod honestum; ex quo efficitur honestate una vitam contineri beatam. Non sunt igitur ea bona dicenda nec habenda, quibus abundantem licet esse miserrimum. 45. an dubitas quin praestans valetudine, viribus, forma, acerrumis integerrumisque sensibus, adde etiam, si lubet, pernicitatem et velocitatem, da divitias, honores, imperia,

solcher Sinnesart erfunden werden als ein ganzer Staat? Wie? Wenn sich zu dieser Tapferkeit, von der wir sprechen, die Beherrschung gesellt, die die Ausgleicherin aller Wallungen ist, was kann dann am glücklichen Leben dem fehlen, den die Tapferkeit von Kummer und Furcht befreit, die Beherrschung sowohl von der Begierde zurückruft als auch besonders nicht in frecher Ausgelassenheit tollen läßt? Daß dieses die sittliche Persönlichkeit bewirkt, würde ich darlegen, wenn es nicht an den vorhergehenden Tagen entwickelt worden wäre. 43. Und da die Verwirrungen der Seele Elend, Beruhigung aber das glückliche Leben bewirkt und zwiefach die Beschaffenheit der Verwirrung ist, da Kummer und Furcht in vermeintlichen Übeln, in einem Irrtum aber über die Güter ausgelassene Lust und Begierde sich auswirken, indem alle mit weisem Rat und Vernunft im Streite liegen: willst du dann zögern, den, welchen du von diesen so schweren und so in sich uneinigen und zwiespältigen Aufregungen frei, erlöst und ledig siehst, als glücklich anzusprechen? Der Weise jedoch ist immer so gestimmt; immer ist er also glücklich.

Und außerdem ist ein jedes Gut erfreulich, weil aber erfreulich, ist es zu preisen und stolz zu zeigen; was aber so beschaffen ist, das ist auch rühmlich; wenn aber rühmlich, sicher lobenswert; was aber lobenswert, in der Tat auch sittlich-schön. Was also gut, ist sittlich-schön. 44. Was diese Leute aber unter die Güter rechnen, heißen sie nicht einmal selbst sittlich-schön; also ist allein gut, was sittlich-schön ist; woraus sich ergibt, daß das glückliche Leben allein im Sittlich-Schönen beschlossen liegt. Nicht darf man also das als Güter bezeichnen und dafür halten, in dessen Überfluß man der unglücklichste Mensch sein kann. 45. Oder zweifelst du etwa, daß einer, der hervorragt durch Gesundheit, Körperkraft, Schönheit, die schärfsten und unverdorbensten Sinne, füge, wenn's beliebt, auch noch Raschheit und Schnelligkeit hinzu, gib Reichtum,

opes, gloriam – si fuerit is, qui haec habet, iniustus, intemperans, timidus, hebeti ingenio atque nullo, dubitabisne eum miserum dicere? qualia igitur ista bona sunt, quae qui habeat miserrimus esse possit? Videamus ne, ut acervus ex sui generis granis, sic beata vita ex sui similibus partibus effici debeat. quod si ita est, ex bonis, quae sola honesta sunt, efficiendum est beatum; ea mixta ex dissimilibus si erunt, honestum ex is effici nihil poterit; quo detracto quid poterit beatum intellegi? Etenim, quicquid est, quod bonum sit, id expetendum est; quod autem expetendum, id certe adprobandum; quod vero adprobaris, id gratum acceptumque habendum; ergo etiam dignitas ei tribuenda est. quod si ita est, laudabile sit necesse est; bonum igitur omne laudabile. ex quo efficitur, ut, quod sit honestum, id sit solum bonum. (16) 46. Quod ni ita tenebimus, multa erunt, quae nobis bona dicenda sint; omitto divitias – quas cum quivis quamvis indignus habere possit, in bonis non numero; quod enim est bonum, id non quivis habere potest –, omitto nobilitatem famamque popularem stultorum inproborumque consensu excitatam: haec, quae sunt minima, tamen bona dicantur necesse est, candiduli dentes, venusti oculi, color suavis et ea quae Anticlea laudat Ulixi pedes abluens:

Lénitudo orátionis, móllitudo córporis.

ea si bona ducemus, quid erit in philosophi gravitate quam in volgi opinione stultorumque turba quod dicatur aut gravius

Ehre, Herrschaft, Macht, Ruhm: wenn der, der dieses hat, ungerecht, unbeherrscht, ängstlich, schwachen Geistes und gar ohne Geist ist, wirst du dann zögern, ihn bedauernswert zu nennen? Welcher Art sind also die Güter, in deren Besitz jemand der unglücklichste Mensch sein kann? Sehen wir zu, daß nicht wie ein Haufen aus Körnern der eigenen Art, so auch das glückliche Leben nur aus ihm selbst ähnlichen Teilen entstehen kann. Wenn das so ist, ist das Glück nur durch Güter, die rein sittlicher Art sind, zu erreichen. Wenn sie aus verschiedenartigen gemischt sind, wird aus ihnen nichts Sittlich-Schönes entstehen können, und wenn das wegfällt, worin wird dann das Glück erkannt werden können? Denn was es auch immer sei, was ein Gut ist, es ist erstrebenswert; was aber erstrebenswert, das verdient sicherlich Beifall; das aber, dem du Beifall zollst, ist für angenehm und willkommen zu halten; also ist ihm auch Würde zuzusprechen. Ist es aber so, so muß es notwendig lobenswert sein; jedes Gut also ist lobenswert. Daraus ergibt sich, daß allein was sittlich-schön ist, gut ist. 46. Wenn wir aber nicht so daran festhalten, wird es vieles geben, was wir als Güter ansprechen müssen; ich lasse den Reichtum beiseite: da ihn ein jeder noch so Unwürdige besitzen kann, zähle ich ihn nicht zu den Gütern; was nämlich ein Gut ist, das kann nicht jeder beliebige haben; ich lasse beiseite Adel und Ruhm beim Volke, der durch die Übereinstimmung von Dummköpfen und Bösen aufgerührt wurde: Folgendes, was von ganz geringem Wert ist, muß man doch notwendig als Güter ansprechen, hübsche weiße Zähne, verführerische Augen, liebliche Farbe und das, was Antikleia lobt, als sie Odysseus die Füße badet:

sanfter Fluß der Redekraft und Weichheit seiner Körperform.

Wenn wir das für Güter halten, was wird es dann in dem sittlichen Ernst des Philosophen geben, was gewichtiger und er-

aut grandius? 47. At enim eadem Stoici 'praecipua' vel 'producta' dicunt, quae 'bona' isti. dicunt illi quidem, sed is vitam beatam compleri negant; hi autem sine is esse nullam putant aut, si sit beata, beatissimam certe negant. nos autem volumus beatissimam, idque nobis Socratica illa conclusione confirmatur. sic enim princeps ille philosophiae disserebat: qualis cuiusque animi adfectus esset, talem esse hominem; qualis autem homo ipse esset, talem eius esse orationem; orationi autem facta similia, factis vitam. adfectus autem animi in bono viro laudabilis; et vita igitur laudabilis boni viri; et honesta ergo, quoniam laudabilis. ex quibus bonorum beatam vitam esse concluditur. 48. Etenim, pro deorum atque hominum fidem! parumne cognitum est superioribus nostris disputationibus, an delectationis et otii consumendi causa locuti sumus, sapientem ab omni concitatione animi, quam perturbationem voco, semper vacare, semper in animo eius esse placidissimam pacem? vir igitur temperatus, constans, sine metu, sine aegritudine, sine alacritate ulla, sine libidine nonne beatus? at semper sapiens talis; semper igitur beatus. Iam vero qui potest vir bonus non ad id, quod laudabile sit, omnia referre, quae agit quaeque sentit? refert autem omnia ad beate vivendum; beata igitur vita laudabilis; nec quicquam sine virtute laudabile: beata igitur vita virtute conficitur.

habener gesagt würde als in der Meinung des Haufens und dem Gewühl der Dummköpfe? – 47. Aber die Stoiker nennen doch eben dieselben Dinge, die diese Leute Güter heißen, naturgemäße Vorzüge und Vorteile. – Das sagen sie zwar, aber sie bestreiten, daß durch sie das glückliche Leben erfüllt werde; die aber meinen, ohne sie gäbe es keines, oder wenn es ein glückliches Leben gäbe, bestreiten sie jedenfalls, ein ganz glückliches. Wir aber behaupten, ein vollkommen glückliches, und das bestätigt sich uns durch den berühmten sokratischen Schluß. So nämlich pflegte der Begründer der Philosophie seinen Beweis zu führen: wie eines jeden seelischer Zustand sei, so sei der Mensch, wie aber der Mensch selbst sei, so seine Rede; der Rede aber seien die Taten ähnlich, den Taten das Leben. Der Zustand der Seele aber sei bei einem guten Manne löblich, und also sei auch das Leben eines guten Mannes löblich und also auch sittlich-schön, da ja lobenswert; woraus geschlossen wird, daß das Leben des Guten glücklich ist. Mit Recht! 48. Denn bei allem, was wahr ist unter Göttern und Menschen! Hat man unsere früheren Gespräche nicht recht verstanden, oder haben wir etwa zum Vergnügen und um unsere freie Zeit zu verbringen, gesprochen, daß der Weise von aller Aufregung der Seele, die ich Verwirrung nenne, immer frei ist, daß immer in seiner Seele der sanfteste Frieden herrscht? Ein Mann nun, der beherrscht, in sich gefestigt, ohne Furcht, ohne Kummer, ohne irgendwelche Ausgelassenheit, ohne Begierde ist, ist er nicht glücklich? Immer aber ist der Weise so beschaffen; immer also ist er glücklich. Vollends: muß der Weise nicht alles, was er tut und was er empfindet, auf das, was lobenswert ist, beziehen? Er bezieht aber alles auf das glückliche Leben; das glückliche Leben ist also lobenswert. Nichts aber ist ohne Tugend und Vollkommenheit lobenswert; das glückliche Leben wird also durch die Tugend bewirkt.

(17) 49. Atque hoc sic etiam concluditur: nec in misera vita quicquam est praedicabile aut gloriandum nec in ea, quae nec misera sit nec beata. et est in aliqua vita praedicabile aliquid et gloriandum ac prae se ferendum, ut Epaminondas:

Consiliis nostris laus est attonsa Laconum,

ut Africanus:

A sole exoriente supra Maeotis paludes
Nemo est qui factis aequiperare queat.

50. quod si ⟨est⟩, beata vita glorianda et praedicanda et prae se feranda est; nihil est enim aliud quod praedicandum et prae se ferendum sit. quibus positis intellegis quid sequatur. Et quidem, nisi ea vita beata est, quae est eadem honesta, sit aliud necesse est melius vita beata; quod erit enim honestum, certe fatebuntur esse melius. ita erit beata vita melius aliquid; quo quid potest dici perversius? Quid? cum fatentur satis magnam vim esse in vitiis ad miseram vitam, nonne fatendum est eandem vim ⟨in⟩ virtute esse ad beatam vitam? contrariorum enim contraria sunt consequentia.

51. Quo loco quaero, quam vim habeat libra illa Critolai, qui cum in alteram lancem animi bona imponat, in alteram corporis et externa, tantum propendere illam [boni] lancem putet, ut terram et maria deprimat. (18) quid ergo aut hunc prohibet aut etiam Xenocratem illum gravissimum philosopho-

49. Auch auf folgende Weise führt es zu einem Schluß: weder in einem jämmerlichen Leben gibt es etwas Preiswürdiges oder Rühmenswertes noch in dem, das weder jämmerlich noch glücklich ist. Und es gibt doch in manchem Leben etwas Preiswürdiges, Rühmliches, etwas, was man zeigen kann, wie Epameinodas:

Unser Ratschlag war's, der den Ruhm der Spartaner geschoren,

wie Africanus:

Weit vom Aufgang der Sonne, weit jenseits des Sumpfs der Maeotis,
niemand gibt es da, der mich an Taten erreicht.

50. Ist das so, dann ist das glückliche Leben zu rühmen, zu preisen und vorzuzeigen. Nichts gibt es nämlich anderes, was man preisen und vorzeigen sollte. Setzt man das, siehst du, was folgt; und zwar muß, wenn nicht dies das glückliche Leben ist, das zugleich sittlich-schön ist, etwas anderes besser sein als das glückliche Leben; was nämlich sittlich-schön ist, ist sicherlich, das werden sie gestehen, besser. So wird es etwas Besseres geben als das glückliche Leben. Gibt es etwas Verkehrteres, das sich sagen ließe? Wie? Wenn sie zugeben, daß in den Lastern genügend große Wirkkraft steckt zu einem elenden Leben, muß man dann nicht auch einräumen, daß die gleiche Kraft in der sittlichen Persönlichkeit zum glücklichen Leben ruht? Aus Gegensätzlichem folgt nämlich Gegensätzliches.

51. Hier frage ich, welche Bedeutung die berühmte Waage des Kritolaos hat. Wenn dieser auf die eine Waagschale die Güter der Seele, auf die andere die des Körpers und die äußeren legt, ist er der Ansicht, daß die erste Schale [der Güter der Seele] so tief sinke, daß sie Erde und Meer herabdrücke. Was hindert also ihn oder auch Xenokrates, jenen so überaus ge-

rum, exaggerantem tantopere virtutem, extenuantem cetera et abicientem, in virtute non beatam modo vitam, sed etiam beatissimam ponere? 52. quod quidem nisi fit, virtutum interitus consequetur. nam in quem cadit aegritudo, in eundem metum cadere necesse est (est enim metus futurae aegritudinis sollicita expectatio); in quem autem metus, in eundem formido timiditas pavor ignavia; ergo, ut idem vincatur interdum nec putet ad se praeceptum illud Atrei pertinere:

Proinde íta parent se in víta, ut vinci nésciant.

hic autem vincetur, ut dixi, nec modo vincetur, sed etiam serviet; at nos [autem] virtutem semper liberam volumus, semper invictam; quae nisi sunt, sublata virtus est. 53. Atque si in virtute satis est praesidii ad bene vivendum, satis est etiam ad beate; satis est enim certe in virtute, ut fortiter vivamus; si fortiter, etiam ut magno animo, et quidem ut nulla re umquam terreamur semperque simus invicti. sequitur, ut nihil paeniteat, nihil desit, nihil obstet; ergo omnia profluenter absolute prospere, igitur beate. satis autem virtus ad fortiter vivendum potest; satis ergo etiam ad beate. 54. Etenim ut stultitia, etsi adepta est quod concupivit, numquam se tamen satis consecutam putat, sic sapientia semper eo contenta est quod adest, neque eam umquam sui paenitet.

(19) Similemne putas C. Laelii unum consulatum fuisse, et eum quidem cum repulsa (si, cum sapiens et bonus vir, qualis

wichtigen Philosophen, wenn er die sittliche Persönlichkeit so betont, das übrige so abschwächt und wegwerfend behandelt, in die sittliche Persönlichkeit nicht nur das glückliche Leben, sondern auch das vollkommen glückliche zu legen? 52. Wenn *das* nicht geschieht, wird die Vernichtung der Tugenden die Folge sein. Denn wen Kummer befällt, den muß notwendig auch Furcht befallen; Furcht ist nämlich aufgeregte Erwartung eines bevorstehenden Kummers; wen aber Furcht, den auch Schrecken, Ängstlichkeit, Schauder und Verzagtheit; so daß er also auch bisweilen überwunden wird und nicht glaubt, daß der berühmte Rat des Atreus auch ihm gälte:

im Leben halt dich so, daß Weichen du nicht kennst!

Dieser aber wird, wie gesagt, überwunden werden, und er wird nicht nur überwunden werden, sondern er wird auch Sklave sein; wir aber wollen, daß die sittliche Persönlichkeit immer frei, immer unbesieglich sei; ist das nicht so, ist die sittliche Persönlichkeit aufgehoben. 53. Und wenn in der sittlichen Persönlichkeit genug Rückhalt ist, um gut zu leben, so ist auch genug da, um glücklich zu leben. Genug ist sicherlich nämlich in der sittlichen Persönlichkeit, um tapfer zu leben; wenn tapfer, auch um hochgemut, und zwar so, daß wir uns niemals durch etwas schrecken lassen und immer unüberwindbar sind. Es folgt daraus, daß nichts bereut werden müßte, nichts fehlt, nichts hindern kann; also alles sich reich, vollkommen und günstig, also glücklich verhält. Genügend Kraft aber hat die sittliche Persönlichkeit, um tapfer zu leben; genug also auch, um glücklich zu leben. 54. Denn wie die Torheit, auch wenn sie erreicht hat, was sie begehrte, doch niemals glaubt, genug erreicht zu haben, so ist die Weisheit immer mit dem zufrieden, was da ist, und ist sich ihrer nie überdrüssig.

Ist deiner Ansicht nach das eine Konsulat des Gaius Laelius und noch dazu eines nach einem Wahldurchfall vergleich-

ille fuit, suffragiis praeteritur, non populus [a bono consule] potius quam ille [a bono populo] repulsam fert) – sed tamen utrum malles te, si potestas esset, semel ut Laelium consulem an ut Cinnam quater? 55. non dubito, tu quid responsurus sis; itaque video, cui committam. non quemvis hoc idem interrogarem; responderet enim alius fortasse se non modo quattuor consulatus uni anteponere, sed unum diem Cinnae multorum et clarorum virorum totis aetatibus. Laelius si digito quem attigisset, poenas dedisset; at Cinna collegae sui consulis Cn. Octavii praecidi caput iussit, P. Crassi L. Caesaris, nobilissimorum hominum, quorum virtus fuerat domi militiaeque cognita, M. Antonii, omnium eloquentissimi quos ego audierim, C. Caesaris, in quo mihi videtur specimen fuisse humanitatis salis suavitatis leporis. beatusne igitur, qui hos interfecit? mihi contra non solum eo videtur miser, quod ea fecit, sed etiam quod ita se gessit, ut ea facere ei liceret (etsi peccare nemini licet; sed sermonis errore labimur; id enim licere dicimus, quod cuique conceditur). 56. utrum tandem beatior C. Marius tum, cum Cimbricae victoriae gloriam cum collega Catulo communicavit, paene altero Laelio – nam hunc illi duco simillimum –, an cum civili bello victor iratus necessariis Catuli deprecantibus non semel respondit, sed saepe: ‘moriatur’? in quo beatior ille, qui huic nefariae voci paruit, quam is, qui tam scelerate

bar gewesen (wenn, sooft ein weiser und guter Mann wie jener bei der Wahl übergangen wird, nicht vielmehr das Volk [von dem guten Konsul] als er [vom guten Volk] eine Zurückweisung erfährt) – aber was würdest du lieber wollen, wenn du die Macht hättest, daß du einmal ein Konsul wie Laelius oder viermal wie Cinna wärest? 55. Ich zweifle nicht, was du antworten wirst; und so sehe ich, wem ich die Entscheidung überlasse. Nicht jeden beliebigen würde ich dasselbe fragen, ein anderer würde nämlich vielleicht antworten, daß er nicht nur vier Konsulate einem vorziehe, sondern einen Tag des Cinna dem ganzen Leben vieler erlauchter Männer. Wenn Laelius jemand mit dem Finger angerührt hätte, wäre er bestraft worden. Aber Cinna ließ seinem Mitkonsul, dem Gnaeus Octavius, den Kopf abschneiden, dem Publius Crassus, dem Lucius Caesar, Männern aus dem höchsten Adel, deren Tüchtigkeit in Krieg und Frieden erprobt war, dem Marcus Antonius, dem beredtesten von allen, die ich je gehört habe, dem Gaius Caesar, in dem, wie mir scheint, ein Muster lebte von Menschlichkeit, Witz, angenehmem Wesen und Anmut. Ist der nun glücklich, der diese Leute getötet hat? Mir dagegen scheint er nicht nur deswegen elend, weil er das getan hat, sondern auch, weil er sich so aufgeführt hat, daß es ihm erlaubt war, das zu tun. (Freilich ist es niemandem erlaubt, sich zu vergehen; aber wir straucheln durch einen Irrtum der Sprache; das nämlich, sagen wir, ist erlaubt, was einem jeden zugestanden wird.) 56. War denn endlich Gaius Marius glücklicher, als er den Ruhm des Kimbernsieges mit seinem Mitkonsul Catulus teilte, fast einem zweiten Laelius – denn dieser, meine ich, ist jenem am ähnlichsten –, oder als er, Sieger im Bürgerkrieg, zornig den Verwandten des Catulus, die für ihn baten, nicht einmal, sondern oft zur Antwort gab: «Er soll sterben!»? In einer solchen Lage ist der, der diesem ruchlosen Worte gehorchte, glücklicher als der, der einen so verbreche-

imperavit. nam cum accipere quam facere praestat iniuriam, tum morti iam ipsi adventanti paulum procedere ob viam, quod fecit Catulus, quam quod Marius, talis viri interitu sex suos obruere consulatus et contaminare extremum tempus aetatis.

(20) 57. Duodequadraginta annos tyrannus Syracusanorum fuit Dionysius, cum quinque et viginti natus annos dominatum occupavisset. qua pulchritudine urbem, quibus autem opibus praeditam servitute oppressam tenuit civitatem! atqui de hoc homine a bonis auctoribus sic scriptum accepimus, summam fuisse eius in victu temperantiam in rebusque gerundis virum acrem et industrium, eundem tamen maleficum natura et iniustum; ex quo omnibus bene veritatem intuentibus videri necesse est miserrimum. ea enim ipsa, quae concupierat, ne tum quidem, cum omnia se posse censebat, consequebatur. 58. qui cum esset bonis parentibus atque honesto loco natus – etsi id quidem alius alio modo tradidit – abundaretque et aequalium familiaritatibus et consuetudine propinquorum, haberet etiam more Graeciae quosdam adulescentis amore coniunctos, credebat eorum nemini, sed is quos ex familiis locupletium servos delegerat, quibus nomen servitutis ipse detraxerat, et quibusdam convenis et feris barbaris corporis custodiam committebat. ita propter iniustam dominatus cupiditatem in carcerem quodam modo ipse se incluserat. quin etiam ne tonsori collum committeret, tondere filias suas docuit. ita sordido ancillarique artificio regiae virgines ut tonstriculae tonde-

rischen Befehl gab. Denn es ist besser, Unrecht zu erleiden als zu tun, besonders aber dem Tode, der ihm schon selbst nahte, ein wenig entgegenzuschreiten, was Catulus tat, als – was Marius tat – durch die Vernichtung eines solchen Mannes sechs eigene Konsulate zu verdunkeln und die letzte Zeit des Lebens zu beflecken.

57. Achtunddreißig Jahre war Dionys Tyrann der Syrakusaner, nachdem er, fünfundzwanzig Jahre alt, die Herrschaft an sich gerissen hatte. Eine Stadt von welcher Schönheit, eine Bürgerschaft von welchem Reichtum hielt er in Knechtschaft unterdrückt! Und doch lesen wir über diesen Mann bei guten Schriftstellern, daß seine Mäßigkeit in der Lebensführung überaus groß war, daß er in seiner Tätigkeit energisch und fleißig, daß er aber zugleich doch bösartig von Natur und ungerecht war. Deshalb muß er allen, welche die Wahrheit richtig zu erschauen vermögen, notwendig überaus unglücklich erscheinen. Gerade das nämlich, was er begehrt hatte, erlangte er auch da nicht, als er glaubte, alles zu vermögen. 58. Denn obwohl er von guten Eltern und aus angesehenem Hause stammte – freilich berichtet das der eine so, der andere so – und überreich war an Freundschaften mit Gleichaltrigen und Umgang mit Verwandten, auch nach griechischer Sitte einige Jünglinge hatte, die ihm in Liebe verbunden waren, vertraute er doch keinem von ihnen, sondern den Sklaven, die er aus den Gesindestuben der Begüterten ausgewählt und denen er die Bezeichnung Sklaven selbst genommen hatte, und irgendwelchem zusammengelaufenen Volk und wilden Barbaren übertrug er den Schutz seiner Person. So hatte er sich wegen seiner ungerechten Begierde nach Herrschaft selbst auf gewisse Weise in einen Kerker eingeschlossen. Ja, um nicht dem Barbier seinen Hals hinhalten zu müssen, ließ er seine Töchter das Bartscheren lehren. So schoren in einer schmutzigen Mägdebeschäftigung königliche Jungfrauen, wie Friseusen, Bart und Haar des Va-

bant barbam et capillum patris. et tamen ab is ipsis, cum iam essent adultae, ferrum removit instituitque, ut candentibus iuglandium putaminibus barbam sibi et capillum adurerent. 59. cumque duas uxores haberet, Aristomachen civem suam, Doridem autem Locrensem, sic noctu ad eas ventitabat, ut omnia specularetur et perscrutaretur ante. et cum fossam latam cubiculari lecto circumdedisset eiusque fossae transitum ponticulo ligneo coniunxisset, eum ipsum, cum forem cubiculi clauserat, detorquebat. idemque cum in communibus suggestis consistere non auderet, contionari ex turri alta solebat. 60. atque is cum pila ludere vellet – studiose enim id factitabat – tunicamque poneret, adulescentulo, quem amabat, tradidisse gladium dicitur. hic cum quidam familiaris iocans dixisset: 'huic quidem certe vitam tuam committis' adrisissetque adulescens, utrumque iussit interfici, alterum, quia viam demonstravisset interimendi sui, alterum, quia dictum id risu adprobavisset. atque eo facto sic doluit, nihil ut tulerit gravius in vita; quem enim vehementer amarat, occiderat. sic distrahuntur in contrarias partis impotentium cupiditates. cum huic obsecutus sis, illi est repugnandum. (21) 61. Quamquam hic quidem tyrannus ipse iudicavit, quam esset beatus. nam cum quidam ex eius adsentatoribus, Damocles, commemoraret in sermone copias eius, opes, maiestatem dominatus, rerum abundantiam, magnificentiam aedium regiarum negaretque umquam beatiorem quemquam fuisse, 'visne igitur' inquit, 'o Damocle, quoniam te haec vita delectat, ipse eam degustare et fortunam experiri meam?' cum se ille cupere dixisset, conlocari iussit hominem in aureo lecto strato pulcherrimo textili

ters. Jedoch selbst diesen nahm er, als sie schon herangewachsen waren, das Eisen und bestimmte, sie sollten mit glühenden Nußschalen ihm den Bart und das Haar abbrennen. 59. Und da er zwei Frauen hatte, Aristomache, seine Mitbürgerin, Doris aber aus Lokroi, pflegte er so nachts zu ihnen zu gehen, daß er vorher alles ausspähte und durchsuchte. Und da er einen breiten Graben um sein Schlafzimmerbett gelegt und einen Übergang über diesen Graben mit einer hölzernen kleinen Brücke geschaffen hatte, so drehte er sie selbst weg, wenn er die Tür zu seinem Schlafgemach verschlossen hatte. Ebenso pflegte er, da er auf die allgemeine Tribüne sich nicht zu stellen wagte, von einem hohen Turm herab seine Reden zu halten. 60. Er soll auch, als er Ball spielen wollte – das tat er nämlich leidenschaftlich gern – und die Tunika ablegte, einem Jüngling, den er liebte, sein Schwert übergeben haben. Als da ein Freund im Scherze sagte: «Dem wenigstens vertraust du dein Leben an», und der Jüngling lachte, befahl er, beide zu töten, den einen, weil er einen Weg gezeigt hätte, ihn zu töten, den anderen, weil er den Ausspruch durch sein Lachen gebilligt hätte. Und diese Tat bereute er so, daß er in seinem Leben an nichts schwerer trug; den er nämlich leidenschaftlich geliebt hatte, den hatte er getötet. So werden die Begierden der Unbeherrschten nach entgegengesetzten Richtungen auseinandergerissen; wenn man dieser folgt, muß man der anderen widerstehen. 61. Freilich, dieser Tyrann hatte selbst ein Urteil über das Maß seines Glückes. Denn als einer seiner Schmeichler, Damokles, im Gespräch seine Macht, seinen Reichtum, den Glanz der Herrschaft, den Überfluß, die Pracht der Königsbauten erwähnte und sagte, keiner sei je glücklicher gewesen, sagte er: «Willst du also, Damokles, da du ja Freude hast an diesem Leben, es selbst kosten und mein Glück probieren?» Als dieser sagte, er wünsche es, ließ er den Mann auf ein goldenes Lager legen, das bedeckt war mit der schönsten geweb-

stragulo, magnificis operibus picto, abacosque compluris ornavit argento auroque caelato. tum ad mensam eximia forma pueros delectos iussit consistere eosque nutum illius intuentis diligenter ministrare. 62. aderant unguenta coronae, incendebantur odores, mensae conquisitissimis epulis extruebantur. fortunatus sibi Damocles videbatur. in hoc medio apparatu fulgentem gladium e lacunari saeta equina aptum demitti iussit, ut impenderet illius beati cervicibus. itaque nec pulchros illos ministratores aspiciebat nec plenum artis argentum nec manum porrigebat in mensam; iam ipsae defluebant coronae; denique exoravit tyrannum, ut abire liceret, quod iam beatus nollet esse. satisne videtur declarasse Dionysius nihil esse ei beatum, cui semper aliqui terror impendeat? atque ei ne integrum quidem erat, ut ad iustitiam remigraret, civibus libertatem et iura redderet; is enim se adulescens inprovida aetate inretierat erratis eaque commiserat, ut salvus esse non posset, si sanus esse coepisset. (22) 63. Quantopere vero amicitias desideraret, quarum infidelitatem extimescebat, declaravit in Pythagoriis duobus illis, quorum cum alterum vadem mortis accepisset, alter, ut vadem suum liberaret, praesto fuisset ad horam mortis destinatam, 'utinam ego' inquit 'tertius vobis amicus adscriberer!' quam huic erat miserum carere consuetudine amicorum, societate victus, sermone omnino familiari, homini praesertim docto a puero et artibus ingenuis erudito; musicorum vero perstudiosum, poëtam etiam tragicum –

ten Decke, mit kostbaren Werken bestickt, und versah mehrere Tische mit Silber und getriebenen Goldgefäßen. Dann hieß er an den Tisch erlesene Knaben von hervorragender Schönheit treten und sie auf seinen Wink achten und sorgfältig aufwarten. 62. Es gab da duftende Parfüms, Kränze, angezündet wurde Räucherwerk, Tische wurden mit den erlesensten Speisen aufgetürmt. Damokles schien sich ein Glückskind zu sein. Inmitten dieser ganzen Zurüstung befahl er, an der Decke ein blitzendes Schwert mit einem Roßhaar zu befestigen und herabzulassen, daß es diesem Glücklichen in den Nacken hänge. Da schaute er nicht mehr die schönen Diener an noch das kunstvolle Silber und streckte nicht mehr die Hand nach dem Tische aus, schon glitten selbst die Kränze herab; schließlich bat er den Tyrannen inständig, es möchte ihm erlaubt sein, wegzugehen, da er nicht mehr glücklich sein wolle. Hat Dionys damit nicht deutlich genug, wie es scheint, gezeigt, daß für den nichts ein Glück ist, dem immer irgendein Schrecken droht? Und für ihn bestand nicht einmal die freie Wahl, zur Gerechtigkeit zurückzukehren, den Bürgern Freiheit und Recht zurückzugeben; hatte er sich doch als junger Mann in unbesonnenem Alter in solche Irrtümer verstrickt, solche Irrtümer begangen, daß er nicht heil hätte sein können, wenn er geheilt zu sein begonnen hätte. 63. Wie sehr er aber nach Freundschaft Sehnsucht trug, deren Unverläßlichkeit er fürchtete, hat er bei den beiden Pythagoreern gezeigt. Als er den einen als Todesbürgen angenommen hatte, der andere, um seinen Bürgen zu befreien, zur festgesetzten Todesstunde da war, sagte er: «Könnte ich mich doch als dritter euch beigesellen!» Wie jammervoll war es für ihn, den Umgang mit Freunden, die Gemeinsamkeit des Lebens, jedes vertraute Gespräch zu entbehren, für ihn zumal, einen von Kindheit an sorgfältig gebildeten und in edlen Künsten erzogenen Menschen! Eifrig bemüht um die Musik, sogar ein tragischer Dichter – ein wie

quam bonum, nihil ad rem; in hoc enim genere nescio quo pacto magis quam in aliis suum cuique pulchrum est; adhuc neminem cognovi poëtam (et mihi fuit cum Aquinio amicitia), qui sibi non optumus videretur; sic se res habet: te tua, me delectant mea – sed ut ad Dionysium redeamus: omni cultu et victu humano carebat; vivebat cum fugitivis, cum facinerosis, cum barbaris; neminem, qui aut libertate dignus esset aut vellet omnino liber esse, sibi amicum arbitrabatur.

(23) 64. Non ego iam cum huius vita, qua taetrius miserius detestabilius excogitare nihil possum, Platonis aut Archytae vitam comparabo, doctorum hominum et plane sapientium: ex eadem urbe humilem homunculum a pulvere et radio excitabo, qui multis annis post fuit, Archimedem. cuius ego quaestor ignoratum ab Syracusanis, cum esse omnino negarent, saeptum undique et vestitum vepribus et dumetis indagavi sepulcrum. tenebam enim quosdam senariolos, quos in eius monumento esse inscriptos acceperam, qui declarabant in summo sepulcro sphaeram esse positam cum cylindro. 65. ego autem cum omnia conlustrarem oculis – est enim ad portas Agragantinas magna frequentia sepulcrorum –, animum adverti columellam non multum e dumis eminentem, in qua inerat sphaerae figura et cylindri. atque ego statim Syracusanis – erant autem principes mecum – dixi me illud ipsum arbitrari esse, quod quaererem. inmissi cum falcibus multi purgarunt et aperuerunt locum. 66. quo cum patefactus esset aditus, ad adversam basim accessimus. apparebat epigramma exesis posterioribus partibus versicolorum dimidiatis fere. ita nobilissima

guter, tut nichts zur Sache; in dieser Gattung ist nämlich irgendwie mehr als in anderen jedem das Seine schön; ich habe noch keinen Dichter kennengelernt – und ich war befreundet mit Aquinius! –, der sich nicht selbst der Beste dünkte; so liegen die Dinge: dich ergötzt Deines, mich Meines – aber, um zu Dionys zurückzukehren: er entbehrte jeder menschlichen Kultur und Lebensführung; er lebte mit Emigranten, mit Verbrechern, mit Barbaren; keinen, der würdig war der Freiheit oder überhaupt nur frei sein wollte, hielt er für seinen Freund.

64. Ich will nun hier nicht mit dessen Leben, dem scheußlichsten, elendesten, verabscheuungswürdigsten, das ich mir ausdenken kann, das Leben des Platon oder des Archytas vergleichen, gebildeter und einfach weiser Männer; aus derselben Stadt will ich ein bescheidenes Menschlein von seinem Sand und seinen Stäbchen weg beschwören, das viele Jahre später lebte, den Archimedes. Dessen Grab, das den Syrakusanern nicht mehr bekannt war, habe ich, obwohl alle sagten, es existiere überhaupt nicht, von allen Seiten umhegt und umkleidet von Dornen und Gestrüpp, aufgespürt. Ich hatte nämlich ein paar Jamben im Kopf, die, wie ich gehört hatte, auf seinem Grabmal eingemeißelt sein sollten, die besagten, auf der Spitze des Grabmals stünde eine Kugel mit einem Zylinder. 65. Ich aber sah, als ich alle mit meinem Blicke musterte – es gibt nämlich vor dem Tore nach Agrigent eine große Menge von Grabmälern –, eine kleine Säule ein wenig aus dem Gestrüpp hervorragen, auf der sich das Gebilde einer Kugel und eines Zylinders befand. Und ich sagte sogleich den Syrakusanern – es waren aber ihre Vornehmen mit mir –, daß ich glaube, eben jenes sei, was ich suche. Viele Leute wurden mit Haumessern hineingeschickt und reinigten die Stelle und legten sie frei. 66. Als der Zugang dahin offen lag, gingen wir zur Vorderseite der Basis. Es zeigte sich die Aufschrift. Die Enden der Verse waren etwa zur Hälfte verwittert. So hätte die ange-

Graeciae civitas, quondam vero etiam doctissima, sui civis unius acutissimi monumentum ignorasset, nisi ab homine Arpinate didicisset. sed redeat, unde aberravit oratio: quis est omnium, qui modo cum Musis, id est cum humanitate et cum doctrina, habeat aliquod commercium, qui se non hunc mathematicum malit quam illum tyrannum? si vitae modum actionemque quaerimus, alterius mens rationibus agitandis exquirendisque alebatur cum oblectatione sollertiae, qui est unus suavissimus pastus animorum, alterius in caede et iniuriis cum et diurno et nocturno metu. age confer Democritum Pythagoram, Anaxagoram: quae regna, quas opes studiis eorum et delectationibus antepones? 67. Etenim, quae pars optuma est in homine, in ea situm esse necesse est illud, quod quaeris, optumum. quid est autem in homine sagaci ac bona mente melius? eius bono fruendum est igitur, si beati esse volumus; bonum autem mentis est virtus; ergo hac beatam vitam contineri necesse est. hinc omnia, quae pulchra honesta praeclara sunt, ut supra dixi, sed dicendum idem illud paulo uberius videtur, plena gaudiorum sunt. ex perpetuis autem plenisque gaudiis cum perspicuum sit vitam beatam existere, sequitur ut ea existat ex honestate.

(24) 68. Sed ne verbis solum attingamus ea quae volumus ostendere, proponenda quaedam quasi moventia sunt, quae nos magis ad cognitionem intellegentiamque convertant. sumatur enim nobis quidam praestans vir optumis artibus, isque animo parumper et cogitatione fingatur. primum ingenio eximio sit necesse est; tardis enim mentibus virtus non facile co-

sehenste Stadt Griechenlands, einst aber sogar die gebildetste, das Grabmal ihres einzig scharfsinnigen Mitbürgers nicht gekannt, wenn sie nicht von einem Manne aus Arpinum belehrt worden wäre. Aber die Rede soll dahin zurückkehren, wo sie abirrte! Wen gibt es unter allen, die mit den Musen, das heißt mit Bildung und Wissenschaft, auch nur einige Beziehung haben, der nicht lieber dieser Mathematiker als jener Tyrann sein wollte? Wenn wir nach der Lebens- und Beschäftigungsweise fragen, so nährte sich des einen Geist, indem er Berechnungen anstellte und löste unter der Freude an seiner Geschicklichkeit, die angenehmste Nahrung der Seele, die es gibt, der des anderen an Mord und Unrecht, tags und nachts in Furcht. Vergleiche doch Demokrit, Pythagoras, Anaxagoras; welche Reiche, welche Schätze wirst du ihren Beschäftigungen und Freuden vorziehen? 67. Denn in dem Teil, der der beste ist im Menschen, muß notwendig auch jenes Beste, das du suchst, liegen. Was gibt es aber im Menschen Besseres als einen scharfsinnigen und guten Geist? Sein Gut müssen wir genießen, wenn wir glücklich sein wollen; das Gut des Geistes aber ist die Vollkommenheit; also muß das glückliche Leben in ihr beschlossen liegen. Hier ist alles, was schön, ehrenvoll, trefflich ist, wie ich oben sagte, aber zugleich muß es noch ein wenig volltönender gesagt werden: was voll von Freuden ist. Da aber aus dauernden und vollen Freuden, wie offenkundig ist, das glückliche Leben besteht, folgt, daß es besteht in der sittlichen Schönheit.

68. Aber um nicht nur mit Worten anzurühren, was wir sagen wollen, müssen wir sozusagen bestimmte Antriebe vor Augen stellen, die uns mehr zur Erkenntnis und Einsicht lenken sollen. Nehmen wir nämlich einen durch die besten Künste hervorragenden Mann an und gestalten wir ihn ein wenig im Geist und in Gedanken nach. Zuerst muß er eine hervorragende Begabung besitzen; denn langsamen Geistern folgt die

mitatur; deinde ad investigandam veritatem studio incitato. ex quo triplex ille animi fetus existet, unus in cognitione rerum positus et in explicatione naturae, alter in discriptione expetendarum fugiendarumque rerum ⟨et in ratio⟩ne vivendi, tertius in iudicando, quid cuique rei sit consequens quid repugnans, in quo inest omnis cum subtilitas disserendi, tum veritas iudicandi. 69. quo tandem igitur gaudio adfici necesse est sapientis animum cum his habitantem pernoctantemque curis! ut, cum totius mundi motus conversionesque perspexerit sideraque viderit innumerabilia caelo inhaerentia cum eius ipsius motu congruere certis infixa sedibus, septem alia suos quaeque tenere cursus multum inter se aut altitudine aut humilitate distantia, quorum vagi motus rata tamen et certa sui cursus spatia definiant – horum nimirum aspectus impulit illos veteres et admonuit, ut plura quaererent; inde est indagatio nata initiorum et tamquam seminum, unde essent omnia orta generata concreta, quaeque cuiusque generis vel inanimi vel animantis vel muti vel loquentis origo, quae vita, qui interitus quaeque ex alio in aliud vicissitudo atque mutatio, unde terra et quibus librata ponderibus, quibus cavernis maria sustineantur, qua omnia delata gravitate medium mundi locum semper expetant, qui est idem infimus in rutundo. (25) 70. haec tractanti animo et noctes et dies cogitanti existit illa ⟨a⟩ deo Delphis praecepta cognitio, ut ipsa se mens agnoscat coniunctamque cum divina

Vollkommenheit nicht leicht. Dann muß er feurigen Eifers sein, die Wahrheit aufzuspüren. Daraus wird dann jene dreifältige Schöpfung der Seele entspringen, die eine, die ruht in der Erkenntnis der Dinge und Erklärung der Natur, die andere, die beruht auf der Ordnung der Dinge, die man erstreben oder vermeiden muß, und auf der Lehre der Lebensführung, die dritte, die ruht in der Beurteilung, was einer jeden Sache entspricht und was ihr widerstreitet, worin beschlossen liegt sowohl jede Genauigkeit der Erörterung als auch besonders die Wahrheit des Urteils. 69. Von welcher Freude also muß die Seele des Weisen erfüllt sein, die mit solchen Gedanken zusammenwohnt und nächtigt. So daß, wenn sie die Bewegungen und Umdrehungen der ganzen Welt durchschaut und gesehen hat, wie die Sterne, die zahllos am Himmel haften, mit ihrer Bewegung zusammenstimmen, da sie an ihrem bestimmten Platz festgeheftet sind, die sieben anderen ein jeder seinen eigenen Lauf innehält, nach Höhe und Tiefe unter sich sehr verschieden, so jedoch, daß ihre schweifenden Bewegungen gültige und bestimmte Räume ihrer Bahn verfolgen – deren Anblick zweifellos trieb jene Alten und mahnte sie, weiter zu suchen. Daraus ist das Aufspüren der Anfänge und gleichsam Samen entstanden, aus denen alles entsprungen, gezeugt, zusammengeronnen sei, welches der Ursprung einer jeden Art, sei es unbelebten oder belebten, stummen oder sprechenden, sei, was das Leben, was der Tod und was der Wechsel und die Veränderung aus dem einen ins andere, woher die Erde sei und durch welche Gewichte in der Schwebe gehalten, durch welche Höhlungen die Meere gespeist werden, durch welche Schwere alles abwärtsgezogen immer die Mitte des Alls erstrebe, die zugleich der tiefste Ort in der Kugel ist. 70. Wenn dies die Seele betreibt und Tag und Nacht darüber nachdenkt, entsteht jene vom Gott in Delphi befohlene Erkenntnis, daß der Geist sich selbst erkennt und sich als ver-

mente se sentiat, ex quo insatiabili gaudio compleatur. ipsa enim cogitatio de vi et natura deorum studium incendit illius aeternitatem imitandi, neque se in brevitate vitae conlocatam putat, cum rerum causas alias ex aliis aptas et necessitate nexas videt, quibus ab aeterno tempore fluentibus in aeternum ratio tamen mensque moderatur. 71. Haec ille intuens atque suspiciens vel potius omnis partis orasque circumspiciens quanta rursus animi tranquillitate humana et citeriora considerat! hinc illa cognitio virtutis existit, efflorescunt genera partesque virtutum, invenitur, quid sit quod natura spectet extremum in bonis, quid in malis ultumum, quo referenda sint officia, quae degendae aetatis ratio deligenda. quibus et talibus rebus exquisitis hoc vel maxime efficitur, quod hac disputatione agimus, ut virtus ad beate vivendum sit se ipsa contenta. 72. Sequitur tertia, quae per omnis partis sapientiae manat et funditur, quae rem definit, genera dispertit, sequentia adiungit, perfecta concludit, vera et falsa diiudicat, disserendi ratio et scientia. ex qua cum summa utilitas existit ad res ponderandas, tum maxume ingenua delectatio et digna sapientia. Sed haec otii. transeat idem iste sapiens ad rem publicam tuendam. quid eo possit esse praestantius, cum [contineri] prudentia utilitatem civium cernat, iustitia nihil in suam domum inde derivet, reliquis utatur tot tam variisque virtutibus? adiunge fructum amicitiarum, in quo doctis positum est cum consilium omnis

bunden mit dem göttlichen Geiste spürt, woraus er mit unersättlicher Freude erfüllt wird. Eben das Denken nämlich über die Gewalt und das Wesen der Götter facht sein Streben an, die Ewigkeit nachzuahmen, und glaubt nicht, daß es auf dies kurze Leben beschränkt sei, wenn es sieht, wie die Ursachen der Dinge eine von der anderen abhängt und sie durch Notwendigkeit verknüpft sind, der Dinge, die von Ewigkeit zu Ewigkeit sich im Fluß befinden und die doch Vernunft und Geist lenken. 71. Wenn er dies anschaut und dahin emporblickt oder, besser, alle Teile und Bereiche von allen Seiten betrachtet, mit welcher Ruhe der Seele erwägt er dann das Menschliche und Irdische! Daraus entspringt dann jene Erkenntnis der Vollkommenheit, es blühen auf die Arten und Teile der Tugenden, man findet, was es sei, worauf die Natur zielt, was das Höchste im Guten, im Übel das Äußerste, worauf man die Pflichten beziehen müsse, welche Weise, das Leben zu führen, man wählen müsse. Erforscht man diese und ähnliche Dinge, ergibt sich ganz besonders dies – was wir in diesem Gespräch untersuchen –, daß die sittliche Persönlichkeit sich selbst genügt, um glücklich zu leben. 72. Es folgt als dritte, die sich durch alle Teile der Philosophie erstreckt und ergießt, die, welche die Sache umgrenzt, die Arten einteilt, das aus etwas Folgende anschließt, das Ergebnis im Schlusse faßt, Wahres und Falsches auseinanderhält, die Methode und Wissenschaft des Erörterns. Aus ihr entsteht der größte Nutzen in Hinsicht auf das Wägen der Dinge, dann vor allem aber eine besonders edle und des Weisen würdige Freude. Aber dies ist Sache der Muße. Dein Weiser soll auch dazu übergehen, den Staat zu schützen. Was kann es Hervorragenderes geben als ihn, da er dank seiner Klugheit den Nutzen der Bürger erkennt, dank seiner Gerechtigkeit nichts in sein eigenes Haus von dort abfließen läßt, so viele und so mannigfaltige Tugenden sonst betätigt? Füge hinzu die Frucht der Freundschaften, in der für die

vitae consentiens et paene conspirans, tum summa iucunditas e cotidiano cultu atque victu. Quid haec tandem vita desiderat, quo sit beatior? cui refertae tot tantisque gaudiis Fortuna ipsa cedat necesse est. quodsi gaudere talibus bonis animi, id est virtutibus, beatum est omnesque sapientes is gaudiis perfruuntur, omnis eos beatos esse confiteri necesse est.

(26) 73. Etiamne in cruciatu atque tormentis?

An tu me in viola putabas aut in rosa dicere? an Epicuro, qui tantum modo induit personam philosophi et sibi ipse hoc nomen inscripsit, dicere licebit, quod quidem, ut habet se res, me tamen plaudente dicit, nullum sapienti esse tempus, etiamsi uratur torqueatur secetur, quin possit exclamare: 'quam pro nihilo puto!' cum praesertim omne malum dolore definiat bonum voluptate, haec nostra honesta turpia inrideat dicatque nos in vocibus occupatos inanis sonos fundere, neque quicquam ad nos pertinere nisi quod aut leve aut asperum in corpore sentiatur: huic ergo, ut dixi, non multum differenti a iudicio ferarum oblivisci licebit sui et tum fortunam contemnere, cum sit omne et bonum eius et malum in potestate fortunae, tum dicere se beatum in summo cruciatu atque tormentis, cum constituerit non modo summum malum esse dolorem, sed etiam solum? 74. nec vero illa sibi remedia comparavit ad tolerandum dolorem, firmitatem animi, turpitudinis verecundiam, exercitationem consuetudinemque patiendi, praecepta fortitudinis,

Weisen aller in sich übereinstimmender und fast verschworener Lebenssinn als auch besonders die höchste Wonne aus täglichem Fördern und täglichem Umgang ruht. Was vermißt denn dieses Leben noch, um damit noch glücklicher zu sein? Ihm, das angefüllt ist mit so vielen und so gewaltigen Freuden, muß notwendig die Fortuna selbst weichen. Wenn aber über solche Güter der Seele, das heißt über solche Tugenden, sich zu freuen die Glückseligkeit ist und alle Weisen diese Freuden genießen, dann muß man notwendig bekennen, daß sie alle glücklich sind.

73. A.: Auch in Martern und Qualen?

M.: Glaubtest du etwa, ich meinte unter Veilchen und Rosen? Soll etwa Epikur, der nur die Maske des Philosophen angelegt und sich selbst diesen Namen zugeschrieben hat, sagen dürfen, was er freilich, wie die Sache liegt, doch mit meinem Beifall sagt, daß es für den Weisen keine Zeit gäbe, selbst wenn er gebrannt, gefoltert, geschnitten würde, wo er nicht ausrufen könnte: «Wie acht' ich dies für nichts!», zumal da er alles Übel nach dem Schmerz bemißt, das Gute nach der Lust, dies unser Sittlich-Schönes aber als häßlich verlacht und sagt, wir seien mit Worten beschäftigt und ließen leere Töne dahinströmen und nichts gehe uns an, außer was als glatt oder rauh im Körper empfunden werde: der also, wie ich sagte, der sich nicht sehr von der Urteilskraft wilder Tiere unterscheidet, soll seiner vergessen dürfen und bald das äußere Schicksal geringschätzen, obwohl doch all sein Gut und Übel in der Gewalt des Schicksals ist, bald sagen, er sei glücklich bei der höchsten Marter und den höchsten Qualen, obwohl er doch festgestellt hat, daß der Schmerz nicht nur das schlimmste Übel, sondern auch das einzige sei? 74. Nicht aber hat er sich jene Heilmittel bereitet, um den Schmerz zu ertragen, die Festigkeit der Seele, die Scheu vor der Schande, die Übung und Gewohnheit im Ertragen, die Lehren der Tapferkeit, die männ-

duritiam virilem, sed una se dicit recordatione adquiescere praeteritarum voluptatium, ut si quis aestuans, cum vim caloris non facile patiatur, recordari velit sese aliquando in Arpinati nostro gelidis fluminibus circumfusum fuisse. non enim video, quo modo sedare possint mala praesentia praeteritae voluptates – 75. sed cum is dicat semper beatum esse sapientem, cui dicere hoc, si sibi constare vellet, non liceret, quidnam faciendum est is qui nihil expetendum, nihil in bonis ducendum, quod honestate careat, existumant? Me quidem auctore etiam Peripatetici veteresque Academici balbuttire aliquando desinant aperteque et clara voce audeant dicere beatam vitam in Phalaridis taurum descensuram. (27) 76. sint enim tria genera bonorum, ut iam a laqueis Stoicorum, quibus usum me pluribus quam soleo intellego, recedamus, sint sane illa genera bonorum, dum corporis ⟨et⟩ externa iaceant humi et tantum modo, quia sumenda sint, appellentur bona, animi autem illa divina longe lateque se pandant caelumque contingant; ut, ea qui adeptus sit, cur eum beatum modo et non beatissimum etiam dixerim?

Dolorem vero sapiens extimescet? is enim huic maxime sententiae repugnat. nam contra mortem nostram atque nostrorum contraque aegritudinem et reliquas animi perturbationes satis esse videmur superiorum dierum disputationibus armati et parati; dolor esse videtur acerrumus virtutis adversarius; is ardentis faces intentat, is fortitudinem, magnitudinem animi, patientiam se debilitaturum minatur. 77. huic igitur succumbet virtus, huic beata sapientis et constantis viri vita cedet? quam

liche Härte, sondern er sagt, er finde Ruhe allein im Gedenken an die vergangenen Freuden, so wie einer in der Sonnenglut, wenn er die Gewalt der Hitze nicht leicht erträgt, sich erinnern wollte, daß er einmal auf unserem Landsitz in Arpinum von kühlen Fluten umspült gewesen sei. Ich sehe nicht, wie vergangene Freuden gegenwärtiges Leiden stillen könnten. 75. Aber wo der sagt, daß der Weise immer glücklich ist, der das, wenn er mit sich übereinstimmen wollte, nicht sagen dürfte – was müssen dann die tun, die der Ansicht sind, man dürfe nichts erstreben, nichts unter die Güter rechnen, was der sittlichen Schönheit ermangelt? Wenn es nach mir ginge, sollten auch die Peripatetiker und die alten Akademiker einmal aufhören zu stammeln und offen und mit lauter Stimme zu sagen wagen, daß das glückliche Leben auch mit in den Stier des Phalaris herabsteigen wird. 76. Denn es mag drei Arten von Gütern geben, um von den Schlingen der Stoiker, die ich, wie ich sehe, mit mehr Worten, als ich sonst zu tun pflege, benutzt habe, abzugehen, es mag ruhig jene Arten von Gütern geben, wenn nur die des Körpers und die äußeren am Boden liegen und nur deswegen, weil man sie vorziehen muß, Güter genannt werden, jene göttlichen der Seele aber weit und breit sich ausdehnen und den Himmel berühren; darum: wer sie erreicht hat, warum sollte ich den nur glücklich und nicht auch vollkommen glücklich nennen?

Den Schmerz gar soll der Weise fürchten? Der streitet nämlich am meisten wider diesen Satz; denn gegen unseren Tod und den der Unseren, gegen den Kummer und die übrigen Verwirrungen der Seele scheinen wir nach den Gesprächen der vergangenen Tage genügend gerüstet und gewappnet; der Schmerz scheint der schärfste Gegner der Tugend zu sein, der zückt glühende Fackeln, der droht die Tapferkeit, die Seelengröße, die Geduld zu schwächen. 77. Dem soll also die Tugend unterliegen, vor ihm das glückliche Leben eines weisen und in

turpe, o dii boni! pueri Spartiatae non ingemescunt verberum dolore laniati. adulescentium greges Lacedaemone vidimus ipsi incredibili contentione certantis pugnis calcibus unguibus morsu denique, cum exanimarentur prius quam victos se faterentur. quae barbaria India vastior aut agrestior? in ea tamen gente primum ei, qui sapientes habentur, nudi aetatem agunt et Caucasi nives hiemalemque vim perferunt sine dolore, cumque ad flammam se adplicaverunt, sine gemitu aduruntur. 78. mulieres vero in India, cum est cuius earum vir mortuus, in certamen iudiciumque veniunt, quam plurumum ille dilexerit – plures enim singulis solent esse nuptae –; quae est victrix, ea laeta prosequentibus suis una cum viro in rogum imponitur, illa victa maesta discedit. numquam naturam mos vinceret; est enim ea semper invicta; sed nos umbris deliciis otio languore desidia animum infecimus, opinionibus maloque more delenitum mollivimus. Aegyptiorum morem quis ignorat? quorum inbutae mentes pravitatis erroribus quamvis carnificinam prius subierint quam ibim aut aspidem aut faelem aut canem aut corcodillum violent, quorum etiamsi inprudentes quippiam fecerint, poenam nullam recusent. 79. de hominibus loquor; quid? bestiae non frigus, non famem, non montivagos atque silvestris cursus lustrationesque patiuntur? non pro suo partu ita propugnant, ut vulnera excipiant, nullos impetus nullos ictus reformident? omitto, quae perferant quaeque pa-

sich gefestigten Mannes weichen? Wie schimpflich, ihr guten Götter! Die Kinder in Sparta stöhnen nicht, wenn sie vom Schmerz der Peitschenhiebe zerfleischt werden. Scharen von Jünglingen haben wir selbst in Sparta in unglaublicher Anspannung kämpfen sehen mit Fäusten, Füßen, mit den Nägeln, ja mit Beißen, da sie sich lieber töten ließen als zu gestehen, daß sie besiegt wären. Welches Barbarenland ist unförmiger oder roher als Indien? Und doch führen bei diesem Volke die, welche für weise gehalten werden, nackt ihr Leben und ertragen den Schnee des Kaukasus und die Gewalt des Winters ohne Schmerz, und wenn sie sich einer Flamme genähert haben, lassen sie sich ohne Stöhnen brennen. 78. In Indien gar kommen die Frauen eines Mannes, wenn er gestorben ist, zu einem Wettstreit und Urteil, welche jener am meisten geliebt hat – mehrere pflegen nämlich mit einem verheiratet zu sein –: die, welche die Siegerin ist, wird froh unter dem Geleit ihrer Angehörigen zusammen mit dem Manne auf den Scheiterhaufen gelegt, jene, die besiegt ist, geht betrübt von dannen. Niemals würde die Sitte die Natur besiegen; sie ist nämlich immer unbesiegbar; aber wir haben durch Schattenbilder, durch Üppigkeit, durch Nichtstun, Schlaffheit und Trägheit unsere Seele vergiftet, sie durch eingebildete Vorstellungen und schlimme Sitten verführt und verweichlicht. Wer kennt nicht die Sitte der Ägypter? Deren Sinn, von den Irrtümern der Verschrobenheit durchdrungen, würde jede Marter lieber ertragen als einen Ibis, eine Schlange, eine Katze, einen Hund oder ein Krokodil zu verletzen; auch wenn sie unwissentlich etwas Derartiges getan haben, würden sie keiner Strafe ausweichen. 79. Ich sprach von den Menschen; wie? Die Tiere, ertragen sie nicht Kälte, nicht Hunger, nicht Lauf und Zug durch Berge und Wälder? Kämpfen sie nicht so für ihr Junges, daß sie sich Wunden aussetzen, vor keinen Angriffen, keinen Hieben sich scheuen? Ich übergehe, was die nach Ämtern Ja-

tiantur ambitiosi honoris causa, laudis studiosi gloriae gratia, amore incensi cupiditatis. plena vita exemplorum est.

(28) 80. Sed adhibeat oratio modum et redeat illuc, unde deflexit. dabit, inquam, se in tormenta vita beata nec iustitiam temperantiam in primisque fortitudinem, magnitudinem animi, patientiam prosecuta, cum tortoris os viderit, consistet virtutibusque omnibus sine ullo animi terrore ad cruciatum profectis resistet extra fores, ut ante dixi, limenque carceris. quid enim ea foedius, quid deformius sola relicta, ⟨a⟩ comitatu pulcherrimo segregata? quod tamen fieri nullo pacto potest; nec enim virtutes sine beata vita cohaerere possunt nec illa sine virtutibus. 81. itaque eam tergiversari non sinent secumque rapient, ad quemcumque ipsae dolorem cruciatumque ducentur. sapientis est enim proprium nihil quod paenitere possit facere, nihil invitum, splendide constanter graviter honeste omnia, nihil ita expectare quasi certo futurum, nihil, cum acciderit, admirari, ut inopinatum ac novum accidisse videatur, omnia ad suum arbitrium referre, suis stare iudiciis. quo quid sit beatius, mihi certe in mentem venire non potest. 82. Stoicorum quidem facilis conclusio est; qui cum finem bonorum esse senserint congruere naturae cumque ea convenienter vivere, cum id sit in sapientis situm non officio solum, verum etiam potestate, sequatur necesse est, ut, cuius in potestate summum bonum, in eiusdem vita beata sit. ita fit semper vita beata sapientis.

genden um der Ehre willen ertragen und erdulden, die Ruhmsichtigen des Ruhmes, die in Liebe Entbrannten ihrer Begierde wegen. Voll ist das Leben von Beispielen.

80. Aber die Rede nehme Maß an und kehre dorthin zurück, wo sie abbog. Es wird, sage ich, das glückliche Leben sich den Martern überlassen und wird nicht, nachdem es Gerechtigkeit, Beherrschung und insbesondere Tapferkeit, Seelengröße, Geduld begleitet hat, stehenbleiben, sobald es das Gesicht des Folterknechtes gesehen hat, und wird nicht, wenn alle Tugenden ohne jeden Schrecken der Seele zur Folter geschritten sind, außerhalb der Tür, wie ich vorhin gesagt habe, zurückbleiben und außerhalb der Kerkerschwelle. Was gibt es denn Scheußlicheres, was Häßlicheres, als wenn es allein gelassen wird, fern von seiner schönsten Begleitung? Das kann indes auf keine Weise geschehen; denn die Tugenden können ohne das glückliche Leben und jenes nicht ohne die Tugenden in sich bestehen. 81. Deshalb werden sie es keine Ausflüchte machen lassen und es mit sich reißen, zu welchem Schmerz und zu welcher Marter sie auch geschleift werden. Dem Weisen nämlich ist es eigen, nichts zu tun, was reuen könnte, nichts wider Willen, alles jedoch glanzvoll, konsequent, ernst und ehrenvoll, nichts so zu erwarten, als ob es sicher kommen würde, über nichts außer Fassung zu geraten, wenn es geschehen ist, so daß es unvermutet und neu geschehen zu sein scheint, alles auf die eigene Entscheidung zurückzuführen, zu seinen Urteilen zu stehen. Was beglückender wäre als dies, kann mir wenigstens nicht in den Sinn kommen. 82. Der Stoiker Schlußfolgerung ist glatt: da sie der Meinung sind, daß es das höchste Gut ist, mit der Natur übereinzustimmen und im Einklang mit ihr zu leben und da das nicht nur zu des Weisen Pflicht gehört, sondern auch in seiner Macht liegt, so folgt mit Notwendigkeit, daß, in wes Macht das höchste Gut, in dessen Macht auch das glückliche Leben ist. So wird das Leben des Weisen immer glücklich.

Habes, quae fortissime de beata vita dici putem et, quo modo nunc est, nisi quid tu melius attuleris, etiam verissime.

(29) Melius equidem adferre nihil possum, sed a te impetrarim lubenter, ut, nisi molestum sit, quoniam te nulla vincula impediunt ullius certae disciplinae libasque ex omnibus, quodcumque te maxime specie veritatis movet, – quod paulo ante Peripateticos veteremque Academiam hortari videbare, ut sine retractione libere dicere auderent sapientis esse semper beatissimos, id velim audire, quem ad modum his putes consentaneum esse id dicere. multa enim a te contra istam sententiam dicta sunt et Stoicorum ratione conclusa.

83. Utamur igitur libertate, qua nobis solis in philosophia licet uti, quorum oratio nihil ipsa iudicat, sed habetur in omnis partis, ut ab aliis possit ipsa per sese nullius auctoritate adiuncta iudicari. Et quoniam videris hoc velle, ut, quaecumque dissentientium philosophorum sententia sit de finibus, tamen virtus satis habeat ad vitam beatam praesidii, quod quidem Carneadem disputare solitum accepimus; sed is ut contra Stoicos, quos studiosissime semper refellebat et contra quorum disciplinam ingenium eius exarserat; nos illud quidem cum pace agemus. Si enim Stoici finis bonorum recte posiverunt, confecta res est: necesse est semper beatum esse sapientem –, 84. sed quaeramus unam quamque reliquorum sententiam, si fieri potest, ut hoc praeclarum quasi de-

Damit hast du, was nach meiner Ansicht in der eines Tapferen würdigsten Weise über das glückliche Leben gesagt wird und, wie es jetzt liegt, wenn du nicht etwas Besseres beibringst, auch so, daß es der Wahrheit am nächsten kommt.

A.: Besseres zwar kann ich nichts beibringen, aber von dir würde ich gern erlangen, daß du, wenn es dir nicht lästig ist, da dich ja keine Fesseln irgendeiner festen Lehre hindern und du aus allem auswählst, was dich besonders durch den Schein der Wahrheit bewegt – wenn du eben die Peripatetiker und die alte Akademie zu ermahnen schienest, daß sie ohne Winkelzüge frei herauszusagen wagen möchten, daß die Weisen immer vollkommen glücklich sind, so möchte ich hören, wie sie es nach deiner Meinung vereinbaren können, das zu sagen. Vieles wurde doch von dir gegen diesen ihren Grundsatz gesagt und nach der Weise der Stoiker geschlossen.

83. M.: Brauchen wir also die Freiheit, die allein uns in der Philosophie zu gebrauchen erlaubt ist, da unsere Rede nichts selbst entscheidet, sondern nach allen Seiten geführt wird, so daß sie von anderen selbst an sich beurteilt werden kann, ohne daß die Autorität irgendeines Philosophen in Betracht gezogen werden müßte. Und da du ja dies zu wollen scheinst, daß ich zeige, daß, wie auch immer die Meinung der sich widersprechenden Philosophen über das Ziel sein mag, doch die Vollkommenheit genügend Rückhalt zu einem glücklichen Leben hat, so will ich sagen, was, wie wir vernommen, Karneades darzulegen pflegte; der aber wie gegen Stoiker, die er immer aufs leidenschaftlichste zu widerlegen suchte und gegen deren Lehre sein Geist glühend erregt war; wir werden jenes mit Frieden betreiben. 84. Wenn nämlich die Stoiker das höchste Gut richtig aufgestellt haben, ist die Sache entschieden: dann ist es notwendig, daß der Weise immer glücklich ist –, aber untersuchen wir eine jede Meinung der übrigen, wenn es möglich ist, auf daß dieser vortreffliche Satz über das

cretum beatae vitae possit omnium sententiis et disciplinis convenire.

(30) Sunt autem haec de finibus, ut opinor, retentae defensaeque sententiae: primum simplices quattuor, nihil bonum nisi honestum, ut Stoici, nihil bonum nisi voluptatem, ut Epicurus, nihil bonum nisi vacuitatem ⟨doloris⟩, ut Hieronymus, nihil bonum nisi naturae primis bonis aut omnibus aut maxumis frui, ut Carneades contra Stoicos disserebat. 85. haec igitur simplicia, illa mixta: tria genera bonorum, maxuma animi, secunda corporis, externa tertia, ut Peripatetici nec multo veteres Academici secus; voluptatem cum honestate Dinomachus et Callipho copulavit, indolentiam autem honestati Peripateticus Diodorus adiunxit. haec sunt sententiae, quae stabilitatis aliquid habeant; nam Aristonis Pyrrhonis Erilli non nullorumque aliorum evanuerunt. hi quid possint optinere, videamus omissis Stoicis, quorum satis videor defendisse sententiam.

Et Peripateticorum quidem explicata causa est praeter Theophrastum et si qui illum secuti imbecillius horrent dolorem et reformidant; reliquis quidem licet facere id quod fere faciunt, ut gravitatem dignitatemque virtutis exaggerent. quam cum ad caelum extulerunt, quod facere eloquentes homines copiose solent, reliqua ex conlatione facile est conterere atque contemnere. nec enim licet is, qui laudem cum dolore petendam esse dicant, negare eos esse beatos, qui illam adepti sunt. quamquam enim sint in quibusdam malis, tamen hoc nomen beati

glückliche Leben zu den Meinungen und Lehren aller stimmen könne.

Folgende Sätze aber über das höchste Ziel sind, wie ich meine, festgehalten und verteidigt worden: zuerst vier einfache, daß nichts gut sei außer dem Sittlich-Schönen – so die Stoiker –, nichts gut sei außer der Lust – so Epikur –, nichts gut außer der ⟨Schmerz⟩losigkeit – so Hieronymos –, nichts gut, als die ersten natürlichen Güter entweder alle oder die wichtigsten zu genießen, wie Karneades gegen die Stoiker ausführte. 85. Dies sind also die einfachen, folgendes die zusammengesetzten: es gäbe drei Arten von Gütern, die wichtigsten die der Seele, die zweiten die des Körpers, die dritten die äußeren – so die Peripatetiker und nicht viel anders die alten Akademiker; Lust mit sittlicher Schönheit haben Deinomachos und Kalliphon verkoppelt. Schmerzlosigkeit aber hat der sittlichen Schönheit der Peripatetiker Diodor verbunden. Da sind die Sätze, die einige Festigkeit besitzen; denn die des Ariston, des Pyrrhon, des Herillos und die einiger anderer haben sich verflüchtigt. Was diese festhalten können, wollen wir sehen, wobei wir die Stoiker beiseite lassen wollen, deren Ansicht ich zur Genüge verteidigt habe, wie mir scheint.

Und die Sache der Peripatetiker liegt klar, abgesehen von Theophrast und wenn welche in seiner Nachfolge allzu schwächlich vor dem Schmerz schaudern und vor ihm zurückschrekken; die übrigen dürfen das machen, was sie auch meist tun, nämlich den Ernst und die Würde der Tugend herausheben. Wenn sie die zum Himmel erhoben haben, was sie als beredte Leute mit großem Wortreichtum zu tun pflegen, ist es leicht, das übrige im Vergleich mit ihr zu Boden zu treten und geringzuschätzen. Denn die, welche sagen, man müsse nach wahrem Ruhm, selbst wenn er mit Schmerz verbunden ist, streben, dürfen nicht abstreiten, daß die glücklich sind, die ihn erlangt haben. Denn mögen sie auch in manchem Übel sein, so er-

longe et late patet. (31) 86. nam ut quaestuosa mercatura, fructuosa aratio dicitur, non si altera semper omni damno, altera omni tempestatis calamitate semper vacat, sed si multo maiore ex parte exstat in utraque felicitas, sic vita non solum si undique referta bonis est, sed si multo maiore et graviore ex parte bona propendent, beata recte dici potest. 87. sequetur igitur horum ratione vel ad supplicium beata vita virtutem cumque ea descendet in taurum Aristotele Xenocrate Speusippo Polemone auctoribus nec eam nimiis blandimentis corrupta deseret. Eadem Calliphontis erit Diodorique sententia, quorum uterque honestatem sic complectitur, ut omnia, quae sine ea sint, longe [et] retro ponenda censeat. Reliqui habere se videntur angustius, enatant tamen, Epicurus Hieronymus et si qui sunt qui desertum illum Carneadeum ⟨finem⟩ curent defendere; nemo est enim eorum quin bonorum animum putet esse iudicem eumque condocefaciat, ut ea, quae bona malave videantur, possit contemnere. 88. nam quae tibi Epicuri videtur, eadem erit Hieronymi et Carneadis causa et hercule omnium reliquorum. quis enim parum est contra mortem aut dolorem paratus?

Ordiamur ab eo, si placet, quem mollem, quem voluptarium dicimus. quid? is tibi mortemne videtur aut dolorem timere, qui eum diem, quo moritur, beatum appellat maxumisque doloribus adfectus eos ipsos inventorum suorum memoria et recordatione confutat? nec haec sic agit, ut ex tempore quasi

streckt sich doch dieser Begriff des Glücklichen weithin und in die Breite. 86. Wie nämlich ein Handel gewinnbringend, der Landbau ertragreich genannt wird, nicht wenn der eine immer ohne jeden Schaden, der andere immer ohne Unwetterkatastrophen ist, sondern wenn zum weitaus größten Teil in beiden Gedeihen herrscht, so darf auch das Leben nicht nur, wenn es überall erfüllt von Gütern ist, sondern wenn zum bei weitem größeren und gewichtigeren Teile die Güter überwiegen, mit Recht glücklich genannt werden. 87. Also auch nach ihrer Lehre wird das glückliche Leben der Vollkommenheit selbst bis in den Tod folgen und wird mit ihr in den Stier hinabsteigen auch nach Aristoteles, Xenokrates, Speusipp und Polemon und wird sie nicht, durch allzu große Verzärtelung verdorben, verlassen. Ebenso wird die Meinung des Kalliphon sein und des Diodor, von denen ein jeder die sittliche Schönheit so hoch hält, daß er alles, was ohne sie ist, weit zurücksetzen zu müssen glaubt. Die anderen scheinen etwas mehr in der Klemme zu sitzen, retten sich aber doch: Epikur, Hieronymos und wenn es sonst noch welche gibt, die sich bemühen, jenes im Stich gelassene ⟨Ziel⟩ des Karneades zu verteidigen. Jeder von ihnen glaubt nämlich, daß der Geist Richter ist über die Güter, und erzieht ihn dazu, daß er das, was gut oder schlecht scheint, zu verachten vermag. 88. Denn wie dir die Sache des Epikur scheint, so wird auch die des Hieronymos und des Karneades sein und beim Hercules! auch die aller übrigen. Wer ist denn zu wenig gegen Tod und Schmerz gerüstet?

Beginnen wir, wenn es dir recht ist, mit dem, den wir weich, den wir üppig nennen. Wie? Der scheint dir den Tod zu fürchten oder den Schmerz? Er, der den Tag, an dem er stirbt, glücklich nennt und, von den schlimmsten Schmerzen gepeinigt, sie durch die Erinnerung und das Gedenken an seine Entdeckungen dämpft? Und dies betreibt er nicht so, daß er es in einer bestimmten Lage herauszuplappern scheint. Über den

effuttire videatur. de morte enim ita sentit, ut dissoluto animante sensum extinctum putet, quod autem sensu careat, nihil ad nos id iudicet pertinere. item ⟨in⟩ dolore certa habet quae sequatur, cuius magnitudinem brevitate consolatur, longinquitatem levitate. 89. qui tandem isti grandiloqui contra haec duo, quae maxime angunt, melius se habent quam Epicurus?

An ad cetera, quae mala putantur, non et Epicurus et reliqui philosophi satis parati videntur? quis non paupertatem extimescit? neque tamen quisquam philosophorum. (32) hic vero ipse quam parvo est contentus! nemo de tenui victu plura dixit. etenim, quae res pecuniae cupiditatem adferunt, ut amori, ut ambitioni, ut cotidianis sumptibus copiae suppetant, cum procul ab his omnibus rebus absit, cur pecuniam magnopere desideret vel potius cur curet omnino? 90. an Scythes Anacharsis potuit pro nihilo pecuniam ducere, nostrates philosophi facere non poterunt? illius epistula fertur his verbis: 'Anacharsis Hannoni salutem. Mihi amictui est Scythicum tegimen, calciamentum solorum callum, cubile terra, pulpamentum fames, lacte caseo carne vescor. quare ut ad quietum me licet venias. munera autem ista, quibus es delectatus, vel civibus tuis vel diis inmortalibus dona.' omnes fere philosophi omnium disciplinarum, nisi quos a recta ratione natura vitiosa detorsisset, eodem hoc animo esse potuerunt. 91. Socrates, in pompa cum magna vis auri argentique ferretur, 'quam multa

Tod nämlich denkt er so, daß er meint, wenn das Lebewesen aufgelöst ist, sei alle Empfindung erloschen; was aber der Empfindung bar sei, gehe uns nichts an, urteilt er. Ebenso hat er über den Schmerz bestimmte Ansichten, denen er folgt: über seine Größe tröstet er sich mit seiner Kürze, über seine Länge mit seiner Geringfügigkeit. 89. Wie schließlich? Sind diese Hochtönenden gegen die beiden Dinge, die am meisten ängstigen, in besserer Lage als Epikur?

Oder scheinen etwa Epikur und die übrigen Philosophen nicht genügend gerüstet gegen das übrige, was man für Übel hält? Wer fürchtet nicht die Armut? Aber doch keiner von den Philosophen. Dieser gar selbst: mit wie wenigem ist er zufrieden! Niemand hat mehr über die bescheidene Lebensführung gesagt. Denn die Dinge, die Geldgier mit sich bringen, daß für die Liebe, daß für den Ehrgeiz, daß für den täglichen Aufwand Mittel zur Verfügung stehen: da er weit von diesen Dingen allen entfernt ist, warum sollte er sich sehr nach Gelde sehnen oder, besser, warum sollte er sich überhaupt darum kümmern? 90. Oder vermochte der Skythe Anacharsis zwar das Geld für nichts zu achten, die Philosophen bei uns zulande sollen es nicht vermögen, dasselbe zu tun? Ein Brief von ihm mit folgendem Wortlaut wird überliefert: «Anacharsis grüßt Hanno. Zum Kleid habe ich eine skythische Decke, als Schuhwerk die Schwielen der Sohlen, als Lager die Erde, als Beikost den Hunger; von Milch, Käse und Fleisch nähre ich mich. Komm daher immerhin zu mir: du wirst einen zufriedenen Mann finden; deine Geschenke aber, an denen du dich ergötzt hast, schenke entweder deinen Mitbürgern oder den unsterblichen Göttern!» Fast alle Philosophen aller Schulen hätten, wenn nicht eine verkehrte Natur manche von der richtigen Vernunft abgewendet hätte, derselben Gesinnung sein können. 91. Sokrates sagte, als bei einem feierlichen Zuge eine große Menge Gold und Silber dahergetragen wurde: «Nach wie vie-

non desidero!' inquit. Xenocrates, cum legati ab Alexandro quinquaginta ei talenta attulissent, quae erat pecunia temporibus illis, Athenis praesertim, maxuma, abduxit legatos ad cenam in Academiam; is apposuit tantum, quod satis esset, nullo apparatu. cum postridie rogarent eum, cui numerari iuberet, 'quid? vos hesterna' inquit 'cenula non intellexistis me pecunia non egere?' quos cum tristioris vidisset, triginta minas accepit, ne aspernari regis liberalitatem videretur. 92. at vero Diogenes liberius, ut Cynicus, Alexandro roganti, ut diceret, si quid opus esset, 'nunc quidem paululum' inquit 'a sole'. offecerat videlicet apricanti. et hic quidem disputare solebat, quanto regem Persarum vita fortunaque superaret; sibi nihil deesse, illi nihil satis umquam fore; se eius voluptates non desiderare, quibus numquam satiari ille posset, suas eum consequi nullo modo posse.

(33) 93. Vides, credo, ut Epicurus cupiditatum genera diviserit, non nimis fortasse subtiliter, utiliter tamen: partim esse naturales et necessarias, partim naturales et non necessarias, partim neutrum; necessarias satiari posse paene nihilo; divitias enim naturae esse parabiles; secundum autem genus cupiditatum nec ad potiendum difficile esse censet nec vero ad carendum; tertias, quod essent plane inanes neque necessitatem modo, sed ne naturam quidem attingerent, funditus eiciendas putavit. 94. hoc loco multa ab Epicureis disputantur, eaeque voluptates singillatim extenuantur, quarum genera non contemnunt, quaerunt tamen copiam. nam et obscenas voluptates, de quibus multa ab illis habetur oratio, facilis communis

lem trage ich kein Verlangen!» Als Gesandte von Alexander ihm fünfzig Talente gebracht hatten, eine Geldsumme, die zu jenen Zeiten, zumal in Athen, sehr hoch war, führte Xenokrates die Gesandten zum Mahl in die Akademie; ihnen setzte er nur so viel vor, daß es genug war, ohne Aufwand. Als sie ihn am folgenden Tage fragten, wem er auszuzahlen befähle, sagte er: «Wie? Habt ihr beim gestrigen bescheidenen Essen nicht gemerkt, daß ich kein Geld brauche?» Als er sie etwas verstimmt sah, nahm er dreißig Minen an, damit es nicht so aussähe, als verschmähe er des Königs Großzügigkeit. 92. Diogenes aber sagte ungenierter, als Kyniker, zu Alexander, als er ihn bat, er möchte ihm doch sagen, wenn er etwas nötig hätte: «Geh mir jetzt ein wenig aus der Sonne!» Er war ihm offenbar, als er sich sonnte, dazwischengetreten. Er pflegte auch darzulegen, um wieviel er den Perserkönig in Leben und Glück übertreffe; er habe nichts nötig, jenem sei nie etwas genug; er sehne sich nicht nach seinen Genüssen, an denen sich jener nie sättigen könne, seine aber könne dieser auf keine Weise erreichen.

93. Du weißt, wie Epikur die Arten der Begierden eingeteilt hat, nicht allzu genau vielleicht, aber nützlich, daß sie teils naturgegeben und notwendig, teils naturgegeben und nicht notwendig, teils keines von beiden seien; die notwendigen ließen sich fast mit einem Nichts sättigen; die Reichtümer der Natur nämlich seien leicht zu beschaffen; die zweite Art von Begierden aber, meint er, seien zu befriedigen, aber auch zu entbehren nicht schwierig. Die dritten müsse man, weil sie völlig nichtig seien und nicht nur die Notwendigkeit, sondern nicht einmal die Natur berührten, von Grund aus ausrotten. 94. In diesem Zusammenhang wird von den Epikureern vieles dargelegt, und die Genüsse werden jeder für sich im einzelnen abgeschwächt. Auf ihre Gattung nehmen sie Rücksicht, suchen sich aber doch eine reiche Fülle davon zu verschaffen. Denn auch die fleischlichen Genüsse, über die vieles von ihnen

in medio sitas esse dicunt, easque si natura requirat, non genere aut loco aut ordine, sed forma aetate figura metiendas putant, ab isque abstinere minime esse difficile, si aut valetudo aut officium aut fama postulet, omninoque genus hoc voluptatum optabile esse, si non obsit, prodesse numquam. 95. Totumque hoc de voluptate sic ille praecipit, ut voluptatem ipsam per se, quia voluptas sit, semper optandam ⟨et⟩ expetendam putet, eademque ratione dolorem ob id ipsum, quia dolor sit, semper esse fugiendum; itaque hac usurum compensatione sapientem, ⟨ut⟩ et voluptatem fugiat, si ea maiorem dolorem effectura sit, et dolorem suscipiat maiorem efficientem voluptatem; omniaque iucunda, quamquam sensu corporis iudicentur, ad animum referri tamen. 96. quocirca corpus gaudere tam diu, dum praesentem sentiret voluptatem, animum et praesentem percipere pariter cum corpore et prospicere venientem nec praeteritam praeterfluere sinere. ita perpetuas et contextas voluptates in sapiente fore semper, cum expectatio speratarum voluptatum ⟨cum⟩ perceptarum memoria iungeretur. (34) 97. Atque his similia ad victum etiam transferuntur, extenuaturque magnificentia et sumptus epularum, quod parvo cultu natura contenta sit. etenim quis hoc non videt, desideriis omnia ista condiri? Darius in fuga cum aquam turbidam et cadaveribus inquinatam bibisset, negavit umquam se bibisse iucundius. numquam videlicet sitiens biberat. nec esuriens Ptolomaeus ederat; cui cum peragranti Aegyptum

gesagt wird, sind leicht beschaffbar, allgemein zugänglich, liegen auf der Straße, wie sie sagen, und wenn die Natur sie verlangt, seien sie nicht nach Abstammung, Stand oder Rang, sondern Schönheit, Alter, Gestalt zu bemessen nach ihrer Ansicht; und sich ihrer zu enthalten sei keineswegs schwierig, wenn es die Gesundheit oder die Pflicht oder der Ruf fordere, und aufs Ganze gesehen sei diese Art Genüsse wünschbar, wenn sie nicht schade; sie nütze aber nie. 95. Und die ganze Lehre über die Lust gibt jener so, daß er die Ansicht vertritt, die Lust sei an sich, weil sie Lust sei, immer wünschens- und erstrebenswert, und ebenso sei der Schmerz eben deshalb, weil er Schmerz sei, immer zu fliehen; deshalb werde der Weise den Ausgleich gebrauchen, daß er eine Lust flieht, wenn sie einen größeren Schmerz bewirken würde, und einen Schmerz auf sich nimmt, wenn er eine größere Lust schafft, und alles Angenehme, obwohl es durch die Empfindung des Körpers beurteilt werde, sei doch auf den Geist bezogen; 96. daher freue sich der Körper so lange, als er die gegenwärtige Lust empfinde, der Geist nähme die gegenwärtige zusammen mit dem Körper wahr, sehe aber auch die kommende voraus und lasse die vergangene nicht dem Gedächtnis entschwinden. So würden im Weisen immer dauernde und zusammengewirkte Genüsse herrschen, da die Erwartung der erhofften Genüsse mit dem Gedächtnis an die empfangenen verbunden wäre. 97. Und ähnliche Grundsätze wie die werden auch auf die Lebensweise übertragen, und es wird die Pracht und der Aufwand bei Gastmählern herabgesetzt, weil die Natur mit geringem Aufwand zufrieden sei. Denn wer sieht hier nicht, daß alles dieses durch das Verlangen danach gewürzt wird? Als Dareios auf der Flucht trübes und von Leichen verdorbenes Wasser getrunken hatte, sagte er, er habe nie angenehmer getrunken; er hatte offenbar nie dürstend getrunken. Ptolemaios aber hatte nie mit Hunger gegessen. Als ihm bei einer Fahrt durch Ägypten in einer Hütte gewöhn-

comitibus non consecutis cibarius in casa panis datus esset, nihil visum est illo pane iucundius. Socraten ferunt, cum usque ad vesperum contentius ambularet quaesitumque esset ex eo, quare id faceret, respondisse se, quo melius cenaret, obsonare ambulando famem. 98. quid? victum Lacedaemoniorum in philitiis nonne videmus? ubi cum tyrannus cenavisset Dionysius, negavit se iure illo nigro, quod cenae caput erat, delectatum. tum is qui illa coxerat: 'minime mirum; condimenta enim defuerunt.' 'quae tandem?' inquit ille. 'labor in venatu, sudor, cursus ab Eurota, fames, sitis. his enim rebus Lacedaemoniorum epulae condiuntur.' atque hoc non ex hominum more solum, sed etiam ex bestiis intellegi potest, quae, ut quicquid obiectum est, quod modo a natura non sit alienum, eo contentae non quaerunt amplius. 99. civitates quaedam universae more doctae parsimonia delectantur, ut de Lacedaemoniis paulo ante diximus. Persarum a Xenophonte victus exponitur, quos negat ad panem adhibere quicquam praeter nasturcium. quamquam, si quaedam etiam suaviora natura desideret, quam multa ex terra arboribusque gignuntur cum copia facili, tum suavitate praestanti! adde siccitatem, quae consequitur hanc continentiam in victu, adde integritatem valetudinis; confer sudantis ructantis refertos epulis tamquam opimos boves: 100. tum intelleges, qui voluptatem maxime sequantur, eos minime consequi, iucunditatemque victus esse in desiderio, non in satietate. (35) Timotheum, clarum hominem Athenis et principem civitatis, ferunt, cum cenavisset apud Platonem

liches Brot gegeben wurde – seine Begleitung war ihm nicht gefolgt –, schien ihm nichts wohlschmeckender als dieses Brot. Sokrates soll, als er bis zum Abend zu angestrengt umherlief und man ihn fragte, weshalb er das täte, geantwortet haben, damit er besser zu Abend esse, kaufe er sich durch Umhergehen Hunger als Zukost ein. 98. Wie? Sehen wir nicht die Lebensweise der Spartaner bei ihren Philitien? Als der Tyrann Dionys dort gespeist hatte, sagte er, er habe an jener schwarzen Suppe, die die Hauptmahlzeit war, keinen Gefallen gefunden. Da sagte der, welcher sie gekocht hatte: «Kein Wunder: die Würze fehlte.» «Welche denn?» fragte jener. «Strapazen auf der Jagd, Schweiß, ein Lauf am Eurotas, Hunger, Durst; mit diesen Dingen werden die Mahlzeiten der Spartaner gewürzt.» Und das läßt sich nicht nur an den Sitten der Menschen, sondern auch an den Tieren erkennen, die, sowie ihnen etwas vorgeworfen wird, was nur ihrer Natur nicht widerspricht, damit zufrieden, nicht weiter suchen. 99. Manche Staaten, die durch ihre Sitte gebildet sind, erfreuen sich allgemein an der Sparsamkeit, wie wir es kurz vorher von den Spartanern sagten. Die Lebensweise der Perser wird von Xenophon dargelegt: er sagt, sie nähmen zum Brot nichts als Kresse. Indes, wenn die Natur auch nach etwas Angenehmerem Verlangen trägt, wie vieles wächst doch aus der Erde und auf Bäumen in leichtbeschaffbarer Reichlichkeit und hervorragendem Wohlgeschmack! Nimm hinzu die Sehnigkeit, die dieser Enthaltsamkeit in der Lebensweise folgt, nimm hinzu die nicht angegriffene Gesundheit; vergleiche die Schwitzenden, Rülpsenden, mit Speisen wie fette Ochsen Vollgeschlagenen: 100. dann wirst du erkennen, daß die, welche dem Genuß besonders nachlaufen, ihn am wenigsten erreichen, und daß die Freude an der Nahrung im Verlangen, nicht in der Sattheit besteht. Timotheos, erzählt man, ein berühmter Mann zu Athen und ein Führer des Staates, habe gesagt, als er bei Platon zu Abend gegessen, sich über

eoque convivio admodum delectatus esset vidissetque eum postridie, dixisse: 'vestrae quidem cenae non solum in praesentia, sed etiam postero die iucundae sunt.' quid quod ne mente quidem recte uti possumus multo cibo et potione completi? est praeclara epistula Platonis ad Dionis propinquos, in qua scriptum est his fere verbis: 'quo cum venissem, vita illa beata, quae ferebatur, plena Italicarum Syracusiarumque mensarum, nullo modo mihi placuit, bis in die saturum fieri nec umquam pernoctare solum ceteraque, quae comitantur huic vitae, in qua sapiens nemo efficietur umquam, moderatus vero multo minus. quae enim natura tam mirabiliter temperari potest?' 101. quo modo igitur iucunda vita potest esse, a qua absit prudentia, absit moderatio? ex quo Sardanapalli, opulentissimi Syriae regis, error adgnoscitur, qui incidi iussit in busto:

Haec habeo, quae edi, quaeque exsaturata libido
Hausit; at illa iacent multa et praeclara relicta.

'quid aliud' inquit Aristoteles 'in bovis, non in regis sepulcro inscriberes? haec habere se mortuum dicit, quae ne vivus quidem diutius habebat quam fruebatur.' 102. Cur igitur divitiae desiderentur, aut ubi paupertas beatos esse non sinit? signis, credo, tabulis studes. si quis est qui his delectetur, nonne melius tenues homines fruuntur quam illi qui is abundant? est enim earum rerum omnium ⟨in⟩ nostra urbe summa in publico copia. quae qui privatim habent, nec tam multa et raro vident, cum in sua rura venerunt; quos tamen pungit aliquid, cum,

dies Gastmahl sehr gefreut hatte und ihn am folgenden Tage sah: «Eure Gastmähler sind nicht nur in der Gegenwart, sondern auch am anderen Tage angenehm.» Was sagst du dazu, daß man nicht einmal seinen Verstand richtig gebrauchen kann, wenn man angefüllt ist von viel Speise und Trank? Es gibt einen berühmten Brief Platons an Dions Verwandte, in dem es etwa folgendermaßen heißt: «Als ich dorthin gekommen war, gefiel mir jenes glückliche Leben, wie es rühmend genannt wurde, voll von italischem und syrakusanischem Getafel, keineswegs, daß man zweimal am Tage satt wurde, niemals allein die Nacht verbrachte, und das übrige, was mit diesem Leben im Zusammenhang steht, bei dem nie ein Weiser entstehen wird, noch weniger aber ein Maßvoller. Denn welche Natur läßt sich so merkwürdig einrichten?» 101. Wie kann also ein Leben angenehm sein, dem die Klugheit, dem die Mäßigung fehlt? Daran läßt sich der Irrtum des Sardanapal, des so üppigen Königs von Assyrien, erkennen, der auf sein Grabmahl meißeln ließ:

> Das hab' ich, was ich aß und was die Begierde gesättigt
> freudig genoß; doch zuhauf liegt jenes Erhabne verlassen.

«Was würdest du anderes», sagt Aristoteles, «auf das Grab eines Ochsen, nicht eines Königs, setzen? Er sagt, er besitze das im Tode, was er auch zu Lebzeiten nicht länger hatte, als er es genoß.» 102. Warum also sollte man Sehnsucht nach Reichtum tragen, und warum läßt Armut nicht glücklich sein? Nach Statuen, glaub' ich, und nach Gemälden steht dein Sinn. Wenn es jemanden gibt, der sich an ihnen entzückt, genießen sie Menschen von schmalem Vermögen nicht besser als jene, die Überfluß daran haben? Gibt es doch von all diesen Dingen in unserer Stadt in der Öffentlichkeit die größte Fülle. Die es privat besitzen, sehen nicht so vieles und selten, wenn sie auf ihre Güter kommen; und irgend etwas gibt ihnen einen Stich,

illa unde habeant, recordantur. dies deficiat, si velim paupertatis causam defendere. aperta enim res est, et cotidie nos ipsa natura admonet, quam paucis, quam parvis rebus egeat, quam vilibus.

(36) 103. Num igitur ignobilitas aut humilitas aut etiam popularis offensio sapientem beatum esse prohibebit? vide ne plus commendatio in vulgus et haec, quae expetitur, gloria molestiae habeat quam voluptatis. leviculus sane noster Demosthenes, qui illo susurro delectari se dicebat aquam ferentis mulierculae, ut mos in Graecia est, insusurrantisque alteri: 'hic est ille Demosthenes.' quid hoc levius? at quantus orator! sed apud alios loqui videlicet didicerat, non multum ipse secum. 104. intellegendum est igitur nec gloriam popularem ipsam per sese expetendam nec ignobilitatem extimescendam. 'veni Athenas' inquit Democritus 'neque me quisquam ibi adgnovit.' constantem hominem et gravem, qui glorietur a gloria se afuisse! an tibicines iique, qui fidibus utuntur, suo, non multitudinis arbitrio cantus numerosque moderantur, vir sapiens multo arte maiore praeditus non quid verissimum sit, sed quid velit vulgus, exquiret? an quicquam stultius quam, quos singulos sicut operarios barbarosque contemnas, eos aliquid putare esse universos? ille vero nostras ambitiones levitatesque contemnet honoresque populi etiam ultro delatos repudiabit; nos autem eos nescimus, ante quam paenitere coepit, contemnere. 105. est apud Heraclitum physicum de principe

wenn sie daran denken, woher sie es haben. Der Tag würde zu kurz sein, wenn ich die Sache der Armut verteidigen wollte; aber die Sache liegt klar auf der Hand, und täglich erinnert uns die Natur selbst daran, wie weniger, wie geringer Dinge sie bedarf, wie wohlfeiler.

103. Wird also etwa geringe Abstammung oder niedrige Geburt oder auch Unbeliebtheit beim Volke den Weisen daran hindern, glücklich zu sein? Sieh dich vor, daß nur nicht die Empfehlung beim Volk und dieser Ruhm, den man erstrebt, mehr Beschwerde hat als Vergnügen. Etwas eitel war schon unser Demosthenes, der sagte, er freue sich über jenes Murmeln des Weibleins, das Wasser trug, wie es in Griechenland Sitte ist, und der anderen ins Ohr raunte: das ist der berühmte Demosthenes! Was kann es Nichtigeres als dies geben! Aber was war er doch für ein großer Redner! Vor anderen zu reden hatte er freilich gelernt, nicht dagegen viel mit sich. 104. Man muß also einsehen, daß der Ruhm beim Volke nicht an sich erstrebenswert ist, ebensowenig, wie die Unbekanntheit zu fürchten. «Ich kam nach Athen», sagt Demokrit, «und keiner kannte mich dort.» Ein ernster und gefestigter Mann, der sich rühmt, dem Ruhme fern gewesen zu sein! Oder spielen etwa die Flötenbläser und die, welche das Saitenspiel verwenden, ihre Tonstücke und Rhythmen nach ihrem eigenen Urteil, nicht nach dem der Menge, der Weise aber, der mit einer viel größeren Kunst begabt ist, soll nicht erforschen, was am wahrsten ist, sondern was das Volk will? Oder gibt es etwas Dümmeres als die, welche du einzeln als Tagelöhner und Barbaren geringschätzt, als Gesamtheit für etwas zu halten? Nein, jener wird vielmehr unseren Ehrgeiz und unsere Eitelkeit verachten und die Ehren des Volkes, auch wenn sie von selbst angetragen werden, verschmähen; wir aber verstehen sie nicht zu verachten, ehe wir nicht Reue zu empfinden beginnen. 105. Bei Heraklit, dem Naturphilosophen, findet sich eine Äußerung

Ephesiorum Hermodoro; universos ait Ephesios esse morte multandos, quod, cum civitate expellerent Hermodorum, ita locuti sint: 'nemo de nobis unus excellat; sin quis extiterit, alio in loco et apud alios sit.' an hoc non ita fit omni in populo? nonne omnem exsuperantiam virtutis oderunt? quid? Aristides – malo enim Graecorum quam nostra proferre – nonne ob eam causam expulsus est patria, quod praeter modum iustus esset? quantis igitur molestiis vacant, qui nihil omnino cum populo contrahunt! quid est enim dulcius otio litterato? is dico litteris, quibus infinitatem rerum atque naturae et in hoc ipso mundo caelum terras maria cognoscimus.

(37) 106. Contempto igitur honore, contempta etiam pecunia quid relinquitur quod extimescendum sit? exilium, credo, quod in maxumis malis ducitur. id si propter alienam et offensam populi voluntatem malum est, quam sit ea contemnenda secundo paulo ante dictum est. sin abesse patria miserum est, plenae miserorum provinciae sunt, ex quibus admodum pauci in patriam revertuntur. 'at multantur bonis exules.' 107. quid tum? parumne multa de toleranda paupertate dicuntur? iam vero exilium, si rerum naturam, non ignominiam nominis quaerimus, quantum tandem a perpetua peregrinatione differt? in qua aetates suas philosophi nobilissimi consumpserunt, Xenocrates Crantor Arcesilas Lacydes Aristoteles Theophrastus Zeno Cleanthes Chrysippus Antipater Carneades Clitomachus Philo Antiochus Panaetius Posidonius, innumerabiles alii,

über den ersten Mann der Ephesier, Hermodor; er sagt, alle Ephesier müsse man mit dem Tode bestrafen, weil sie so gesprochen hätten, als sie Hermodor aus dem Staate vertrieben: «Niemand von uns soll als einziger hervorragen; wenn aber ein solcher auftritt, so soll er an einem anderen Orte und bei anderen sein.» Geschieht dies etwa nicht so bei jedem Volke? Hassen sie nicht jede überragende Persönlichkeit? Wie? Ist Aristides – ich will nämlich lieber Beispiele der Griechen als unsere anführen – nicht aus dem Grunde verbannt worden, weil er über die Maßen gerecht war? Von welch großen Beschwerden also sind die frei, die überhaupt nichts mit dem Volke zu tun haben! Denn was gibt es Verlockenderes als Muße mit Wissenschaft? Der Wissenschaft, meine ich, in der wir die Unendlichkeit der Dinge und der Natur und in dieser Welt selbst Himmel, Länder, Meere erkennen.

106. Wenn man also die Ehre verachtet, wenn man auch das Geld verachtet, was bleibt dann, was man fürchten müßte? Die Verbannung, glaube ich, die man zu den größten Übeln rechnet. Wenn sie wegen der Entfremdung und Beleidigung des Volkswillens ein Übel ist, so wurde eben vorher gesagt, wie man sogar den günstigen geringschätzen müsse. Wenn es aber ein Elend ist, von der Heimat fern zu sein, nun, so sind die Provinzen voll von Elenden, von denen nur wenige in ihr Vaterland zurückkehren. «Aber die Verbannten werden ihrer Güter beraubt!» 107. Was folgt daraus? Wird zu wenig über das Ertragen der Armut gesagt? Vollends: wenn wir das Wesen der Dinge, nicht die Schande des Namens untersuchen: wie sehr unterscheidet sich denn die Verbannung von einer ständigen Reise? Auf ihr haben die angesehensten Philosophen ihr Leben verbracht, Xenokrates, Krantor, Arkesilas, Lakydes, Aristoteles, Theophrast, Zenon, Kleanthes, Chrysipp, Antipater, Karneades, Kleitomachos, Philon, Antiochos, Panaitios, Poseidonios und unzählige andere, die einmal fortgingen und nie

qui semel egressi numquam domum reverterunt. 'at enim sine ignominia.' ⟨an potest exilium ignominia⟩ adficere sapientem? de sapiente enim haec omnis oratio est, cui iure id accidere non possit; nam iure exulantem consolari non oportet. 108. postremo ad omnis casus facillima ratio est eorum, qui ad voluptatem ea referunt quae secuntur in vita, ut, quocumque haec loco suppeditetur, ibi beate queant vivere. itaque ad omnem rationem Teucri vox accommodari potest:

Pátria est, ubicumque ést bene.

Socrates quidem cum rogaretur, cuiatem se esse diceret, 'mundanum' inquit; totius enim mundi se incolam et civem arbitrabatur. quid? T. Albucius nonne animo aequissimo Athenis exul philosophabatur? cui tamen illud ipsum non accidisset, si in re p. quiescens Epicuri legibus paruisset. 109. qui enim beatior Epicurus, quod in patria vivebat, quam, quod Athenis, Metrodorus? aut Plato Xenocratem vincebat aut Polemo Arcesilam, quo esset beatior? quanti vero ista civitas aestimanda est, ex qua boni sapientesque pelluntur? Damaratus quidem, Tarquinii nostri regis pater, tyrannum Cypselum quod ferre non poterat, fugit Tarquinios Corintho et ibi suas fortunas constituit ac liberos procreavit. num stulte anteposuit exilii libertatem domesticae servituti?

(38) 110. Iam vero motus animi, sollicitudines aegritudinesque oblivione leniuntur traductis animis ad voluptatem. non sine causa igitur Epicurus ausus est dicere semper in pluribus bonis esse sapientem, quia semper sit in voluptatibus. ex quo

mehr nach Hause zurückkehrten. «Aber doch ohne Schande.» ⟨Kann etwa die Verbannung⟩ den Weisen ⟨mit Schande⟩ bedecken? Denn diese ganze Rede geht über den Weisen, dem solches nicht zu Recht zustoßen kann; einen zu Recht Verbannten nämlich soll man nicht trösten. 108. Schließlich ist bei allen Schicksalsschlägen die Methode derjenigen am leichtesten, die das, wonach sie im Leben trachten, auf die Lust beziehen, derart, daß sie, wo auch immer diese erfüllt wird, dort glücklich leben können. Deshalb kann auf jede Lage das Wort des Teuker angewendet werden:

Heimat ist dort, wo es gut mir geht!

Als Sokrates gebeten wurde, zu sagen, was für ein Landsmann er sei, sagte er, ein Weltbürger; denn er war der Ansicht, er sei ein Bewohner und Bürger der ganzen Welt. Wie? Trieb Titus Albucius nicht mit dem größten Gleichmut in Athen als Verbannter Philosophie? Und selbst das wäre ihm nicht zugestoßen, wenn er den Gesetzen Epikurs gehorcht und sich nicht am Staate beteiligt hätte. 109. Wie sollte denn Epikur glücklicher gewesen sein, weil er im Vaterland lebte, als Metrodor, weil er in Athen lebte? Oder übertraf Platon Xenokrates oder Polemon Arkesilas an Glück? Wie hoch aber ist der Staat zu achten, aus dem Gute und Weise verbannt werden? Damaratus jedenfalls, der Vater unseres Königs Tarquinius, floh, weil er den Tyrannen Kypselos nicht ertragen konnte, aus Korinth nach Tarquinii und baute dort sein Glück auf und zeugte Kinder. War es etwa töricht, daß er die Freiheit in der Fremde der Knechtschaft zu Hause vorgezogen hat?

110. Vollends die Bewegungen des Gemüts, die Aufregung und der Kummer werden durch Vergessen gelindert, wenn man das Gemüt auf Freuden ablenkt. Nicht ohne Grund also wagte Epikur zu sagen, daß der Weise immer in einem Mehr von Gütern sei, weil er immer in Freuden sei. Daraus ergibt

effici putat ille, quod quaerimus, ut sapiens semper beatus sit. 111. 'etiamne, si sensibus carebit oculorum, si aurium?' etiam; nam ista ipsa contemnit. primum enim horribilis ista caecitas quibus tandem caret voluptatibus? cum quidam etiam disputent ceteras voluptates in ipsis habitare sensibus, quae autem aspectu percipiantur, ea non versari in oculorum ulla iucunditate, ut ea, quae gustemus olfaciamus tractemus audiamus, in ea ipsa, ubi sentimus, parte versentur. in oculis tale nil fit; animus accipit, quae videmus. animo autem multis modis variisque delectari licet, etiamsi non adhibeatur aspectus. loquor enim de docto homine et erudito, cui vivere est cogitare. sapientis autem cogitatio non ferme ad investigandum adhibet oculos advocatos. 112. etenim si nox non adimit vitam beatam, cur dies nocti similis adimat? nam illud Antipatri Cyrenaici est quidem paulo obscenius, sed non absurda sententia est; cuius caecitatem cum mulierculae lamentarentur, 'quid agitis?' inquit, 'an vobis nulla videtur voluptas esse nocturna?' Appium quidem veterem illum, qui caecus annos multos fuit, et ex magistratibus et ex rebus gestis intellegimus in illo suo casu nec privato nec publico muneri defuisse. C. Drusi domum compleri a consultoribus solitam accepimus; cum, quorum res esset, sua ipsi non videbant, caecum adhibebant ducem. pueris nobis Cn. Aufidius praetorius et in senatu sententiam dicebat nec amicis deliberantibus deerat et Graecam scribebat historiam et videbat in litteris. (39) 113. Diodotus Stoicus caecus multos annos

sich, wie er glaubt – was wir eben suchen –, daß der Weise immer glücklich ist. 111. «Auch wenn er der Empfindungen der Augen, der Ohren beraubt ist?» Auch; denn eben dies verachtet er. Denn erstens: welche Freuden entbehrt denn diese schreckliche Blindheit? Zumal doch manche sogar lehren, daß die übrigen Freuden in den Sinnen selbst ihren Sitz haben, was aber durch das Sehen aufgenommen werde, mit keiner Annehmlichkeit für die Augen verbunden sei, so wie das, was wir schmecken, riechen, befühlen, hören in dem Teil, wo wir es empfinden, angesiedelt wäre. Bei den Augen geschieht nichts Derartiges. Der Geist nimmt auf, was wir sehen. Der Geist aber kann auf viele und mannigfaltige Weise genießen, auch wenn kein Anblick hinzugenommen wird; ich spreche nämlich über den gebildeten und gelehrten Mann, dem Leben Denken heißt. Das Denken der Weisen zieht zum Forschen den Beistand der Augen fast nicht hinzu. 112. Denn wenn die Nacht nicht das glückliche Leben nimmt, warum sollte es ein der Nacht ähnlicher Tag nehmen? Denn der Ausspruch des Kyrenaikers Antipater ist an sich vielleicht ein wenig unanständig, aber der Gedanke ist nicht verkehrt. Als Frauen nämlich über seine Blindheit jammerten, sagte er: «Was wollt ihr? Scheint es euch etwa kein Vergnügen in der Nacht zu geben?» An dem alten Appius Claudius, der viele Jahre blind war, sehen wir aus seinen Amtsführungen und Taten, daß er bei seinem Unglück bei jedem öffentlichen und privaten Werk seinen Mann gestanden hat. Des Gaius Drusus Haus war gewöhnt, sich mit Ratsuchenden zu füllen, wie wir gehört haben; wenn sie, deren eigene Sache es doch war, nicht selbst das Ihre erkannten, zogen sie einen blinden Führer zu. In meiner frühen Jugend gab der Prätorier Gnaeus Aufidius im Senat seine Meinung ab, ließ die Freunde bei ihren Beratungen nicht im Stich, schrieb ein Geschichtswerk in griechischer Sprache und war sehend in der Wissenschaft. 113. Der Stoiker Diodot hat erblin-

nostrae domi vixit. is vero, quod credibile vix esset, cum in philosophia multo etiam magis assidue quam antea versaretur et cum fidibus Pythagoreorum more uteretur cumque ei libri noctes et dies legerentur, quibus in studiis oculis non egebat, tum, quod sine oculis fieri posse vix videtur, geometriae munus tuebatur verbis praecipiens discentibus, unde quo quamque lineam scriberent. Asclepiadem ferunt, non ignobilem Eretricum philosophum, cum quidam quaereret, quid ei caecitas attulisset, respondisse, puero ut uno esset comitatior. ut enim vel summa paupertas tolerabilis sit, si liceat quod quibusdam Graecis cotidie, sic caecitas ferri facile possit, si non desint subsidia valetudinum. 114. Democritus luminibus amissis alba scilicet discernere et atra non poterat, at vero bona mala, aequa iniqua, honesta turpia, utilia inutilia, magna parva poterat, et sine varietate colorum licebat vivere beate, sine notione rerum non licebat. atque hic vir impediri etiam animi aciem aspectu oculorum arbitrabatur, et cum alii saepe, quod ante pedes esset, non viderent, ille ⟨in⟩ infinitatem omnem peregrinabatur, ut nulla in extremitate consisteret. traditum est etiam Homerum caecum fuisse; at eius picturam, non poësin videmus: quae regio, quae ora, qui locus Graeciae, quae species formaque pugnae, quae acies, quod remigium, qui motus hominum, qui ferarum non ita expictus est, ut, quae ipse non viderit, nos ut videremus, effecerit? quid ergo? aut Homero delectationem

det viele Jahre in unserem Hause gelebt. Er hat gar, was kaum glaublich ist, während er Philosophie noch viel ständiger trieb als vorher, während er die Kithara nach der Weise der Pythagoreer spielte und während ihm Tag und Nacht Bücher vorgelesen wurden, Beschäftigungen, bei denen er der Augen nicht bedurfte, dann vor allem, was ohne Augen kaum möglich scheint, das Amt eines Lehrers der Geometrie weiter versehen, indem er den Schülern mit Worten angab, von wo und wohin sie jede Linie ziehen sollten. Asklepiades, ein nicht unbekannter Philosoph aus Eretria, hat, so erzählt man, als einer fragte, was ihm die Blindheit eingebracht habe, geantwortet, daß er von einem Knaben mehr begleitet würde. Wie nämlich auch die schlimmste Armut erträglich würde, wenn erlaubt wäre, was manchen Griechen täglich erlaubt ist, so könnte wohl auch die Blindheit leicht ertragen werden, wenn es nicht an Hilfen für unsere Gesundheitszustände fehlt. 114. Demokrit konnte, als er das Augenlicht verloren hatte, freilich nicht weiß und schwarz unterscheiden, aber sehr wohl gut und schlecht, gerecht und ungerecht, ehrenvoll und schimpflich, nützlich und schädlich, groß und klein, und ohne die Verschiedenheit der Farben war es möglich, glücklich zu leben, ohne Begriff von den Dingen nicht. Und dieser Mann war der Ansicht, daß die Schärfe des Geistes durch die Sehkraft der Augen sogar gehindert werde, und während andere oft nicht sahen, was vor den Füßen lag, schweifte jener in das Unendliche in seiner Gesamtheit, derart, daß er an keinem Ende haltmachte. Überliefert wird, auch Homer sei blind gewesen. Aber seine Malkunst, nicht Dichtung, sehen wir doch vor Augen! Welche Gegend, welches Gestade, welcher Ort Griechenlands, welches Bild, welche Form des Kampfes, welche Schlachtreihe, welches Ruderwerk, welche Bewegung der Menschen, welche von Tieren ist nicht so gemalt worden, daß er uns sehen läßt, was er selbst nicht gesehen hat? Wie also? Glauben wir noch,

animi ac voluptatem aut cuiquam docto defuisse umquam arbitramur? 115. aut, ni ita se res haberet, Anaxagoras aut hic ipse Democritus agros et patrimonia sua reliquissent, huic discendi quaerendique divinae delectationi toto se animo dedissent? itaque augurem Tiresiam, quem sapientem fingunt poëtae, numquam inducunt deplorantem caecitatem suam; at vero Polyphemum Homerus cum inmanem ferumque finxisset, cum ariete etiam conloquentem facit eiusque laudare fortunas, quod, qua vellet, ingredi posset et, quae vellet, attingere. recte hic quidem; nihilo enim erat ipse Cyclops quam aries ille prudentior. (40) 116. In surditate vero quidnam est mali? erat surdaster M. Crassus, sed aliud molestius, quod male audiebat, etiamsi, ut mihi videbatur, iniuria. Et pueri nostri Graece fere nesciunt nec Graeci Latine. ergo hi in illorum et illi in horum sermone surdi, omnesque item nos in is linguis quas non intellegimus, quae sunt innumerabiles, surdi profecto sumus. ‘at vocem citharoedi non audiunt.’ ne stridorem quidem serrae, tum cum acuitur, aut grunditum, cum iugulatur, suis nec, cum quiescere volunt, fremitum murmurantis maris; et si cantus eos forte delectant, primum cogitare debent, ante quam hi sint inventi, multos beate vixisse sapientes, deinde multo maiorem percipi posse legendis his quam audiendis voluptatem. 117. tum, ut paulo ante caecos ad aurium traducebamus voluptatem, sic licet surdos ad oculorum. etenim, qui secum loqui poterit, sermonem alterius non requiret.

daß dem Homer das Ergötzen der Seele und ihre Lust gefehlt hat oder sonst je irgendeinem Weisen? 115. Oder hätten sonst, wenn sich die Sache nicht so verhielte, Anaxagoras oder eben dieser Demokrit ihre Äcker und ihren Familienbesitz verlassen, hätten sie sich dieser göttlichen Freude des Lernens und Forschens mit ganzer Seele ergeben? Deshalb führen die Dichter den Seher Teiresias, den sie als Weisen darstellen, niemals so ein, daß er seine Blindheit bejammert. Den Polyphem aber läßt Homer, da er ihn als Ungeheuer und als wildes Tier dargestellt hatte, sich sogar mit dem Widder unterhalten und dessen Schicksal preisen, weil er gehen könne, wohin er wolle, und anrühren, was er wolle. Er hat recht getan. Denn der Kyklop war selbst um nichts klüger als jener Widder. 116. Was ist denn vollends in der Taubheit Übles? Schwerhörig war Marcus Crassus, aber etwas anderes war übler: daß er nichts Gutes von sich hörte, wenn auch, wie mir schien, zu Unrecht. Und unsere Kinder verstehen fast nicht griechisch und die Griechen nicht lateinisch. Also sind sie in jener und jene in deren Sprache taub, und ebenso sind wir alle in den Sprachen, die wir nicht verstehen – und es sind deren unzählige – tatsächlich taub. «Aber sie hören die Stimme des Kitharaspielers nicht!» Ja, aber auch nicht das Kreischen der Säge, wenn sie geschärft wird, oder das Quieken des Schweines, wenn es gestochen wird, und nicht, wenn sie ruhen wollen, das Tosen des rauschenden Meeres. Und wenn sie vielleicht Gesänge ergötzen, müssen sie erstlich daran denken, daß, bevor sie erfunden wurden, viele Weise glücklich gelebt haben, dann, daß man ein viel größeres Vergnügen bei ihrer Lektüre als beim Anhören empfindet. 117. Dann kann man, wie wir kurz vorher die Blinden auf den Genuß, den die Ohren gewähren, ablenkten, so die Tauben auf den der Augen ablenken. Denn wer mit sich selbst sprechen kann, wird das Gespräch mit dem anderen nicht vermissen.

Congerantur in unum omnia, ut idem oculis et auribus captus sit, prematur etiam doloribus acerrumis corporis. qui primum per se ipsi plerumque conficiunt hominem; sin forte longinquitate producti vehementius tamen torquent, quam ut causa sit cur ferantur, quid est tandem, dii boni, quod laboremus? portus enim praesto est, quoniam mors †ibidem est, aeternum nihil sentiendi receptaculum. Theodorus Lysimacho mortem minitanti 'magnum vero' inquit 'effecisti, si cantharidis vim consecutus es', 118. Paulus Persi deprecanti, ne in triumpho duceretur, 'in tua id quidem potestate est'. multa primo die, cum de ipsa morte quaereremus, non pauca etiam postero, cum ageretur de dolore, sunt dicta de morte, quae qui recordetur, haud sane periculum est ne non mortem aut optandam aut certe non timendam putet. (41) mihi quidem in vita servanda videtur illa lex, quae in Graecorum conviviis optinetur: 'aut bibat' inquit 'aut abeat.' et recte. aut enim fruatur aliquis pariter cum aliis voluptate potandi aut, ne sobrius in violentiam vinolentorum incidat, ante discedat. sic iniurias fortunae, quas ferre nequeas, defugiendo relinquas. Haec eadem, quae Epicurus, totidem verbis dicit Hieronymus.

119. Quodsi is philosophis, quorum ea sententia est, ut virtus per se ipsa nihil valeat, omneque, quod honestum nos et laudabile esse dicamus, id illi cassum quiddam et inani vocis sono decoratum esse dicant, – ⟨si⟩ i tamen semper beatum censent esse sapientem, quid tandem a Socrate et Platone profectis

Mag sich auf einen alles häufen, derart, daß derselbe Mann der Augen und Ohren beraubt ist, auch noch durch die heftigsten Körperschmerzen bedrängt wird. Diese reiben zunächst einmal schon an sich selbst sehr oft einen Menschen auf; wenn sie sich aber länger hinziehen sollten und doch zu heftig quälen als daß man noch Grund hätte, sie zu ertragen, was gibt es dann, ihr guten Götter, weshalb wir uns plagen sollten? Der Hafen ist doch da – da ja der Tod zugegen ist –, die ewige Zuflucht der Empfindungslosigkeit. Theodoros sagte zu Lysimachos, als er ihm mit dem Tode drohte: «Etwas Großes fürwahr hast du erreicht, wenn du die Kraft einer Giftfliege erlangt hast.» 118. Paulus zu Perseus, der ihn bat, er möchte doch nicht im Triumph einhergeführt werden: «Das steht in deiner Macht.» Viel wurde am ersten Tage, als wir über den Tod selbst forschten, nicht wenig auch am zweiten, als vom Schmerz gehandelt wurde, über den Tod gesagt; wer sich daran erinnert, bei dem ist keine Gefahr, daß er den Tod nicht für wünschenswert oder wenigstens nicht für etwas Furchtbares hält. Mir scheint, man muß im Leben jenes Gesetz befolgen, das bei den Gastmählern der Griechen gilt: Er soll trinken, besagt es, oder weggehen. Und mit Recht; denn entweder soll einer in gleicher Weise wie die anderen die Freude des Trinkens genießen oder, damit er nicht nüchtern in den Tumult der Trunkenen gerät, vorher weggehen. So soll man die Unbilden des Schicksals, die man nicht ertragen kann, fliehend verlassen. Genau dasselbe wie Epikur sagt mit denselben Worten Hieronymos.

119. Wenn aber den Philosophen, deren Meinung es ist, daß die Vollkommenheit an sich nichts vermag und alles, was nach unseren Ausführungen ehrenvoll und löblich ist, etwas Nichtiges und mit einem leeren Wortschwall geschmückt ist, wie sie sagen –, wenn die doch der Ansicht sind, daß der Weise immer glücklich ist, was müssen nach deinem Urteil erst die

philosophis faciendum videtur? quorum alii tantam praestantiam in bonis animi esse dicunt, ut ab is corporis et externa obruantur, alii autem haec ne bona quidem ducunt, in animo reponunt omnia. 120. quorum controversiam solebat tamquam honorarius arbiter iudicare Carneades. nam cum, quaecumque bona Peripateticis, eadem Stoicis commoda viderentur neque tamen Peripatetici plus tribuerent divitiis bonae valetudini ceteris rebus generis eiusdem quam Stoici, cum ea re, non verbis ponderarentur, causam esse dissidendi negabat. quare hunc locum ceterarum disciplinarum philosophi quem ad modum optinere possint, ipsi viderint; mihi tamen gratum est, quod de sapientium perpetua bene vivendi facultate dignum quiddam philosophorum voce profitentur.

121. Sed quoniam mane est eundum, has quinque dierum disputationes memoria comprehendamus. equidem me etiam conscripturum arbitror – ubi enim melius uti possumus hoc, cuicuimodi est, otio? –, ad Brutumque nostrum hos libros alteros quinque mittemus, a quo non modo inpulsi sumus ad philosophiae scriptiones, verum etiam lacessiti. in quo quantum ceteris profuturi simus, non facile dixerim, nostris quidem acerbissimis doloribus variisque et undique circumfusis molestiis alia nulla potuit inveniri levatio.

von Sokrates und Platon ausgehenden Philosophen tun? Von ihnen sagen die einen, daß die Güter der Seele solchen Vorrang hätten, daß die des Körpers und die äußeren von ihnen überdeckt werden, andere aber halten diese überhaupt nicht einmal für Güter und versetzen alles in die Seele. 120. Deren Streit pflegte wie ein Schiedsrichter ehrenhalber Karneades zu entscheiden. Denn da dasselbe, was den Peripatetikern Güter, den Stoikern naturgemäß schiene, die Peripatetiker aber dem Reichtum, guter Gesundheit, den übrigen Dingen dieser Art nicht mehr einräumten als die Stoiker, bestritt er, wenn man dies nur nach der Sache, nicht nach den Worten abwöge, daß ein Grund zur Entzweiung vorläge. Daher mögen die Philosophen der übrigen Lehren selbst sehen, wie sie diesen Punkt behaupten können; mir aber ist doch willkommen, was sie der Stimme eines Philosophen Würdiges über die dauernde Möglichkeit der Weisen, glücklich zu leben, verkünden.

121. Indes, da wir früh reisen müssen, wollen wir diese Gespräche der fünf Tage im Gedächtnis behalten. Ich meine, ich werde sie auch aufschreiben – denn wozu könnte ich diese Muße, wie sie auch immer beschaffen ist, besser verwenden? – und werde diese fünf anderen Bücher an unseren Brutus schicken, von dem wir nicht nur zu philosophischen Schriften ermuntert, sondern geradezu gereizt worden sind. Wie sehr wir dabei den anderen nützen werden, möchte ich nicht leicht sagen, für unsere so bitteren Schmerzen und die mannigfachen, von allen Seiten hereinstürzenden Unannehmlichkeiten ließ sich keine andere Linderung finden.

ERKLÄRENDES VERZEICHNIS DER EIGENNAMEN

VON RENATE LIEHR

Die Eigennamen und Stichwörter werden nach dem lateinischen Text zitiert.
Abkürzungen: v.: vide = siehe; cos. 198 = Konsul im Jahre 198

Academia, Gymnasium im Haus des Heros Akademos nördlich von Athen, wo Plato seine Schule begründete, 5, 91.

Academia, von Plato begründete Philosophenschule, 2, 4. 9; 3, 7. 12; 5, 82.

Academicus, Academici, 4, 5. 6. 47; 5, 75. 85.

Academici libri, Schrift Ciceros, 2, 4.

Accius, römischer Tragiker (ca. 170–87 v. Chr.), 1, 105; 2, 13; 3, 20; 4, 55.

Accianus (Agamemno), 3, 62.

Acheron, Fluß in der Unterwelt, 1, 10. 37 (bis).

Acherunsia templa, 1, 48.

Achilles, 1, 105 (bis); 3, 18; 4, 52.

Aeacus, mythischer König von Ägina; wegen seiner Gerechtigkeit Richter in der Unterwelt, 1, 98.

Aeetes, König von Kolchis, Sohn des Helios, Vater der Medea, mit deren Hilfe die Argonauten ihm das Goldene Vlies entführten, 3, 26. 39.

Aegyptus, Aegyptii, 1, 108; 5, 78. 97.

Aelius Paetus Catus, Sex., cos. 198 v. Chr., 1, 18.

Aelius Tubero, Q., Neffe des jüngeren Africanus, Stoiker und Freund des Panaitios, 4, 4.

Aemilius Lepidus Porcina, M., cos. 137 v. Chr., 1, 5.

Aemilius Paulus, L., cos. 182 und 168 v. Chr., 3, 70; 5, 118.

Aemilius Paulus, M., cos. 219 und 216 v. Chr., fiel in der Schlacht bei Cannae, 1, 89. 110.

Aeschines, griechischer Redner, Zeitgenosse des Demosthenes, 3, 63.

Aeschylus, griechischer Tragiker, 525–456 v. Chr., 2, 23; 3, 76.

Aesculapius, Sohn des Apollo, Gott der Heilkunde, 2, 38.

Aesopus, griechischer Fabeldichter; soll Zeitgenosse Solons gewesen sein, 2, 39; 4, 55.

Aetolia, griechische Landschaft, 1, 3.

Afranius, L., Meister der comoedia togata, um 100 v. Chr., 4, 45. 55.

AFRICANUS, v. Cornelius Scipio.

AFRICANI DUO, 1, 110.

AGAMEDES und sein Bruder Trophonius bauten Apollotempel zu Delphi. Über ihren Tod gibt es verschiedene Sagen, 1, 114.

AGAMEMNO, Sohn des Atreus, König von Mykene, 1, 90; 3, 62; 4, 17. 52.

AGRAGANTINAE PORTAE, Agrigentum, griechische Pflanzstadt an der Südküste Siziliens, 5, 65.

AIAX, Sohn des Telamon, gab sich den Tod, da er die Waffen des Achill Odysseus überlassen mußte, nachdem er zuvor im Wahnsinn Schafe getötet hatte, die er für Odysseus und dessen Freunde hielt, 1, 98; 3, 11. 71; 4, 49. 52 (bis).

ALBINUS, v. Postumius.

ALBUCIUS, T., nachdem er als Prätor Sardinien verwaltet hatte, wurde er 103 v. Chr. wegen Erpressung verurteilt und ging nach Athen ins Exil, 5, 108.

ALCAEUS, griechischer Lyriker von Mytilene auf Lesbos, um 600 v. Chr., 4, 71.

ALCIBIADES, Neffe des Perikles, Schüler des Sokrates; gest. 404 v. Chr., 3, 77 (quater). 78.

ALCIDAMAS, griechischer Rhetor, Zeitgenosse des Isokrates, 1, 116.

ALCMAEO, Sohn des Amphiaraos, dessen Tod er auf dessen Geheiß an seiner Mutter Eriphyle rächte, worauf er von den Erinyen verfolgt wurde, 3, 11.

ALEI CAMPI, getreidereiche Ebene in Kilikien zwischen den Flüssen Pyramos und Saros, 3, 63.

ALEXANDER DER GROSSE, 356–323 v. Chr., 3, 21; 4, 79; 5, 91. 92.

ALLIENIUS, M., von Scipio Africanus minor im Kampf gerettet. Die Tat wird sonst nirgends erwähnt, 4, 50.

AMAFINIUS, C., ein Epikureer, älterer Zeitgenosse Ciceros, 4, 6. 7.

AMBRACIOTES, Einwohner der Stadt Ambracia, an der südlichen Grenze von Epirus gelegen, heute Arta, 1, 84.

AMOR, 4, 69.

AMPHIARAUS, griechischer Seher, einer der Sieben gegen Theben, 2, 60.

ANACHARSIS, soll der Bruder eines skythischen Königs gewesen und zu Solons Zeit nach Athen gekommen sein; er galt als Musterbeispiel des Naturmenschen, 5, 90 (bis).

ANACREON, griechischer Lyriker von Teos, lebte am Hofe des Polykrates von Samos, später in Athen bei den Peisistratiden, 4, 71.

ANAXAGORAS, griechischer Philosoph der älteren jonischen Schule, aus Klazomenä in Lydien, Freund und Lehrer des Thukydides und Euripides; in Lampsakus in der Verbannung gestorben, 1, 104; 3, 30. 58; 5, 10. 66. 115.

INHALTSVERZEICHNIS